無國籍

A MODERN HISTORY

STATELESSNESS

一部關於身分、人權與國家主權的近代史

米拉·西格爾柏格 著
MIRA L. SIEGELBERG

堯嘉寧 譯

獻給我的雙親

佛蘿倫絲與艾倫·西格爾柏格

帶著我滿滿的愛

推薦序

離難與安身：交織壓迫傷痕的無國籍人

施逸翔／台灣人權促進會祕書長

二〇二三年夏天，香港反送中運動的四年後，被中共政權直接控制的港府，打算將世人譽為香港「國歌」的〈願榮光歸香港〉列為禁歌。許多在台港人遂於六月十二日「反對逃犯條例修訂草案占領行動」週年，發起在台北與台中街頭接連快閃高唱行動，當歌唱到「在晚星／墜落／徬徨午夜／迷霧裡／最遠處吹來／號角聲」之處雖音調低沉，但迎來的是後續高亢奮力的「捍自由」。

一首歌的短暫時刻裡，在台港人們是否彷彿又回到當年金鐘與中環一帶，繼續以身體參與史詩般的如水革命，只為煲底相見？但當在台港人激昂帶領眾人高舉拳頭並吶喊「光復香港，時代革命」口號後的真實處境，是每位離難的港人在大規模政治暴力施展的壓迫下，必須遠離香港家園出走、卻也難以在台灣或異地安身。何以安身？這些隱而不見、交織壓迫的傷痕，呼應著這本書圍繞著「無國籍人」最核心的那些元素：流離、危難、認同。

米拉．西格爾柏格（Mira L. Siegelberg）教授這本關於「無國籍人」之書，對於台灣的讀者而言，是一趟艱難的閱讀之旅。首先，整本書所開展的歷史場景與思想地圖，幾乎都在歐洲大陸與西方的思想史。本書的視野，其實並不在我們身處的亞洲；書中唯一提到亞洲尤其是與台灣有關的語句，只有在提及一九四九年歷史上大規模流離失所的全球現象時，簡單帶到「有數十萬中國大陸人逃到香港和台灣」。究竟當前我們在台灣所理解與所接觸的難民、無國籍者的概念與樣貌，比如因反送中運動來台的港人、不同時期來台的流亡藏人等，若要往前追溯與對照作者所拉出的歷史縱深與概念思想史演變，恐怕有待另一本關於亞洲無國籍人的專書，有一天問世。

作者定位此書為「一部關於無國籍人身分、人權與國家主權的近代史」，試圖透過兩次世界大戰之前、期間與之後的各種有跡可循的素材，不斷探尋與反覆翻轉「無國籍人」這個概念與其現實意義，這些素材包括歐美流行的小說內容、幾個關鍵重要的司法訴訟與判決、國際法、人權論述與政治學者的各種學說、各種相關社群的活動、乃至國家主權之外各個國際組織的演變與嘗試。順著作者這趟有點艱難的思想與歷史之旅，我們看到的是戰爭前後各個政治實力的興衰與消亡，而「無國籍人」作為一個對主權國家而言彰顯其權利擁有者的法律意義、政治意義、思想概念的定性等等不同面向，就在作者所敘述這些變化過程中，逐步沉澱為今天我們在《世界人權宣言》、《關於難民地位之公約》及其議定書、以及《關於無國籍人地位之公約》等國際人權文件中的主體內涵。

但這些還不夠，米拉教授更一步接受漢娜．鄂蘭的主張，認為最核心的是要去確立因為各種原因失去國籍、或成為難民的世界公民，在沒有主權國家為依歸和保護的狀態下，必須要在國際現實下被確立仍保有「擁有權利之權利」。也就是說，在鄂蘭理想的世界裡，所有人都是公民，都必須具有公民權，她提議有「一項受國際保障的公民權，無論這項公民權是什麼」，否則剝奪公民身分就「可以算作危害人類罪」。

但完成於二〇二〇年十月的此書問世後，米拉教授對未來世界探問的無國籍人難題，指向氣候變遷下因國家被海洋淹沒後遭大自然驅逐的無國籍人危機。這確實可能在不久的未來會發生，但筆者認為，在此書中文版問世的當下，事實上當前全球最關鍵的危機，仍然在於戰爭、武裝衝突與極權國家的擴張。二〇二二年二月俄羅斯普丁政權對烏克蘭發動不義的侵略戰爭，至今仍未有停戰的跡象，但上千萬的難民、流離失所者，毫無疑問就是戰爭再度製造的人道危機。此外，比起俄烏戰爭，更被國際社會所忽視的二〇二一年二月緬甸軍政府政變，同樣逼使大批緬甸難民逃往泰緬邊境和周遭鄰近的國家。而世界局勢潛伏的威脅，其實是中國在不放棄武力併吞台灣的局勢之下，可能引發的另一次世界大戰，更大規模的核武戰爭、更大規模的金融危機、更難以想像的人類浩劫，若隱又忽現。

本書對台灣讀者的另一個艱難之處，在於我們對於難民與無國籍人的具體樣貌無知且陌生，程度可說是主流社會之外、比邊緣者還要更陌生和被邊緣的少數族群。簡言之，就是台灣政府、政治人物乃至一般社會大眾，恐怕根本不在乎這群「他者」是誰？為何離難？何以安身？唯一在乎難民和無國籍人的，應該只剩下如筆者一樣所在的公民社會非政府組織。但當筆者讀到米拉教授引述漢娜・鄂蘭在《極權主義的起源》所述的，「更糟糕的是所有為保護人權而成立的協會、所有要達成新人權法案的努力都是由邊緣人發起的——一些沒有政治經驗的國際學者，或是專搞慈善的博愛主義者，他們受到了一些含糊的理想主義情緒所驅使」時，也是會細思極恐。我們的人權倡議工作是否如鄂蘭說得如此不堪，當然關鍵在於，我們的人權工作是理想主義，還是務實取向？

如同此書唯一提及台灣的文句，指的就是一九四九年國民黨政府與大批來自中國各省的移民，其實就是流離逃難來台的「難民」。諷刺的是，當前台灣政府在難民庇護制度付之闕如的情況下，實務上非常不歡迎來自各國與中港澳各地的難民和尋求庇護者，而政府為了遵守兩公約規範的「不遣返原則」，這些尋求庇護者不是漫無目標地人生卡在台灣動彈不得，不然就是只能前往安全的第三地。筆者所在的組織與許多公民社會的人權團體，基本上就是務實地因應來自不同國家的尋求庇護者，他們可能因為原籍國對其施加的各種壓迫，比如針對LGBT+身分的暴力迫害、強迫勞動、宗教人權的打壓、戰爭武裝衝突的原因等等。我們這些「以保護人權而成立的組織」，確實不斷在推動人權法制的建立，而最終的目的其實是很務實地以人權作為基礎，讓高唱〈願榮光歸香港〉的在台港人與類似處境的尋求庇護者和無國籍人，一方面可以在安全的異鄉安身立命，但同時也能期待終有一天，當原籍國迫害的原因消滅之後，作為一個世界公民與完整的人，可以自主選擇前往他想去的所在。

目次

緒論
Introduction

「並非瑣碎小事⋯⋯成為無國籍者是現代世界中每個人可能面臨到的最可怕的政治命運之一。」

——朱迪絲・施克萊（Judith Shklar），美國政治哲學家

德國藝術家科特・施威特斯（Kurt Schwitters）在一九三〇年的一封信中描述了他創作拼貼畫（*Merzbilder*）的動力——那是他在第一次世界大戰末期創造的一種用拼貼方式作的畫。他解釋說：「每件事一定都是破碎的，必須從碎片中生出新東西。」[1]施威特斯從一九二〇年代開始創作拼貼畫，他將現代生活的碎屑去脈絡化之後，把日常垃圾——舊車票、鈕扣、火車時刻表、巴士路線圖、報紙的一角——轉化成抽象的形狀、顏色和線條所組成的格子狀構圖。這些碎片在重新配置之後，被重塑成完全不同的東西，有時候他想表達的是相異領域之間的嚴格界限，有時候則又顯示出這些領域是如何重疊在一起、因而顯得模糊不清。

施威特斯也和本書所討論的許多個人一樣，因為二十世紀的政治動亂而成了一個無國籍的人。施威特斯的情況是在一九三七年逃離納粹德國時，失去了德國公民的身分保障；他最後是在西倫敦找到了庇護所，不過在那之前，他先是以敵國國民的身分被拘留在曼島（Isle of Man）。施威特斯從一九二〇年代開始創作拼貼畫，這很適合作為本書的無國籍研究的出發點——主要不是因為他的傳記，而是因為他在這段時期的作品，很能夠呼應第一次世界大戰讓某些決定政治現實的基本概念遭到撼動。世界地圖看起來似乎都要重畫了。本研究的前半段是要重構拼貼畫開始被創造出來的那十年——那時是第一次世界大戰後，帝國崩壞和國家建立的時代；當時有大量人口被所有的政治共同體排除在外，這些人進入了國際政治，也成為與政治秩序基礎相關的眾多辯論的討論對象。

在直覺上，我們會覺得無國籍這個概念涉及與人類政治組織有關的一連串廣泛議題。這個詞讓我們想到的爭議性衝突是：尋求自我治理的共同體會在何時、如何被承認為一個獨立和自治的行為者。它也表現出目前被迫背井離鄉、流轉世界各地的七千多萬人的苦境。隨著越來越多國家將沉沒在太平洋的波濤之下，因為氣候變遷開始重塑主權的領土基礎，將會有越來越多人被套用「無國籍」的概念，這也暴露出國際法對國家地位和政治成員的定義具有局限性。簡而言之，無國籍這個概念包含了現代政治中一些最為動盪的發展。[2]

雖然這個概念（在其最廣泛的意義下）具有極易引發衝突且多元的政治意涵，不過第二次世界大戰之後還是制定了國際協議，對於何謂無國籍者做出定義，並為生活在國家的界限外、但是又尋求進入界限內的人設立基本規則。一般會假設國家有基本權利決定誰算是該國成員，並且對跨進國界的人保有控制權，然而這些協議劃出了有限的例外狀況。[3]各國政府接著以兩個主要方式制定了國籍依據：屬人主義（根據血統）和屬地主義（出生在特定領土或是管轄範圍內）。他們也規定了各種入籍條件。聯合國大會（United Nations General Assembly）在一九五四年通過了《關於無國籍者地位之公約》（Convention Relating to the Status of Stateless Persons），其中對於「無國籍者」的狹義定義是「不被任何國家依其法律視為國民之人」，這在今天就表示該人與世界上承認的一百九十五個國家都沒有基本的法律從屬關係，無從確定其正式成員資格。相較之下，根據一九五一年的《難民公約》（1951 Refugee Convention，全稱為「關於難民地位之公約」（Convention Relating to the Status of Refugees」），難民是指還與一國保有正式法律連結的人，但是該人「卻有充分理由擔心因為種族、宗教、國籍、特定社會群體的身分或是政治主張等理由而受到迫害，因而不能夠或不願意返回原籍國」。[4]

直到最近，法律上的無國籍都一直被視為相對邊緣的議題，一直到過去幾年，才在法律學者和政治理論家，以及人道主義機構之間獲得關注。[5]政治哲學家朱迪絲·施克萊（Judith Shklar）在一九九一年有一本關於美國公民身分的著作，她在書中覺得必須要提醒讀者：一個國家的法律成員身分並「不是什麼瑣碎的小事」，而「成為無國籍者是現代世界中每個人可能面臨到的最可怕的政治命運之一」。[6]雖然它現在看起來像是許多人無家可歸和全球人口移動這個重大危機的一小部分，不過歷史顯示它在一開始其實涉及如何形成對政治生活的合理邊界的期望。儘管並非所有國家都有簽署這類協議，也不是所有簽署國都會遵守規定，但在國際公約中加入接納和排除某些人民的條款，是一種將世界劃分成不同政治部分的重要方式之一。

因此，本書的核心目標是重建和釐清第二次世界大戰過後的幾十年間，是哪些論點最終形成、並確定了全世界對公民和非公民身分的共同理解。[7]我會探討規範國家與國民之間關係的法律架構及其起源，以及觀念、論點和意識形態的辯證在這些法律架構的創造過程中所扮演的角色。為了這個目的，本書會討論無國籍問題是如何影響到權利、主權、國際法律秩序和世界正義的理論，這些理論是隨著現代跨國秩序的概念與政治輪廓日漸浮現時發展出來，而其背景正是現代史上最暴力與災難性的某些事件。

在現代法律中出現無國籍這個類別，最常被歷史學家描述為二十世紀民族主義的勝利，以及較具流動性的政治身分和保護形式（這兩者是擴張帝國的特徵）的崩潰。這類描述認為在民族團結（通常還有保衛民主和人民主權）的大旗之下，民族國家會宣稱他們有權以更排外的方式定義其共同體；但與此同時，法西斯主義的興起和對少數民族的暴行，又在二十世紀中期帶來前所未見的難民潮。兩次世界大戰和帝國的滅亡，引發了將近四十年的大規模顛沛流離和政治上無家可歸的危機，因此導致了現代國際法創建其框架，由這個框架決定哪些人會以哪種方式被排除在公民身分的保障之外。這段歷史接著要追溯到現代權利和統治制度的興起——最初是由國際聯盟（League of Nations）努力為選定的難民族群提供法律保護，接著是戰後繼承國際聯盟的聯合國建立起更普遍適用的法律架構。他們將被排除在公民身分的基本權利之外的狀況，描述為民主、主權和國家自決的黑暗面——國際組織和國際法要嘗試解決這些缺陷，方法是將沒有受到國家保護的個人之權利合法化。[8]

本書講述了另一個不同的故事，更能夠回應在近幾年間，決定現代國際秩序的概念、法律與政治結構是如何成為歷史和理論研究的急迫課題。歷史學家指出直到一九六〇年代，各種替代的政治組織形式——城邦、親王國、聯邦、受保護國、自治領、域外飛地和複雜的政體——才由更同質化的世界性政治圖像所取代。歷史學家和政治理論家都開始還原集體自決、主權、政治代表和民主自治這些概念，是如何以各自的方式加以概念化（通常也與更大規模地整合進帝國政體並行不悖）。復原這類關於集體政治生活的不同願景之後，帶來了一個新的困擾——人們必須解釋何以在第二次世界大戰之後，現代國家成為主要的政治組織形式。這也對國際法和國際組織在現代國際秩序形成時扮演的角色提出了新的問題——這個秩序是以國家間的形式平等為前提，但是也包含始終存在的等級制度和權力與特權的不對稱。換句話說，以為帝國結束之後就只有民族國家能主張國際上的合法性，這個現象其實比我們之前認為的還要到更近期才出現，而只要正確認識到這個事實，當然就要研究定義了非公民身分的國際類別是如何形塑跨國秩序的邊界，而且將之合法化。[9]

大國政治的動態以各種方式主宰了戰後的安排，但是決定戰後安排的也不乏對跨國秩序的想法和期望，這正是本書要說明的部分。為了充分討論無國籍在國際思想和國際政治中逐漸高漲的意義，我同時採用了國際上行為者和法律學者對於無國籍意義的重要思想史的雙邊視角——國際上的行為者會直接解決公民身分和主權的危機，而法律學者則是將這場危機連結到更多法律及政治思想的辯論。為了還原主要的概念和論辯用語，我想對法律和政治秩序進行更多的理論探討，因此閱讀了國際史檔案，也探討了各種法律和文學資料（包括法庭案件和小說）。寫這樣一部歷史，其實意味著要把國際法的來源和政治與法律思想史上的更多經典人物放在同一個架構內，而且除了比較傳統的國際與外交史原典資料之外，還要閱讀對它們的體系性與批判性反思。兩者交織出知識和法律的脈絡，以此對無國籍的問題進行概念化及辯論，最終並將之編纂為國際法。[10]

國籍最常見的定義是公民身分的法律或國際面向。歷史學家派屈克·韋爾（Patrick Weil）的近期說法是「公民身分的法律面向反映出每個個人與民族國家的正式連結。它會具體體現為護照和國民身分證件，這些證件為全部人口的大約百分之九十九授予了國家公民的正式身分。合法的公民身分獨立於個人的歸屬感而存在，也獨立於對國家和愛國機構的參與程度」。[11]但是，我們要如何理解國籍概念（已知它是公民身分的法律或形式面）的歷史呢？主要是社會學理論家開始討論二十世紀法律思想中的一些廣泛轉變——通常是以「去規範化」（deformalization）一詞來描述——他們擺脫了有關法律的理性基礎、法律和政治領域互不隸屬、法律具有自主性的假設。[12]本書會將法律、法治（rule of law）的命運等概念，與對個人和國家之間關係的表述連結在一起。我會探討法律意識的大範圍轉變所帶來的影響，包括如何影響公民身分和非公民身分的概念，以及無國籍對國際政治的意義。

以下章節將回溯有關於無國籍意義的爭論是如何演變的——第一次世界大戰後的十年間是第一個持續反思的階段，直到歐洲難民危機在一九三〇年代擴大，最後在第二次世界大戰結束之後，創立了一個有國際定義的永久制度，並對難民和無國籍者提供保護。這合起來構成了有關無國籍的重要思想演變，它帶來的新方法讓我們理解一個由等級政治秩序構成的世界，是如何轉化成一個國家和人民有形式平等的世界。意識形態的奮鬥奠定了國家公民的權利，而本書要重構這樣的奮鬥——這有助於我們理解是怎樣的過程，才讓領土型的民族國家成為全球政治的唯一正統組成單位，而這對於身處邊界之外的人又意味著什麼。從第一次世界大戰結束後，無國籍問題歷經了戰後時期獲得概念化，透過記錄這個關鍵性的轉變，我們看到一九四五年之後的政治局面是如何形成國際政治在概念與法律上的邊界，且我們直到今天還與之共生。

＊＊＊

始於一九一四年的戰爭具有全球規模，它召喚了來自歐洲、美洲和英屬及法屬帝國勢力的士兵。衝突剛開始時，全球只有五十多個國家受到國際承認，主要分布在歐洲和美洲。戰爭結束時，德意志、哈布斯堡、俄羅斯和鄂圖曼帝國已經成為一片廢墟；數百萬兵士遭到屠殺，倖存者也留下了工業火砲或是毒氣的殘酷傷痕；英國、法國、日本和美國等正統帝國的未來仍舊是大國之間爭執和反殖民政治的主題。革命政權布爾什維克確立了對前俄羅斯帝國的控制，戰爭的勝利者也瓜分了原屬於鄂圖曼和德意志帝國的屬地，國際聯盟的建立改寫了帝國政治。繼承俄羅斯、鄂圖曼和奧匈帝國等君主政體而出現的新國家包括波蘭、奧地利、匈牙利、捷克斯洛伐克、南斯拉夫、保加利亞、立陶宛、拉脫維亞、愛沙尼亞，以及希臘和土耳其共和國。

革命和帝國的解體讓數百萬人失去國民身分的保障。第一次世界大戰期間，各國政府開始堅持移民和旅行者如果要穿越國界、或是想合法的留在國境內，都必須攜帶護照。有一群人積極地尋求被承認是沒有國籍的人，以逃避因為身為敵國國民而招來的懲罰性後果。有一百多萬名流亡者在逃離俄國革命之後，湧入英國控制的埃及、君士坦丁堡、布拉格、維也納、柏林和巴黎。由於奧匈帝國和鄂圖曼帝國的繼承國對公民身分有較限縮的要求，造成數以千計的人聲稱他們成了無國籍者。在戰爭期間逃離東方戰線（Eastern Front）的腥風血雨的難民發現，他們即使到了中歐新國家的各個首都城市，也都無法主張公民身分，而在戰爭期間留在家鄉的前帝國臣民，則發現他們無法提供必要的文件獲得國民身分。

但是無國籍意味著什麼呢？直到第二次世界大戰之後，歷史學家都傾向於認為沒有國籍的人應該視為法律上的異常存在，因為傳統的法律學說認為個人唯有透過國民身分，才能夠進入國際社會。不過，隨著帝國、民族、主權、國家和國際法的未來都出現爭議，有大量無法主張國民身分的人進入國際政治中，也觸發了對於法律及權利基礎的反思。早期的政治合法性根源（包括王朝統治）大部分都沒有在戰爭中留存下來，政治秩序和國際政治的界限成為激烈的政治與知識爭論的對象。在這個脈絡中，缺乏國民地位這一狀況所暗示的剝奪，也表明了它對國際法秩序的未來具有革命性意義的另一面。

如果一個人與任何主權政府都沒有連結，他／她到底居於什麼地位，這個問題幾世紀以來一直與政治和國際思想的核心辯論糾結在一起。在近代早期的帝國競爭時期，雨果．格老秀斯

（Hugo Grotius，十七世紀的荷蘭法學家與自然權利理論家）認為國際法的主體是一系列莫衷一是的行為者——包括法人、個人和國家——為其代表。格老秀斯在一六二五年的《戰爭與和平權利》（*The Rights of War and Peace*）一書中，宣稱個人、國家和法人同樣受到契約與交換的相關規定之約束，國家只代表國際社會的行為者之一。[13]相較之下，在西方的建國和帝國擴張的脈絡下發展出來、二十世紀之交的主要國際法理論則認為，唯有成為特定國家的國民之個人，才能夠成為國際法秩序的一部分。在法律論文記錄的國家慣例做法中，堅持認為只有國家才是國際法的「主體」，其他的所有實體——個人、法人和非國家團體——都是沒有獨立行為能力的國際法「客體」。這種觀點認為只有國家才算是國際社會中的「人」，非國家的團體和個人都只能夠以其國民地位衍生地使用國際法。[14]從國際法的角度來看，國籍意味著雖然有比較具體的連結——家庭、歷史、血緣、感情、民族、人種和宗教——將個人與國家牽連在一起，但是這與國家是否有義務承認和保護有此法律身分的人，並沒有相關性。「國籍」標示了政治隸屬的法律面向，它把一個政治共同體的子民與外國的外來者區分開來。這個身分是定義國與國之間的成員分類，而「公民身分」則是表示個人與特定政治社會的關係。國籍替有此權利的法律主體提供了正式的地位，確保個人在世界各地移動時獲得安全的保障；個人會感到安全，是因為知道他／她的私人財產和契約協議會得到尊重。同時，國籍這個法律類別也為帝國強權提供了法律機制，讓帝國可以聲稱對臣民擁有統治權，而毋須授予他們完整的公民政治權利。[15]

雖然在第一次世界大戰結束時，國籍已經成為比較重要的身分來源，但是對於管理跨國秩序的預期——新的主權國家如何出現、要怎樣確定政治成員、如何解決政治共同體之間的國民身分衝突——卻都代表了接下來的十年間不確定性和徹底的革新發生的根源。無國籍者開始成為人道主義的新關懷對象，同時他們也象徵超越國家管轄界限的法律和政治身分是可能的。戰後有越來越多人開始主張這種身分，從國際聯盟官員的角度來看，這代表一種特別不穩定的發展（國際聯盟想要努力管控新國家是如何進入國際體系，並且抑制新主權的創立和新形態的國際權威所帶來的衝突及失序）。基於同樣的原因，如果有理論家想要理解大戰後十年間的國際法律秩序、主權的基礎，以及超越國境的權利與自治是否可能，勢必要注意到無國籍的全新規模與它更為受到承認的事實。[16] 在關於國家性質、公共權威和非國家法律秩序的辯論中，都有以法律人格的概念展開的知識戰場。兩次世界大戰之間的法律思想是如何看待個人、法人和團體的地位，取決於這些人格是否被認為具有法律上的行為能力，以及行為能力的性質要如何詮釋。這個時期的無國籍法律論文認為，如果無國籍者能夠在民事訴訟或國際法庭中，以請求人的身分享受到法律制度和法治的好處，那麼他們在法律的眼中就算是具有行為能力。擁有這種特質於是挑戰了國際思想中主流的行為能力與人格理論。[17]

這是由出身自前俄羅斯帝國和前哈布斯堡帝國的一整代法官和國際法學者建構起來的，當他們面對帝國的解體和大量無國籍者的出現，他們的回應便是提出法學分析和法律的倡議。這些人和他們的著作闡明了無國籍的意義，以及國內和國際權威之間的關係，還有上述立論基礎是如何在二十世紀逐步發展。這群人包括馬克・維什尼亞克（Mark Vishniak）、鮑里斯・米爾金－格策維奇（Boris Mirkine-Guetzevitch）、安德烈・曼德爾斯塔姆（André Mandelstam）、漢斯・凱爾森（Hans Kelsen）、約瑟夫・昆茲（Josef Kunz）、赫施・勞特帕赫特（Hersch Lauterpacht）、馬克西米利安・科斯勒（Maximilian Koessler）和保羅・維斯（Paul Weis）。他們每個人都為國際法的發展做出了貢獻，也對難民和無國籍者的國際保護法律架構有所貢獻。從意識形態的角度來看，這些法學家的猶太人背景意味著他們在二十世紀可謂損失慘重——由於資本、帝國和自由主義的時代崩潰。所有人都面臨到無國籍、流亡和移民的挑戰。[18]莫斯科出生、流亡海外的維什尼亞克在一九三三年對無國籍的法律地位做了一場演講，就像是他在演講中所回憶道：「會投入無國籍的法律地位規範問題的人，多數是由於缺乏權利而受害最深的人，這是再自然也不過的事。」[19]不過這只是更大的故事中的一個片段，也不止於理論家個人的生命經歷。在知識上對大規模無國籍的最初回應，是掌握了對國際政治、立憲主義和社會關係的法條主義理解（這類理解主宰了十九世紀和二十世紀初期的國際與帝國政治）。法律和概念的創新在十九世紀末轉趨劇烈，延伸到一系列辯論和政治爭論，主導了第一次世界大戰後的政治思想。在這個脈絡下，無國籍所代表的現象便與法律、政治和現代國家的基本性質相關辯論有了本質上的連結。

歐洲的危機加速讓無國籍的意義出現了進一步轉變，隨之在第二次世界戰之後，又發生了更大規模的遷移與流亡危機。從一九三〇年代晚期開始，日本帝國的政策讓許多亞洲人流離失所、加入數百萬歐洲人的行列（這些歐洲人是因為全面戰爭、納粹的占領和大屠殺而不得不離鄉背井）。本書會跟隨這些思想家從第一次世界大戰後的後帝國時代，到第二次世界大戰後的數十年間，他們大部分人在戰後來到美國，找到了新的政治和制度家園。本書的討論會從歐洲轉向美國、從國際聯盟轉向聯合國，除了探討比較常設性的國際機構對難民身分和救濟議題的投入之外，也會檢視法律性質與國際政治關係的相關爭論。追溯無國籍的重要想法是如何發展的，有助於釐清戰後與人權發展相關的法律學者何以根據新的務實基礎支持國家作為權威。贊同國際法方案的法律學者並沒有在國家之外另外尋求國際法的權威來源，而是以國家協議和習慣法作為創立國際法規範的基礎。[20]

毫無疑問的，在對於無國籍含義的反思中，漢娜・鄂蘭（Hannah Arendt）是政治思想史上最被廣泛研究的人物。鄂蘭在一九四〇年代後期的一系列文章、還有日後最著名的《極權主義的起源》（*The Origins of Totalitarianism*，一九五一年出版）一書中，探討了大規模無國籍現象的起源，以及無國籍在第二次世界大戰後對全球秩序的意義。她描述了在第一次世界大戰之後，有大量政治上無家可歸的人出現，她將這回溯到是因為十九世紀後期的歐洲帝國主義、資本主義和泛民族運動破壞了啟蒙時代的公民權，以及「法律之前人人平等」的理想。鄂蘭調查了聯合國是如何在長期的歐洲難民危機中努力發揮人權的意義，她最後的結論是現代無家者的經驗清楚表明了權利只能夠來自特定共同體的成員身分。鄂蘭清楚展示了渴望和現實之間的緊張關係——即使渴望讓所有人都享有權利，但是事實上權利還是依附於特定國家的成員資格。人類完整的政治組織分散成不同的主權，但是都對成員握有完整的控制，這就表示任何人只要沒有政治身分，實際上就是沒有權利了。唯一有意義的權利就是「擁有權利的權利」（a right to have rights），或者可以確保在某個政治共同體中占有一席之地的歸屬權。[21]

鄂蘭的參與是以較長遠的國際思想和帝國歷史為背景，她彰顯出創建管理國際政治的法律架構時沒有重視的面向。用法條主義的方式處理政治，會招來更廣泛的攻擊——本研究的後半段要討論的問題，便是這類攻擊如何改變了有關無國籍意義的說理與辯論，而且最終形塑出規範非公民身分的法律架構。在不同的制度背景中——從聯合國到國際法院（International Court of Justice，簡稱ＩＣＪ），再到美國的最高法院——都開始確立國籍不只是個人和主權政府之間的形式連結（或只是一種保護的身分），而是更強固且根深蒂固的東西。隨著帝國對遙遠的領土和人民的統治走向終結，帝國也必須試著重塑法律上的國籍以符合法律架構——一個更能夠反映個人與民族國家之間的實質連結的法律架構。

政治和國際法律秩序的法條主義做法確實遭到了攻擊，因此本書後半部的任務便是解釋這類攻擊是如何形成對無國籍，以及非公民這個國際法類別的處理方式。國際法和國際組織都承認正式納入有其限制，不過結果卻是前提（法律上的無國籍本質上就代表國際秩序的危機）普遍被邊緣化。因此，本研究會展示戰後的國際解決方案是如何消化了政治和法律成員資格的基本原則——還加上對於國際政治基本界限的反思和爭論。[22] 我認為我們應該問的問題，不是戰後對流離失所者的定義和規範為什麼沒有兌現最初的承諾，或是它們如何受到主權和政治的阻撓，而是它們做了什麼才讓戰後的國際解決方案被創設出來，以及做了什麼才讓兩次世界大戰之間有關政治共同體和成員依據的問題獲得解決。

第一章
從小說主題到法律現實
From a Subject of Fiction to a Legal Reality

「姑且不論實際上被國際放逐對個人造成的不正義，不應該承認任何人沒有政治上的地位似乎才符合組織化社會的利益。」

——《斯托克訴公共受託人》案匿名評論家

無國籍並非始於第一次世界大戰，不過大戰及其餘波改變了無國籍對國際政治的含義。馬克斯・斯托克（Max Stoeck）在一八九六年離開故鄉普魯士首次抵達倫敦時，幾乎沒有考慮過歸化為英國皇室的法律上臣民。他在倫敦時晉升為「Concordia Elektrizitäts-Aktiengesellschaft」（CEAG）的執行董事——CEAG是一家設計和銷售工業用電燈的德國公司。斯托克努力地在英國建立CEAG分公司，同時也透過位於聖潘克拉斯（St. Pancras）的德國體操協會（German Gymnastic Society）與其他講德語的人保持聯繫；他還經常往返於英國和德國之間，加強這兩間公司的紐帶。[1]

這樣容易的往來在一九一四年九月劃下了句點。戰爭在歐洲爆發時，公民身分的國際法面向已經是由國籍來定義了（國籍會把個人與特定的政府正式連結在一起），不過各地的相關法律（決定某人如何成為法定的國民或公民〔或是完全失去這種連結〕的法律）存在相當大的差異。斯托克試圖在宣戰後的幾週內歸化為英國國民，但是當他提出申請的時候卻為時已晚。在接下來的一年內，斯托克的身分漸漸從國際商務代理人，變成敵對（國）的外國人——這是一種在戰時形成的、相對新的身分——最後變成無國籍者。他在一九二一年向英格蘭高等法院衡平分庭（Chancery Division of the High Court in England）提起《斯托克訴公共受託人》案（*Stoeck v. Public Trustee*），審理該案的一名英國法官採納了斯托克的主張，確認他在幾年前就已經不再和德意志國（German Reich）有法律上的連結了，既然他也從未在英國歸化，因此他應該是一名

「無國籍」的人。判決中認為「無國籍」代表一種法律身分，一般國民會受到政府的國內法保護，外國人也會受到其政府來自海外的保護，而無國籍則與這兩者之間的通常區分有所不同。[2]

斯托克的生活因為戰爭和邊界的國家化而發生改變，但是他的案例並不是我們一般會看到的二十世紀無國籍者的常態。斯托克是一家跨國公司的董事，他希望被英國承認為一個沒有國民身分的人，是為了追回他因敵對的外國人身分而被英國政府沒收的財產。他面臨遭到拘留的劇變、財產被沒收、婚姻也被解除，這都是因為他在戰爭期間被認定為敵國的法定國民，因此遭到這些直接後果。不過，成為法律上無國籍的人其實是斯托克的戰略，他要用這種方式讓自己擺脫第一次世界大戰期間對敵國國民和私人經濟體的限制。因此，他的例子不足以讓我們完全掌握二十世紀全新規模的弱勢案例（這些案例是因為政治革命、邊界國家化和排外的政治運動所導致的）。從這類更常見的現代政治革命的角度來看，法院承認斯托克的無國籍身分似乎只是一種表徵，它背後還有更深層得多的轉變（更為排外的法律和政治身分形式），而它只是附帶的結果。[3]

不過，《斯托克訴公共受託人》案仍然是無國籍史上的重要事件，因為它在第一次世界大戰後的無國籍主流面貌之外，又提供了另外一個完全不同的圖像。是否要在法律上承認無國籍，這個問題讓人們對於規範跨國秩序的協定，以及法院對這個法律身分的承認是否有更廣泛的含義，進行了明確的反思和爭論。斯托克的例子突顯出隨著戰爭接近尾聲，國家和主權的意義出現了根本的模糊之處。訴訟過程中的論戰，以及法官在判決中接受斯托克是一名無國籍者，都確立了無國籍在隨後的幾年中會有知識上的重要性。此外，我們也將在後文看到無國籍者在第一次世界大戰後的十年間變得越來越多，這個判決本身直接形成了國際對此事的反應。[4]

乍看之下，會覺得無國籍者在兩次世界大戰之間大量出現，是反映了國內和國際關係之間日益加劇的鴻溝。《斯托克》案的判決的確證實要決定一個人與國家之間的法律連結，最終權力是屬於該國政府的主權範圍。不過，承認西方國家體制的邊界內有無國籍者存在，是戰後外交關係重新定序中的一個關鍵面向（因為它挑戰了西方政治思想中的一個早期假設——在文明國家的邊界內，無國籍這種身分不會獲得承認）。政府過去都不願意承認有無國籍的個人（他們與任何可以提供保護和身分的政府都沒有法律上的連結）。因此，在帝國與國家還糾結於帝國的臣民身分、保障和國民身分等問題時，接受無國籍的主張就意味著要與早期的帝國和跨國關係模式背道而馳。無國籍從「小說的主題」——主要限於文學作品裡的身分——轉化成受到承認的政治現實。一旦我們知道這個判決相較於先前的法律史和國際思想史的脈絡有什麼意義，我們就可以理解為什麼在法律上承認無國籍，會讓國家和帝國邊界內外的政治秩序的未來遭到質疑。

本章和之後兩章會證實無國籍這種類別是如何進入國際社會和國際法的。這三章想要展現的是在第一次世界大戰之後，主權的意義和跨國政治秩序的基本原則都充滿不確定性。我們會在後文看到承認這種類別對國際法和法律秩序的未來帶來展望。有些人期望國際法可以擴大管轄範圍，對他們來說，承認無國籍讓超越國家範圍的法律權威有了新的可能性。為了理解箇中理由，我們必須理解案件的論辯用語和它被更廣泛接受的情況。

I

我們當然可以從更廣泛的歷史變遷——十九世紀中葉的經濟與技術的密集全球化，到第一次世界大戰期間的邊境管制——來看斯托克的傳記細節。斯托克在一八七二年（德意志帝國統一的一年後）出生在普魯士的萊茵河地區，他在二十三歲離開德國前往比利時。一到那裡，他就向德意志帝國政府申請發給他解除身分的文件，以免除他身為德國國民的權利和責任。斯托克已經超過兵役年限了，所以德國官員也核發了文件，確認他不再是帝國的法定臣民。一八九六年，斯托克在從比利時遷往倫敦，不過他從來不覺得有必要歸化為英國國民。跨越國界的移動在當時一直是一件很簡單的事，直到它有一天突然被叫停。[5]

斯托克搬到倫敦時，正是許多國家（包括英國在內）開始反對無限制移民的時期。若是早幾十年前，跨越國境的流動對所有社會階級都比較容易，但是到了一八九〇年代，勞動的窮人將面臨越來越多的移民限制。不過像是斯托克這樣的商人，一般都可以駕馭書面作業。他們的生活體現了資本主義是如何滋長世界公民和商業之間的連結。他們在英國不能夠擁有土地，但是可以像合法居民一樣自由居住和展開商業活動。[6]從企業家想要追求機會和利潤的角度來看，國界和國籍阻礙了全球的社交和商業。在整個十九世紀，想要控制移民的法律和官僚機制不斷擴張；然而同時也有自由主義的觀點，認為進步取決於個人和資本能夠在世界各地自由流動。[7]

斯托克發現自己——還有一些更知名的德意志帝國臣民——都希望擺脫國家情感的負擔、追求自己的利益，於是便放棄了與德意志國的法律紐帶。他們打著人身自由和便利的旗號，讓個人逃離十九世紀後期的歐洲工業化和軍事化國家對臣民日益增長的要求。哲學家弗里德里希・尼采（Friedrich Nietzsche）也在一封信中表達他是採取一種極為務實的態度來看待自願喪失國籍這種事，他認為公民義務是一種惱人的行政之事。尼采寫道：「我在一八六九年到一八七九年之間待在巴塞爾（Basel）；我不得不放棄我的德國公民身分，因為我的騎馬砲兵軍官身分讓我太常受到徵召了，這干擾了我的學術本分。」[8]

十九世紀的重大科技突破（包括鐵路、輪船和電子通訊）戰勝了距離的挑戰；對空間和時間的新觀念支撐起十九世紀末（*fin de siècle*）的國際主義精神。[9]在歐洲、美國和拉丁美洲均有國際主義運動，並靠著新經濟制度和法律創新助長了政治和社會的相互依存。例如在十九世紀後半葉的幾十年間，法學家致力於國際私法的系統化和合理化（這個領域管理的是全球商業聯繫中的跨境法律關係）。私法標示的法律場域是關乎私人行為者（不論其國民身分為何）所為的個人與公司間的契約執行，不同於公法規範的領域是包括像是主權和國家權威之邊界等主題。[10]

在一九〇〇年和一九〇九年之間，有一百一十九個國際組織成立，在大戰的前五年間又成立了一百一十二個。[11]

斯托克的公司（CEAG）示範了自由資本主義優勢時代的經濟國際主義，公司的股份是以同比例分給德國和英國國民。該公司對採礦業的技術貢獻在一九一二年得到表揚，在該年度最佳礦工電動安全燈國際競賽中，英國內政部（British Home Office）將一等獎頒給由德國工程師設計的CEAG燈。[12]斯托克同時身為發明家和企業董事，在整個職業生涯中始終忠於該公司。在比賽結束之後，斯托克前往英國礦區展示那盞得獎的燈。該公司從德國多特蒙德（Dortmund）的總部擴展到英國的巴恩斯利（Barnsley）新工廠，也是在他的監督之下。[13]

變化驟然而至。戰爭加深了國民與在正式法律意義上屬於其他主權國家的外邦人或外國人的區別。戰爭在一九一四年八月爆發，當時正在德國的礦泉療養勝地的英國退役陸軍和海軍軍官發現他們成了德國政府眼中的敵人。在宣戰後的幾週內，西方的自由民主國家（像是法國、英國和美國）就對公民出國旅行的資格增加了限制，目的是為了保留作戰人力，並防止政治上可疑的人物流動。[14]人們過去可以享受相對容易的跨境流動和居住，現在則面臨人民和工業國有化的後果。只要是在歐洲以外的地方，過去幾十年間在鄂圖曼帝國進行商業活動的外國人都可以享有治外法權，然而在鄂圖曼帝國與德意志和哈布斯堡帝國結盟之後，這些外國人被給予四十八小時時間放棄外國公民的身分。在十九世紀後半葉，西方國家的人民不必受到鄂圖曼的法律管轄，但是在進入戰爭僅僅一週之後，蘇丹穆罕默德五世（Mehmed V）就簽署了一份官方聲明，廢除這個法律權利制度。[15]

隨著國家安全漸漸優先於私人企業，個人和企業也必須清楚地為自己貼好標籤。CEAG和德國股東劃清了界限，重新組成一家純粹的「英國」有限責任公司。[16]斯托克作為一名來自敵國的非英國國民，很快地就意識到他必須入籍成為英國臣民。在戰爭正式爆發之前，英國合法居民的生活就已經比較困難了——起始點是一九一四年的《外國人限制法案》（Aliens Restrictions Bill），該法案授權圍捕涉嫌從事間諜活動的外國人。一九一四年八月公布的《英國國籍和外國人身分法案》（British Nationality and the Status of Aliens Act）將舉證責任歸於受懷疑的一方；此後，在倫敦警察總部的外面，每天都有數千名受到懷疑的外國人排隊，登記他們的合法外國人身分。[17]斯托克從一九一四年八月十二日開始申請歸化為英國臣民；他在《國籍和外國人身分法》（Nationality and Status of Aliens Act）通過後幾天內就提出了申請，表明他努力想要確認公司的國內地位，而且他主張CEAG對英國的經濟和戰爭努力至關重要。斯托克描述他自己是「一家英國有限責任公司的商人和執行董事」，而該公司會為英國的礦業公司生產安全燈。[18]一旦交戰，政府會開始調查在其國家註冊的公司的真正擁有者是誰，那麼股東和雇員來自不同國家的公司就將被國有化。英國臣民和敵國國民之間的契約在戰爭期間最後都遭到中止（雖然興起了大量訴訟）。[19]英國也和其他國家（包括法國、奧地利、義大利、德國和荷蘭）一樣，立法准許政府在非常時期擁有一些權力，包括為了公共防禦而徵收財產（例如鐵路）的權力。英國的煤礦在戰前是由一千五百家不同的公司所擁有，而到了一九一六年，由於英國要深化對產業的掌控以確保符合戰時的需求，所以這些煤礦也被置於貿易局（Board of Trade）的控制之下了。[20]

斯托克的入籍申請遭到拒絕，但他還是抱著期待，希望自己在CEAG的職位可以讓他免於被定義為敵對的外國人而要面臨的一些困境。新創設的敵對外國人這個類別需要立法者和國家官僚的許多創新，因為在第一次世界大戰之前，政府一般都避免對戰時居住在領土內的敵國臣民採取正式措施。[21] 英國內政部是負責移民和歸化的部會，斯托克在寫給內政部的信中，主張他的安全燈對戰爭和英國整體的採礦利益都十分重要。[22] 其實官員對於要將斯托克指定為敵對外國人也感到很苦惱，因為CEAG的確是大英帝國各地礦山的安全燈主要生產商，而且該公司也與戰爭部（War Department）簽訂了獨家契約，由CEAG生產在戰爭中用於挖掘和構築壕溝的燈。對於斯托克身分的反覆審議表明了這類官僚決策的詳細程度，還有這個新分類的不確定性。認定斯托克為敵對的外國人，絕對不是橡皮圖章式的決策；內政部官員還訪談了巴恩斯利工廠的員工，以確定斯托克對日常運作的重要性。[23]

斯托克還面臨了可能因為敵對的外國人身分而遭到拘留的可能性，當時是倫敦的律師事務所——克魯斯曼與勞斯（Cruesemann and Rouse）——為他辯護。他的律師最初成功地讓他免於遭到拘留，因為律師主張斯托克對英國礦業的重要性太大了，不能夠讓他被關起來。[24] 他的申請最終還是被駁回——在他申請入籍將近兩年之後（一九一六年五月二十四日），內政部認定斯托克是敵對的外國人，並致函地方警察局長將他拘留。[25]克魯斯曼與勞斯並沒有放棄他們的當事人，還是繼續爭取對斯托克的寬大處理，因此，斯托克可以從設於亞歷山德拉宮（Alexandra Palace）的拘留所出來參加董事會。當他向法院提出上訴、聲稱自己不是敵對的外國人時，克魯斯曼與勞斯也繼續代理他。戰爭初期的立法中規定以公共受託人（Public Trustee）這個新機構作為敵方財產的保管人，這讓斯托克和其他有類似處境的人都面臨拘留、失去財產及個人所有物的困境。克魯斯曼與勞斯想要用訴訟讓斯托克撕下敵對外國人的標籤，但是最後並沒有成功，不過公共受託人有將他的CEAG股份收益指定到他的銀行帳戶，只是斯托克本人仍然遭到拘留。

在一九一八年三月，斯托克以平民戰俘的身分被送往荷蘭，接著再轉往德國，他在拘留時享受的所有彈性就此劃下句點。斯托克返回德國一事，讓貿易局根據一九一四年的《與敵貿易法》（Trading with the Enemy Act）條款將他視為敵人，因此，公共受託人就可以沒收斯托克出售CEAG股份的所得。[26]在戰爭結束之後，英國（與其盟國）和德意志帝國在法國的凡爾賽宮（Versailles）簽署和平條約，並在一九二〇年一月生效；條約中允許德國政府用國民的財產來償還戰爭債務，並授權英國政府自動占有居住在大英帝國境內的德國國民之財產。在遭到多年拘留、財產被沒收，以及被認定為敵對外國人而經歷了個人動盪之後，斯托克要求法院出具聲明，確認他不是德國的國民，而是一個無國籍、沒有國家的人。

II

如果沒有國家承認你是該國公民，那麼你就是一個無國籍的人，這好像只是邏輯上的必然。但是來到高等法院衡平分庭的弗朗西斯·澤維爾·約瑟夫·羅素（Francis Xavier Joseph Russell）法官面前的，卻是上千名聲稱他們被錯誤貼上敵對外國人標籤的人，他們在等待判決，看看能不能夠被承認為無國籍的人。在戰爭剛結束的頭幾年內，除了英國之外，全歐洲還有許多人在尋求法院承認他們不具備任何一國的國民身分。[27]

第一次世界大戰的戰勝國在《凡爾賽和約》（Versailles Peace Treaty）裡制定了懲罰性條款，這讓居住在大英帝國的前敵國——包括德國、奧地利和匈牙利——的臣民甚至發出更大的呼聲，要求正式承認他們是無國籍的人，以免受到《凡爾賽和約》的處罰。許多在大英帝國的人也希望加速讓他們歸化為英國臣民，因為根據英國的《國籍和外國人身分法》（一九一四年）的規定，任何來自敵國的人所提出的入籍申請都自動有十年的等待期。《時代法律報告》（*Times Law Reports*）裡有一篇對《斯托克訴公共受託人》案的詳細報導，也指出該案其實取決於「英國法律是否承認有『無國家者』——即沒有國籍的人——這種身分」。[28]戰時的例子顯示從英國法院的角度來看，過去從未尋求新國籍的人會被直接推定為絕對不會完全放棄先前與敵國的法律連結（這將在後文做更詳細的討論）。現在《斯托克》案的判決結果則提供了一個機會，對於法界先前在戰時的看法（即拒絕承認沒有國籍的人）做出重新審視。同時間還有負責審查入籍申請的內政部官員也在等待判決，好讓他們決定是否可以開始處理無國籍者的申請（雖然這些申請者不必面對那些被認定為敵國國民所加諸的限制）。[29]

帝國各地和戰後軍事占領區的秩序問題帶來了法律判決的急迫性。然而，如果要理解判決本身和它被接納的情況，就必須重新建構訴訟過程中對於論證詞彙更精密的使用。因此可以說這個案件的重要性來自兩個面向。首先是它在歐洲和大西洋彼岸的美國都被廣大的法律人接受為國籍法概念的重要發展，因為在那之前，市法庭都沒有承認過無國籍。其次，該案之所以重要，是因為它引發了對於國際秩序本質的明確反思——爭論斯托克是否的確為無國籍者，以及英國法律是否承認這種身分，都說明該判決其實具有更廣泛的國際和政治利害關係。斯托克的例子顯示對於跨國秩序指導原則的相關辯論——至少是在治理預期上，即使還不到實踐層面——終於承認無國籍是國際社會範圍內的真實狀態，也理解這種承認的風險。

雙方提出的論點與其說是法律的糾葛，倒不如說是對國際社會的願景和主權國家制度的主導原則的歧異。訴訟中彰顯出兩種互為競爭的跨國秩序願景。公共受託人辦公室的辯護人認為本案是建立在國際秩序的基礎上，因此法官不應該承認斯托克自認為無國籍者的主張。他們認為如果英國接受無國籍這種法律類別，等於是法院推翻了之前的道德承諾（承諾要在跨國秩序中排除無國籍的可能性）。公共受託人的代表堅持，英國法院有權決定個人是否能夠保有其他國家的國民身分（即使他們自己的政府已經剝奪了這些人之前與國家的連結）。他們引用英國和美國大眾在幾十年前的強烈抗議——當時的羅馬尼亞在一八七八年獨立之後，拒絕讓猶太臣民擁有羅馬尼亞公民的身分。他們認為這個案例足以推斷出法院可以否決另一個主權國家的主張（在此案中是指某個臣民已經不再是該國國民）。[30] 律師們指出政治先例（出於道德和政治信念）都沒有承認過無國籍，因此英國法官有權決定一個人的國籍身分，並且據此確定他國國籍法的適法性。[31] 法官可以在權限內不承認斯托克是無國籍者，否則情況就會類似於羅馬尼亞的情況，使得英國成為公眾在道德上嘲笑的對象。律師們認為，該案的核心問題是如果將無國籍納入歐洲國家的體制中，就意味著道德目標的指導意義走向終結。如果要支持國際秩序的道德願景——不要讓任何人缺乏國家的保護——就意味著要對任何政府都能夠全權決定其成員的主權設下限制。[32]

斯托克方為了證明事情並非如此——其實斯托克已經切斷了先前身為德意志帝國成員的身分連結，因此應該承認他是無國籍的人——於是律師便強調該案的重要元素是接受普魯士政府的決定。他們主張應該互相承認另一個國家的國籍法，而且國際社會的決定性特徵便是主權國家在國籍事務上享有形式上的平等，這就足以論證英國法應該承認無國籍。他們的論點很簡單：斯托克收到普魯士政府決定撤銷他國籍的文件，既然他也從未成功入籍為大英帝國的臣民，那麼他必然是無國籍的。決定解除國家與一名前臣民的法律連結屬於普魯士的主權，而且在斯托克提交給內政部的文件中，也已經包括了普魯士證明他被撤銷國籍的文件（已經翻譯成英文），英國法院應該要接受，並且承認斯托克是無國籍者。[33]

律師想要說服法官承認斯托克是一個「無國籍」者的論點，觸及了案件核心的兩難。斯托克本人似乎非常樂意以資產階級的自由身在倫敦生活，這讓他不需要國民身分就可以居住、工作和旅行。但是他的律師也同意：承認無國籍這個明確的類別有其危險，因為這表示有人的生活可以完全不受到法律的拘束。[34]

公共受託人引用了公眾對於羅馬尼亞對待猶太臣民的方式所做的批評，目的是為了證明，即使拒絕承認其他主權政府的臣民與其表面上所屬的政治共同體不存在法律上的連結，也無礙於國家之間的通常外交關係，以及對於一國主權的尊重（尤其是如果該人在其他地方也都不具備合法的成員資格）。斯托克的律師引用國際法論文來反駁這個反對意見，論文中詳細討論了如何便可以在法律上將無國籍者視為外國人，使其能夠在大英帝國的領土內享受與任何非敵國人之非英國臣民相同的權利。換句話說，承認斯托克是無國籍者，並不意味著法院將成為創造非法地帶的同謀，或因而使得某些不幸之人喪失權利、無法得到法律上的救濟。雖然沒有國家身分的人在法律上就沒有自己的國家，但他們還是可以主張一些通常只給臣民和外國人的基本權利和救濟。

不過，斯托克的律師還提出了更有力且論證更仔細的論點——即各國對於制定與解釋該國的歸化與剝奪國籍的管理規則具有知識的優先權。公共受託人的代表認為該案是以跨國秩序的本質為其核心議題，而斯托克的律師也對指導原則提出了願景（其指導原則規範了國家會與另一國的管轄主權產生基本關聯的方式之一）。他們從德國請來著名的法學家替德意志帝國的法律作證，表示斯托克實際上已經解除了先前與德國的隸屬關係。[35]律師替兩名證人安排了簽證，成功讓柏林的齊格弗里德・戈爾德施密特（Siegfried Goldschmidt）博士和法蘭克福的愛德華・貝爾瓦爾德（Eduard Baerwald）前來作證，兩人根據德國民法關於國籍的相關規定，說斯托克已經失去了先前與德國的一切法律連結。兩名證人在證詞中聲稱「原告已經完全喪失德國國籍，根據德國的法律，他是一名無國籍者」。[36]斯托克的律師請來受爭執之法律本國的專家證人，用意在於主張只有受爭執的法律制度代表，才能夠解釋國籍法的真正含義。只有他們可以證明自己對普魯士法的詮釋具有正當性。因此，讓他們以專家證人的身分出席，其實具有雙重作用：一方面以他們對德國法的適當詮釋削弱對手的主張（因為對方主張法院或官僚系統在決定一個外國臣民的國民身分時，有權解釋另一國的法律），而他們的出席也顯示了這類法律上的交換是國家間正常往來的一部分。的確，如果是在戰爭期間，德國的法律專家就不會被允許去倫敦出庭。

羅素法官在聽取了相反論述之後做出裁決。羅素承認無國籍，也認同斯托克主張他早在第一次世界大戰前就失去了德意志帝國的國民身分。羅素在判決中描述無國籍是英國法的一個全新類別，與外國人或公民不同。他的判決反映出在此之前，公民和外國人的區別一直是圍繞著現代的公民概念這個核心。因此，承認斯托克是無國籍者，等於是確認了第三種類別的存在，也代表與標準法律區分的背離。羅素指出在較早期，普通法依其「一般目的」區分為臣民和外國人就已足夠，而無國籍者在法律上就與擁有法律權利的外國人是同義詞。[37]

主要是援引了斯托克律師的論點，才承認了這個法律上的新類別，斯托克方堅持認為如果要根據德國法解釋斯托克是否失去了先前與德國的連結，這超出英國法院的管轄範圍。雙方在辯論過程中都引用了十九世紀末和二十世紀初國際法領域的權威論文。但是如同羅素的總結所說的，這些論文包括了許多具有模糊性和彼此矛盾的觀點，所以雙方都可以在國際法中為其論點找到支持。

戰前數十年間的法學論文出現了許多與國際法相關的新學說，不過和斯托克的律師所描繪的跨國秩序願景比起來，則幾乎沒有什麼影響力。羅素沒有理會國際法的權威學說，他的判決是以一般常理作為基礎，他所舉的事實承認無國籍已經成為整個歐洲的常態，這個類別已經滲入政府的日常談話和行為當中了。例如德國和丹麥之間的一個條約中出現了「*staatenlos*」這個詞，德國警方在發給斯托克的身分文件中，也用了同樣的詞。[38]羅素的結論是「一個人是否為任何國家的國民，必須由該國的國內法決定。或許一個人可以被『視為』或是『待遇等同於』另一國的國民，但是他無法因此而成為該國國民。原告（依據德國法）不是德國的國民，而他也無法根據英國法律成為德國國民」。[39]英國法官無法決定他國國籍法的合法性，這確認了國際秩序的願景是由同樣擁有主權的實體所決定的，每一個實體都會要求自己的法律決定受到尊重。羅素無權審理他國的國籍法——在本案中就是指普魯士自願撤銷斯托克國民身分的決定。法院只能夠接受該

（外）國法律制度的代表專家證詞。一個已經失去國籍的人究竟是因為被剝奪國籍，還是自己想要切斷與政府的法律連結，原因並不重要。因此，羅素明確表達了國籍的本質原則，以及國籍和更廣泛的外交與國際關係之間的關聯。[40]

《斯托克訴公共受託人》案上演了兩種權利衝突——一邊是主權平等（每個國家都對歸化事務有獨立的主權），另一邊則是帝國有權拒絕其他主權國家以絕對的權威對其臣民貼標籤。就像是公共受託人的代表所主張的，法官必須考慮到對於跨國關係的傳統理解中，公共秩序占有一定的位置。相較之下，斯托克的律師則堅持如果要以外國法作為相關的基本原則，應該要有知識上的謙遜。[41]是否應該「依據英國法」承認斯托克是無國籍者，這個法律問題觸及主權和國籍關係中更大的模糊性。當臣民跨越政治邊界時，要如何依遊戲規則指揮國家之間的關係，以及如何決定秩序的基本原則，都成為判決中最緊迫的議題。

裁決的結果讓斯托克拿回銀行帳戶中的一點餘額和一些傢俱。不過更重要得多的，是斯托克成為大英帝國史上第一位正式擁有「無國籍」身分的人。[42]《斯托克訴公共受託人》案確認了無國籍早已是歐洲各地越來越受到承認的身分，而且裁決本身也對數以千計的人有深刻的實際含義（因為他們的生活要仰賴是否可以主張這個身分）。同時間，在帝國和國際秩序的輪廓於第一次世界大戰後的幾年間逐漸形成，該判決也對國際法、權利和法律人格理論產生了重大的延伸性影響。為了理解羅素法官的裁決造成的根本性轉變，我們必須回溯過去的兩個世紀，這樣才能夠了解承認無國籍這個政治和法律上的身分，是如何與過去的國際思想中的無國籍概念分道揚鑣，也與全球法律秩序中早期的公約和做法互相背離。

III

到了十八世紀後期，無國籍在概念上和修辭上連結的概念，是個人因其生為人的身分而承擔權利和義務，而不是因為他是特定政治共同體的臣民。同時，此時期的理論家則開始堅持，如果有人能不依靠政治成員的身分保障和保證而擁有自然權利，這種人只存在於想像領域，而不存在於現實世界的政治。政治理論家兼國會議員埃德蒙．伯克（Edmund Burke）在一七八一年對英國議會做了一場演講，其中描述了如果個人在需要時沒有政府可以呼救，將會面臨到什麼困境；他在演講中提到國際法，而他認為國際法有機會替沒有政治共同體可提供安全感的人帶來保護。伯克這次出手是因為議會對帝國統治和英國軍隊的管理有爭執，而這番討論是源自美國獨立戰爭期間治理加勒比海的聖佑達修斯（St. Eustatius）島的英國指揮官的行動。該地軍事指揮官迅速驅逐了島上被指控與美國殖民者進行非法交易的猶太人居民，並沒收他們的財產，還透過公開拍賣加以出售。伯克雄辯滔滔地指出如果沒有國家，島上的猶太人就沒有救濟來源。「如果是荷蘭人受傷和遭到攻擊，荷蘭人有國家、政府和軍隊能夠補救，或者為事件的起因復仇。如果是英國人受傷，英國人可以奔向軍隊和法律、國際法（或者至少他們曾經有國際法），來尋求保護和正義。但是猶太人沒有這樣的力量，也沒有這類朋友可以倚靠。因此人們必須成為他們的保護者和盟友。」[43]伯克認為國際法至少可以為身為人類一員的個人提供理論上的保障，他引用了十八世紀的瑞士法學家艾默瑞奇・德・瓦特爾（Emmerich de Vattel）對這個主題的影響力之作，不過這個想法其實可以在羅馬的法律思想中找到更深的根源。因此，這篇演講是將無國籍的狀況──沒有主權政府可以支持自己的法律主張，或是在不安全的情況及危險發生時更直接地介入──與普世人道的概念連結在一起，但是同時也指出依賴國際法或同為人類的身分來保障個人安全，具有根本的危險性。伯克以一七八九年的《對法國大革命的反思》（*Reflections on the Revolution in France*）一書對自然權利的概念提出著名批評，書中還闡明了相關概念，例如權利取決於集體成員的資格，以及來自歷史和規範的先例。[44]

十八世紀晚期的大西洋世界將連結起個人與國家的國籍強化為法律身分中的核心類別，因此法院不認為「無國籍」是一種可以接受或承認的身分。例如在一七九五年的《塔爾博特訴詹森》案（*Talbot v. Janson*），一名男子宣布放棄他對維吉尼亞州的忠誠，而該案是要求美國最高法院考慮是否有這類人存在的可能性。法院的推論是，提出請求的原告仍然是美國公民，因為「世界公民」是「想像中的產物」，不存在於各管轄權威分治的真實世界中。在十八世紀晚期的大西洋世界這樣充滿變革的背景下，國籍掀起了理論和法律上的辯論，它證實想要擺脫國民身分的自由，與世界主義和人道想法有很深刻的連結（世界主義和人道想法在前幾十年的啟蒙思想中已有流傳）。不過到底是不是要承認個人有此身分（或說是沒有身分），法院在思考後，最終決定拒絕承認真實世界有世界主義的存在的可能性。[45]

到了十九世紀中葉，歐洲已經在立法解決沒有國民身分者的法律定位問題。瑞士是第一個對聲稱無國籍的人採取法律方式的歐洲國家。十九世紀的瑞士替所有想要獨立建國或是發展國際的社會主義革命運動的無國籍者提供了基地，因此與政治上沒有歸屬的人產生了連結。一八四八年的瑞士憲法把「*heimatlos*」（或謂無家可歸者）列為憲法秩序中的一種特殊身分。瑞士會以聯邦立法定期解釋應該由哪一個行政區（或是瑞士聯邦的成員州）負責為沒有國民身分的人提供社會福利。對無家可歸者的管轄權衝突逐漸演變成地方對「*heimatlos*」的責任這樣全國性的問題。瑞士用立法來規定地方對於沒有國民身分者的管轄責任，這引起大家注意到一個更大的問題——與任何政府都沒有關聯的人的法律責任問題。[46]

不過，雖然個人的無國籍在十九世紀被部分承認，但是通俗故事依然讓人覺得沒有國籍的人只存在於小說領域。美國作家艾德華・艾弗雷特・海爾（Edward Everett Hale）在一八六三年於《大西洋》雜誌（*The Atlantic*）上發表了短篇故事〈沒有國家的人〉（The Man without a Country），就是在強調國籍和忠誠的新爭議（同時各國在十九世紀中葉也都加強了對公民和臣民的掌控）。故事中的美國陸軍中尉菲利普・諾蘭（Philip Nolan）因為叛國罪而受到審判，他宣布放棄對美國效忠之後，便在海上度過了餘生。這個故事描述了失去國家承認的意義，刻畫出現代國家的屬性。諾蘭受到的剝奪——他失去了土地和友情的連結，也缺乏一件帶有識別佩章的合宜制服——說明了身為國家的一部分意味著什麼。

〈沒有國家的人〉描述因為國家越來越依賴大量的公民常備軍和更擴大的徵稅形式，使得國家開始主張更多的領土和官僚掌控。在這個主人公（一名退伍軍人）於盛怒之下不自覺流放自己的故事中，充滿了國家地位和愛國忠誠的象徵（這些都是在這個時期開始成為國民身分的標誌）。美國的入籍事項原本是由各州決定的，南北戰爭之後則成為聯邦法院的職權範圍。在南北戰爭期間制定了軍事行為守則——《利伯法典》（Lieber Code）——其中很強調標準軍隊制服的重要性，戰爭法也只適用於穿著正統軍裝的敵方士兵。因此，船上的其他水兵稱呼諾蘭是「拔掉佩章的人」，因為諾蘭穿著標準軍服，但是不被允許佩戴軍隊佩章（因為佩章代表了被他否認的國家）。[47] 海爾是一名哈佛的學生，他懷抱著對世界政府的未來和建立世界法庭的想法。不過，他寫的故事所傳達的訊息很類似於伯克在議會演講中要表達的。一旦被剝奪了國家，也會威脅到你身而為人的身分。諾蘭受到的一部分處罰是禁止談論他的原鄉，他也失去了友誼和說話的能力。公海概念可謂萬國法的中心，是一個不受到主權控制和競爭的空間，在海爾的道德敘述中，它似乎成了一個殘酷的笑話。諾蘭可以自由地存在於海洋中央，但是與此同時，他也失去了被定義為人的特質。[48]

在接下來的幾十年中，「沒有國家的人」這個概念大多是被視為小說主題，而不是國際現實——雖然到了十九世紀後期，要讓全國統一和擴張的戰爭的確為大量人口帶來喪失國家隸屬的真實威脅。十九世紀的外交關係體現了下列兩者的緊張關係：一方面是必須承認另一國簽發的證明文件，另一方面則是國家主權還是可以評估法律（甚至是外國法）如何適用於居住在其境內的個人。即使有人因為流亡和移民而失去與任何政府的法律連結，各國還是有權決定該國所有移民的國民身分。[49]

因此，無國籍不被承認為現實的原因之一，是因為當各國政府在決定潛在的新移民的身分時，通常會保留可以解釋他國國籍法的權利。羅素決定遵照德國的法律、替一個原本持德國籍的非公民評估其國民身分，這代表他捨棄了歐洲帝國在第一次世界大戰之前的國際外交做法。這代表一項創新，與其背後的早期做法背道而馳（在早期的歷史中，並沒有其他政府官僚、移民官員和法院做出同樣的推論）。正是因為認為法律權威（例如高等法院）應該接受其他政權的決定——在斯托克的案例中，是指普魯士政府——讓斯托克失去普魯士的國籍，這代表國家間已經對國際社會所推定的規範有了新的理解。

相較之下，早幾十年的個人如果移居到新的國家，要判斷該移民是否失去與之前母國的法律連結，端看接受他／她的國家如何詮釋外國法。十九世紀中期設立了邊境管制的共通程序，這有助於將國家的做法標準化。不過，西方的帝國主義強權主張他們有權利評估其他主權國家是如何決定其臣民的地位。移民想要越過國境或是取得合法居留權時，領事館和移民當局有權評估該移民的國民身分。任何一個國家對於取得和剝奪國籍的事項都沒有終極主權，因為其他國家可以不承認該國有權利逃避對人民的責任（如果該人在其他地方都無法主張合法身分的話）。[50]

現代國籍法形成其特徵——以政府立法來規範國籍的取得和剝奪——是為了對應於要顧慮居民可以主張來自其他政府的保護，而各國發展國籍法也是為了回應其他國家對其國民的主張。世界各地國籍法的主要根據，是個人以繼承方式得到公民權（屬人主義），或是因為出生在特定領土（屬地主義）或透過歸化而取得成員的法律權利。鄂圖曼帝國在一八六九年對臣民發展出最全面的國籍法，是為了回應外國強權（例如俄羅斯、法國和英國），以行動聲稱他們有權保護住在帝國邊界內的個別管轄範圍之下的外國人。為了回應這類侵略性的聲明，鄂圖曼當局主張他們有權評估帝國內所有居民和訪客的身分，並對入籍和放棄國籍事項握有最終決定權。[51]歐洲國家面臨到大量人口遷移到北美的狀況，這些國家的官員擔心移民潛逃到美國是為了逃避徵兵，然後再挾著美國國籍的保護返回母國。[52]於是便首次出現雙邊和多邊的條約，以明確的規則制定誰會被視為一國成員，但是決定協約條款和解釋外國法的最終權力仍然屬於邊界官員。[53]

因此，羅素認為在評估請求人的國民身分時，英國法官不可以解釋另一國的法律——這與較早期的國際慣例背道而馳。不過，為了理解羅素的裁定或是無國籍正式進入法律有什麼意義，我們必須探討對無國籍的修辭和法律地位（當時的脈絡是十九世紀後期對國籍和全球合作出現了新的爭論）。為了這個目的，我們必須轉向國際法的歷史。國際法領域一路從十八世紀末發展到十九世紀，它定義了國家之間的法律關係，而且一般都會把國家（而不是其他任何道德主體）描述成這種法律秩序的主體。在維也納會議（Congress of Vienna）後的數十年中，更專業化的國際法學家階級的成長，發展出國家的規範式標準。近期的學術研究強調國際法學家確定了主權國家作為統治的基本單位，這遮蓋了政體和人民的多樣性（他們在全球的帝國體系中會互相影響和相互支配）。[54]

也就是說，歐洲國際法學家產出的國際法論文帶來了對跨國秩序的特定想像。這些論文是在民族國家進行領土擴張的背景下所寫的，這些民族國家都有極權的中央政府，也都試圖透過形式上的帝國主義擴大對世界市場的占有。早期的歐洲政治思想將管理國家關係的法律與管理「人民」或非國家團體（包括種族、自稱的政治國家和公認的主權地）之間關係的法律區分開來，這是考量到在國際舞台上，只有嚴格意義下的國家才擁有道德人格或行為能力。有時候不是用「國家」（state）、而是套用「國族」（nation）一詞來識別已經達到一定發展水準的政體。這類已經發展的政治共同體不會允許國境內的任何人處於無國籍狀態。德國法學家路德維希．馮．巴爾（Ludwig von Bar）發表了一篇具有影響力的國際私法論文，為國家提供了另外一種、不過同樣可以成為基準的定義。馮．巴爾指出，「我們用這個意義的國家來理解依據某些共通特徵、共同文化結合在一起的人群團體，他們本身不存在法律。國際法只承認真正的法律共同體，或是已經確立的國家之存在；它不承認未來可能成為、過去曾經是、或者可能再度成為的法律共同體」。[55]西方的法律思想中原本就認為，國家這種正式的構造體與社會權力和公民社會的組織有所區隔，這也因此促進了二十世紀之交的國際法對國籍和公民身分的區分。十九世紀的國家和法理論的論文會區分以下兩者：國家是法律的創造物，而共同體的概念則是基於社會的忠誠度。這種區分讓國家能夠鞏固其權威（即使構成了聲稱為中立裁判的團體）。此外，這類文章發展出法律上的國家地位和國族群體之間的區別，再度重申了歐洲式國家和還沒有獲得這類法律資格的團體處於不同的文明階段。[56]

該世紀的歐洲和美國法學家開始發展出一套法學理論，解決跨越國界的個人事務產生的法律問題。這些著作還不只記錄了一系列國家和帝國官僚機構基層所發生的新興衝突及問題。主要國際法論文的作者都試圖釐清國際行為的管理規範。在十九世紀，隨著西方主宰了全球的大部分地方，便出現了「國際社會」這個涉及政治和法律的獨特領域。最重要的是，我們看到一群人超越了所有既定的政治邊界，參與被定義為「國際的」事項——包括製造和抹除帝國或國家的邊界——儘管到底什麼算是國際事務，其實仍存有爭議。

有一群人在一八七三年創立了國際法研究院（Institut de Droit International），這是一個由國際法學者組成的國際科學組織，創辦者自己組織起一個國際法議題的專家群體。他們用文字詳細闡述了一系列有關國際秩序的事實，創造出對國際體系的標準性描述。法律概念和結構有助於律師和法學家為國際和帝國政治安排秩序。第一代的專業國際律師通常可以被描述為自由民族主義者，他們發展出形式帝國主義的法律架構。國際法研究院提倡國際法不是依據國家的意志，毋寧說國際法是來自歐洲的共同意識（由訓練有素的法學家加以評估、闡釋和編成法典）。這個傾向讓文明國家之間的關係更為人性化，同時也為統治歐洲之外的群體移除了障礙。[57]

像諾蘭這樣缺乏國家連結的人只是「小說的主題」（而不是跨國秩序的現實），這個概念在十九世紀後期的國際法重要論文中有許多描述。歐美的國際律師專業協會成員在法律論文中，會對國際法和跨國秩序的本質有較多討論，也有碰觸到無國籍的主題。管理（和構成）國際社會的「規則」是什麼？這些規則是由誰決定的？個人要如何融入國際社會？理論家強化了定義國際社會的概念，使無國籍具有兩個主要的含義。歐美法學者的法律論文帶來的綜合效應，便是將無國籍的重要性和意義上的根本模糊性引介到國際法。承認「文明」國家的境內可能有無國籍者，風險在於抹殺了國際思想中的標誌性想法——平等、文明的國家群體和另一個無法發展、或尚未發展成完全自治政體的世界版圖是有所區分的。不過，這些論文也從個人在國際法秩序中的主權和行為能力切入，為理解無國籍帶來了新的可能性。

國際法學家的意識形態脈絡是認為在現代國家的制度範圍內，無國籍並不是一種看似合理的狀況，他們也以同樣的意識形態脈絡來宣導要如何描繪這種秩序的世界觀。例如，美國的法典編纂者大衛・達德利・菲爾德（David Dudley Field）在一八七六年的《國際法典大綱》（*Outline of an International Code*）中，便解釋現行規則是「遭終止一國成員身分之人，如果沒有取得另一國的國民身分，仍需要視為最後隸屬國的成員」。[58]這些著作的作者認可世界存在等級之分，並排除了法律國家的疆界內會存在無國籍者的可能性。以「文明標準」建立的等級制度把能夠完全獨立的共同體和以下兩者做了區分：一是處於永久服從狀態的共同體，二是能夠依歐洲強權設定的條件進入國際社會的共同體。[59]

我們可以看到《斯托克訴公共受託人》案的雙方在提出論點的過程中，都有觸及國際秩序的本質。「國際體制」是什麼呢？是無政府主義嗎？還是要根據社交和秩序的慣例呢？公共受託人的律師指出，還是有重要的道德理由可以否認斯托克的無國籍主張。他們提到在歐洲的較早期外交史中，英國曾經拒絕承認別國剝奪猶太臣民的國籍。律師說「當羅馬尼亞（原文寫為『Roumania』）在幾年前決定剝奪猶太公民的國籍時，並非表示英國的國內法也必須承認被剝奪國籍的羅馬尼亞猶太人已經不是羅馬尼亞國民了」。[60]羅馬尼亞獨立的事例替大國在十九世紀對歐洲事務的影響提供了例證。羅馬尼亞以猶太人在該國屬於外國人為由，否定了猶太居民的公民和政治權利，但猶太人還是要接受徵兵。羅馬尼亞在柏林會議（Congress of Berlin）之後脫離鄂圖曼的統治而取得獨立地位，英國和美國都堅持羅馬尼亞的國家地位還是要視其文明標準而定。列強依照類似條件承認了塞爾維亞、蒙特內哥羅和保加利亞的獨立，而且根據國際法制定條約，保障巴爾幹半島的猶太人和其他少數民族的宗教、公民與政治權利。於是，公共受託人的律師便援引了這件早期發生的事——當時的英國對羅馬尼亞的猶太人抱持關心，並且在克里米亞戰爭（Crimean War）結束後，與其他大國一起成為半獨立的羅馬尼亞的保護者。[61]

的確如公共受託人所主張的，自由派國際法理論家的著作認為如果西半球的「文明」國家——這些理論家是將其拿來和世界上受帝國統治的部分相比——容忍有人與任何政治共同體切斷了連結，似乎是一種道德上的失敗，在法律上也不可能。瑞士法學家約翰・卡斯帕・伯倫知理（Johann Kaspar Bluntschli，一八〇八至一八八一年）在著作中闡明了十九世紀後期的國際法理論家是如何根據專業上對國家性質的描述來闡述無國籍問題。伯倫知理的著作統整了國際法對國家意義的標準描述和對無國籍身分的否定。伯倫知理既是海德堡（Heidelberg）的憲法學教授，也曾經在瑞士擔任巴登（Baden）的議員，而且是國際法研究院的創始成員之一。他的著作《國家理論》（*Theory of the State*）是一本被廣泛使用的政治理論教科書，他也以國際法學家的身分廣為人知。伯倫知理對自由憲政主義和國際法基礎的理論重建對現代國際體系做了定義，他並沒有將非國家的實體（例如民族團體或個人）納入國際秩序的主體。他的國家理論認為現代國家在政治上統一了大眾（*volk*）。擁有主權的是國家——而不是人民。他也和許多最早期的專業國際律師那代人一樣，支持國家權力的擴張和軍事化的必要性，而且把國際法想像成一種文明而緩和的力量，可以對擁有主權的當局發揮制衡作用，就像是一國的國內也需要憲法權利限制國家權力。國際合作也同時——並因而加強了——國家的建立。對於律師（這個資產階級）和行政官員來說，國際合作強化了社會秩序，可以抵抗革命運動——無論是社會主義還是民族主義的種種運動。[62]伯倫知理在評論羅馬尼亞猶太人的國際公法地位時，堅持認為就算羅馬尼亞猶太人在政治上被剝奪了公民身分，「還是只能夠視他們為羅馬尼亞人，因為他們隸屬於羅馬尼亞，與其他任何外國都沒有連結」。這句話至關重大。就像他所主張的，如果歐洲不承認羅馬尼亞猶太人至少身分上還是羅馬尼亞國民，就等於是表現得像歐洲以外的殖民世界那樣應該受到指責（在殖民世界中，被驅逐的人就不屬於任何國家了）。他寫道：「歐洲文明國家的法律不承認有任何種族應該被驅逐出國家或是家園，他們應該被分配給某一個與他們有血統或是居住地淵源的政府或國家。」[63]伯倫知理主張唯有跨到「文明」的界限外，才會將驅逐當作一個可接受的情況，但是不應該允許它逼近歐洲。[64]

不過到了一八八〇年代，人們已經看到一些例子中的國際法權威試圖提出無國籍的合理性，並且指出動機之間相互競爭的關係：或許可以用國際法來規範十九世紀末大規模移民所產生的失序。大規模移民和越來越多的邊境管制讓國際體系變得更加複雜，國際法學家試圖重新找到秩序，並且開始接受移民所帶來的實際問題，以及獲得公民權的公民對於保護勞動力市場方面越來越多的需求所引發的實際問題。當時的脈絡是基於某些規則的跨國關係（依照特定方式在文明與非文明、國家與非國家、國內與國際、國族與帝國之間標示出世界的邊界），法學家便是在這個脈絡下進行無國籍問題的概念化。[65] 斯托克的律師引用的國際法論文之一是威廉・愛德華・霍爾（William Edward Hall）在一八八〇年發表的論文，文中承認由於各種取得和剝奪國籍制度的特殊性，可能會有人無法主張任何國籍。不過，這種人的存在代表一種「尷尬」，可以由各國透過協議來解決，例如瑞士各州和德國簽署的協議中，就規定任何沒有國籍的人都應該被視為他或她目前居住國的臣民。斯托克的律師引用為證據的另一篇論文——弗朗茲・馮・霍爾岑多夫（Franz von Holtzendorff）在一八八五年的《國際法手冊》（*Handbuch des Volkerrechts*）一書——十分明確地主張國內法和國際法都必須承認無國籍的可能性。霍爾岑多夫也曾經是國際法研究院的成員和慕尼黑大學（University of Munich）的法學教授，他寫道：「如果特定個人無法依據任何一國的國內法成為國民，我們就很難判斷他隸屬於哪一個國家，我們也無法理解他（除了無國籍者之外）還能夠被看作什麼，或說國際律師或其他人為什麼要對這種人的可能存在視而不見。」[66]

在大規模移民的背景下，法學家想要發展出一些法律原則來規範人們跨越海洋和進入新政體的流動。國際法研究院在一八八〇年代和一八九〇年代制定了接受或遣返難民的標準，以及國家權力要決定入境和出境的標準。[67] 該團體提出了一系列建議來緩和大規模移民帶來的惡果和國籍法的衝突，還建議各國不要禁止沒有國民身分的人入境，以及譴責大規模驅逐少數族群的做法。研究院在一八九六年制定了以下原則：「絕不應以剝奪國籍作為一種處罰。」這個時期的國際私法論文會討論國家是否有義務接受那些再無別處可去的人。[68] 不過，其中的論點是根據跨國秩序主導原則的相關主張，而不是道德原則本身。法律理論家會引用國家的做法和文明秩序本身來證明他們的主張。

以法條主義的做法解決大規模移民的困境具有局限性，這促使人們轉向更嚴格的倫理理論做法。當代權衡了法條主義的做法對大規模移民帶來的政治和道德困境是否有效，尤其是當東歐和南歐的空前大量人口橫渡大西洋、來到美國和南美時。亨利．西季威克（Henry Sidgwick）參考了英國的外國人問題，在一八九一年引進了他的倫理學和政治哲學的新方法，英國議會也在同時間開始考慮立法提議限制俄羅斯移民，並創立更多官僚機制，來將「應該幫助的」難民和不受歡迎的外國人區分開來。西季威克不是從跨國秩序的觀點來分析大規模移民，他是強調在有大量貧困移民想要進入英國時，英國政府必須權衡道德的問題。西季威克接下來又為移民的限制辯護，他主張這些限制對於維持國內的社會相對有效。雖然尋求入境的外國人會對該國有一些道德主張，但是終局而言，國內社會的需求還是會超過這類道德考量。相較之下，國際法研究院的法學家則是從國際秩序的觀點來探討加速移民帶來的困境，以及大量缺乏國籍保護的人會給國際體制帶來的危險。[69]

雖然十九世紀末的國際法論文已經開始承認大規模移民會為跨國秩序帶來新的問題，而且開始討論歸化制度之間的矛盾造成的無國籍問題，但是不承認無國籍仍然是帝國法律思想的重要部分。對於闡述了帝國主義晚期法律秩序的律師而言，在文明國家的邊界內，無國籍者仍然被劃在合法可能性的範圍之外，這成了一個關鍵的原則。在一八九七年的《美國訴黃金德》案（*United States v. Wong Kim Ark*）中，美國最高法院揭示公民權是與生俱來的權利，是一個憲法原則，法院並裁定「法律上不承認沒有國家的人」。法院的推論有部分是基於認為在美國領土疆界內出生的人必須被視為公民，否則他就會成為一個無國籍的人。這並非是說這種推論就決定了案件的結果；不過它的確表示無國籍——或是國家的規定不應該承認這種身分——在美國國民的成員法律構成中，扮演了決定正當性的重要角色。[70]

「沒有國家的人」仍然是小說的主題而不是法律現實，這個概念在二十世紀初美帝國的概念辯證中，同樣發揮了重要的作用。美國取得西班牙在太平洋的前殖民地之後，美國最高法院將新納入的臣民歸類為介於公民和外國人之間的第三種法律類別。法院在一系列（後來被稱為「島嶼案例」〔Insular Cases〕的）意見中，裁定海外島嶼「在國內意義上對美國而言是外國」，這表示該地臣民和其他美國人一樣要效忠和擁有國籍，但不是完整的公民。[71]這些案件在美國引起激烈的辯論（主題是美國控制的地區和居民身分之間的關係），還觸及長期以來美國公民身分性質具有的憲法模糊性。闡述案件的關鍵概念和法律問題這件差事落在美國第一家國際律師事務所的合夥人——佛雷德利．考德特（Frederic Coudert）——的頭上，他的推論顯示出無國籍者在國際法律爭議中的重要性。他質問法院如何能夠接受「美國外人」（American alien）一詞——這樣做不就表示「把沒有國家的人從詩歌領域轉移到政治領域」？[72]考德特用該案論證了「美國國民」

分類的有效性，他引用的觀點認為將沒有國家的人從小說主題轉化為公認的法律人格，有違國際秩序的基本特徵。

不論美國的公民史和國籍史如何獨特，這裡的重點是考德特如何援引國際關係的主要原則，以及他的論點如何展現出帝國法律的比較想像所具有的力量。他提醒大家注意國籍這種法律類別——相較於公民身分——提供了一種重要方式來刻畫臣民法律地位的特徵。他引用法國的判例法（其中定義了阿爾及利亞人口的法律性質）來分析美國的國民概念，並證明這類法律性質並非國內法和國際法的「異常」。法國領土內的當地土著被定義為「法國國民」，但是沒有公民權。考德特還與普通法系做類比，普通法系中的個人有可能是「臣民」，但不是特定管轄權的公民。大英帝國的其他例子也一樣顯示出「這類部落或種族（他們生活在不同的法律和文明之下，都擁有自己的完整組織）理應被視為其真正隸屬的主權國之國民，但是私法關係應該受到部落法的管轄」。正如考德特所主張的，美國最近對原住民的法律待遇表明他們正在轉向這種邏輯。他寫道：「我們可以確定地主張美國國旗下不只有美國公民，還有美國的『國民』，或是效忠於美國、但是沒有公民特權之人。」[73]

不過到了世紀之交時，理論家開始越來越傾向於將無國籍納入他們的法律論文中對國際法和國際社會的描寫。拉薩・奧本海（Lassa Oppenheim）在一九〇五年的國際法論文中發展出無國籍的理論方法，並成為第一次世界大戰前對於該主題最有影響力的法律文獻。奧本海在他的著作中指出：承認「無國籍」是一種獨立的法律地位具有更全面的意義。奧本海在德意志帝國出生和接受教育，他在一八九五年移居英國，之後便開始教授和撰寫國際法。他出版國際法研究第一版時，為他謀得劍橋大學的惠威爾國際法教授（Whewell Professor of International Law）的職位，並讓他躋身國際法實證主義的重要專家——國際法實證主義的主張是只有國家間的協議（不包括自然法）才算是國際法。[74]

奧本海嘗試以實證主義為基礎，建立永續的國際法理論。自然法是意指人類共同體的固有法律（需要進行理性的探索），相對於此，實在法（positive law）的基本概念則是共同體創造出可約束他們的法律。因此，法律就是一套規則，其內容的決定毋須借助道德論證。隨著國際法的教條益發擴張成帝國外交的重要特徵，法學家也面臨更大的壓力——他們必須要解釋國際法的基礎，但是國際法又沒有具強制力的主權。他們要面臨的問題是解釋何以國際法會成為真正意義下的「法律」。[75]

奧本海於一九〇五年發表的論文提高了他在英國和海外的聲譽。[76]奧本海眼見越來越多的個人和團體無法主張國民身分，他指出最好將無國籍者理解為國際法秩序中在「法律上的異常者」。他的這個論點是根據我們一貫遵守的海事規則——懸掛特定國家旗幟的船隻「在任何地方均視為其母國的移動部分」；沒有懸掛國旗的船隻就缺乏與任何國家的法律連結，因此也與國際法沒有關係。船舶與母國的正式連結讓領土管轄權延伸到海上，以此類推，也可以將無國籍者理解為沒有掛國旗的船隻，因此他們與任何政府都沒有關聯。[77]奧本海根據法律實證主義構想了無國籍的必要法律條件，確立了爭執個人的國際法地位需要遵照的條款。奧本海認為國際法中應該承認沒有國籍的個人；不過這些人也顯示出個人的法律地位就是來自他們在一個國家的成員身分。

無國籍地位是代表個人的主權權力嗎？抑或他們基本上還是得依賴特定政治共同體的成員身分？奧本海認為現實世界中的例子進一步支持了只有國家才有權利和法律人格的學說。他深刻地思考過羅馬尼亞猶太人的政治命運，得出的結論是國際法顯然無法保障人類的權利。只有國家的保護才足以賦予權利。[78]的確，如果有人讀到世紀之交的報導（而不是法律文獻），他會看到報導中那些逃離家園的人到哪裡都無法主張權利，而這突顯出一個明確的反面事實：如果有人屬於公民社會，那麼就有其他外人注定得在無法可管的海洋上遊蕩。有些人——像是菲利普・諾蘭——最終只能夠依賴輪船公司酌情讓他們在船上度過餘生，甚至還成了擔負惡名的「沒有國家的人」。這些報導中的人在海上（船上）度過了一生，沒有上岸的希望，這是因為一個古老的概念：海洋始終被視為法律外的領域。[79]

在十九世紀的帝國主義末期出現了一個相反的趨勢——私人身分的行為者和法人獲得了新的能力和獨立性，從這個角度來看，無國籍或許可以實現非國家形式的政治權威。例如弗朗西斯・泰勒・皮葛（Francis Taylor Piggott）爵士在一九〇六年有一篇關於英國的公海歸化法的論文，他在該篇論文中將無國籍形容為「一個人被拋到世界上漂流的狀態，該狀態可能衍生出許多奇怪的結果：謀殺的犯行能夠免於被懲處，或是能夠將無人居住的島嶼置於自己的主權權力之下」。[80]這類國際法權威的著作是世紀之交的領事館官員的重要資源，如果有人想要入境特定的領土或是歸化，這些官員就必須衡量這些人的身分。領事館當局在裁定國家認同、雙重國籍、有時候還有缺乏國民身分的相關問題時，會參酌十九世紀後幾十年間的國際法論文。法律之間的扞格無疑是十九世紀的無國籍和雙重國籍的重要起因。但是要評估無國籍的法律地位時，這些源頭的法律也只供試驗之用，邊境官員在拼湊、酌情決定國籍時，可以利用這種模糊性。[81]

不論是國內法或國際法，對於是否承認無國籍都缺乏共識，這似乎在戰爭前夕開始形成一個更大的問題。要否認歐洲各地的社會邊緣都存在無國籍的人，變得困難許多。如同一位瑞士法學家所說的，城市警察越來越注意到巡邏區裡會有無國籍的人。一九〇〇年的《德國民法典》（German Civil Code）授權當地的德國警察發放身分通行證給無國籍者或是外國人。在世紀之交的漢堡（Hamburg），警察隨身攜帶的出版物中，開始包括歐洲各國如何取得和喪失公民身分的所有法律等內容。[82]在歐洲以外的地方，也有越來越多國家——尤其是有大量移民的國家——開始承認無國籍是一種需要立法審查的特殊現象。[83]曾經擔任外交部長的阿根廷法學家埃斯塔尼斯勞・澤巴洛斯（Estanislao Zeballos）聲稱：「我們的數十萬移民已經不再是義大利人、西班牙人、法國人或德國人。他們已經不再是法律上的外國人……他們是沒有國家的人，他們屬於普世人類群體，可稱之為『heimatlosen』」。[84]

無國籍者究竟證明了權利要取決於國家的保護？還是他們足以代表權利可以不仰賴國家而來？古典自由主義政治哲學的願景中包括不受約束的個人，而無國籍這個現實——一個人沒有國籍已經不再是一個小說主題——為這個願景帶來了某些可信度（我們將在第三章中做更詳細的討論）。[85]法院「承認」一個人的確可能沒有國籍，而法學家對權利性質的思考，讓他們將「承認」的意義界定為最終要確定擁有權利的主體是什麼。愛德溫・博哈德（Edwin Borchard）在一九一五年的《對海外公民的外交保護》（*The Diplomatic Protection of Citizens Abroad*）一書中，提出「沒有任何國籍的人或是『*heimatlos*』」的確在法律上是可能的，他堅持一個人一定要有某種國籍的想法「無法當作公認的國際法規則」。博哈德是一位出生在德國的美國律師，他是美國公民自由聯盟（American Civil Liberties Union）的創始人和耶魯大學法學教授，他寫的法律教科書的內容是有關於第一次世界大戰後的公民身分和國籍，那是被引用最多的教科書之一。法律作者間對於國籍是否是個人享有權利的先決條件並無定論，他的書中也引用了這些分歧的意見。博哈德解釋，憲法會提供公民所享有的「人權」。不過早期的自然權利觀念認為不需要仰賴國家，這個觀念在論文作者之間也很有影響力（這些人堅信「*heimatlos*」可以成為國際的權利和義務主體）。博哈德也說無國籍成為現實這一事實，已經讓這類自然權利的概念被「實證化」了。[86]

不過，就在斯托克提起訴訟的幾年前，法庭中出現的戰時案件還是能夠證明無國籍只是小說主題，而不是必須由英國法院承認的真實身分。在斯托克案之前最著名的無國籍案件是一九一五年的《單方韋伯》案（*Ex Parte Weber*），該案強化了英國法律不承認無國籍者的觀點。《單方韋伯》案是由安東尼斯．查爾斯．弗雷德里克．韋伯（Antonius Charles Frederick Weber）在一九一五年向英國高等法院（British High Court）提出的，韋伯聲稱他自從一八九〇年代之後便不在德意志國了，因此也失去了德國的國籍。他指出一八七九年通過了一項法律，規定離開邦聯領土並在國外連續生活十年的德國人就失去了國籍。韋伯在戰爭期間因為敵方外國人的身分而被拘留在曼島，但是他主張自己其實已經沒有國籍了，因此想尋求一紙人身保護令。雖然有一名德國法專家在審判中提供證據，表明韋伯的確已經失去了先前與德國的法律連結，但是主審此案的菲利莫爾（Lord Justice Phillimore）大法官則認為「還需要更進一步，才足以讓一國承認該人已經擺脫出生國的國民身分，又毋須承擔另一國的國民責任和義務」。[87]

在戰爭中預設所有來自敵國的人都保留國籍，的確是權宜之計。《單方韋伯》案的主審法官推定司法裁量可以決定另一國的法律制度是否合法（該國法律制度是主張其人已經事實上放棄了他或她的合法國籍）。[88]法官援引英國上議院對德國國籍法的辯論，指出韋伯等人雖以無國籍為由要求人身保護令，但是其實他們仍未喪失德國國籍。換句話說，英國立法者對德國法的解釋就足以構成對法律的合理特別解釋。[89]舉例來說，開羅的英國陸軍部（British War Office）

在一九一五年十一月去函，要求外交部確認在埃及附近下船的人如果持有普魯士當局核發的「Entlassungs-Urkunde」，是否就當真擺脫了他們先前的身分——「Entlassungs-Urkunde」和斯托克日後用來證明無國籍身分的文件相同，其發放對象是想要移居並解除了法律義務的臣民。陸軍部援引國際法的文獻做出回覆，聲稱對於「德國人是否可以在任何狀況下確定喪失國籍，我們抱持極大的疑問」。[90]

這類案件並非大英帝國所獨有的。在一九一五年告上法國法庭的一樁案件，也出現過以類似理由要求否認無國籍的身分；該案件是由一名戰爭初期居住在法國的奧地利前臣民提出訴訟，要求法院承認他是無國籍者，目的是為了取回他被法國沒收的財產。法國法院的裁定和《單方韋伯》案一樣，都認為無法證明他喪失了奧地利國籍。總而言之，戰時的判決如果是從法律的角度來看個人是否屬於無國籍，都傾向不願意承認無國籍這種身分。一名在美國發表文章的公法學家總結說：那些判決「傾向於顯示法院顯然不願意承認『無國籍』的身分——至少這些案件的情況中都是如此」。[91]

儘管有些專家認為無國籍是國際秩序的現實，因此國際法應該予以承認，但是這類重要論文的結論卻很難說具有決定性。當斯托克向高等法院提出主張時，既找得到證據支持國際法承認無國籍，也有論點顯示現代文明國家不承認這種身分的合理性。羅素裁決《斯托克》案時，也掌握了這些資料之間的矛盾性。羅素分析了訴訟過程中被提交的國際法資料，接著指出不可能得到任何決定性的結論。二十世紀之交的國際法論文確認了主權才是國際法律秩序的主導原則。但是在一個互相承認的國家所組成的世界中，每當要確定個人的國民身分時，還是會發現主權的意義在理論層次上根本顯得模糊不清。判決並未依賴這類文本的權威，這件事在後續辯論無國籍對於擴大國際法權威之意義時，顯得至關重要。羅素決定以克魯斯曼與勞斯提出的說法作為國家之間互動的指導規範——也就是說，法官和其他法律權威應該遵循他國法律專家對其本國法的解釋——這確認了對國際社會界限的基準預期。

IV

隨著國內法院要開始裁決和約條款，理解無國籍在根本上的新狀況便顯得十分重要。就像是羅素在裁定中所說的：一九二一年的判決之後，如果要承認無國籍，最重要的論證理由就是原則上應該尊重另一個國家撤銷其臣民國籍的決定。法院制定了從戰時到和平時期的過渡，其中認可的有效分類在戰時是不被接受的身分形式（戰時的國家安全要求居民必須被清楚地分類為友方或敵方）。判決確立了各國如果要解釋外國政府的國籍法，應該依照其他國家所提供的國民資訊，而不是依據自己的裁決。羅素的裁決確定了無國籍是英國法律中的一個新類別，而承認無國籍是出於對國際秩序規範的理解。[92]

那份裁決改變了整個大英帝國官員如何評估無國籍的主張。官員會引用《斯托克》案，表明他們必須接受個人自稱為無國籍者的主張（因為整個帝國都有人想要重新取回他們被標記為敵方外國人之後失去的財產）。克魯斯曼與勞斯在《斯托克》案贏得勝訴之後，成為著名的國籍問題訴訟專家，在接下來的十年間，他們代理了許多與斯托克有相同處境的當事人。他們在一九二二年成為雨果．霍夫曼（Hugo Hoffmann）的財產代理人，替霍夫曼主張他根據德國大使館的說法是無國籍者，因此負責保管敵方財產的蘇格蘭單位沒收了他在千里達（Trinidad）的財產，就不能算是合法適用《凡爾賽和約》。[93]大英帝國的廣大殖民領土是由殖民地部（Colonial Office）負責管理，殖民地部同意既然羅素的裁決確立了「*Staatenlosigkeit*」是英國法律承認的類別，他們也只能夠根據裁決，將該財產變現後的收益返還給霍夫曼。[94]英國貿易局曾經控告一名酒商錯誤認定自己是無國籍者，後來也只能懊惱地決定撤回這個案子，的確如同一名內部官員在撤回之後所寫的：「『斯托克』案的判決效力似乎指向了英國法律現在承認一個人可能是『無國籍的』。」[95]

《斯托克訴公共受託人》案確認如果要裁定一個原本與某國政府有法律連結的人是否仍然（根據該國法律）是其國民，最終決定權是在該國。不過，由於舊帝國誕生了新國家，新國家又面臨到革命，在決定的關鍵時刻到底誰才是主權者，其實並不總是很清楚。在《斯托克》案的一年之後，又有一起案件來到羅素法官的面前，該案原告要求法院宣告他不是前匈牙利王國的國民。訴訟主體也和斯托克一樣，想要透過被承認為「無國籍」者來免去《凡爾賽和約》的懲罰條款。公共受託人的代理人則主張請求人用來證明自己已經放棄先前國民身分的文件無效，因為核發該文件的匈牙利革命政府事實上並不是主權國家。羅素的判決並不贊同公共受託人的論點，因為他無意審視核發文件的匈牙利政府究竟處於何種地位。如同他在判決中所寫的，「被告等於是要求法官否決行政法令，將曾經依該國行政程序除籍的人回復為匈牙利國民的身分。而他覺得完全不可行。」[96]在第一次世界大戰之後，對主權的意義產生了更大規模的辯論，而哈布斯堡帝國解體之後的中歐所形成的國家之法律性質，在這些爭論中便顯得十分重要（我們將在後文做更詳細的討論）。

不過，儘管羅素想要規避裁決另一個政府的主權地位這樣棘手的問題，但是現在法院就是被要求在涉及無國籍者的案件中，要對主權的性質做出評價，這顯示一旦無國籍成了一種比較普遍的現象，就勢必不可能和定義公法領域的政治和憲法主題毫無關係。[97]我們會在後文更詳細地討論國際思想是如何接受無國籍，不過重要的是注意到《斯托克》案馬上就被認為會對國際法有更廣泛的意義。歐洲和美國的法學家對《斯托克訴公共受託人》案的辯論彰顯出一種緊張關係，一方認為國家承認無國籍在法律上的有效性是國際法權威的勝利，也是個人權利（相對於國家）的勝利，另一方則是採取一個比較務實、社會取向的觀點，將無國籍者視為國際秩序中一種新的、特別脆弱的受害者。一位評論家將該案從「抽象法律理論」角度來看的意義與它的社會結果區分開來。「姑且不論實際上被國際放逐對個人造成的不正義，不應該承認任何人沒有政治上的地位似乎才符合組織化社會的利益。」[98]其他國家背景的專業法律組織一樣對《斯托克》案的判決有極大興趣。一名倫敦律師在一九二六年於德國的科隆（Cologne）向法律協會發表演講，演講中就向德國律師提到《斯托克》案，並表示該案代表一個人可能擁有雙重國籍或是根本沒有國籍。[99]

法院對無國籍的承認也被認為與歧視性的移民法有關。哥倫比亞大學（Columbia University）的政治學教授塔拉克納斯．達斯（Taraknath Das，他曾經在印度創立過一個無政府主義團體）認為美國的歸化制度日益限縮，而且有種族歧視的傾向，因此在法律上承認無國籍是朝向解決邁出積極的一步。達斯在一九二五年向美國國際法學會（American Society of International Law）發表演講，討論到《斯托克》案的判決，他堅持認為各國最好開始承認無國籍這個現實。就在兩年前，美國最高法院還認為南亞移民沒有成為美國公民的資格，這使得達斯——和他在美國出生的妻子瑪麗（Mary）——因此被剝奪了國籍。達斯在演講中解釋撤銷印度教徒（Hindus）的美國公民身分如何使得他們成為無國籍者。為了替這個問題正名，達斯建議承認無國籍是一種獨立的身分，或許這個方式可以開始對付這種新形態的社會弱勢。[100]

民族國家的權力在十九世紀獲得日益擴大和鞏固，艾德華．海爾那篇廣為流傳的故事——

〈沒有國家的人〉——也支持無國籍只是個小說主題，而不是國際秩序的現實。不過兩次世界大戰間的小說——在一次轉折之後——開始出現一些十分尖銳的描述，內容都是關於沒有國籍保障和身分證明文件（例如護照）的生活是多麼不堪一擊。一九二〇年代的小說最能夠正確描述新一批無國籍者的現實，並且為缺乏國民身分保障的真實困境吸引來更多大眾意識。神祕的無政府主義作家本傑明・特拉文（B. Traven）在一九二六年創作了小說《死亡之船》（*Das Totenschiff*，英譯為*The Death Ship*），書中描述一名美國水手在歐洲遺失了身分證件，因此只能夠在海上漂泊，再也沒有希望回到堅實的陸地上休息。故事的主人翁是一個被遺棄的人，他也只是大批沒有文件的、被邊境警察在暗夜掩護下丟到鄰國的其中一人。他的命運只剩下在一艘「死亡之船」上找到一份工作——船主為了領保險金，已經算計好要讓這艘船發生船難。這名水手的故事投射出第一次世界大戰期間發生的一些真實故事，這些真實存在的人遭到各國邊境拒絕入境，等於是判定他們要在海上度過餘生。特拉文的小說描繪了被政治驅逐會遭到的非人道後果，以及現代官僚和警察權隱含的暴力。《死亡之船》的主人翁與〈沒有國家的人〉的主角有著相同的命運，但是特拉文的主人翁之所以變成無國籍者，是完全沒有選擇的，他不曾否認自己的國家（那是諾蘭陷入這種命運的原因）。《死亡之船》出版後旋即成為德國的暢銷書，一九三四年又有英文版問世，之後在英國和美國也取得類似的成功。[101]

斯托克的傳記並沒有和《死亡之船》中那名主角水手的命運遙相呼應。斯托克在戰時面臨身分的不確定，然而他最終是接受重新歸化為德國公民，並繼續為他的工業發明取得專利。[102]不過，該訴訟及其受到接納一事真正引人注意之處，是它創造了一個直接反思國際秩序的主導規則的情節背景，以及無國籍是如何套用那些假設。由此觀察可以得出兩個結論：首先是承認無國籍為一種現實，而不是小說主題，這對國際法和權利性質的學說理論具有重要的知識意涵；其次是有關國際秩序的想法很重要，因為它們提供了支持司法和官僚決策的理由。雖然無國籍意味著被排除在所有法律秩序之外，不過從國際思想的角度來看，它成為國際生活的風景之一有什麼意義，卻還遠遠稱不上明確，而隨著無國籍成為辯論和國際政治的明確主題，跨國制度的公約和規範卻仍在不斷變化。即使證明一個人有站上法庭的法律資格，也不足以表明該人擁有政治權利。帝國臣民的法律地位其實就是標示他被納入統治和支配的等級制度中。在《斯托克》案判決後的十年中，有許多新的國際法主體獲得國際承認，挑戰了從國際法角度認為只有國家才具有行為能力的學說。不過，就如同我們將在第二章討論的，無國籍與兩次世界大戰之間出現的其他新形態的國際身分不同，它不被視為國際法律秩序的產物。如果對無國籍做正式的法律承認，它就會成為法律學者的有力理論資源，讓其支持國際法對國內法律制度的終極權威。隨著無國籍者獲得國際的知名度，他們也成了環境的典型受害者，在即將到來的秩序中，他們成了法律身分將不再依賴國家歸屬的象徵。

我們將回頭討論無國籍要如何影響國際思想，以及有關國際社會界限的辯論。不過在第二章中，我們要審視國際聯盟是如何解決這個問題——國際聯盟（以下簡稱「國聯」）是在第一次世界大戰後成立的組織，它的宗旨是創設一個明確定義的公共領域來解決國際和全球規模的問題，並對國際秩序的界限進行辯論。從國聯的角度來看，無國籍威脅到該組織想要在國際和國家權力範圍之間建立的脆弱界限。當主權的界限和政治上的行為能力在國際社會中成為全球政治和概念的爭論對象時，無國籍標示的並不是現代國家的最終勝利，而是一個被承認的現實。

第二章
後帝國的無國籍狀態
Postimperial States of Statelessness

「在世界各地，我總能夠找到和我說同樣的語言、並且拿著南森護照的人。」

——伊凡．索博列夫（I. S. K. Soboleff），俄羅斯流亡貴族

「這護照是歐洲官僚發明的窒息地獄。」

——弗拉基米爾．納博科夫（Vladimir Nabokov），俄裔美國作家

在一九二一年秋天——也就是馬克斯・斯托克前往英國高等法院出庭的同一年——國際聯盟收到了一封來自雅各布・辛維爾（Jakob Sinnwell）的信，辛維爾是來自薩爾（Saar）煤田盆地工業中心的一名機械工（該地區位於今天的德國西南部）。辛維爾先是指出自己「出身於薩爾布呂肯（Saarbrucken），父母均是普魯士人」，然後說法國憲兵把他戴上手銬從家裡帶走，帶到邊界後，再把他驅逐出境。辛維爾寫道，雖然他有「多采的青春」，被警察逮捕過幾次，但是他想不出何以竟會遭到驅逐。因此他訴諸該地區的管理當局希望讓他回家，或是至少給出一個驅逐他的官方理由。他對管理委員會的請求是：「如果無法取消對我的驅逐，至少要告訴我為何這個國家——我從來沒有對它做過任何事，甚至連想都沒有想過——要如此可怕地待我。」[1]

薩爾河（Saar River）流經的薩爾蘭（Saarland）是一片長期爭端不斷、資源豐富的帶狀森林地，在第一次世界大戰後的和平談判中，薩爾蘭被租給法國，為期十五年。這塊地區在戰前由德國控制，但是在戰爭期間是由英國和法國占領。由於法國必須獲得煤炭，也擔心德國再次重整軍備，因此法國以薩爾的主權為條件，與德國達成和平協議。不過，該協議將到底由誰握有最終控制權的問題推遲到未來的某個時間點，到時再由該地區居民以公民投票的方式選擇德國籍或法國籍，以決定哪個國家可以聲稱合法的政治權威。辛維爾遭到驅逐一事，突顯出國家的領土衝突也造成比較地方性的後果——法國軍隊將他驅逐，等於是逮住機會擺脫掉一個最後可能投票支持德國統治的當地人。在兩次世界大戰之間，開始有些人將自己定義為無國籍者，他們大多數和馬克斯・斯托克不盡相同，要面臨到帝國秩序的崩潰、民族國家的形成和國家主權的衝突帶來的法律與政治地位的不安全感。本傑明・特拉文在《死亡之船》裡描述了缺乏合法身分保障的水手要面臨驅逐，或是在夜色的掩護下被警察推離邊境，這更能準確傳達出辛維爾所面臨的困境。

不過，辛維爾寫信給國聯尋求協助，這也表示出現了一個新領域的政治權威，讓沒有本國政府提供保護的人可以訴諸這個權威。國際聯盟於一九一九年成立，是第一個致力於集體安全的國際組織，它帶來一個獨特的場域，以較大的政治規模處理問題。於是個人便開始尋求這個新的國際權威裁定其國民身分，或是取得直接的保護和法律承認。對薩爾的統治就是一個很好的例子。國聯依條約建立了對該地區的權威；根據該條約的條款，在主權確定之前，是由一個名為「薩爾盆地管理委員會」（Saar Basin Governing Commission）的國際機構負責治理該地區。成立該委員會的條約替國家政治衝突提供了一個國際主義的解決方案，它授權國際聯盟理事會（Council of the League，即國際聯盟的核心管理機構）任命管理委員會的五名成員：一席指定給法國代表，一席給薩爾居民代表，還有其他席次則是指定給忠於國際聯盟的委員。委員會本身有權像公民政府一般運作，可以執行公共基礎設施、徵稅，以及制定勞工權和公民權的標準。如果認為現有法院不適格，委員會也有權行使司法權，而且對適用於薩爾的條約有最終解釋權。當時便有人說，薩爾盆地管理委員會相當於「國際聯盟進行的第一個國際治理實驗」。[2]

國際治理規模在戰後十年間發生了變化。第一次世界大戰後的各項危機——包括難民人口膨脹、流離失所的戰俘必須遣返、殘疾的退伍軍人需要醫療照護、有越來越多人失去國民身分的保護，以及大規模的饑荒——在整個歐洲大陸和歐洲帝國間越演越烈。聯盟為像是紅十字國際委員會（International Committee of the Red Cross）等國際組織，提供了一個集權化的中央；紅十字國際委員會成立於十九世紀，宗旨在為戰場上的士兵提供醫療照顧和衛生設施，不過在第一次世界大戰結束時，它已經發展成一個更廣泛的人道組織。在國聯的保護傘下，也形成了獨立的國際法律機構和組織，包括常設國際法院（Permanent Court of International Justice）和國際勞工組織（International Labor Organization），它們的任務是創造勞動條件的共通國際標準。

無國籍這個法律類別在第一次世界大戰後進入國際法和國際政治中——為了掌握這件事的獨特意義，我們其實必須確立國聯內部官員是如何對這個現象加以概念化。近期對國聯歷史的研究，都強調它在第一次世界大戰後的帝國勢力重組、全球治理（global governance）興起，以及各國組成國際社會的擴張中所扮演的角色。國際聯盟可謂是十九世紀帝國主義世界邁向二十世紀民族國家的門戶，它追求的國際秩序和對國際秩序的影響都大有進展，最終實現了由帝國治理的世界轉換為另一個新的世界，由界限分明的領土型國家構成全球秩序的組成單位。[3] 國聯與其相關的國際機構為戰後歐洲及帝國的穩定帶來了一種新的做事方法，在政治安定的重建中扮演一個（相較於其相當有限的預算來說）不可小覷的角色。穩定的方法之一是確立新的團體——包括少數民族、託管強權的臣民，以及難民和無國籍者——都是國際界定的權利主體（但是其中難民和無國籍者的程度較為有限）。託管的統治制度是由國聯、少數族群保障條約（Minority Protection Treaties）和難民事務高級委員會（High Commission for Refugees）加以監督，這是對帝國權威重組、戰後持續的暴力，以及對政治獨立和自治日益高漲的需求所做出的新興反應。[4]

不過，在一個對於主權的性質（不論是在實踐上或概念上）都還存在根本爭議的時代，理解國聯對無國籍問題的處理方式，特別能夠說明它對國際政治的意義。無國籍並非代表國聯新承認了某一類人——因為他們的承認會挑戰該組織為促進國際秩序重建，以及實現勝利者制定的和平條款所做的努力。《斯托克》案也顯示出在第一次世界大戰之後把無國籍加入法律中，會對某些國際秩序的相關重要概念帶來直接影響，特別是關於個人在國際法中的地位。在全球政治秩序的未來充滿不確定性的情況下，國聯對無國籍者的態度，揭示了戰後幾年間越來越多的無國籍者是如何威脅到國際權威要設定邊界的嘗試。無國籍問題在一九二〇年代逐步形成，分析官員是如何應對這個問題，可以讓我們掌握無國籍在國際政治管理規則的主要辯論中具有的根本重要性。我會在本章中確認並預告兩群主要的無國籍者在兩次世界大戰之間的重要性：其一是俄羅斯流亡者（他們獲得了受保護的國際身分），以及中歐各繼承國的「*heimatlosen*」（他們無法主張類似的國際保護）。無國籍問題已經進入並且擾亂了國際政治的界限，將國聯的紀錄配合上這兩群主要團體的（已出版和未出版的）相關資料一起閱讀，可以為這個問題的爭論脈絡提供獨特的視角。

I

如果要了解國際聯盟為戰後的穩定發揮了什麼作用，勢必要理解第一次世界大戰是如何造成全球政治的突然變動。哈布斯堡、羅曼諾夫（Romanov）、鄂圖曼和普魯士王朝沒有在這場衝突中倖存下來，不過他們的滅亡也不是無法避免的結局。不論是在戰爭中或是後續要制定和平解決方案的動盪歲月中，對於國際秩序的基本規範和期待都還在未定之天。博學的美國知識分子兼倡議家威廉・愛德華・伯格哈特・杜博依斯（W. E. B. Dubois）在一九一五年主張，如果要讓受到歐洲殖民剝削的人民享有和平與民主，這個前景有賴於將「地方自治」（home rule）的原則擴大到「團體、國家和種族」。[5]戰爭期間的軍事動員加速了對政治代表權的需求，不過各帝國政府卻提議修改帝國憲法的架構以適應自治需求，但不至於全然瓦解帝國的秩序。以鄂圖曼帝國為例，其實該國臣民並沒有期望帝國的終結，他們想像的是在不脫離鄂圖曼的終極主權下達到民族自治。[6]哈布斯堡的例子是在戰爭肆虐時，奧地利皇帝承諾要將帝國重組為一個聯邦國家，這個國家的各民族都將獲得更多的政治獨立，但還是臣服在帝國政府的終極權威之下。布爾什維克的革命家在一九一七年推翻了俄羅斯的沙皇政府，但是革命和反革命力量為了爭奪對俄羅斯帝國領土的最終控制權，持續進行內戰到一九二一年。在戰爭宣告結束的時間點之後，軍事衝突還持續了很長一段時間，而且最終是要以什麼形態的世界來取代龐大的大陸帝國——即接替其後的政治共同體和社會組織的種類——仍然尚無定論，成為長年以來爭論的主題。[7]

在戰爭期間，美國總統——伍德羅・威爾遜（Woodrow Wilson）——和布爾什維克的領導人——弗拉迪米爾・列寧（Vladimir Lenin）——都駁斥王朝統治是非法的。自決這個概念原本出現在啟蒙運動，它的名分是個人有權決定他／她自己的生活形態，這個概念還在十九世紀中葉與集體解放產生連結。但是民族自決究竟是指什麼呢？威爾遜將這場戰爭描述為一場全球的民主運動，儘管他強調自由的臣民（他們是民主政府的基礎）替帝國的延續留下了大量空間。同時間的列寧對戰後秩序的願景則是要反對英國、法國和美國等自由主義、資本主義和帝國主義的國家。隨著戰爭接近尾聲，自決原則對世界政治版圖的意涵卻還遠遠稱不上明確。以法律顧問身分陪同威爾遜前往巴黎的美國國務卿羅伯特・藍辛（Robert Lansing）便很擔心「當總統談到『自決』時，他心裡想的到底是以什麼為單位？他是指一個種族、一塊領地，還是某個社群？」誰有堅持自決的權利？又是誰才有資格認可這類主張？[8]

我們很快看到國際聯盟的成立創造了一個新的公共領域，它可以承認政治上的獨立，或是（視情況而定）也可能公開否認其合法性。國際社會開始更明確地指出某個區塊的團體之前不被包括在國際法中，現在則可以納入其軌道。德國在一九一八年十一月十一日簽署了停戰協議，三週之後，伍德羅・威爾遜便從紐約動身前往巴黎，為新的國際秩序奠定基礎。在接下來的六個月中，威爾遜與戰勝的歐洲列強代表一起替戰後的世界拼湊出一個解決方案。相較於歐洲主權國家之前為國際秩序的解決方案所制定的條款，此時訂定的和平條款反映出更廣泛的全球面向。第一次世界大戰之後決定用國際組織處理國際關係，這是對於列強在一八一五年（拿破崙戰爭之後舉辦的）維也納會議上所建體系的創新性突破。國際聯盟是站在這個新秩序中心的國家組織，威爾遜把它想像成獲得集體安全的新方案：這個國際機構代表改進祕密盟約的動能（祕密盟約在過去一世紀中支配了列強的關係）。它的目標是協調不同的利益、促進國際合作，以解決影響整個世界的問題。新組織反映出輿論和人民的聲音在當下的時代是最重要的。[9]

來自世界各地的政治代表聚集在巴黎，接著又移師日內瓦，提出要求政治獨立的案例。胡志明（Ho Chi Minh）是其中最著名的人物之一，他在凡爾賽宮力主印度支那（Indochina）要脫離法國的統治而獨立。一名來自安大略（Ontario）的卡尤加（Cayuga）酋長德斯卡納（Deskanah）在一九二三年訪問國聯，主張應該承認易洛魁民族（Iroquois）是在國際法下享有條約權利的國族，但是他從來沒有成功促使國聯的全體大會（League General Assembly）舉辦聽證會。[10] 國際聯盟把自己塑造成要將個人和團體納入國際法律秩序的組織，並且有一套方式控制政治獨立的過程、設定獨立條件和創設國際管轄權的新對象。國聯想將人民主權的嚴峻影響降到最低，雖然它的確促進了一些新國家的成立，而這些新國家有權力創造新的團體、將一些人排除在外。[11]

舉例來說，為了避免戰勝國因為爭奪德意志和鄂圖曼帝國的前殖民地和領土而爆發新戰爭，國聯理事會便建立了「託管機制」。在這些領土的人民被認為可以取得完全的政治獨立和實現建國之前，會由國聯以託管國的身分治理這些領土。成立國聯的一九一九年公約還規定了一個常設託管委員會（Permanent Mandates Commission），它的職責是替理事會提供建議，以及接收來自十五處託管領土的報告。國際法的技術性語言促使國聯祕書處（League Secretariat）在戰後讓國際秩序穩定下來的過程中，能夠發揮其獨特的制度性角色。主權不是來自國聯，而是來自被託管國的權威。移居當地的人會被給予託管國的國籍，而當地居民則被稱為「被保護者」。領導該委員會的官員希望以溫和的帝國統治形式展現國聯的保護角色所具有的力量。國聯充當了緩衝區的角色——以獨立的官僚機構過濾大國之間的互動和衝突，並迫使國內事件和民怨做公開的表達——藉以改變大國之間的外交。對特定行動的合法性進行辯論，或是裁決帝國強權之間的爭執或託管臣民投訴的法律問題，都會改變帝國進行外交的方式。[12]

國聯會試圖在特別有爭議的歐洲領土上建立直接的國際管轄——就像是我們在薩爾的案例中所看到的。早先是將「國際城市」（例如克拉科夫〔Cracow〕和上海）置於大國的聯合治理下，然而國聯對爭議領土則是展開直接的管轄。國聯透過其任命的高級專員直接管理但澤自由市（Free City of Danzig），並對薩爾和上西利西亞（Upper Silesia）負起特定責任。薩爾的國聯政府承諾最終會在該地實施自治，將人民視為法律秩序的目標，而不是起始點。國家並不是透過征服獲得領土，並迫使該地人民改變忠誠，而是由人民自己決定居住地的管轄權。在石勒蘇益格（Schleswig）北部舉辦了公民投票，讓人民選擇要居住在德國或丹麥的統治之下；上西利西亞也有舉辦，該地居民可以在德國和波蘭的統治之間做出選擇。[13]國際官僚機構的存在在相當大程度上影響了重大爭端的結果，而它設定的舞台讓新的政治共同體在保留體制的整體穩定性的同時，又可以進入國際共同體。[14]英國官員在一九二〇年討論波蘭和但澤之間要擬訂的條約時，對兩者做出了區分——波蘭是「受到列強承認的有序政府」，而但澤人則是「依照列強的意願」而存在。如同官員所解釋的，說到但澤的獨特地位，大國和國際聯盟「有權將生存條件強加給他們自己創造的孩子」。[15]

國聯內部的官僚機構組織給人的印象是它組建了另一個政治權威來源，與構成該組織主要議事機關的獨立國家有別。牛津大學出身的文官埃里克・德拉蒙德（Eric Drummond）伯爵出任國聯的第一任祕書長。他和其他人靠著在英國文職部門工作的豐富經驗出任帝國的海外官員，並發展國聯的治理機構。德拉蒙德打破了預期做法，依照職務內容（而不是國家隸屬）組織祕書處的編制，將祕書處的核心職能轉換為諸如法律部門、財政及經濟部門、託管部門等類別。他的組織創新性使得國際文官能夠聲明其效忠該機構及任務，而不是他們的原籍國。[16]國聯除了制定一個國家要如何受到承認的程序，還首次與託管地共同召來專家和帝國官員，一起調查、有時候則會介入全球範圍的社會和經濟事務。他們的工作替全球的經濟、衛生、勞工和能源政策，以及難民救濟制度開創了先例。[17]

不過，如同我們將在後文看到的——對比於當時的背景是國聯想要努力促進歐洲大陸和更廣大的帝國世界的政治重組——國聯對待無國籍的態度和不願意稱呼它是一個更普遍現象的事實，都指向該類別在概念和政治上的重要性。隨著國家主權的高牆升起，許多人將希望寄託在這個承諾以新規模的政治組織和行動來回應問題的組織，有一些人認為這似乎可以實現他們建立永久和平的夢想（歐洲的國際法學家自從十八世紀以來就開始寫作這方面的內容）。許多人集結在國聯周邊，因為它似乎將團結視為至高無上的，能夠超越日益嚴苛的國家邊界。國聯的官僚組織因著這些渴望而守護著和平與自由的夢想，尤其是它成立時帶來的世界政府的夢想。報導國聯發展的記者邁爾・傑克・蘭達（M. J. Landa）回想起當時有「一種病態的恐懼，害怕國聯會變成一個超級國家——就好像它是一個實質存在、並且有著自己靈魂的實體」。[18] 接下來的問題，則是無國籍問題在兩次世界大戰之間的日趨普遍化，究竟威脅到該組織官員想要建立和維持的什麼樣的國際秩序。

II

哈布斯堡帝國分裂成幾個獨立的繼承國，在這個過程中，大量沒有國民身分的人逐漸造成威脅，讓試圖在戰後恢復大陸秩序的人面臨到重大挑戰。二十世紀之交的哈布斯堡帝國是一個二元君主國，總人口數為五千三百萬人，由超過十五個民族所組成。普魯士在一八六六年擊敗奧地利，一八六七年的妥協方案使帝國分裂；該方案一直是多民族帝國的憲法基礎，直到普魯士在一九一八年解體。一八六七年創建的單一帝國公民身分保證所有臣民——不論其宗教身分為何——都享有同樣的公民權。帝國的兩個部分都有各自的議會和相當程度的自治權，不過外交事務、國防和財政還是被指定為共同領域。奧匈帝國也和俄羅斯及鄂圖曼帝國一樣，是一個繼承制的君主國，它採取了各種措施來適應大眾政治和民族自治的要求。[19] 更多民族代表權的要求帶來新的法律和憲法理論，讓享有治外自治權的民族團體擁有一定程度的公共權力。在一八六〇年代之後，奧匈帝國的團體在法律上獲得承認，這帶來一些威脅，讓（帝國是如何組成的）憲法結構問題可能轉變成國際法的問題，因為政治上獨立的團體要透過這個法律框架進行互動。十九世紀末和二十世紀初的哈布斯堡帝國已經引入民族自治，已經有某程度的公共權力被移交給不是依據領土組織的團體，在一八九七年到一九一〇年之間，也有奧地利法學家針對少數民族的保障、法律對民族團體的承認撰寫了一系列有創新性的文章。[20] 帝國官員進行了一系列憲法改正，將帝國整合在一起，包括將二元君主國中的奧地利這一方改成各民族組成的州聯邦。[21] 一九〇五年的俄羅斯猶太勞工同盟（Russian Jewish Labor Bund）和一九一二年的孟什維克（Mensheviks）提出要在俄羅斯帝國內部推動類似群體自治的計畫。[22] 哈布斯堡帝國有十一個官方承認的民族——德意志人、匈牙利人、捷克人、斯洛伐克人、斯洛維尼亞人、克羅埃西亞人、塞爾維亞人、羅馬尼亞人、魯塞尼亞人（Ruthenians）、波蘭人和義大利人——在戰爭爆發的前幾十年間，他們都在爭取民族權利。如同最近對哈布斯堡帝國的研究所顯示的，帝國被鼓動要承認民族團體是帝國政治的一種形式，而不是以革命運動將帝國裂解為各自為政的主權州——民族自治通常不是指最後一定要達成主權獨立的目標。從這個觀點來看，奧地利的帝國憲法其實是靈活而創新的，而不是無可救藥的僵化。[23] 十九世紀的憲政主義為日益增長的政治解放和民族表達需求提供了法律解決方案。[24]

自決的含義在第一次世界大戰尾聲獲得釐清，那之前已經有新國家開始宣布獨立，並主張它們具有獨立主權社群的地位。威爾遜最初並不支持中歐民族完全獨立，只是建議他們依照皇帝提議的路線，在哈布斯堡帝國內部實施自治。爭議的問題在於憲法方式或國際保障是否足以滿足民族主義的要求——如果不另外建立一個獨立且領土有別的國家。奧匈帝國於一九一八年在法律上宣告解體，有一些民族團體（波蘭、立陶宛、愛沙尼亞和拉脫維亞）主張恢復他們在幾世紀前失去的主權，還有一些民族（包括南斯拉夫和捷克斯洛伐克）則試圖建立團體的主權，爭取成為被承認的獨立政治體。捷克斯洛伐克政府成為第一個退出哈布斯堡王朝的繼承國，並於一九一八年十月在美國華盛頓特區發表《捷克斯洛伐克民族獨立宣言》（Declaration of Independence of the Czechoslovak Nation）。[25]

一個曾經看似有永恆生命的世界走向崩潰，為其後的歲月帶來巨大的不確定性，尤其是對那些因為民族認同而遭到排除的帝國臣民來說。哈布斯堡帝國的解體對維也納諷刺作家卡爾・克勞斯（Karl Kraus）來說，是一個堪比為世界末日的災難性事件。[26] 呂西安・沃爾夫（Lucien Wolf）是英國猶太人代表委員會（Board of Deputies of British Jews）的外交部門負責人（他後來成為倡導國際少數民族保護的先驅之一），他一開始認為歐洲的和平與猶太人的生存要取決於帝國能夠維持。[27] 一旦個人缺乏帝國的公民身分保障，那些被認定為某些民族團體或是宗教少數族群的人，就將在新國家的疆界內變得無依無靠；隨著戰爭接近尾聲，婦女團體、社會主義者、和平主義者也接受了用法律為少數族群提供國際保障的想法。在一九一九年，有一個叫做「新國家委員會」（Committee of New States）的團體在英國和美國成員的主導下起草了示範性的少數族群條約，先是適用於波蘭，接著則是捷克斯洛伐克、南斯拉夫、希臘和羅馬尼亞。瞄準猶太人的大屠殺報告進入凡爾賽的審議之後，支持以法律保護少數族群的聲量也擴大了。

國際主義是一種控制新國家進入國際社會的方法，並在最大限度內減少各帝國解體成民族國家之後可能對公民權造成的大規模剝奪，它在哈布斯堡繼承國是採取了國際少數族群保護制度的形式。巴黎和會（Paris Peace Conference）簽訂的條約讓六千萬人有了自己的國家，但還是有大約兩千五百萬「少數民族」無法成立民族國家。奧地利、匈牙利、波蘭、捷克斯洛伐克、南斯拉夫和羅馬尼亞便依各繼承國和同盟國簽署的條約，依國籍等事項的規定保護少數民族。一九二〇年七月簽署的《聖日耳曼條約》（Treaty of Saint-Germain）和一九二一年七月簽署的《特里阿農條約》(Treaty of Trianon)並未徹底地確認繼承國的國籍準則——各國家仍可自行決定要依據個人的住所或居住地，或是其「原生」(*indigenat*)的身分來決定國籍。

因而，這些條約建立的體系是由國際權威來定義和捍衛少數族群的權利，而不是交由可以利用少數族群作為領土修正藉口的個別主權國家——這與十九世紀有顯著的不同，十九世紀的列強曾經在維也納會議和後來的柏林會議上承諾會保護弱勢的少數族群。國聯可以把案件提交給常設國際法院，不過少數族群無法直接向法院提出申訴。國聯祕書處的少數民族部門會與政府商議、在當地搜集資訊，並聽取申訴人的意見(但是申訴人在調查過程中並沒有正式角色)。該制度容許集體中的個別成員保有語言的使用權利，例如保證帝國中的匈牙利部分的非匈牙利語使用者，也有權使用和發展自己的語言和文化。[28]

在戰前數年間，個別團體的權利和民族的政治代表性已經是帝國的憲政政治核心，有些人認為條約為這兩者的爭議論帶來了解決方案，因為這些條約確認了非國家團體也是國際法的主體。國際監督取代了用憲法努力來規範帝國中各民族之間的關係。這些協議是奠基於帝國晚期的提議，准予民族群體在帝國內享有更大的地方自治權：這類提議是設想在政治上要效忠於較大範圍的國家，而個人的忠誠則歸向其所屬群體，這樣訂下的制度對於文化和社會生活的保存和實踐至關重要。這些制度承諾要保障受承認之集體成員的個人公民權和政治權，以及某些文化權，其保障已經超越了早期的國際條約中承諾的宗教自由保障。[29]

更當代的人權法歷史書認為，保護少數族群的條約的出現，代表了個人和團體首次在國際法中獲得獨立的地位。我們將在第三章中做更詳細的討論：受到承認的少數族群成員和沒有公民身分的個人，引發了對國際法對象和法律人格概念的類似反思。決定成立國聯的協議和國際監督體系沒有能阻止一個新階級的興起——他們一般被稱作「*heimatlosen*」，也就是居住在哈布斯堡繼承國、但是卻沒有國民身分的個人。到底應該承認何種性質的實體才具有法律人格，在法律和政治思想中一直存在辯論；其中，無國籍者或少數族群對於這種長期以來的辯論具有重要意義。他們的存在僅是由一些比較實質的權威來源決定的嗎——這些權威來源才能代表他們，並將他們虛構的存在轉變成真實的活動和行為者嗎？

讓我們暫時回到羅馬法中遭到驅逐之個人的法律狀況，其實失去可支持國際法身分的公民身分，就是懲罰本身的本質了。同樣的——回顧第一次世界大戰之後——漢娜・鄂蘭稱少數族群和無國籍者是「表親」，是因為兩者都代表了十九世紀公民解放理想的根本崩潰。少數族群和無國籍者——實際上這兩類人經常有重疊——要依賴像是國際聯盟或常設國際法院這樣的國際組織，這讓兩者處於十分脆弱的位置。少數族群這個分類其實是為有資格成為被指定之少數族群成員的人，創造了一種永久遭到排除的狀態。鄂蘭認為不論國聯如何界定這兩種人，他們都代表對公民身分和公民平等理念的違反。

不過，我們將在後文看到國聯官員的確將託管（指干預和聽取與少數族群權利相關的事務）

和普通的無國籍現象區分開來。對少數族群的保護還是在對治理與政治秩序採取的國際主義方法的範圍內，但是無國籍這個普遍的身分類別則已經威脅到他們試圖在國家和國際權威範圍之間劃定的界限了。[30]

III

戰後試圖用國聯主導的國際主義重新建構政治秩序，但也只是間接解決了帝國崩潰、新的獨立國家建立之後可能產生大量人口不屬於任何地方的問題。不過，該組織有參與制定援助俄羅斯帝國難民的國際協議，直接處理了無國籍定義的問題——雖然該定義還是充滿矛盾，而且具有高度選擇性。

沙皇在俄國革命（Russian Revolution）之後退位，大量專業和知識階級的俄羅斯公民在一九一八年開始離開俄羅斯。許多人到了君士坦丁堡落腳，其他人則前往中國和保加利亞的軍事駐地。流亡者包括白俄羅斯的官員及其家人，還有平民，他們之中有許多人都是前帝國朝廷或政府的文官。[31]在戰時可以看到地方和帝國採取各種臨時措施來幫助逃離戰爭的人。英國外交部和私人慈善組織協助監管了數千名為逃離布爾什維克革命而撤離的俄羅斯帝國臣民。個人平民在人道組織的協助下開始離開君士坦丁堡，前往西歐和中歐。

隨著歐洲各地和前鄂圖曼帝國的軍隊開始解散，對前俄羅斯帝國難民的責任也從戰時軍隊移轉給國際聯盟，這標誌著正式戰爭的結束。[32]俄羅斯難民在一九二一年來到中歐繼承國和前鄂圖曼帝國的領土，這標誌了俄羅斯內戰的結束，而要確認和管理國際難民身分的新時代揭開了序幕。國聯任命弗里喬夫・南森（Fridtjof Nansen，世界知名的挪威極地探險家）組織救濟工作，並把君士坦丁堡和加里波利（Gallipoli）周圍難民營裡的戰爭難民遣送到其他歐洲國家。在十九世紀後半葉的幾十年中，南森也參與了探勘地球表面和開拓殖民地的偉大競賽，他的科學國際主義精神讓他成為擔任該職位的理想人選。在一九二一年九月召開的國聯第二次大會上，他被正式任命為高級專員，受命協助「所有俄羅斯出身、但是不享有（或不再享有）蘇聯政府保護的人，以及沒有取得另一國國籍的人」。各政府於一九二二年在日內瓦舉行會議，促成了一項保護俄羅斯和亞美尼亞難民的國際協議，而且最終決定為他們提供國際旅行的證件——一般稱之為「南森護照」（Nansen passport）。[33]

難民事務高級委員會的成立對於戰後長期來說是一項重要的轉折點，因為這是首次正式承認對難民的國際責任。不過直到一九二一年十二月十五日（布爾什維克政府在那天正式撤銷了流亡者的公民身分），前俄羅斯帝國臣民的國民身分一直都顯得含糊不清。[34]將俄羅斯難民定義為無國籍者是一個高度政治性的決定。各領事官員承認分散在港口城市的一百萬俄羅斯臣民為「無國籍者」，代表歐洲國家承認布爾什維克政府有權力剝奪公民的國籍，也就是接受了布爾什維克政府。法國法院最初拒絕承認俄羅斯剝奪流亡者國籍的法令是有效的，因為該「做法違反了國際法」，因此法國仍將定居於法國的俄羅斯流亡者視為俄羅斯國民。[35] 新聞記者蘭達語帶驚恐地回憶道：這似乎是國聯「實際上被要求、也真的被迫依法讓人們變得無家可歸，且沒有國籍！」[36]

因此，要如何安排國際難民，其內在政治本質不只來自與布爾什維克政府建立外交關係的挑戰，也源自國聯在承認無國籍是新的國際形勢時所發揮的作用。針對這些擔憂，南森強調援助難民的安排應該被理解為人道主義，因此在政治上是中立的；有鑑於布爾什維克革命後加速了意識形態的衝突，所以這個聲明格外重要。[37] 把技術行政的領域與更為混亂的政治世界區分開來，代表一種要強加秩序的做法。聲稱技術性、中立性和專業，成為國聯官僚、律師和經濟學家的標誌。南森心目中對穩定大陸秩序的願景包括尋找願意接納難民人口的海外國家，並協助這些國家發展農業技能，好讓難民在抵達後能夠找到工作。[38] 官員們致力於重新安置流亡者或將其遣返，好讓社會和經濟秩序得以穩定。維也納有一個民間社會組織的成立是為了支持國際聯盟的工作，南森在寫給該組織的一封信中，詳細說明了遣返「以難民身分住在外國的」戰俘，意味著「拔除了重大而且危險的邪惡」，有助於確保歐洲的安頓。[39]

難民所受苦難的報導和影像，讓難民事務高級委員會（要作為一個與政治無關的純粹人道主義機構）的願景取得了可信度。[40] 難民在一些城市裡找到暫時的避難所，也在那裡面臨到疾病和饑餓，尤其是如果那裡還沒有從戰爭及後續的破壞中恢復過來。國際勞工組織的海外定居委員會（Overseas Settlement Committee）安排了一名成員負責協助難民重新安頓，他在一九二一年寫信給英國政府，信中指出「俄羅斯難民幾乎是一個無解的問題，他們在薩洛尼卡（Salonica）大量死於饑餓……我們當然很著急、不想錯過任何安頓他們的機會」。[41]饑荒、斑疹傷寒和衛生條件使得難民的死亡率在一九二二年達於頂峰，不過也是在同一年，許多難民開始獲得更為永久性的安頓之處。到了一九二二年，有超過四分之一的俄羅斯難民在德國定居（其中有三十六萬人住在柏林），五分之一的人想要在波蘭、法國和中國展開新生活。法國以承諾就業吸引了原本住在君士坦丁堡、巴爾幹半島和波蘭等臨時落腳處的俄羅斯流亡者。南森於一九二二年三月在國際聯盟理事會提議發行「南森護照」，讓難民有護照可以旅行，並保護不會遭到驅逐出境。[42]

南森因其人道主義的領導而在一九二二年獲得諾貝爾和平獎，他在頒獎典禮的演講中強調他認為國際主義工作的中立性至關重要。他指出國聯「在短暫而活躍的運作時間裡，已經解決了許多爭議性問題，否則這些問題就算不會帶來戰爭，也將導致嚴重的騷亂」。他把援助缺乏物資的俄羅斯難民列為追求穩定的成功做法之一，其他還包括對抗流行病的蔓延和對奧地利提供國際貸款。[43]南森在演講中也強調，人道主義事業有助於解決棘手的政治爭端，因為它們與政治保持距離。減輕苦難與政治無涉，不過列寧也尖銳地指出南森這個非政治性質的委員會已經「與其他有政治目的的委員會混為一談了」，因為在列強想要遏制布爾什維克主義的威脅這個背景下，對於人道主義救援的中立聲明已經變得高度政治化了。[44]

前俄羅斯帝國出身的律師和法學家在為剛起步的國際制度設計法律根基時，也同樣不認為要讓難民的法律地位正常化，僅僅是出於人道主義而採取的措施（雖然是出於不同的原因）。在第一次世界大戰前，俄羅斯的法律學者在俄羅斯帝國的外交政策和法律外交中扮演了重要的角色，他們首開先河地為前俄羅斯帝國公民創設了國際上的法律身分。這一群受過理論化訓練的人會爭論在國家邊界外的法律，他們在布爾什維克革命後被迫失去了公民身分的安全保障，成為無國籍這個問題整體的重要理論家和提倡者，不過他們會特別討論俄羅斯流亡者的共同體。[45]

法學家代表那些不希望回復國籍或是返回蘇聯的人，主張國際法應該承認被蘇維埃政權剝奪國籍的俄羅斯人屬於無國籍者。[46]早在幾年前，在這些法學家努力實現俄羅斯帝國的自由改革的背景之下，就有許多人發展出可能有非國家形式的政治代表的觀點。一九〇五年的革命讓學者和政治作家看到有新形式的政治代表。現如今在第一次世界大戰後的背景之下，由知識分子與既有的代表團體共同組成了一個臨時選舉機構——地方自治局（zemstvo）。[47]接下來在一九二三年，巴黎和倫敦的俄羅斯地方自治局籲請國聯用另一個對難民理想更有同理心的人來取代南森。流亡者代表憂心他們將落入「國際暴政」，無國籍者將成為國聯的「託管對象」——意即被歸為難民事務高級委員會的監護者，這個地位讓人聯想到前殖民地臣民的非獨立法律地位（前殖民地臣民現在被置於國際聯盟的法律權威之下）。然而，南森辦公室的代表則惱怒地回應：「他們只是希望完全復興前俄羅斯帝國。」[48] 因此，對於想要建立一種新的政治身分和政治代表形式的人而言，重建大陸和帝國秩序的目標會被認為和他們的需求與渴望互相衝突。

IV

因此，國際聯盟存在的頭幾年內，並沒有解決無國籍這個在新的國際秩序中影響了各種人的普遍現象。這個國際法的類別只屬於曾經擁有俄羅斯帝國公民身分、但是又因為布爾什維克政權宣稱不再承認他們是俄羅斯公民而喪失了國民身分的人。不過，後哈布斯堡繼承國的危機規模引發了一場反向運動，讓國際的承認擴大，也增加了後帝國國家中無法獲得公民身分者獲得的保護。在哈布斯堡領土內的各地爆發戰爭和軍事占領的動盪過程中，許多來自加利西亞（Galicia）和布科維納（Bukovina）的帝國難民逃離占領軍，進入相對安全的維也納，以及波希米亞（Bohemia）和摩拉維亞（Moravia）地區。到了一九一五年，已經有二十八萬五千六百四十五名難民居住在維也納。直到戰爭結束時，有四十萬名來自帝國邊界地區的人遷移到後帝國時期的匈牙利。由於無法返回家園，於是有許多人希望在繼承奧匈帝國的國家中取得公民身分。雖然的確有一些繼承國急於獲得新國民，也將成員資格擴大到和平條約批准時可證其居住於該地的所有難民，但是其他國家則限制了選擇公民身分的權利。例如被波蘭授予公民身分的人，就只有那些能夠證明其先祖在十九世紀曾經為波蘭獨立而戰的人。[49] 奧地利、捷克斯洛伐克和匈牙利也排除了在第一次世界大戰期間不論因其國籍或是宗教認同，而從帝國邊陲湧入城市中心的難民。根據戰勝國與奧地利共和國在一九一九年簽署的《聖日耳曼條約》，前帝國公民可以選擇任何繼承國的公民身分——只要他們的「種族和語言」與該國的大多數人口相同。但是該協議要求提供德語的教育證明，而許多來自哈布斯堡帝國郊區的戰時難民並不具備這些證明。[50]

繼承國採用了排他性的入籍政策架構，這是來自帝國法的法律先例。在第一次世界大戰之前，哈布斯堡王國的法律身分主要是依據臣民與帝國的省份或城鎮（或謂「*Heimatsrecht*」）之間的連結而決定的，一個人擁有該地的居住權，也可以利用其社會服務。任何人只要居住在正確的管轄範圍內，都可以視為政府的臣民。到了十九世紀，奧地利公民和外國人的法律權利差距逐漸擴大。外國人身分就代表被貧困救濟排除在外——貧困救濟只適用於公民，由市政當局提供給正式隸屬於該市的人民，即使該人並沒有住在那裡。[51]「*Heimatsrecht*」被引入繼承國的公民身分立法，讓政府可以將戰爭難民排除在公民行列之外。奧地利的國民議會在一九一八年通過公民法，將七萬名來自加利西亞的猶太人難民排除在外；他們在戰後依然留在維也納，但是無法主張固有的土地權利。在捷克斯洛伐克，要主張捷克斯洛伐克的公民權取決於居住證明。原哈布斯堡王朝的合法臣民如果在一九一〇年之後取得捷克斯洛伐克領土的居住權，便可以申請公民身分；

但如果不是「在語言和種族上同屬於捷克斯洛伐克人」者，其申請可能遭到拒絕。在匈牙利，有數以千計在原奧匈帝國中屬於匈牙利這半部的居民——包括貧窮的魯塞尼亞人和講匈牙利語的人——都沒有能夠證明其合法居留的文件（該地極少提供正式的居住證明），因此無法獲得匈牙利公民的身分。[52]

隨著排外政策的結果越來越明顯，開始有人寫信給常設國際法院和國際聯盟，指陳自己沒有國籍，請求這些當局代表他們出面干預，或是提供能夠確認身分的文件，讓他們能夠跨越國際的邊界。例如約瑟夫．賴希（Joseph Reich）在一九二三年十二月寫信給國聯，要求國聯提供護照給他。他在信中解釋說他在一九一八年之前是持有奧地利護照，現在居住在波蘭境內，但是成了「*Staatenloser*」（無國籍者）。[53]一名請願者在一九二三年寫信給海牙（Hague）的常設法院，稱呼法院是「無國籍者的權利捍衛者」，並要求官員為他提供文件，讓他可以跨越邊界旅行。[54]

在接到許多這類信件之後，國際聯盟常設國際法院的代表奧克．哈馬舍爾德（Åke Hammarskjöld）在一九二三年十一月致函國聯法律部門的官員，詢問是否可能制定一份國際協議來規範「*heimatlosen*」的身分。他寫道自己「不禁為相關者感到十分不捨，他們通常不是因為自己的過錯，但是卻被剝奪了基本權」。[55]哈馬舍爾德沒有詳細說明這類整體核發的法律身分要如何運作，但是他認為對於那些無法在自己的國家以政治成員身分獲得安全保障的人而言，國聯是可以為他們帶來權利和保護的來源。

V

哈馬舍爾德提議制定一份國際協議，為哈布斯堡繼承國中沒有公民身分的人提供一個法律身分，這使得國聯的法律官員開始討論如果要解決「*heimatlosen*」的身分問題，組織是否可以、如果可以的話又將發揮什麼作用。國聯有怎樣的權威可以裁決國籍紛爭，這個問題直接挑戰了該組織的跨國基礎。一位不知名的官員在一九二三年的備忘錄——其標題為〈無國籍者之案件〉（The Case of Persons without Nationality）——中記錄了相關想法。這份備忘錄之所以重要，主要是因為它清楚闡述了官員要如何避免將無國籍視為戰後的混亂中一種普遍的特徵，還有如何用編纂國際法典來作為中立的替代品（替代更擴張式的國際監督制度）。備忘錄中列出了各種廣泛適用無國籍分類的人——由於戰勝國和哈布斯堡繼承國之間的和平條約而面臨到「困難」的人、被蘇維埃政權剝奪國籍的俄羅斯人，以及像是馬克斯·斯托克這樣的人（他們因為曾經身為德國國民的身分，而使得財產在戰後遭到沒收，不過他們主張自己已經失去了與德國的國家連結）。因此，備忘錄等於是承認了戰後有哪些人可以聲稱自己為無國籍者（雖然該備忘錄的作者在使用「*Staatenlos*」一詞時，很謹慎地加上了「所謂的」一詞，以「所謂的無國籍者」來指稱這群人）。不過，備忘錄繼續解釋為什麼國聯不應該正式承認「無國籍者的狀況」是一個普遍或常見的問題，因為沒有國籍「似乎既不是廣泛散布的邪惡，也稱不上是對政府、甚至是個人造成普遍不便的邪惡」。[56]備忘錄中繼續指出，因為中歐的和平條約而失去一國國民身分的人，在後哈布斯堡繼承國的複雜政治局勢中引發了一個尤其「微妙的問題」。備忘錄的結論是無論如何，該組織無法依據任何國際法阻止國家剝奪一個人的國民身分（就算他們沒有得到另一國的國籍），也無法依據國際法為國家創設義務，責成各國對沒有國籍的人授與國籍。儘管（如同備忘錄所指出的）斯托克案的裁決顯示了無國籍所浮現的法律意義，但是普遍承認無國籍會威脅到國聯官員想要維持的界限——官員試圖在被定義為「國際」、及該組織和相關機構的職權範圍內的事務，和超出其職權範圍的事務之間保持界限。這份文件在組織內的法律專家和文職人員之間來回傳遞，他們在空白處潦草地加上自己的筆記，彰顯出如果無國籍成為一個可以一般化的類別，將會如何對國際政治秩序的特定邊界造成威脅（而那是國聯在設想國際主義和法條主義的改革時想要抑制的）。[57]

一位不知名的官員指出，如果國聯想要解決「無國籍者的狀況」，一個比較不激進的方式是把該問題看作私法的缺陷——把它看作十九世紀的國際私法論文中提出的異常現象，主要是由於個人移民、逃避軍事責任或接受外國政府的服務而造成的結果。國聯可以透過協調世界各國的國籍法，發起國際協議的制定，讓各國「放棄他們現有的主權權利（指自行決定在何種條件下可以自動、或自願獲得或喪失國籍的主權權利）」。[58]因此，國聯官員敦促就國籍法的衝突達成國際公約，以緩和國家間關係的名義，把各個國家日益複雜且分歧、定義各自國家成員的法律納入共同秩序。他們認為專家應該制定一個規則來涵蓋所有衝突，最終還要有一個多邊公約，讓各國取得一致意見，訂出共通或相容的歸化及剝奪國籍之法律。國聯把無國籍問題的範圍限縮在跨國法律的統合計畫中，這帶來一個願景——人類可以透過協調立法，慢慢地消除這種異常現象。這樣的計畫符合私法領域的一種思想風格。十九世紀的法律思想認為，公法不一定要有體系上的一致性，因為可以假定該法律源自主權者的命令。相較之下，私法則優於主權者的命令、可以超越國家。它越顯出內在的理性和一致，就越不受國家裁量權的支配——因此就有一股推力要將其規則系統化，並且讓體系盡可能地全面。將國籍視為國際主義機制的一部分，會使得注意力從具有限制性的公民制度移開，轉而將責任歸咎於那些沒有規畫的個人——他們沒有在任何地方停留一段夠長的時間，因此沒有獲得該地的國籍，而又離開了原籍國一段夠長的時間，所以失去了先前的法律關係。這些想法透露了國際官員有多麼抗拒讓非國家形式的政治秩序這類觀點和做法擴散開來。[59]

但是，在即將到來的國際法典編纂計畫中納入國籍的提議，卻是奠基於一個虛構的前提：即由排他的主權國家組成的世界已經存在了。其實，法典編纂逃避了無國籍問題所引發的、更具爭議性的主權性質問題。不同國家和帝國相繼出現了國籍立法，計劃將這些具多樣性的國籍立法加以系統化的確是有一些希望，但是公民身分危機的核心也正是政治主權的複雜性。國聯收到來自鄂圖曼帝國前臣民的個人信件，其中有許多是請求協助確定自己的國民身分，或是想要獲得南森護照。巴勒斯坦託管地的猶太人總檢察長諾曼・本特維奇（Norman Bentwich）對前鄂圖曼領土的多種國籍制度下了注解：「已經制定了至少五種新的國籍制度，每一種制度都有各自取得、保留和喪失（國籍）的方法。自從希律王國（Herodian Kingdoms）滅亡以來，東方的這個地區就沒有過如此多元的國族城邦了。」[60]這類衝突不僅存在於被承認是獨立主權國的國家之間，也遍及地位在國家和帝國之間的後帝國領土。可以根據一八六九年的法律擁有鄂圖曼國籍的個人，並不當然依一九二五年之後的新國籍法成為巴勒斯坦公民。英國的託管政權交由當地的阿拉伯人當局負責制定伊拉克和外約旦（Transjordan）的國籍法。英國的非洲託管地居民仍然受到英國的保護。法國在敘利亞和黎巴嫩是將制定國籍法的權力賦予託管地的代議機構。[61]同時，託管政權下的個別臣民則需要文件才能夠找工作。有一些人向埃及混合法院（Egyptian Mixed Court）提出訴求——該法院是成立於一八七〇年代的司法機構，負責審理涉及外國人的法律案件，該法院審理的案件中有許多是關於國籍主張的爭議。之前持有鄂圖曼公民身分的工人請求法院裁定他們的國民身分，因為他們需要文件才能夠在託管領土工作。可見國際法典編纂可以為各國提供指導原則，促進國籍立法的整體合理性；然而，它迴避了有關主權和帝國的更深層次的政治問題（國聯也在幫助暫緩）。[62]

接下來便召集了一群國際法專家參與一個雄心勃勃的計畫，他們要搜集世界各地的各類國籍法訊息，包括各國如何以立法管理國民的成員資格——誰會被看作合法的公民，個人又是如何獲得或失去這類身分。在哈佛大學教授國際法的曼利・哈德森（Manley Hudson）是一名中西部美國人，他組織了一群跨大西洋的法學教授和法律學者，從一九二四年開始定期集會以強化研究，替在海牙召開的第三次法典編纂會議（Codification Conference）做準備。哈德森領軍的國際法學家團隊想要將每一個國家的國籍立法製作成共通紀錄。在準備過程中，他們會向成員國與非成員國發送問卷，調查各國對國際法典編纂這個主題（包括國籍和領海管理）感興趣的程度。到了法典編纂會議時，他們已經匯整了一份詳盡的各國國籍法的清單。[63] 委員會建議了幾項條約，最終目的是要求各國在授予國籍時採用共通標準。這樣編纂的法典被預期可以消滅無國籍狀態（至少不會因為彼此的國內法衝突而產生無國籍狀態）。法典編纂者的角色不是由上而下地訂出規則後，以他們制定的條款規定政府要如何定義成員資格。相反的，這些贊同國聯目標的法律學者所做的工作是搜集材料並加以組織，其方法將有利於協調各個國家的努力，讓各國對取得和剝奪國籍的立法更為完善。國籍法會使得國族共同體具有封閉性，這也造成新的國際爭端來源，因為取得和剝奪國籍的制度衝突讓移民和國家官僚無法確定其身分。國際法典編纂的願景認為釐清國籍規範——一個人要如何取得或失去國籍——對於和平關係的維持至關重要。[64]

VI

不過，在法典編纂計畫向前邁進的同時，後帝國的公民身分危機依然存在。在一九二四年之後，國聯面臨到來自民間社團和其他國際組織的更多壓力，要求他們承認無國籍是一個更普遍存在的問題，以及考慮擴大難民事務高級委員會的職權範圍。新形態國際管理的影響在中歐變得鮮明且具體。南森護照並沒有為持有者提供更多社會保障（但這是國家會為公民提供的），或是防止持有者遭到任意驅趕和驅逐出境。不過，持有國際護照的無國籍難民還是得益於國際承認，以及身為「南森難民」的獨特地位。[65]

對於那些持有南森護照而獲得身分保障的人來說，國際法權威就成了真真切切的存在。護照會決定無國籍者的法律地位，讓國際機構來代理那些沒有正常法律身分的人。[66]雖然奧地利承認南森護照，不過高級委員會駐維也納代表團和奧地利政府對各自的職權界限有爭執。國聯奧地利代表團和維也納高級委員會之間的通信證明了該國政府與國際辦公室的代表間存在緊張關係，因為辦公室代表慶幸自己能夠成功主張核發身分證給俄羅斯難民的權力（而不是由奧地利當局核發）。其實，奧地利嘗試實施一種身分證明「*Staatenlosepasse*」，讓非公民可以自由地居住和旅行。而高級委員會則想要讓難民維持南森制度，不同意讓居住在奧地利的無國籍者適用「*Staatenlosepasse*」規則，因為這樣就可以讓委員會依然是難民的特有管轄機構。[67]隨著奧地利在努力建立權威，到底是誰對維也納的難民有管轄權，這個問題就引發了該市的各種形式統治權之間的衝突，主因是害怕如果國聯對奧地利的經濟結構進行干預，會使奧地利淪為殖民領土。[68]高級委員會的努力讓俄羅斯難民還是保有（源於日內瓦的）領事制度的獨特臣民地位，並享有通常只在互惠條件下才授予外國人的權利。[69]

在帝國崩潰的幾年內，數以千計的前帝國臣民發現自己無法取得任何繼承國的公民身分。紅十字會收到大量來自「*heimatlosen*」的請願書，要求協助他們取得確定的國籍，因此紅十字會便寫信給國聯，主張應該將無國籍問題進一步地置於國際管理之下。紅十字會在寫給國聯的信中，說明了和平條約和少數族群保護條約並沒有「涵蓋所有範圍」，因此會讓許多人漂泊無依。信中繼續說「*heimatlosen*」的問題已經吸引法學家注意一段時間了，不過「它在過去幾年中已經占據了如此比例，因此似乎有必要採取國際行動」。[70]

國聯的國際協會聯盟（International Union of Associations）之下有一個法學家委員會，他們於一九二六年三月在日內瓦召開集會、啟動了一項計畫，要規範前哈布斯堡帝國的繼承國中無國籍者的身分。[71]英國國際聯盟協會（British League of Nations Union）的成員沃爾特·納皮爾（Walter Napier）得出的結論是，如果要改善無國籍者的處境，唯一的方法是借鑒俄羅斯和亞美尼亞難民適用的方法。就如他所說的：「只要比較其他（沒有得到高級委員會保護的）無國籍者的不幸境遇，就足以體會到這一國際行動的極高價值了。」[72]納皮爾從對問題的法律分析（例如主權權威的性質和新國家的公民權界限）轉向更具體的考量（例如如何緩解那些發現自己失去公民身分者的處境）。[73]

在譴責俄羅斯難民獲得不平等的優勢時，經常也伴隨著對少數族群保護制度的限制過於嚴格的抱怨（少數族群保護制度的目的，是要確保公民身分或是能夠取得國家物品）。為了加強對比，評論者會強調「*heimatlosen*」歷經了異常的貧困和剝奪。一名作者代表「*heimatlosen*」寫了一篇文章（內容是關於紅十字國際委員會及其工作），該作者指出在幾類「*heimatlosen*」中，俄羅斯難民是人數最多、但是「最不典型」的，因為他們「相較於其他『*apatrides*』擁有較令人滿意的情況」。不屬於這個團體的就是「不幸的人」，或說是「*ces gens malheureux*」，他們先是向各種慈善組織發聲，然後要求紅十字會透過其他慈善組織的中介展開介入。[74]

看看那些替「*heimatlosen*」提出主張的組織——它們的性質讓我們相信在後帝國的繼承國中對自稱無國籍的人提供援助，只能夠從慈善的角度來理解，而非國際政治的表達有什麼更為徹底的創新。由於許多「*heimatlosen*」具有猶太人的血統，因此便有第一次世界大戰前為幫助猶太移民而成立的組織介入提供援助。在一八八一年和一九一四年之間，俄羅斯和東歐相繼爆發大屠殺和貧窮問題，因此猶太人之間便發生了從東方到西方的大規模人口重新分配，也因此發展出重要的猶太人倡議和保護網。[75]除了紅十字會提出的要求之外，國際聯盟的難民事務高級委員會也收到猶太人聯合委員會（Comité Unifié Juif）和人權聯盟聯合代表大會（Congrès de la Fédération des Ligues des Droits de l'Homme）代表「*Staatenlosen*」提出的呼籲。[76] 位於英國的猶太人代表董事會（Jewish Board of Deputies）請求國聯將工作擴大到成為難民和無國籍者的代表。國際性的猶太人救濟組織（包括猶太人代表董事會和以色列宇宙聯盟〔Alliance Israélite Universelle〕）在一九二六年九月寫信給聯盟，籲請他們注意這些組織收到繼承國人民寄來的大量信件，聲稱他們已經失去與任何一國的法律關係。[77]

紅十字會要求國聯擴大對無國籍者的職責範圍，而國聯的回應是要視該組織的有限管轄權和法律能力而定。在紅十字會發出呼籲之後，難民事務高級委員會的維也納辦事處也考慮是否要將援助俄羅斯和亞美尼亞難民的措施擴大到「其他類似範疇的難民」。而高級委員會的維也納辦公室的行政官員則想要將這保留為俄羅斯和亞美尼亞難民的專屬身分。中央辦公室詢問奧地利辦公室這類「類似範疇」的人有多少，奧地利辦公室向總部回報說：經與維也納警察首長協商之後，他們「確信」聯邦當局對於自稱沒有公民身分的人並沒有任何統計數據。[78] 但是要如何證明國聯對這件事情的立場是正當的呢？國聯法律部門的律師在回應紅十字會於一九二六年所寫的信時，主張雖然「*heimatlosen*」的處境在表面上可以比作一九二一年的俄羅斯難民，但是其實紅十字會也同意「目前的問題不屬於其行動範圍內」，因此他們也沒有權利將這個問題提交給理事會。既然紅十字會已經確定任何代表「*heimatlosen*」的倡議都超出他們的職權範圍，因此他們一樣不能把這種團體的案件提交給國聯理事會。[79]

若是遇到個人的國民身分仍然模糊不清的案件，對於介入其中的要求還有另一種處理方式是將案件移交給國聯的某個辦公室，由其負責掌管後帝國的身分及治理問題。在一九二七年——即備忘錄出現的後一年——法律部門挑出一封來自前鄂圖曼帝國臣民的信。國聯在該年十一月收到一封來自B．S．尼古拉斯（B. S. Nicolas）的信，尼古拉斯說自己是「庫德斯坦（Kurdistan）出身、信仰基督教的亞述人（Assyrian）」。尼古拉斯寫道，他因為「當時發生了土耳其暴行和大屠殺」而逃離自己的國家。他在信中說，他曾經在巴格達（Baghdad）和協約國一起對抗鄂圖曼帝國。他的家人在一九二五年帶著伊拉克的身分證件，離開伊拉克前往法國，之後就一直住在馬賽（Marseilles）。他們一再請求英國的保護，但是都遭到拒絕，之後就開始申請受承認為土耳其臣民。尼古拉斯表示，他擁有的文件可以明確顯示這三個國家都拒絕保護、或是授予國籍給他和他的家人，「因此我們的國籍並未確定」。[80]對此，託管部門的負責人回應：「國際聯盟並沒有替個人決定或是授予國籍的一般性權力。」尼古拉斯接獲的建議是提交一份請願書，詳細說明伊拉克和英國官員應該依據託管條款承擔的義務。[81]

祕書處法律部門的資深成員麥金農．伍德（Mackinnon Wood）評估了該請求的法律意涵之後，用既有的類別和制度進行了論證（這些類別和制度的設立都是為了處理戰後新國家所帶來的危機）。伍德認為，祕書處無權干預法國或土耳其國籍的相關事項，也無權對馬賽的法國當局提出要求。他們也無法幫助尼古拉斯取得希臘公民身分，因為希臘沒有託管地位，也不存在保護特定少數族群的協議。伍德的結論是，既然請願人尼古拉斯擁有伊拉克的身分證明，他就可以要求英國託管政權的保護。[82]另一份備忘錄試圖分析尼古拉斯是否可以根據一九二四年的伊拉克國籍法獲得伊拉克公民的身分。作者的結論是，這取決於伊拉克當局是否認為難民也要符合住居所規則，或者說「他們是否認為難民在伊拉克有『經常的居住地』，還是只有非常不穩定、臨時的旅居該處」。他建議將這件事送交國際勞工組織的難民部門做進一步釐清。[83]最後是另一名律師審視了該主張，他的結論是根據尼古拉斯自己的故事——他被依法拒絕了伊拉克、法國或土耳其的國籍——「這就是一個無國籍的案例，唯有靠伊拉克當局做出體貼而慷慨的行動，才能夠立即予以補救」。[84]要決定一個人是否無國籍，取決於對不斷變動的國際局勢的推理。

有越來越多人和尼古拉斯一樣，被國家法院和國際權威承認為無國籍者，這進一步激起了一九二八年之後要求擴大南森制度的運動。當年一項對無國籍的研究指出無國籍者的人數在戰爭之後大幅成長，但是成因和法律性質的差異很大。[85]待國際上逐步對無國籍問題有了共同意識之後，倡議家便在修辭上將這群人和世界公民的概念連結在一起。沃爾特・弗格勒（Walter Furgler）在一九二八年七月創辦了「無家可歸者：沒有受到承認的國籍者之利益保護世界委員會」（Homeless: World Committee for the Defense of the Interests of People without a Recognized Nationality）。該組織的目標是「讓所有『*sans-patrie*』取得像是南森護照那樣的法律文件，讓他們可以前往各個國家而不會遭到驅逐」。[86]護照既有具體的實用意義，也有比較具象徵性的意義。假如邊境管制部門承認南森護照有效，持有該文件的人就可以獲得工作或是跨越邊境。然而，在第一次世界大戰之後（國際主義理想）的背景下，任何沒有國民身分的人都代表實現後國族世界主義（postnational cosmopolitanism）的可能性。沒有國籍的人就像是馬克思主義的無產階級一樣，代表了未來希望所寄的第三等級（the third estate）。在一場無國籍者和代表他們提出倡議的組織在日內瓦的集會中，和平主義作家羅曼・羅蘭（Romain Rolland）告訴群眾：「無國籍」是一個光榮的詞，它代表了既是歐洲也是世界的公民。[87]南森護照的持有者接著成了世界公民的華麗化身。殼牌石油（Shell Oil）和艾瑞歐汽車（Ariel Motorworks）公司在一九二八年贊助I・S・K・索博列夫（I. S. K. Soboleff）騎摩托車環遊世界，該名騎手就只帶了南森護照作為身分證明。索博列夫是一名在俄羅斯革命期間流亡的俄羅斯貴族，他在回憶錄《南森護照：騎摩托車環遊世界》（*Nansen Passport: Round the World on a Motorcycle*）中，將自己描述成俄羅斯海外流亡者的化身。索博列夫說「在世界各地，我總能夠找到和我說同樣的語言、並且拿著南森護照的人，那本護照是由國際聯盟核發給已經沒有自己國家的人」。[88]

儘管如此，其實南森護照不太能確保安全性，它也再次確認了國家在規範上對邊界擁有的最終控制權。一九二八年六月三十日在日內瓦簽署的另一項協議想要進一步鞏固俄羅斯和亞美尼亞難民的法律地位。但是許多人發現持有護照也不能夠免於被警察騷擾或是被驅逐出境。護照的持有者可以獲得簽證進入另一個國家尋找就業機會，但是如果他們找不到工作，往往會發現自己也無家可歸。[89]一些護照的持有者苦澀地回憶起他們其實除了南森護照之外，就再也沒有其他依靠了。知名作家弗拉基米爾・納博科夫（Vladimir Nabokov）在兩次世界大戰之間住在柏林；他也是持有南森護照的無國籍難民，後來寫下該護照是「歐洲官僚發明的窒息地獄」。[90]不過，它也象徵許多人是如何開始經歷在非國家的政治共同體中的現實生活。俄羅斯難民在中國的生活特別說明了許多人期待國際機構填補他們失去的帝國特權。俄羅斯難民力圖要中國法院維持他們以前身為俄羅斯帝國臣民所享有的域外法權地位。即使他們的這項努力沒有成功，他們的社群運作方式仍然像是把自己的世界帶來了。一名在戰爭期間從俄羅斯領土遷移到中國的無國籍俄羅斯流亡者，回憶起俄羅斯的聲音和路邊攤販賣出的一碗又一碗令人垂涎的酸奶牛肉，這些聲音和氣味都瀰漫在哈爾濱市的街頭。[91]

雖然國聯官員不同意無國籍象徵了國際政治的未來，但是從旁觀察這場運動的非西方政治思想家和領導人（他們將無國籍者描述為一個獨特的群體）卻是以這類激進的詞彙來看待這個現象。無論是大規模的無國籍現象，還是特定的無國籍群體出現了新的國際法律地位，它們的意涵對於帝國、主權和全球秩序未來的相關重大討論都是不可忽略的。的確，非西方的政治行為者會對歐洲無國籍者的困境特別有共鳴（當他們在思考後殖民國家的未來時）。《國際和平》（*Pax International*）是國際婦女和平自由聯盟（Women's International League for Peace and Freedom，第一次世界大戰期間成立的和平組織）在日內瓦出版的月刊，甘地（M.K. Gandhi）便是從某一期《國際和平》中得知有運動在宣傳歐洲無國籍者的狀況。甘地在他的週報——《年輕的印度》（*Young India*）——中引述歐洲有越來越多無國籍者，用來證明歐洲文明的衰落，以及歐洲建立的國家模式日益式微。他認為有越來越多人被切斷了與任何政治共同體的關聯，這表明歐洲的治理模式「看起來金玉其外，但是說不定已敗絮其中」。甘地接下來指出無國籍者的保護運動興起，顯示「許多西方人已經意識到他們的文明有這樣嚴重的局限性，而且正在極盡努力的克服它」。[92]

甘地發表這些評論時，正與印度國民大會黨（Indian National Congress）的其他領導人對一些議題爭執得不可開交，包括何時要推動脫離英國獨立、是否尋求自治領的地位，而這個獨立的政治體未來又要採取何種法律和憲法組織。在對獨立印度的未來和印度的後帝國政治形態都還有爭議的背景下，甘地把無國籍視為歐洲衰微和沉寂的標誌，其實也是對那些把歐洲國家視為未來獨立典範的人提出的明確警告。對於在戰後十年間思考無國籍意義的一些歐美國際律師而言，尋找國家的替代方案並不必然等於要回歸地方性的社群和當地習俗。而甘地則認為，反國家的政治理論就意味著避開「現代性」所定義的制度和等級制度，轉向支持村落共同體（它是代表另一種自治的政治結合體）。[93]

不過，當時更直接的脈絡是難民的法律地位與國際治理的含義有所扞格，而其中是俄羅斯帝國的流亡法學家最能夠展現出無國籍者是如何體現非國家政治秩序的未來。為了展現非國家之法律主體也有獨立的政治地位，俄羅斯帝國的流亡者代表試圖將他們的社群所面臨的政治問題和早期為移民所提供的慈善救濟先例做出區分。他們會強調法律的創新和治外法權身分，這有部分反映了他們想要保留自己與東歐難民和經濟移民有別的身分，這兩者一直是西方國家（包括英國、法國和美國）許多爭論的根源。[94] 俄羅斯和亞美尼亞法學專家委員會在一九二八年對俄羅斯和亞美尼亞難民的法律地位提出了一份備忘錄，其中顯示他們試圖在人道主義的性質和法律權利概念之間劃清界限。法學家們指出，雖然俄羅斯和亞美尼亞難民問題一開始是人道主義的問題，不過國際聯盟和國際勞工組織已經成功解決了危機。但是備忘錄中也指出他們的地位還是不穩固，因為他們依然沒有國民身分，而且大多數似乎也無意獲得新身分。[95] 因此，報告中強調俄羅斯和亞美尼亞難民的獨特性格，並轉以權利概念描述他們的處境。俄羅斯法學家聲稱這場危機已不再是人道主義災難，它現在已經是一個政治問題，他們想要把這類困境放到國際事務的核心，而不只是看作國聯官僚政治的一部分（國聯官僚要處理的都是社會或技術性質的問題）。[96] 我們將在第三章中詳述俄羅斯的流亡法學家轉向國際人權的語言，藉以改造對俄羅斯無國籍者的用語，並提供了一九二九年國際法研究院制定《國際人權宣言》（Declaration of the International Rights of Man）背後的知識力量。他們想要把無國籍者爭取國際法身分的運動和人道主義的回應區分開來——人道主義的回應還可以更廣泛地針對戰爭和後續的大陸動盪。因此，一九二九年的宣言背景反映的是兩次世界大戰之間針對國際規模的治理和政治代表問題的政治辯論。由於二十世紀出現了新形態受害者的觀念和實務，因此對於統治、家父長制和去政治化的各項擔憂也隨之發展。

有人認為無國籍者代表權利和法律人格的未來將超越國家邊界，這個想法讓某些倡議者覺得很危險，因為替代目標就是確保所有人都會獲得公民權。呂西安・沃爾夫從一九二一年到一九三〇年（他去世）為止，參與了兩次世界大戰之間國際上兩大創新做法的協調工作：創立難民事務高級委員會，以及東歐的後帝國繼承國的少數族群保護制度。他試圖將猶太人和非猶太人臣民在這兩個項目中獲得的國際保護加以標準化。沃爾夫認為，猶太人在東歐的生存取決於公民的基本權利和法律的平等保護。沃爾夫代表無國籍者所做的工作，包括促進少數族群條約的條款獲得執行——條款承諾將特定少數族群的成員包括在公民中，而不是南森護照的延伸。沃爾夫認為國際少數族群保護制度的目標是解放，並強調透過國際制度的方法實現這個目標。保護少數族群是達到目的的一種手段。將南森制度延伸到擁有公民身分的人，代表進一步排除這些對象，他反而希望新國家承認境內少數族群的公民身分，確保這些條約承諾的履行。他在對無國籍問題的個人筆記中寫道：「提議將難民的安排擴大到『*staatenlose*』，會使得相關國家始終存在大量未同化的人並受制於政治因素。這絕對不是我們想要的。」[97]

非國家的法律秩序和公民解放之間的衝突重演了對於國際少數族群保護意義的交鋒，而在第一次世界大戰後對少數族群權利和難民救濟的相關辯論中，也可以看到猶太人解放的困境在一個新的國際關鍵又重新浮現。沃爾夫在一九二一致二三年間是負責從俄羅斯帝國逃出來的猶太難民的救濟工作，他與猶太世界救濟會議（Jewish World Relief Conference）的成員有齟齬，因為該會議的成員希望南森辦公室在難民事務高級委員會下單獨成立一個猶太人部門，承認猶太人和非猶太人難民有各自的獨特目標。相較之下，沃爾夫認為猶太難民的困境與大脈絡中的危機密不可分，因此他堅持認為如果想要分開解決雙方的問題，終將導致失敗。[98]

沃爾夫對少數族群和難民的外交手段使他與日內瓦的其他行為者產生分歧（這些人認為不斷增長的無國籍人口是世界公民的先驅）。他不只要對抗各國政府不願意對居住在其領土內的人授予公民身分，也反對法學家提倡要讓更多「*apatrides*」享有域外的法律身分。波蘭政府聲稱，居住在波蘭的無國籍者大部分是俄羅斯的內戰難民，但是沃爾夫主張這些人口在一九一九年簽訂《里加和約》（Treaty of Riga）的時候就已經是「常住居民」了，因此應該依和約將他們視為波蘭國民。他堅持「這類人與擁有臨時住所的難民迥然不同」，「給予他們南森護照並不適當」。[99]相較之下，居住在巴黎、並擔任法國難民事務法律顧問的俄羅斯流亡政治學家及憲法學者鮑里斯・米爾金－格策維奇則認為，波蘭的猶太人屬於戰後的無國籍者這個大集合，他們是新的國際權利制度的先驅。[100]沃爾夫因此對特殊法律地位的危險性表達了更廣泛的關注。他堅持應該固守國家的領土權威，依靠國際機構的協助施壓各國遵守承諾；他還提倡讓國家集權的世界主義在第二次世界大戰之後回歸成為無國籍問題的普遍回應方式。

沃爾夫提倡英帝國應該介入保護俄羅斯帝國猶太臣民的權利——他這樣做，從一開始就主要是想擴大解放和公民權。但是在他看來，俄羅斯法學家提倡國際人權與無國籍之間的結合，就足以威脅到公民解放和政治公民權這些更大的目標。由帝國和後來的國際強權施加壓力，迫使自行其是的政府遵守他們的協議、尊重所有居民的權利，這是達到目標的手段之一。沃爾夫和當時在國聯範圍內運作的許多政治行動者一樣，都沒有體會到國際主義會挑戰到國家在國際政治中的核心性。

VII

在第一次世界大戰結束後的十年間，「無國籍」一詞通常是指一個多元化的群體——難民、政治流亡者、被剝奪國籍的公民、在戰後從未恢復國民身分或在後帝國取得政治安頓的人。本章結合戰後十年間引進的國際治理的新實驗，對無國籍的含義提出了一個論點。俄羅斯法學家發起的運動，是希望創建無國籍這種國際法身分。不過，如同國聯官員所擔心的，這個類別可能會過於擴大該組織對各國主權能力的監督和管理要求。隨著戰爭和大陸帝國的解體打開了主權這個潘朵拉的盒子，國聯的律師和文職官員認為擴大國際的督導（把許多不同類型的「無國籍」都涵蓋進來），會對國聯想要在國家和國際的政治權威與法律管轄之間劃定界限造成特殊的威脅。因此，國聯構想用標準化的國籍法和國際制度所加諸的限制來面對無國籍問題，以確保行政範圍內標示到的任何人都有公民權，或是至少有國民的權利。僅僅將南森護照延伸到某些受保護團體的個人，也代表了一種遏制的做法。國聯內部對無國籍概念的反思，反映出這個概念進入國際政治和國際思維有何重要和獨特之處。再加上國聯以外的資料一起閱讀，我們便可以更清楚地了解無國籍以新方式和全新規模被帶進國際法和政治中，對於（將在第三章中討論的）政治和邊界的基本問題有什麼重大含義。國聯在兩次世界大戰之間的施政目標並不是對大規模無國籍的意涵做出最終決定。各國法院和國聯對該身分的正式承認引發了意想不到的迴響。無國籍者不再是虛構小說中的故事，或是令人好奇的異常現象了，當戰爭創造的世界正在成形，無國籍者也提供了一個新的概念參考點。

第三章

後帝國的政治秩序基礎

Postimperial Foundations of Political Order

「主權、自由、權威、人格——我們都想知道這些詞彙的歷史和定義……更確切地說，我們想知道歷史，是因為它的本質其實就是它的定義。」

——哈羅德・拉斯基（Harold Laski），英國政治理論家俄羅斯的猶太人法學家馬克・維什尼亞克在一九一八年逃往巴黎，並於一九三三年在海牙國際法學院（The Hague Academy of International Law）進行了一場講題為「無國籍者的國際法律地位」的演講：他提出無國籍就和亞當及夏娃被趕出伊甸園一樣古老。維什尼亞克認為「*apatridie*」之人——這是法語中對沒有公民身分者的稱呼——可以追溯回人類最初的移民和流亡經驗。維什尼亞克是以國際法專家的身分在海牙演講，他也是自革命以來就分散在歐洲各地的俄羅斯帝國前臣民群體的領導人之一。他在逃離莫斯科之前是一名公法學教授，也是俄羅斯內部非布爾什維克左派的領導人物，他曾經擔任立憲會議（Constituent Assembly）的祕書（在一九一八年布爾什維克奪取政權之前，立憲會議曾經短暫地控制政府）。他在巴黎是移民季刊《現代筆記》（*Sovremennye zapiski*，英譯為*Contemporary Notes*）的幕後推手，並且積極參與國際會議，商討如何為流亡海外的俄羅斯人提供法律保護（詳情可見本書第二章）。[1]

幾年後，義大利法律學者I・G・利波瓦諾（I. G. Lipovano）發表了另外一份對無國籍者法律地位的研究，他反駁說維什尼亞克沒有認識到戰後的這種現象其實是根本上的新狀況。利波瓦諾堅持，既然有新詞彙來描述與任何國家都沒有法律關係的這類人，表示出現了一種全新的法律和政治概念：它在義大利語中是「*apolide*」；在法語中是「*apatride*」；用英語說是「*stateless*」；而在德語中，則是用「*staatenlos*」這個名稱取代了舊的詞彙「*heimatlos*」（或謂「無家可歸者」）。我們可以看到「*heimatlos*」這個詞仍被使用，但是在很大程度上被另一個詞取代掉了，那個新詞可以更準確地指出該人與政治共同體缺乏任何法律連結。利波瓦諾解釋道：「對用詞的討論並非沒有任何好處。這證明了這些用語背後的事實和概念正在發生改變：有新的事實出現，也有新的概念將舊的置換掉了。」[2]是什麼新概念刺激了新詞彙的誕生，要用新詞來意指沒有國籍的個人呢？就像是利波瓦諾的主張所說的，無國籍的規模從根本上挑戰了法律實證主義的學說認為個人只能夠透過國民身分才能擁有權利和義務。無國籍者成為國際政治的一景，為下列問題提供了重要的新資訊（這個問題在過去幾十年間已經成為國際法理論家的「重中之重」）：國家是國際法的唯一主體嗎？個人是否有一些權利和義務並非來自其身為某國成員的身分？[3]

雖然維什尼亞克和利波瓦諾對無國籍是否屬於新的現象意見不一，但是兩人都認為出現大量沒有國民身分的人，已經成為掌握基本政治概念的關鍵。例如維什尼亞克在演講的結論中指出：戰爭以來的無國籍為權利和主權的本質提供了重要的洞察，「就像是疾病對於生理學的研究是一種非常珍貴的方法論驗證工具，研究無國籍的問題，也有助於我們更好地去了解國籍問題，以及權利學說和國家學說中的基本問題。」[4]維什尼亞克和利波瓦諾各自對無國籍者的法律地位所做的研究中，都提到對「無國籍問題」的分析可以釐清核心的政治和法律概念（例如權利、國家地位和主權）。因此，他們的參與便是要說明在這個時代，對政治概念（例如國家和國際法）的哲學和法律反思與無國籍者所面臨的物質環境具有的重要關聯。

不過，問題在於無國籍的概念是如何、以及為什麼會和兩次世界大戰間的國際政治基本問題產生密不可分的關係。我們在第二章中看到國聯官員在面對戰後的政治秩序問題時，帶進了新的國際主義方法，他們認為普遍承認無國籍特別會造成不穩定。本章的任務是從政治和法律思想的角度，更深入地理解無國籍的根本含義。本章的第一部分會考察無國籍進入法律及法律思維中，為何對關注個人在國際社會中的地位、法律人格、政治基礎來源及政治共同體的理論家，具有特殊的意義。本章的後半部分則集中在後帝國時期的中歐背景——尤其是兩次世界大戰之間的維也納——哈布斯堡帝國的繼承國中有些不具有公民身分的個人，他們遭遇的困境刺激了法學理論家開始思考法律有沒有能力為社會生活帶來秩序，並為政治秩序設定界限。本節的重點是奧地利法學家漢斯．凱爾森和他的學生；凱爾森的法律理論認為國家的邊界最終是法定的，因此要接受以國際法權威作為其主權的構成來源。在接下來的幾十年中，凱爾森解決無國籍問題的方法替法律理論家和國際官員提供了重要的知識基準，這些方法形塑了第二次世界大戰後的法律框架，為國際法用語中的難民或無國籍者的意義做出定義。

第一次世界大戰後對無國籍的理論方法顯露出對法律角色的更多理解（看法律是如何形成政治和社會衝突的條件）。法學家面對無國籍問題時，是透過急迫、但長期存在的學術問題和辯論：什麼是法律？國際法和國家之間的關係是什麼？在有領土界限的政治共同體之外要求法律上的身分，有多大程度的合理性？要用法律解釋和法學視角來檢驗政治與法律成員的界限，這個做法在一九三〇年代越來越受到攻擊，因為它無法面對現實，只不過是自由派的世界主義者對大眾政治的非理性熱情做出的不現實、最終也無能為力的回應。不過，本章還要探討更深層次的問題：為什麼法律理論的相關辯論會被認為是直接揭示了公共權力的性質，以及政治共同體如何建立國籍和公民身分的界限。

I

第一次世界大戰活生生而殘酷地展示了一九一四年的參戰國家那空前的組織和軍事力量。到了戰爭結束時，在戰爭帶來的混亂和破壞中，一些理論家清楚地看到現代國家是現代世界中獨特且最終避無可避的政治組織形式。德國社會學家馬克斯．韋伯（Max Weber）在一九一九年一月二十八日於慕尼黑大學發表演講，講題為「政治作為一種志業」（Politics as a Vocation），演講中詳細闡述了最有影響力的一種對國家的定義。韋伯指出，過去有各式各樣的政治組織都擁有創設法律及獲得忠誠的能力。但是在德國經歷戰爭及革命之後，國家已經可以透過合法強制力對所有人口展開暴力威脅，因此成功排除了其他形式的集體認同。用韋伯的話來說，就是國家形成唯一「可以（成功地）主張在特定領土內壟斷合法物理暴力的人類共同體」。國家不只是有力量吞噬年輕人作為獻祭的現代之神，也是唯一被公認為權威和權力的合法來源組織。他總結道：政治代表的活動便是各個國家、或是一國內不同群人之間的權力對抗。[5]

不過，就算是在一九一四年參戰的帝國型國家擁有看似毋庸置疑的無上權力，這類實體擁有的合法性和權威仍然會遭遇眼前的辯論和政治衝突。雖然韋伯的演講是一般性地講述現代世界的政治權威，但是他的演講也代表一種對國家主權的捍衛；他認為，戰爭的混亂和戰爭造成的國家動盪要以國家主權作為解答。戰爭的結束並沒有為這種政治組織形式帶來最終的勝利——因為帝國的統治依然存在，再加上不同的團體對同一塊領土主張權利而發生的衝突，而且以全球規模來看，人們對政治共同體的未來也還存有意識形態的分歧。[6] 我們在第一章中看到《斯托克》案確認了獲承認的國家有決定其國民身分的主權。但是在第一次世界大戰之後的幾年間，什麼才是國家，以及國際法和建立國家地位之間的關係，這類問題只有變得越來越難解。出於這個原因，如同第二章所說的，國際聯盟官員想要為國際政治權威的形式設定界限，而他們將無國籍問題視為對此努力的一項挑戰。雖然國聯會督導一些非國家形式的政治治理創新實驗（包括難民事務高級委員會），但是它會訂下自己的權力範圍，不去妨礙任何國家如何取得和剝奪國籍的條款。

不過在戰後十年間，大西洋兩岸的評論家都對國家（人類生活的核心組織單位）的價值和有效性提出了質疑。國家懷疑論的論述出自許多人之口，涵蓋了各個政治光譜。在美國加入第一次世界大戰的幾個月後，美國的進步主義運動領袖赫伯特・克羅利（Herbert Croly）堅持，「因為戰爭之故，國家必須同意權力的削減和重新分配，這是增加恩典的一項不可或缺的條件」。[7]對國家地位和未來的言辭質問在兩次世界大戰之間從未停歇。弗拉迪米爾．列寧在一九一七年為《國家與革命》（*State and Revolution*）所寫的序言，是以下列觀察作為開篇：「國家問題現在——不論是在理論或實際政治中都——顯得格外重要。」[8]政治哲學家列奧．施特勞斯（Leo Strauss）在一九三二年寫下：「當前的國家相較於幾個世紀之前（或更早）已經變得更受人質疑」，而且他把這當作眾所周知的事實。[9]

正是由於國家的概念和未來在整體概念和政治上具有不確定性，無國籍才會在政治和國際法思想中變得如此重要。國家法院引進無國籍作為一個公認的法律類別（國際聯盟亦然，只是方式比較受限），確立無國籍是該時代的重要理論爭議中的關鍵元素（爭議內容包括對國際法的性質、主權，以及如何建立政治秩序的界限）。在關於無國籍的歐洲法律論文和一般性的國際法著作中，理論家描述無國籍的現實是一種重要的新事實，它重塑了政治和法律理論的基本辯論。一旦無國籍成為國際生活的公認事實，就可以用它作為理想的案例，更好地歸納出國際政治和政治秩序的未來。無國籍並非代表強制對國家做出更嚴格的定義，而是代表有超越國家生活的可能性，同時還有各形各色的公眾開始重新思考政治組織的不同可能性。[10]

國際法的權力在第一次世界大戰之後如何擴張，其實直接關聯到西方法律思想中更多的關注點，尤其是個人可否被視為國際法律秩序的直接主體。如同我們在第一章所見的，世紀之交的論文作者會思考個人是否可以成為「國際權利」的擁有者。自然法理論認為，個人權利是先於政治而存在，並且個人在加入社會之前就擁有權利了。但是，如果根據實證主義的國際法理論（該理論在很大程度上想要排除基於自然法或自然權利的推理），會認為沒有公民身分的個人有什麼地位呢？奧本海等實證主義的國際法理論家認為，個人只能夠依據國籍、衍生地擁有權利和法律地位。依這個論點的邏輯，理論家指望可以推論出國際法權威的擴大和制度面的現實，是否意味著個人可以直接透過國際法而主張法律承認。也就是說他們代表了國際法律秩序的「主體」，而不是「客體」。因此，在第一次世界大戰後的十年間，無國籍者的法律地位與擴大國際法權威的野心會在概念上結合在一起。

我們在前文中提過：有一些組織和個人代表兩次世界大戰之間歐洲廣大的無國籍人口提出倡議，他們對國聯官員的努力形成了挑戰（國聯官員想要確保該類別依然限於擁有南森護照、並以難民事務高級委員會為其領事代表的特定族群——尤其是從俄羅斯流亡海外的人）。至少在理論上，持有南森護照的人可依國際協議擁有難民事務高級委員會和國際聯盟的法律權威所授予的法律地位。但是無國籍代表的地位也已經得到更確立的法律和政治權威來源的承認。在有關權利、代理人和政治權威性質的悠久辯論中，無國籍進入法律和政治的領域成了重要的證據。法律學者讓．斯皮羅普洛斯（Jean Spiropoulos）在一九二九年的演講中指出：個人在國際法律生活中的身分問題是他們同行間討論最多的問題。他認為，如果個人可以直接向國際社會發話，那麼就算是無國籍者也擁有身分和法律地位。[11]

換句話說，從正當法律程序和法律平等的觀點來看，如果可以證明某個法律權威擁有的權力足以確保民事案件的出庭權、有保護財產的權利，以及就算在沒有公民身分的情況下也有居住權，那麼公民身分的其他相關政治權利似乎就沒有那麼重要了。基於同樣的邏輯，如果國際法權威可以讓無國籍者受到法律的統治，就是以真實世界的證據證明國際法的規範體系超越了個別的國家協議。赫伯特．格呂克斯曼（Herbert Glücksmann）在一九三〇年發表了一份關於無國籍者的法律地位的研究，扼要總結了可以決定無國籍者法律人格的相互依存邏輯，還有國際法的前景。格呂克斯曼是布雷斯勞大學（University of Breslau）的博士生，他認為無國籍者的法律地位是代表國際法的「癥結」。國際法的性質取決於如何決定無國籍者是否具有獨立的法律地位。格呂克斯曼認為，無國籍代表有別於國民或是外國人的「第三類名稱」。國民是以特定的管轄權對象的身分參與法律程序，而現代國家的外國人也要服從領土管轄。如果無國籍者代表「第三類名稱」，那麼他們究竟隸屬於哪一種管轄呢？格呂克斯曼推測，或許有辦法證明他們受到國際法的管轄。他主張國際法的性質要取決於對無國籍者的法律行為能力所做的分析。一個成功參與民法的無國籍者就是有效克服了對國民身分的需要，能夠享有國際法或民事訴訟程序的保護和權利。[12]

如果能夠證明無國籍者也受益於「法律之前人人平等」，也享有自由經濟主體的權利，那麼拉薩．奧本海在有關國際法的實證主義論文中確認的假設——權利和法律地位須取決於國家成員的身分，以及國家對等承認外國人的合法權利——就面臨重要的挑戰。格呂克斯曼的分析中隱含著形式上法律平等的理想，但是持續受到左翼的批評，說它掩蓋了社會不平等和支配的真實樣貌，這種批評在其後的數十年間又獲得更多追隨者。不過，這裡要講的重點是，格呂克斯曼的研究顯示無國籍的意義是如何取決於國際法的性質和未來，以及——依據同樣的邏輯——無國籍者的法律人格如何對國際法的主流理論產生重要影響。

II

在我們轉而討論無國籍對國際法思想的意義之前，必須先考慮一下國際法在第一次世界大戰結束時的地位。國際法這個專業在第一次世界大戰結束時已經面臨重重危機。國際律師的專業組織在一八七三年成立，之後要以國際主義方案解決帝國統治和帝國衝突的問題時，法學家就一直是這類概念和執行中不可或缺的一部分。國際律師提供的法律論點和論證理由，會支持新形式的領土取得，以及對殖民地臣民的暴力；在一九一四年之前，也有許多人自己擔任外交部門的顧問，或是成為外交部長。[13]不過，該職業在戰爭結束時出現聲望降低的跡象，這從國際聯盟以反法條主義作為基本原則和外交部門的重組中可以看出來。小冊子、書籍和文章都在訴諸國際法的失敗，因為它未能阻止戰爭、或是維護國際法研究院最初成立時的世界主義精神（國際法研究院是於一八七三年成立的國際律師職業組織）。同時間在美國，法律原則至上的外交政策也在第一次世界大戰後大致失去了主宰能力（該原則在戰前數十年間一直是美國外交和建立正式美帝國的重要特徵）。戰後的德國常見對《凡爾賽和約》安排的譴責聲浪，這也同樣削弱了國際法擔任外交正規角色的地位。為國聯辯護的律師被迫要與和平主義運動站在一線，或是放棄他們對國際主義的意識形態承諾，才能夠繼續參與政策制定。[14]

法學家拉薩．奧本海的學說提倡只有國家才是國際法的主體，他的職業生涯說明了國際法研究院極力在自由民族主義和世界主義之間維持的平衡已經瓦解。在第一次世界大戰爆發之前，奧本海與約瑟夫．科勒（Josef Kohler）共同編輯了《國際法雜誌》（*Zeitschrift für Völkerrecht*）——這是科勒於一九〇六年創辦的雜誌，也是第一本將精力放在國際法的德國出版物。為了定義國際法在現代外交中的角色，奧本海設計了一項研究議程，給想要督促更和平的國際關係的國際律師。律師能夠闡明現有的規則並提倡編纂法典，讓世界各地的法律施行得以標準化。實務工作者靠著創辦期刊和專注於國際法的學術機構，他們用建立原始資料主體的方式創建該領域，將自己塑造成專家——不僅是該領域的領航者，也可以用專業行為來實際代表該領域。因此，在戰爭爆發之後，歐洲的國際律師團體遭到國家收編，這對該職業的法律和道德抱負似乎是一項悲慘的打擊。奧本海公開宣布效忠英國，譴責德國對比利時的攻擊是「自拿破崙一世以來最大的國際罪行」。同時，科勒也放棄了之前對和平主義的承諾，轉向提供法律論據來捍衛德國的戰時行為。[15]

不過，如果我們將這一行業在第一次世界大戰期間經歷的轉變，看作是代表接下來十年間國際法對國際政治未來的意義，以及成為無國籍者意味著什麼，那就還是太過輕忽了。國際法的重要性在於如何進行戰爭、裁決責任的歸屬，還有一九一九年之後如何重新劃定歐洲的疆界，這都表明此一專業領域及其從業者的意義並非只有讓世界更和平的渴望。[16]赫施．勞特帕赫特的知識和職業軌跡，讓我們看到了國際法在第一次世界大戰期間和之後不斷發展的實際意義。勞特帕赫特是二十世紀最著名的國際律師之一，本章後文及本書的後半部分會更詳細討論他對無國籍問題的想法。不過，我們必須在這裡簡要提一下他最初決定研究國際法有何重要性，以及他將國際法重新塑造成一門學科和專業工作的重要貢獻。勞特帕赫特於一八九七年出生在昭爵城（Zolkiew）的一個猶太人家庭——昭爵城是加利西亞的一個城市，當時是奧匈帝國的一部分——勞特帕赫特一家人在一九一四年搬到當時在俄軍占領下的皇城倫貝格（Lemberg，波蘭語稱為利沃夫〔Lviv〕）。勞特帕赫特在一九一五年被徵召加入奧地利軍隊，不過他始終都沒有實際上過戰場。他在一九一五年秋天進入倫貝格大學（Lemberg University）法律系，學習羅馬法和德國公法等科目。如果一個人認為法律可以是議決政治未來的手段，自然會認為學習法律的必要性比衝突造成的結局更能夠確定。民事法和普通法學界的法學訓練在一八七〇年代之後是強調來自法律案例或法典中的抽象原則，新案例和問題要連結到已經確立的概念及先例。新人希望藉由這樣的培訓讓他們規劃自己的政治抱負，並設計創新的政治解決方案。[17] 未來當上第一任以色列總理的大衛・班－古里昂（David Ben-Gurion）在一九一五年從鄂圖曼帝國的巴勒斯坦前往薩洛尼卡（Salonika），接著則是君士坦丁堡，就是為了學習鄂圖曼的土耳其語，並入學成為法律系學生；他預料在戰爭結束時，猶太民族主義者將需要與鄂圖曼帝國談判、爭取更大的自治權。[18]

新的波蘭國和新生的烏克蘭國彼此爭奪邊界地區，因而造成脆弱的政治局勢，勞特帕赫特轉向國際法研究正是在這樣的背景之下。在戰爭期間，因為預期奧匈帝國和俄羅斯沙皇即將潰散，因此波蘭民族主義者便將倫敦的複雜政治場景導向波蘭獨立的談判。同盟國在一九一六年宣布波蘭成立自治立憲王國，並受到與奧地利和德國的軍事協定所約束，經濟事務則置於奧德共管之下。[19] 烏克蘭人在一九一八年十一月取得對利沃夫的控制，並宣布它是西烏克蘭人民共和國（West Ukrainian People's Republic）的首都。在其後的暴力事件背景下——尤其是利沃夫發生了對猶太人口的暴力——勞特帕赫特原本對奧地利私法的研究開始轉向。他於一九一八年秋季修習了第一堂國際法課程，他的老師是法學家約澤夫・布澤克（Jozef Buzek）博士——布澤克曾於戰前在維也納的國務院（State Council）任職，並撰寫過帝國的民族統計研究的文章。勞特帕赫特在一九一九年夏天離開利沃夫參加歐洲地圖重畫的工作，他為政府間波蘭事務委員會

（Intergovernmental Commission on Polish Affairs，該委員會的工作是劃定波蘭東部的邊界）提供翻譯協助。[20]

勞特帕赫特在凡爾賽宮的工作結束之後，繼續在維也納大學（University of Vienna）撰寫有關國際聯盟的博士論文。他在一九二三年移居倫敦，之後又在英國法學家阿諾・麥克奈爾（Arnold McNair）的指導下獲得第三個博士學位，他的研究題目是「私法淵源與對國際法的類比」（Private Law Sources and Analogies of International Law），內容為追溯國家規定對國際法發展造成的影響。勞特帕赫特和麥克奈爾合力，將國際法研究的重點從外交和政治家才能，轉移到律師和法院對國際規則的應用與解釋。他們強調，國際法不是一個沒落的行業；事實上，第一次世界大戰為國際法學說的細膩化和技術的專門化鋪下了道路，也為建立以法院和法學家為制度根基的法律體系奠定了基礎。其實在戰爭期間，是法律從業者第一次被召來處理國際法問題。勞特帕赫特和麥克奈爾在一九二九年開始出版第一本國際判例法全集，要將國際法建立成堪比國內法的技術性領域。他們的合作計畫讓勞特帕赫特在英國的博士論文（《私法淵源》〔*Private Law Sources*〕）中提出的論點更加真實——勞特帕赫特的論點是，國際法會呈現出與國內法相似之物：條約類似於契約，領土法就是財產法。勞特帕赫特認為國際組織的成長，意味著規範國家與國際社會機構間關係的法律，會逐漸變得像在國家內部施行的憲法和行政法。[21]戰後設立的機構（例如常設國際法院）開始生產國際法的學說內容。索賠委員會和仲裁為國際律師提供了許多判例法，超過他們以前的所有見聞。國際法學者也會分析國際政治的新做法，透過分類和發人深省的描述來建構事實，為國際法的形成做出貢獻。雖然在國際刑法領域和跨國治理的實驗裡，比較具影響的事件進程特別是源自歐洲，但是美國法律學者也橫跨大西洋參與了對新世界秩序的分析。例如，美國的國際法學者菲利普．傑賽普（Philip Jessup）——他也是國際聯盟的支持者——便在一九二六年寫信給愛德溫．博哈德，說他希望找到一些案例來證明「國際法最終戰勝了國內法」。[22]

對於某些法律學者而言（他們試圖搜集證據來證明國家已被替換為國際政治的核心主體），看得越多，越能夠看出國家並不是國際舞台上唯一的行為者。傳統的理論認為，世界上所有領土都被置於某個主權國家的排他主權之下，但事實就是我們還是可以找到邦聯、聯邦、保護國、勢力範圍、宗主權和自治領地，這些都與傳統的理論背道而馳。[23]美國政治學家昆西．萊特（Quincy Wright）在一九三〇年出版的《國際聯盟下的託管地》（*Mandates under the League of Nations*）一書中，主張託管制度的出現表示主權性質發生了變化——尤其是與領土權的傳統連結發生了變化。有許多領土不屬於任何一國的主權，這證明未來將不只是對一塊有邊界的領土進行排他的政治管控。[24]但澤建立了自由市作為國際聯盟的託管地，上西利西亞則成立了國際性的混合國籍法院來裁決國籍糾紛，還有國際官員被賦予新權力，能夠影響中歐國家的做法——對於想要推翻國家在政治和法律思想中的核心地位的人而言，這些都提供了正面的訊息。巴黎大學

（University of Paris）的法律系學生舒利姆・西格爾（Schulim Segal）在博士論文中將歐洲的無國籍者類推到託管地臣民。西格爾主張，託管地的居民和無國籍者一樣不是公民，但還是可以向保護他們的國際機構直接提出請求。就像是託管地會為個人創設一些權利一樣，無國籍者也可以對國際機構提出訴求。西格爾認為若是個人利用這種方法，其實就已經算是國際法的主體了。[25]

因此，如果要在戰爭創造的世界中更廣泛地探究國際法的性質，無國籍問題就成了核心參考點。第一次世界大戰後成立了新形態的國際機構，讓人們相信非國家實體（包括個人）也可以成為國際法的直接主體。有上西利西亞的國際法庭這類機構——本書第二章提到的雅各布・辛維爾就是向這個法院提交他的請願書——讓居民儘管失去了國籍或是沒有得到新的國籍，但是只要聲稱居住權受到侵犯，也可以請求法庭代表他們做出對抗國家的裁決。法律評論家後來指出，特別法庭代表個人首次透過法庭實務真正成為國際法的主體。[26]勞特帕赫特回憶道：到底誰算是國際法的主體這個問題在第一次世界大戰後「不斷出現」。愛德溫・博哈德在一九三二年的《社會科學百科全書》（*Encyclopedia of the Social Sciences*）中加入的一個詞條就足以說明這一點。博哈德解釋道：「國際這個詞是指規則會支配各國。但是個人、海盜、獲承認的革命者、少數族群、走私品運送者、託管領土、行政同盟、國際聯盟——這些也都是所謂的國際法宣稱的權利和義務主體。」[27]美國的國際律師克萊德・伊格頓（Clyde Eagleton）要求曼利・哈德森讓他在近期會議中加入海盜行為的相關委員會，「不是因為這帶有傳奇色彩，而是因為與它相關的主題引起我的興趣——何以個人能夠違犯國際法呢，諸如此類的。」[28]法學家奧本海認為，國際社會的國家和個人沒有辦法放在同一個天秤上比較，他的這個學說可謂最具影響力；但是，就連他也推斷在國際聯盟建立之後，個人會開始獲得國際法上的新地位。因此，無國籍在這個脈絡下的意義，就取決於國際法專業知識傳統在歐洲跨國秩序重建中的政治顯著性，還有自由派國際主義者在第一次世界大戰後的幾年間想要擴大國際法權威的野心。[29]

III

兩次世界大戰之間的無國籍問題除了關乎國際法的地位和未來之外，也仍與政治和社會理論的重大辯論脫不了關係——特別是那些以法律人格概念為核心的辯論。最廣義的法律人格概念是指哪些行為人或實體可以擁有法律關係、負擔權利和義務。自然權利的理論認為，個人在持有政治身分之前，就已經擁有權利了。這個理論套用到無國籍者身上，就是指沒有合法成員資格的個人可以回到政治前的狀態，以該狀態擁有自然權利。漢娜．鄂蘭在日後指出兩次世界大戰之間歐洲無國籍者的真正困境，顯示訴諸自然權利的理想並無意義，因為顯然只有政治共同體的成員才能夠確保基本的安全和道德人格。不過，在兩次世界大戰間的法律和政治思想中，有關於無國籍者法律地位的例子——例如他們有作為法律上行為人的能力，特別是十九世紀與「私法」（例如契約和侵權）相關的領域——提供了重要的證據，被用於正在進行的、有關於法人（和公司）人格的性質、它對國家之外的政治秩序的意涵，以及國家本身概念的辯論中。[30]

在這裡要注意的是，從表面上來看，公司人格的性質與自然人的法律地位正好相反，而公司作為「集體行為者」的性質需要解釋和辯證。要將公司虛擬地表現為具有代理能力和意志的實體，需要對法律論點的扭曲。不過在一八九〇年左右，大西洋彼岸對公司人格的政治和法律理論進行了大規模辯論，這與第一次世界大戰後幾年間對無國籍者身分的知識反思互相產生了共鳴。戰前有德國法學家和歷史學家奧托．馮．吉爾克（Otto von Gierke）對非國家群體的團體身分性質和法律地位提出了最有影響力的哲學探索。吉爾克在一八八一年提出了結社（association，或謂「*Genossenschaftsrecht*」）的理論，試圖解釋團體（例如公司、行會、教會）的身分何以不須依靠國家承認。根據羅馬法衍生出來的「特許理論」，公司、行會和宗教團體均屬於虛構的法人實體，只能夠依靠更高權威的授權獲得其形式。不過吉爾克認為團體算是真實的人，因為它們雖然是權利主體，卻不是法律的創造物。換句話說，它們不是依附於法律的安排而存在。如果一個團體的法律人格是「虛構」的，意味著它作為一個團體的身分，須取決負責制定法律者的創造力。團體的社會完整性替他們的權利和能夠獨立於現代官僚國家的權力創造了條件。吉爾克的結社理論接著還對國家地位的起源帶來有點激進的影響——因為當時的許多團體疾呼他們要被承認為獨立國家，而他的理論直接解決了道德共同體是否先於法律秩序而存在的問題（這類群體的定義和分類是由法律秩序決定的）。公司理論帶來了進一步的政治和哲學思考——憲法是否反映了一個已經存在的共同體，或者說國家的法律結構是否會組成及創造一國成員身分的界限。吉爾克提出了以下問題：國家是從人民這個有機單位進化而成的嗎？還是政府和國家的行政機構組織了人民？如果國家是由歷史和傳統熔鑄而成的原始統一體發展而來的，那麼人民的權利就不該是仰賴政府機關或國家地位。除了被國家制定的法律承認之外，人民有其獨立的存在。[31]

吉爾克特別區分出由法律創造的「某類虛構的、人為或法律上的人」（例如公司）和「團體人」——團體人是指有別於法律虛構的外加屬性之外的真實生物（例如托拉斯〔trust〕）。不過，在十九世紀後期的商業公司興起之後，他的結社理論就對關乎公司人格和國家人格性質的辯論變得至關重要。在美國法中，公司的法律人格發生變化，讓公司擺脫了先前的限制，還帶來此一時期（正值現代資本主義的興起）的標誌性發展之一。公司成立不再需要獲得特許，公司也可以永久存在。公司在現代生活中的新地位，還有自然人和公司的能力類比，又為法律人格的意義帶來進一步思考。同時也引出了一個問題：法人是什麼——是個人的集合體嗎？還是一個雖然由個人組成、但是有別於個人的實體？公司的權利是否可以簡化成股東的公民權利？集體行為人真的存在嗎（因此不能化約為組成他們的每個人）？美國在第一次世界大戰前的幾十年間示範了全球資本主義的未來，最高法院為公司賦予了某些「核心權利」，包括起訴和被起訴、擁有和轉讓財產的能力，使其能夠主張某些憲法權利。由法律的眼光看來，這些非自然人看起來、或是其行為，都與自然人並無二致。在美國之外的地方，於一八七〇年和一九一四年之間也有例如西門子（Siemens）和克虜伯（Krupp）等大公司興起，這意味著擁有和管理企業的真人被法人（例如股東所擁有的商業公司）所取代了。[32]

政治秩序的起源和性質——以及非國家之政治秩序的可能性——成為英國法律理論家弗雷德里克・梅特蘭（Frederic Maitland）著作的中心主題（梅特蘭替英語讀者翻譯了吉爾克的理論）。梅特蘭在世紀之交時寫的文章中，援引了吉爾克來探討共同體的政治生活源頭，以及不同時間的共同體對自身的投射機制。對我們的討論目的而言，特別重要的是梅特蘭如何思考法律形式和政治現實之間的關係，以及他如何看待法律專業知識特有的能力（可以透過創設此類法律形式來形塑政治現實）。梅特蘭特別感興趣的，是看似獨立於中央集權國家權威的經濟和政治實體可以由法律概念和論證模式賦予其生命。不斷擴張的領土型主權獨立國家當然是自成一類的政治實體；不過像是麻薩諸塞灣殖民地（Massachusetts Bay Colony），以及東印度公司這樣在早期現代歐洲出現的法人，也表現得像是國家，並且最終成了國家。梅特蘭借用進化論的隱喻，來說明如果仔細觀察，就會發現其實很難將國家的自然歷史與其他類團體的形成截然二分。換句話說，公司實體可能在開始時僅是法律的產物，只由其原初行為或特許而取得生命，但是它們可以演化成具有獨立生命的自主行為者。[33]

梅特蘭描述了法律虛構和法學的虛構塑造政治現實的能力，但是也對其荒謬感到驚詫。一個法律概念或做法有著如此出乎人意料、實際而不值一提的起源，很難以說明這樣一個概念何以能促進大規模的政治轉型。要將晦澀不明的法律概念（例如「獨體法人」〔corporation sole〕）轉化成可行的政治理論，需要法學家的靈活想像力。托拉斯的法律概念只是一個例子，說明這個策略是在特定時間為特定目的發展出來的，而有了一個出乎人意料和擴大的遺緒。托拉斯法是在十九世紀後半葉從財產法的子項目發展成獨立的法律範疇，它被適用於治理和帝國事務時還取得更廣泛的政治意涵。梅特蘭在一九〇六年的文章〈托拉斯與公司〉（Trust and Corporation）中，描述了法律概念是如何塑造經濟與政治現實，因為擁有股票和股份這類新方式是從「托拉斯」的概念演化而來的，會所和結社也開始用從托拉斯法借來的詞彙定義它們的獨立法律存在。托拉斯這個概念的歷史就像是依照進化論在運作；偶然的突變帶來與原初轉變點無關的適應性變化。梅特蘭認為，法學家心目中的托拉斯代表一種「能夠帶進各種素材的彈性思維形式」。[34]梅特蘭在這篇文章中繼續指出，隨著國際主義的解決方式（要試著以這種方式解決團體生命在法律下的複雜性）日漸擴散，上述思維風格在政治上還變得益加重要。他注意到美國人是透過「托拉斯」的語言——「托拉斯」一詞是繼承自羅馬法——解釋他們在美西戰爭（Spanish-American War）之後在古巴的主權。就像是梅特蘭所說的，「托拉斯」其實不過是個隱喻。但是它擁有真實的力量，可以穩固政治解決方案，雖然他也在思考這個原屬於私法體系的概念被套用到不斷增生的國際和經濟實體——從美帝國領土到南非的帝國議會——是否已經達到合理性的極限。他寫道：「有些人可能會說這種事情的時代已經過去了。」[35]但是在二十世紀之交，要支持國家和社會團體——從民族團體到宗教組織、再到工會等所有團體——擁有獨立政治生命的論點，通常得依賴有關法律人格和資格的主張。

不過，梅特蘭有關法律人格的著作啟發了一群英國政治作家的政治理論——他們被稱為「多元論者」（Pluralists），在世紀之交時，他們設想要在工業社會的背景下，以民主方式取代強制、中央集權的國家。「多元論者」包括約翰・內維爾・菲吉斯（J. N. Figgis）、喬治・道格拉斯・霍華德・科爾（G. D. H. Cole）、哈羅德・拉斯基（Harold Laski）和歐內斯特・巴克（Ernest Barker），他們發展出霍布斯（Hobbesian）國家法學理論的替代方案。從嚴格的主權角度來看，像是教會、合股公司和工會等結社都是源自國家的承認。多元論試圖將現實歸到一些不構成教條意義之國家的團體和結社，以推翻國家是國際社會中的終極「人」。非國家團體（從公司到民族）的經驗性存在，為政治秩序及構成該秩序的實體提供了另一種視角。多元論者調查了一系列獨立於主權領土國家而存在的公司形式和結社（例如宗教團體、行會、社區協會及工會），他們對於政治和法律結社的概念就是有別於主權領土國家。法律實體是真實或虛構的性質、有多依賴國家的承認，以及它們的權利和義務性質，都切入不同的政治方向。人格是責任的基礎；工會的獨立生命似乎為勞工帶來一種權力，而在二十世紀初越演越烈的勞資糾紛中，倘若他們需要依賴國家的話，就不會有這種權力了。社會國家的基本特徵之一是源於工業、勞工或特殊利益的法人團體興起，各個團體都代表是一個法律主體。直到第一次世界大戰在一九一四年爆發時，多元論已經可以視為一派政治思想——不只與英國思想家有關，還與法國的法律理論家（例如萊昂・狄驥〔Léon Duguit〕）有所連結。[36]

第一次世界大戰強力挑戰了戰前十年間盛行的非國家政治秩序的理論。戰爭爆發時，多元論者已經準備好論據要攻擊現代國家過大的權力和霸權，但是國家的權力明顯體現在政府有能力號召公民和帝國臣民投入戰鬥、調動大量資源，以及監禁外國人，削弱了這個理論的實證面向。科爾和拉斯基面臨到這些無從否認的事實，最終也放棄了他們的反國家主義（antistatism），轉而支持用國家的力量為世界帶來真正的政治和社會變革。[37]

不過，法律到底承認誰有行為能力，討論這個問題依然是第一次世界大戰後國際思想的重要特徵。關於行政國家的政治理論或是公司的法律地位之爭，還需要繼續思考法律的虛構能力和它們擁有的行為能力本質。在戰爭開始時，大西洋彼岸有越來越多法律評論家認為某些概念（例如法律人格或虛構的人）會造成憲法理論和國際法的混亂。在大戰之初，約瑟夫・科勒發表了一篇文章加入這場辯論，他在文章中聲稱「法人究竟是真實的還是想像的，這個問題完全不必認真提出來。它是法律中的真實，就像是每一個法律所創造的真實。它不是一個有血有肉的人。可證為無法理解這一點的舊／新無稽之談都毋須考慮」。[38] 為了闡明所謂擁有法律人格的意義，科勒對以下兩者做出區分——一個是想要對非自然人灌注形而上學屬性的衝動，另一個則是（較為合理的）主張法律可以建構現實，即使它不會創造出吉爾克所指的那種「真實」生物。

非自然人的法律案件會激發更多公眾的想像，因為這些衝突觸及政治思想的核心關注。例如，一九二五年在印度發生了一件有關印度教偶像的法律地位的案件，便在歐洲和美國引起極大關注。觀察家對於案件結果的解釋是根據幾個存在已久的爭議：法律行為能力的性質、法律制度能否為非自然人賦予人格，以及法人人格的真實或虛構性質。[39] 美國實用主義哲學家約翰．杜威（John Dewey）在該年寫了一篇重要的文章評論該案件，他在文章中認為人們對偶像的法律人格多有好奇心，要歸因於人們越來越不認為國家是「唯一或甚至至高無上的人」。[40] 杜威在整體評論公司和法律實體的本體論方法具有的問題時，強調這類思考在政治上的重要性。杜威認為從規範的角度來看，把人為的法律創造物描繪成意義等同於自然人，其實很荒謬。杜威認為公司——如果把它想成是國家權力創造的準公共實體或是法人——的權力範圍是一個政治問題，而不是法律本體論的議題。使公司符合民主，是對公司的行為（而不是對公司的本質）進行政治控制。不過他也指出了這類創造物的力量——與梅特蘭在十年前的觀察相同。杜威在一九二七年的講座〈公眾及其問題〉（The Public and its Problems）中指出：對於法律賦予行為能力的對象，以形而上學推斷其性質看似毫無意義，但是這其實會滲透到法官所做的具體判決中。他解釋：「國會的立法者和席上的法官會心懷、並運用理論，而使後續的事實本身變得不同。」[41] 英國的文學評論家和詩人威廉・燕卜蓀（William Empson）在一九二八年的詩作〈法律虛構〉（Legal Fiction）中，對法律形式可以打造社會現實的力量表達了類似的、混合了挫折與驚奇的反應，詩的開頭第一句便是「法律挑準人的短處長篇大論」。燕卜蓀這首詩的靈感不只來自對法條主義的一般性陳述，還源自他對普通法世界中有關於財產權如何適用於新空域的當代辯論之觀察。[42]

如果杜威要確認法律理論在現實世界中的結果，只須就近看向戰時判決對公司股東和公司法人實體做出的區別——公司股東仍保有國家隸屬，公司法人實體則可以遠離國家的衝突。在戰爭期間，有人認為企業不會因為與敵國有所連結而墮落，這個論點解決了一個非常實際的問題。加州大學柏克萊分校的法學教授馬克斯・拉丁（Max Radin）在寫作有關公司法人人格的主題時寫道：「很少有主題看起來像是如此徹底的理論，但是也肯定沒有哪個主題會被法院宣布為裁決基礎，據以決定貴重財產的權利歸屬，以及巨額金錢的分配。」[43] 拉丁認為該主題的意義在於法官如何運用法律人格的概念，來推理有直接實際意義的案件。即使指出公司人格理論的學術性質，並不會改變該論點塑造了司法分析和裁決的事實。

法律人格會同時吸引法學家和更廣泛的大眾注意，是因為對許多人來說，解開法律如何將行為能力賦予自然人和非自然人之謎，似乎是能夠解釋集體生命本質的關鍵。哈羅德・拉斯基在一九二一年的論文集《主權的基礎》（*The Foundations of Sovereignty*）中，強調「在今天，沒有什麼比澄清古代的概念更重要的了。主權、自由、權威、人格——我們都想知道這些詞彙的歷史和定義；或者更確切的說，我們想知道歷史，是因為它的本質其實就是它的定義」。[44]因此，拉斯基清楚指出對於現代政治基本概念的本質——其語義——所做的哲學研究，也具有現實世界的意涵。他描述的一個觀點與戰後書寫無國籍問題的許多人相同：以哲學反思國家（這個法律和道德主體）的性質，會帶來現實世界的政治後果。這樣的連結是因為兩者都關乎國家是不是唯一（或至高無上）的人這個問題，也和法律形式塑造社會現實的力量有關。固然在歐洲和大西洋彼岸的美國，有關公司人格的法律著作似乎只發展到一九三〇年，但是在兩次世界大戰之間有關無國籍者法律地位的論文，依然顯示出沒有國籍之個人的法律狀況是如何直接影響到對政治理論的重要辯論。

從法律思想的角度來看，無國籍的出現是一項受到承認的現實，同時也預告了戰後十年間對政治和法律秩序的基礎將持續存在辯論，法律和政治理論將被用來分析法律上無國籍的人意指什麼。其實對一些法律作者而言，這項任務是要透過法律論證和類推來證明無國籍者在法律範圍內擁有的地位。我們看到主流的國際法學說理論將沒有國民身分的人定義為無法可管的異常者。不過在戰後，斯托克（與其他像他一樣的人）透過被法院承認為無國籍者，成功地取回了財產，也挑戰了這個基本教條。德國法學者吉歐·耶林內克（Georg Jellinek，曾提出極具影響力的現代國家理論）在他的公法研究《世紀末》（*fin de siècle*）一書中，主張從國際法的角度來看，公民身分就意味著「屬於某個法律體系」。[45]國籍這個國際法概念與政治公民身分的正式分離，導致它得以類比於帝國的隸屬形式——隸屬的臣民與廣大帝國秩序之間有正式的法律連結，但是不具備與母國公民相同的權利。我們也在前文看到，這種靈活的法律成員概念為帝國和國際的法律思想提供的資源，使帝國內的共同成員身分得以概念化。當代評論家也反思了第一次世界大戰之後，國際法下的個人地位的帝國法來源。愛德溫·博哈德於耶魯大學法學院任職期間，在一九三〇年觀察到對於個人（包括無國籍者在內）提供如何利用國際法院的普遍建議時，多是仰賴殖民地先例（例如埃及的混合法院，該法院從一八七六年開始向「非本地」居民提供特別的保護和權利）。[46]國際人權聯盟聯合會（Federation of the International League for the Rights of Man）在一九二六年提出一項決議，建議國聯（而不是國家政府）提供領事服務、保護政治流亡者；對該項決議的討論中，有國際主義者提議為無國籍者提供法律權利，其中的殖民意涵很引人注目。[47]法國法學家羅傑·皮卡德（Roger Picard）認可由國際聯盟接收無國籍者的提議，用他的話來說，就是讓國聯充當他們的「保護者和監護人」。[48]皮卡德提議由國聯派代表擔任無國籍者的大臣或大使，他認為如果由國聯擔任無國籍者的保護人，「那些被不公平的限制奪去國家的人會發現一個比較寬厚、也更理想的地方。因此，無國籍者會把自己——不回頭看也不帶後悔的——改造成真正的超級愛國者」。[49]

如果理論家想從法律思想的角度來確定無國籍代表什麼意義，羅馬法讓他們了解一個人與人之間要透過法律與彼此產生連結的世界。法學家朱塞佩·尼蒂（Giuseppe Nitti）在一九二六年的一篇研究，是關於被義大利法西斯政府剝奪了國籍、住在法國的義大利流亡者，尼蒂將流亡者與羅馬奴隸做了比較，羅馬奴隸是處於民事死亡（無法享有一切民事權利）的狀態，而流亡者在居住國家也沒有權利。[50]這類反思表達了用主流的法律思想種類來理解無國籍現象，會蘊含一些基本的緊張關係。傳統學說認為沒有國籍的個人就「無法可管」，因此能夠證明其法律能力的證據對正統、實證主義的國際法理論具有重要意義。不過，在羅馬法傳統和十九世紀的國際法中，法律主體性或法律人格往往隱含著從屬和支配的關係。羅馬法中的人法劃定了該人的法律地位，而法律地位又取決於擁有法律人格。奴隸具有法律人格，但是被歸入物品或財產的範疇。相較之下，擁有公民身分意味著該人可以自由的參與法律程序和經濟交易。[51]政治思想史學家約翰·格雷維爾·阿加德·波考克（J. G. A. Pocock）便掌握了這種法律上的公民身分模式的魅力——和其限制。波考克認為羅馬法學家在闡述公民概念時，想像是公民這種法律上的存在透過「訴訟、起訴、占用」和人與物的世界產生連結。源自羅馬法的公民概念允許權利和人格的無限延伸，而與其他人的關係則是透過法律和法人的面具作為媒介。[52]

將無國籍引進國際政治——尤其是承認它在西方國家的法律地位——清楚展現了耶林內克闡述的國籍這個法律概念的政治含義。因此，無國籍讓一些理論問題變得非常具體：被人統治或是自行統治意味著什麼？沒有完整公民身分的法律成員意指什麼？無國籍的理論化和這個類別所定義之人的經歷有著密切關係，這從兩次世界大戰之間俄羅斯帝國流亡法學家的著作中就可以清楚的看出來，他們會衡量取得法律身分時被承諾的某些保護，如果沒有公民的完整政治權利將會負擔什麼風險。在這些法學家的理解中，十九世紀後期的國際律師將服從帝國統治的政體視為具有國際人格的實體，在國際關係中享有行為者的有限能力。

居住在巴黎的俄羅斯移民法學家亞歷山大．戈羅夫采夫（Alexandre Gorovtsev）展示了理論家是如何運用法律見解來解釋——和緩解——無國籍問題。他在俄羅斯是法哲學和國際法教授。他的專業知識引他進入帝國法的外交領域，他也曾經是簽訂《樸茨茅斯條約》（Treaty of Portsmouth）的俄羅斯代表團成員之一（該條約是在一九〇五年終結日俄戰爭的條約）。他在一九二一年離開蘇聯，並嘗試讓自己在巴黎重新成為一名法哲學和國際法教授。戈羅夫采夫的傳記透露出前俄羅斯帝國臣民在尋求就業時的絕望掙扎。到了一九二〇年代後期，戈羅夫采夫與哈佛大學的著名美國法學家羅斯科．龐德（Roscoe Pound）聯絡，希望在美國獲得一席之地。戈羅夫采夫解釋說他曾經試著「在巴黎繼續他的科學活動，儘管發現情況非常艱難」。戈羅夫采夫描述他對財產法的理論研究，表明自己想投入於發展法律的「形式科學」，那讓分析者在研究「權利現象」時走在「現實的艱難道路」上。[53] 他始終無法找到穩定的工作，最後在一九三三年於巴黎以自殺結束了自己的生命。[54]

戈羅夫采夫和這個時期的其他法學家一樣，在流亡巴黎期間生產的著作中，將無國籍的出現描述為一個會影響法律思想辯論、重要的新事實。他利用自己身為俄羅斯帝國法學者和國際律師磨練出來的知識工具來分析無國籍。戈羅夫采夫的法學研究認為，如果可以證明無國籍者已經獲得公民身分的合法標誌——也就是能夠透過法律制度與其他人產生連結——就可以認為該名無國籍者擁有公民身分和權利。戈羅夫采夫對法律意義下之行為者的理解，導致他抗拒國際管理更為擴大的願景。例如國際人權聯盟聯合會在一九二六年提議將無國籍者置於國聯的監護之下，他便持保留態度。皮卡德和戈羅夫采夫在法國和平組織「Association de la Paix par le Droit」（APD）的雜誌《*La Paix par la Droit*》上展開交鋒，內容是關於國聯應該更擴大作為無國籍者的代表和保護者的角色，這件事揭示了要擴大國際保護的政治。戈羅夫采夫的回應是遵循這個時期關於無國籍意義的辯論中兩個比較重要的特徵。他不認為無國籍者擁有堪比帝國臣民的法律地位，他也用自己的法學訓練和專業知識來評估將羅馬法概念帶進來，以理解在戰爭創造的世界中有何新的法律類別。他的法學訓練所提供的資源能夠為無國籍者構想更強大的政治地位。戈羅夫采夫反對有人提議讓無國籍者在國聯的保護下成為「超級愛國者」，他建議成立一個國際委員會，作為難民和無國籍者的行動代表。無國籍者在這個方案中可以代表自己，並取得自治地方組織的領導權，為自己的內部事務制定路線。[55]

我們在第二章中提過，其他流亡的俄羅斯法學家也對國家承認範圍外的政治地位提出了更強有力的願景。馬克．維什尼亞克也描述了他的一生中是如何用法律分析來應對當代社會危機（和戈羅夫采夫一樣）。[56]維什尼亞克的無國籍者著作與戈羅夫采夫抱持相同的精神，宣揚一種去領域化（deterritorialized）的政治遠景，也就是不要將國家之外的人口置於道德或政治監護的位置。早在幾年前努力要在俄羅斯帝國實現民主改革的背景下（當時有一九〇五年的革命為學者和政治作家帶進新的政治代表形式），維什尼亞克就發展出可能有非國家之政治代表形式的觀點了。維什尼亞克形容少數族群保護條約是體現了戰後秩序的革命特質。在一九二一年出版了一本少數族群權利保護的小冊子，維什尼亞克將少數族群在法律上的新獨立存在描述為現在「公法中」創建的「新種類道德人」。[57]維什尼亞克指出國聯不僅是維護他人權利的工具，也是少數族群可以捍衛自己和利益的平台或議會。將這類族群聚在一起的「少數族群代表會議」的興起，代表大家有共同的政治利益和命運感。[58]維什尼亞克也有類似的主張，認為無國籍者成了國際公法中一個自成一格的法律群體。[59]於是維什尼亞克也和戈羅夫采夫一樣，對法律理論和政治現實之間的關係表達了更廣泛的信念。維什尼亞克提出無國籍問題有助於了解國際公法發展的相關法律知識，他也表示相信可以法學家的能力和法律的論證形式來確定政治活動的條件。[60]

IV

在中歐的後帝國背景下，公民身分的危機與對獨立國家和主權的持續辯論，或是法律解釋和分析在設定成員身分界限時所扮演的角色，都脫離不了關係。無國籍問題須視新國家在國際法下的地位、國家繼承的性質，以及法律主權的意義而定。英國國際聯盟協會的成員沃爾特・納皮爾在一九二六年周遊中歐，收集了有關繼承國的少數族群所受之待遇和新出現的無國籍問題等資訊。納皮爾在報告中說這個問題基本上屬於法律問題，因為如果要替自稱沒有公民身分的個人決定國民身分，要看法律專家是如何詮釋繼承國與前帝國的關係、還有少數族群保護條約中的國際義務。[61]納皮爾指出，要確定問題的原因和範圍必須先回答一些問題：「如果奧地利是其前身國家的延續，前國民便可以保留國籍……但是如果前奧地利已經不再作為一個國際實體而存在，這些前國民也就根據事實及法律而失去了國籍。」[62]

我們在前文討論過一九二〇年代有越來越多人提出請求，介入裁定他們在中歐繼承國的國民身分。國際主義者組織請求國際聯盟擴大難民事務高級委員會的管轄範圍，把沒有國家公民身分的前帝國臣民納入。這些個人和協會呼籲用國聯這個國際權威來確定每一個人的合法國籍，並且解決前帝國臣民那模糊不清或根本不存在的國民身分。納皮爾提議將該問題交給常設國際法院，並將「整個繼承國的國籍問題交給一個主要由法學專家組成的委員會（其中應有一或多名法學家有資格處理奧地利和匈牙利法的問題）」。由他們組成一個「國際性質的法庭，替發現自己沒有國籍，或是擁有國籍、但卻自認不合適之人，指定一個合宜的國籍」。[63]

納皮爾提議的解決方案，是由一個單獨的國際機構有權決定國民的身分——但是除了明確而且牽涉範圍清楚的案例之外，國聯想要避免這種方法，這是因為不想被指為侵犯了決定國籍的主權權利。不過納皮爾也指出，中歐的情況意味著無國籍問題的性質和範圍依然擺脫不掉一個持續存在的爭論：應如何理解帝國的終結。「*heimatlosen*」的困境取決於一連串未解決的法律和憲法問題（主要是關於國家的繼承和國際法中出現的新國家）。評估前帝國臣民的地位端視新國家能夠遵守少數族群條約，並且能確保少數族群的個人成員有公民權。中歐出現的大規模無國籍問題本質上就是政治和憲法問題，例如新國家在國際法下的地位，以及繼承國和它們所繼承的帝國之間的法律關係。

因此，法理論的天堂遇上了在維也納、布拉格和布達佩斯等首都城市發生的人道主義災難這個現實。在前哈布斯堡帝國領土上發生的無國籍狀態，是對中歐的法律和國家主要理論之一的關鍵考驗。以法哲學家漢斯．凱爾森為首的維也納法學院，將法律和國家的相關理論問題與代表了中歐無國籍的行動主義結合在一起。分立出來的奧地利首都維也納有大量的無國籍者——儘管其數字仍存有爭議——其中既有前哈布斯堡帝國的臣民，也有來自前俄羅斯帝國的難民。除了在戰爭期間從東方戰線逃到首都城市的數千名加利西亞難民之外，共和國也接收了數千名流離失所、來自前哈布斯堡帝國各地的前帝國文官和軍官。這個已經負荷過度和貧困的首都還容納了從戰時設立的難民營中搬出來的俄羅斯難民。[64]

維也納學派沒有尋找證據來證明個人享有超越國民身分限制的法律地位，而是靠著分析國家的法律界限來面對無國籍危機。他們的做法突顯了無國籍的意義是如何取決於吞併、征服、繼承，以及國家的誕生和死亡等法律定義的不斷變化。法學家並非援引關於政治共同體界限的道德論點，而是用足以有意義地識別法律和國家的先驗假設，以便理解繼承國的公民身分危機。雖然維也納法學派沒有用無國籍者作為國際法律秩序的示範主體，不過他們認為個人是否可以主張其為無國籍者的問題，基本上取決於國家的正式邊界，而不是在實質上把個人和政治共同體連結在一起的任何情感紐帶。

不過，在我們轉向用維也納學派的法律理論來理解繼承國的無國籍問題之前，有必要概略描述一下凱爾森在兩次世界大戰間的思想，以及他接受的知識和政治背景。無國籍者成為兩次世界大戰之間中歐的一大問題時，凱爾森已經付出了許多法律培訓在思考非國家的法律秩序。凱爾森於一八八一年出生在一個維也納的猶太人家庭，他在一九〇六年畢業於維也納大學並取得法學博士，並在一九一一年成為編外講師（*Privatdozent*）、一九一八年成為副教授，一九一九年成為公共與行政法的正教授。凱爾森在學術上的導師——奧地利的猶太人法學家萊奧・斯特里索韋爾（Leo Strisower）——反對當時頗受矚目的學說（國際法的直接主體是個人，而不是國家）。斯特里索韋爾提倡的是一個超越國家法律界限的私法願景。凱爾森自己的博士論文是在一九〇五年完成的，其中的核心問題更接近另一名導師——法學家埃德蒙・貝納齊克（Edmund Bernatzik）——的研究；貝納齊克是憲法學教授，也是二元君主國的國籍法權威。凱爾森在研究但丁·阿利吉耶里（Dante Alighieri）的國家理論時，考慮了國家之間和超越國家的政治空間的可能性——但丁是中世紀的義大利詩人和政治家，他提出單一的統治力量能夠支配人類的意志。凱爾森在當代關於哈布斯堡帝國憲政改革的辯論背景之下，研究了但丁是如何描繪君主國與從屬王國的關係。[65]

不過更重要的是，凱爾森這一時期的理論開始解決國家成員資格基礎的問題。在第一次世界大戰爆發前的平靜歲月中，凱爾森在哈布斯堡帝國的中心便開始主張個人是否隸屬於一個國家——這個核心問題屬於法律問題，而不是心理問題。凱爾森把焦點放在詮釋和承認某些概念（例如國家地位和法律人格）的根據，他也成為具領導地位的大陸實證主義理論家（實證主義認為法律是由一組規則所組成的，毋須借助道德或政治的論證即可確定法律）。他的法律觀點將法律分析理解為一種科學實踐，其有效性領域和政治的領域不同。會發展出這種抽象的方法，是因為看到任何特定社會都對價值觀的多樣性有日益認識，然而缺乏共同的基礎來評估政治和道德主張。凱爾森的法律與國家理論試圖找到一個價值中立的方法來評估實在法的性質，他所創建的系統問的是法律性質，而不是有關正義的規範性問題。[66]

我們在第二章中已經看到政治共同體是如何構成自身，以及決定內部成員的問題在第一次世界大戰結束後變得尖銳而激進。伍德羅·威爾遜和弗拉迪米爾·列寧是訴諸民族自決原則，把焦點放在制憲權的起源。以人民主權為基礎的政治共同體提出「人民」是否先於國家憲法而存在的問題。如果是的話，人民最初是如何組成的呢？凱爾森在戰時的帝國官僚機構中占有重要的地位，他可以從中思考這些問題。戰爭期間，他在帝國的中央司令部任職，先是戰爭辦公室的一分子，而後又在戰爭部的司法部門工作。凱爾森日後回憶：在威爾遜宣布帝國國家必須同意民族自決原則的那天，部長在半夜就與他聯絡。他撰寫了一份備忘錄回應部長的提示；備忘錄中主張，皇帝應該設立一個委員會，該委員會由帝國各民族的代表顧問組成，讓廣大的聯邦能夠有秩序地過渡到分別的主權國家。[67]奧地利臨時政府的總理卡爾・倫納（Karl Renner）在一九一八年邀請凱爾森正式投入聯邦憲法的法律準備工作。依照著名的哈布斯堡帝國歷史學家羅伯特・卡恩（Robert Kann）的說法，凱爾森憲法成功提供了一個「公分母……給全國人民」。[68]凱爾森起草的一九二〇年《奧地利憲法》還授予最高憲法法院（Supreme Constitutional Court jurisdiction）對於憲法裁決的司法權，為司法審查樹立了模範。[69]

到了一九二〇年代，凱爾森已經被廣泛地公認為他這一代最重要的法律學者。凱爾森認為，我們所想的「國家」其實是一種表現法律秩序的方式，讓法律秩序構成一個明確的政治共同體。他設想法律秩序是一套圍繞著單一規則、存在階級關係的規範，該單一規則確立了規則本身的性質。凱爾森認為，只有規範才能夠保證被視為事實之事物。凱爾森的理論提出了下列問題：人們最初要如何承認一個自成一格的政治共同體？什麼規則決定了怎樣算是一個國家？是誰、或是有什麼權威機構為這個決定設下條件？就連國家的領土也要仰賴「法律認知」，而不是經驗觀察。[70]

凱爾森的批評者認為，他的法律理論迴避了一個基本問題——他沒有解釋規範秩序最初是如何產生的。在兩次世界大戰之間，對法律實證主義的批判聲音認為凱爾森沒有認識到的是，自由憲政國家對於集體的實質存在仍有依賴。國家不只是法律的虛構，更是有一連串價值承諾約束的集體。德國法學家卡爾·施密特（Carl Schmitt）在一九二八年的《憲法學說》（*Constitutional Theory*）一書中，將凱爾森的法律理論定性為「資產階級法治國家」（*rechtsstaat*）的直接產物——「資產階級法治國家」是在十七和十八世紀成熟的想像政治實體，其中國家被定義為一套法律秩序，奠基於私有財產、個人自由，以及去個人化的「法律之前人人平等」等概念。施密特認為，雖然凱爾森堅持發展中立的科學方法來分析什麼才算是有效的法律陳述，但是他的理論也試圖「壓抑政治、透過一系列規範框架來限制國家生活的所有表達」。[71]施密特進而認為，凱爾森的法律秩序理論所謂的邏輯基礎，其實隱藏了他對科學進步，以及開明的專業者能夠依據科學原則進行治理的信念。活躍於威瑪共和國（Weimar Republic）社會民主黨（Social Democratic Party）的法哲學家赫爾曼·海勒（Hermann Heller）在一九二七年寫了一本關於主權的著作，其中便瞄準了凱爾森的法條主義。海勒認為凱爾森將國家理想化了（他認為國家會受先前的法律規範），這使他看不到法律的基礎是來自權力、歷史和文化的實踐，而不是邏輯或形式原則。[72]

凱爾森斷定了基礎規範在邏輯上的必要性（其他規範都是由此產生），但是他沒有處理基礎規範最初如何創設的問題；他認為最初的基礎規範是邏輯的假設，而不是來自歷史調查或政治理論的對象。因此，對凱爾森來說，創設的行為是政治和權力的問題，這超出法律科學的範圍。他採取的觀點認為法律是某個創始規範所授權的規範體系，創始規範的權威必須是預設的，毋須經過證明為真。相較之下，適當的法律科學或「純理論」則是要由闡明規範或命令的法律秩序所確立的內部標準，來評估法律的範圍和有效性。[73]

不過，當今急迫的政治問題——關於國界和公民身分的問題——取決於人們是如何理解法律的地位和法律秩序的性質。就像是法律理論家大衛・戴森豪斯（David Dyzenhaus）所主張的，施密特的主權理論的爭議之處在於它無法說明下列事實：制定法律的人首先必須是一個可以區別的行為人，而且這個行為人要先能透過可用的法律形式加以識別。凱爾森在一九二五年的重要專著《法律與國家的一般性理論》（*The General Theory of Law and State*）中，轉向十八世紀的法國大革命和二十世紀的俄國革命等例子；他指出法院在兩個例子中都有參考相關學說，裁決革命政府的行為不屬於法律行為。「某個國家到底是一個國家還是一夥強盜，是屬於規範的事實，因為它是由法院決定的，而不是取決於一個國家是否承認另一個國家，後者是屬於政治和外交。」[74] 換句話說，只有在規範體系內具有意義的事實，才具有法律上的重要性。[75]

對於法律權威來源的爭論，與一個更廣泛的知識衝突，即哈布斯堡帝國晚期的帝國思想特徵互相呼應。在該世紀早期，由於憲法形式主義和社會生活的現實之間的差異，新的法律理論被催生了出來，並反映出對外觀和現實之間存在認知差距的兩種主要反應。歐伊根・埃利希（Eugen Ehrlich）創立的自由法律運動（Free Law Movement）完全反對形式建構的法律，他提倡法律解釋要以更具創造力的方式進行。真正的法律是支配婚姻、家庭生活、契約等的法則，它不同於法學家人為制定的規則。生活會超出枯燥的法律形式的範圍，真相也隱藏在現象的表象之下。[76]埃利希完美掌握了這種區別在知識上的重要性——他的社會法律學想要揭露主宰了哈布斯堡帝國邊陲地區的生活法則。國家並未支配帝國的真實生活；實際上，由風俗、習慣和特定生活方式組織的社群會並存而生。[77]財產權、勞資糾紛和家族法揭露了社會生活的基礎結構。埃利希很強調（每個人必須藉以建構其法律地位、職涯和公共活動的）憲法秩序與（戀愛和賺錢等）「真實生活」之間的區別。直到最近，帝國歷史都還支持憲政形式與政治現實之間有著明顯斷裂的特性。[78]不過，凱爾森和埃利希分別代表了以不同方式解決法律權威的問題。權威可以根源於有關過去的神話、主權人民的最初建國行為，或是某些有領袖魅力的統治者的相關習俗。或者，人們也可以尋求支撐所有法律體系的基本原則。[79]

哈布斯堡帝國的帝國法為凱爾森的理論提供了可依邏輯理解法律體系所需的基本規範。凱爾森反思了他理論中的歷史條件和脈絡，並描述他的實在法概念的特徵是對奧地利共和國（Austrian Republic）憲法的反思。[80]複雜的帝國（加上散於各地的管轄區域）考驗著法學家的靈活思維，他們要能夠從歷史的角度思考，並跨越各種偶然的變動。王室保留了對整個帝國的整體權利，但是各省憲法還是保留了整個十九世紀，尤其在匈牙利王國（Kingdom of Hungary）和波希米亞是作為「歷史的權利」而被保留下來。例如捷克的土地是奧地利的一部分，斯洛伐克則是匈牙利的一部分，各自服膺於不同的法律。[81]法學領域連接了哲學、技術和實用性。控制領土的權利取決於歷史主張和法律術語構築的論據。法學教授的獨特地位來自他們努力解釋帝國內部管轄的複雜性，而這能夠服務於重要的行政職能。[82]法學家會將政治辯論和爭議轉化成法律和憲法術語。政治人物和從政者會決定什麼算是國家或國民的範疇，但是爭議名詞是由法學家確立。[83]凱爾森認為，國家的社會學或精神分析理論之所以失敗，是因為哈布斯堡國家的確存在（雖然其法律範圍內同時存有各種主觀性）。帝國內複數個管轄區導致了法律衝突，因此需要一些基本規則作為法律整體的基礎，讓每個管轄區都有共通的規範理解。[84]

從新康德（Neo-Kantian）哲學中得出的哲學假設（有關於哲學理解和科學發現之間的關係）同樣影響了凱爾森的思想。[85]凱爾森評論新康德理論家漢斯・費英格（Hans Vaihinger）的一篇文章，闡明他如何看待法律概念與社會現實之間的關係。在這篇文章中，凱爾森試著透過法律擬制的雙重功能加以解答——法律擬制既是用於分析現實的啟發式資源，也能夠創造現實。法律就像是康德哲學中的理性，建立類型讓世界被理性地認識。與法律有關的做法和制度可以被辨認為合法的，是因為我們對法律的意義已經有事先的認識。凱爾森區分出兩種法律擬制：第一種擬制具有統治功能，能夠促成法律的施行和適用；另一種擬制則會闡明法律本身的性質。凱爾森認為法律擬制的概念是為了理解法律和法律秩序。法律意義上的「人」是作為「思維的輔助」而被確立——這是掌握法律秩序的框架。司法裁決通常仰賴擬制（或法條式）的推理方式；判定一個人在法律意義上已經死亡，並非表示沒有掌握自然死亡和法定死亡之間的區別。法律並沒有聲稱養子女和親生子女是相同的。實際上，它是假設兩者在法律目的之下才是相同的。不過，凱爾森還是承認用法律來規範和創造社會現實，類似於智識上用分類來讓世界變得更清晰易懂的想法。他寫道：「人的思維能力可以用類型化對這個世界做出安排，因而將世界創造成有序的統一體，另一方面，則有法律管制並因此創造了這個世界，兩者之間當然存在深刻的連結。」法人是擬制的，財產法也是如此。不過凱爾森指出它們都有能力塑造社會現實。[86]

凱爾森反對認為一群人的同一性會是「真實」的，他堅持一國人口的統一性只是源於他們的行為受到相同法律秩序的規範。[87]與早期有關團體行為能力和集體認同的辯論理論相反，凱爾森認為「至少在一開始時，有一群人希望、感覺或所想得很類似，並不比共通的身體特徵這個概念在理論上可以引起更深的夥伴關係」。[88]他把他的理性主義和法條主義方法應用到困擾著整個社會科學界的問題：集體政治的本質是什麼？一個團體的合力相加是否大於各部分的總和？我們如何解釋有些團體的存在超出其組成成員的自然和生物學限制？

凱爾森仔細區分了法律機構決定事實的權力和法人的「真實」。假設許多個體的相互作用能夠產生一個超級個體，可以將它當作一個科學分析的無生命對象加以評估，這便導致社會理論家將有意義的現實歸因於國家和社會。凱爾森試圖化解這類誤解——他首先從純粹邏輯的角度論證國家必須和其他形式的社群組織（例如種族或宗教社群）區分開來。如果人們互有連結這個事實就足以界定國家的邊界，那麼國家就無法與其他團體有所區分（他們也同樣是基於個人間的基本結合和互動）。凱爾森寫道：「家庭、種族、工人階級、宗教團體都是透過交互反應結合在一起的統一體，如果要將它們彼此區分，並與國家這個社會統一體進行對比，就必須假設這些統一體的概念完全超出社會學或心理學的範圍。」[89]換句話說，將國家視為一種獨特權威在邏輯上的可能性，取決於將對經驗事實——例如有關社會或心理學、或權力與支配——的研究，與對法律之規範基礎的理解區分開來。

似乎有許多事均繫於凱爾森對政治秩序本質的主張，而他在維也納身為意見領袖和老師的聲望，也顯示他如何體現了國家和法律本質的辯論中具有攸關生死意義的一方。凱爾森的學生海倫．西爾文（Helen Silving）——她是維也納大學政治系僅有的六名女性之一——稱凱爾森是該校法律和政治學系的「超級明星」。維也納大學的年輕學子組成了一個「凱爾森門派」討論凱爾森講授的內容，他的講堂也總是擠滿了學生。[90]維也納大學的其他教授對國家法律秩序的性質的看法與凱爾森有衝突；西爾文在她的回憶錄中，說學生們是從政治角度看待這些衝突。

凱爾森教導我們，國家只是「國家法律秩序的化身」。或者——如果我們不要用隱喻——就是法律本身。施溫德（Schwind）出版了一本小冊子，裡面闡述了他顯然認為是對國家性質既真實而生動的定義。他說，把國家等同於法律實在很荒謬。「他進一步以義大利為例，如果這個國家除了義大利法律之外就再也沒有別的了，那麼，那些義大利特有的豔陽天、蔚藍的大海、紅衣主教，要放在哪裡呢？」……我們這些年輕的學生各自對教授選邊站。我們年輕而衝動，教授們的爭吵讓我們興奮不已。[91]

如同這段話指出國家地位的基礎有兩種對立觀點的衝突，凱爾森和施溫德之間的學術爭論就是搬演了這個衝突，而這個主題對哈布斯堡繼承國的公民身分危機也具有重大的意義。成員的界限不是取決於立法民主意志，這個概念因為後帝國共和國的法律起源而取得可信度。要決定誰算是一個新國家的公民，狀似取決於他和前帝國的法律關係。奧地利的憲法學者和政治家約瑟夫・雷德利希（Josef Redlich）回顧了哈布斯堡帝國的解體，並寫下「歷史不會把這視為一個平庸的成就，因為……哈布斯堡帝國的解體是以合法方式進行的，沒有內部的衝突，沒有內戰或戰爭，新的國家突然就誕生了，發現自己立即獲得國家政府和不可或缺的行政機構，並由一種有效可得的工具──（已消亡的）帝國之國家文官部門──繼續推動」。這個法律治理的願景依然是奧地利馬克思主義（Austro-Marxism）的重要部分，也是奧地利共和國的各種政治計畫的核心。民族國家是在皇帝的權威下建立的，舊奧地利國解體是他參與的最後一幕。[92] 民族主義的政治家在新獨立的國家中，保留了帝國法律和行政體系的主要特徵。[93]雖然繼承國在名義上獨立了，但還是維持了帝國的法律、官僚結構和人員，統治少數族群人口的方式也延續了他們所取代的帝國。[94]

維也納法學派認為，法律理論直接關係到個人的現實生活（指被排除在後帝國中歐民族國家外的個人）。凱爾森在一九二九年發表了有關捷克斯洛伐克誕生的文章，以及國家地位會對居住臣民的國籍有什麼意義。那篇文章讀起來比較像是代表被排除在捷克斯洛伐克和奧地利國民之外的人提起訴訟的案件摘要，而不是抽象的法律理論。凱爾森也評估了為解體帝國設立領土方案的和平條約，是否要為繼承國中數量驚人的無國籍者負起責任。在奧地利的例子中，凱爾森是瞄準協約國與奧地利在一九一九年簽訂的《聖日耳曼條約》，該條約將奧地利的大片損失領土託管。凱爾森駁斥這些條約完全無涉於國家的合法誕生。任何在該領土上擁有住所的人，或是依據先前的有效命令在該地擁有住所的人，都可以根據條約的條款被視為國民。[95]《布拉格日報》（*Prager Tagblatt*）也附和凱爾森的論點，要求政府對「革命前固定居住在捷克斯洛伐克」的每個人授予捷克斯洛伐克的國籍。[96]

確保繼承國所居住的每個人的地位和權利取決於這類法律分析的結果，尤其是因為凱爾森否認個人有反對國家的權利。海因里希・英格蘭德（Heinrich Englander）研究了繼承國的「*heimatlosen*」處境之後，寫了《無國籍》（*Die Staatenlosen*，一九三〇年）一書，由凱爾森為該書寫序；序言中主張從國際法的角度來看，任何不屬於某國公民的人都是「無法律保護之人」。[97] 國家的法律身分——國家如何隨時間過去而繼續存在或是從國際地圖上消失——因此成了凱爾森關注的焦點。他鼓勵學生探討國家如何誕生和如何消亡等問題，作為政治爭端的國際法規範之典範案例。凱爾森和他的學生對國際法中國家地位的標準撰寫了一些重要著作。以「出生」和「死亡」這類語言暗喻國家是一個有機的實體，這個前提與十九世紀的民族主義有關。不過，只能透過國際的承認來理解怎樣算是國家的出生或死亡，這個觀點則支持國際法的優先性。舊君主政體的終結意味著什麼呢？新的合法性來源又是什麼呢？如果舊秩序中誕生了新秩序，合法性會轉移嗎？或是其基礎完全只是偶然的呢？[98] 一個國家的消亡——例如波蘭聯邦在十九世紀末被奧地利、普魯士和俄羅斯吞併——代表的是純粹強權政治和意志的例子。決定一個國家的生存、死亡和面對未來的復活有什麼意義，仍是取決於法律規定。繼承國是否接管了主權——就像是財產權從一個所有人轉移給另一個所有人？還是繼承國與前一個政權沒有任何法律關聯？凱爾森在科隆大學（University of Cologne）的第一個博士學生漢斯·赫茲（Hans Herz）在凱爾森的敦促下寫了有關國家身分的論文。他回想並說，他選的這個論文題目是凱爾森的指導學生會選的典型題目。「我在凱爾森人在科隆時去見了他。我成了他在科隆的第一個博士學生。在選擇論文題目時，我提出要寫一個國家在發生革命或領土管轄權變化時的『身分』（即法律連續性）問題。……它還涉及「國家」是什麼、國家與國際法的關係這類理論問題，這些都是在維也納學派內部經常引發衝突的議題。」[99]

凱爾森的學生一邊對新國家的主權性質加以概念化，同時也為中歐的無國籍者提出倡議。約瑟夫・昆茲是凱爾森的法律方法的熱心倡導者之一，他直接投入於宣揚中歐無國籍者的困境，並代表他們進行倡議。[100]昆茲在維也納大學學習法律和政治學，而且直到一九二〇年代後期都是該大學的國際法講師，也是奧地利國際聯盟協會（Austrian League of Nations Society）的法律主任。[101]昆茲與阿道夫・默克爾（Adolf Merkl）和阿爾弗雷德・維爾德羅斯（Alfred Verdross）一起積極推動的科學觀點，將凱爾森理論的追隨者團結在一起。昆茲描述維也納法學派信徒的連結，是「共通的理論思維和共同的研究方法形成的紐帶」。[102]維也納法學派想要解決無國籍的問題，是因為他們之中有許多人受到公民身分危機的影響，也是因為相關概念直接與他們進行知識探索時碰上的一系列法律和政治問題互有連結。

許多知識分子離開了批判自由主義（及其對進步與法治之承諾）的塹壕陣地。不過昆茲仍舊致力於法學的進步承諾。他在戰前曾於巴黎求學，聽過路易・雷諾（Louis Renault）的講座，並研讀法國的生機論（vitalist）哲學家亨利・柏格森（Henri Bergson）的著作。奧地利軍隊在一九一四年七月開始動員時，他回到奧地利參加龍騎兵團，並前往俄羅斯邊境。昆茲在手寫回憶錄中，提出許多他要在戰後鑽研的問題，包括在戰爭中使用毒氣的合法性——這是源自他身為帝國軍隊騎兵隊的一員在戰場上的實際經驗。[103]他日後還有一些工作是致力於戰爭法，這也是由於他在前線的經歷。戰後，他活躍於英國國際聯盟協會，並於一九三〇年到一九三三年之間在維也納大學任職。[104]

由於國籍意味著個人和國家之間的法律關係，因此還是要遵照法律解釋。昆茲在一九二〇年代的法律著作，以及他為中歐繼承國的「*heimatlosen*」所做的倡議中，都將國家成員身分描述為一種正式的法律地位。國民可以主張公民權，但是要決定誰算是國族共同體的成員，不一定取決於個人與特定國家有更深層次的歷史、社會或情感紐帶。昆茲認為，繼承哈布斯堡帝國的國家成員界限取決於國際條約的條款。他最著名的一篇文章分析了特定領土的居民能夠依據第一次世界大戰後的和平條約條款選擇不同的國籍。昆茲對和平條約（以及它們對居民國籍的效用）所做的研究中，描述了前帝國公民想要重新獲得公民身分時必須面對的困難（因為他們無法跨越或付出任何代價來克服官僚障礙）。[105]一位美國評論家評論了昆茲在此時期的大量國際法著作中的其中一本，他將昆茲對國際法和主權的理論主張，連結到國際政治的新發展。該名評論家表示：「過去二十年來的主權理論變化、新國家和屬地的誕生、帝國會議、國際聯盟、託管制度和其他新的控制形式，都讓這項研究的重要性足以被推薦給國際關係的學生，尤其是研讀政治理論和現代國家的學生。」[106]

赫施．勞特帕赫特對同一問題採取了不同的方法。勞特帕赫特並沒有把條約理所當然地視作國家和臣民的準則便不再予以考慮；他反而認為，它們被誤解了。對條約的適當法律分析會表明，許多在新國家無法主張公民身分的人其實也屬於其法律範圍內。勞特帕赫特在一九二八年應波蘭期刊《法律之聲》（*Glos Prawa*）的編輯之邀，對波蘭最高法院的判決做出回應（該判決是有關波蘭國家對前朝〔哈布斯堡帝國〕的契約、債務和財產的應付責任）。發生爭議的是繼承國和它們先前所屬的帝國之間的法律關係。[107] 勞特帕赫特認為新的國家是合法繼承人，但是只有在明確表示接受的情況下才必須承擔先前的負擔和債務。例如，奧地利法院就不認為奧地利是前奧地利帝國的完全繼承者，只承認《聖日耳曼條約》中規定的那些義務（例如支付養老金給前士兵和帝國鐵路的行政人員）。不過，條約中規定奧地利在某些事項上代表前奧地利的延續，特別是國家對前帝國公民的責任問題。[108] 勞特帕赫特的研究特別繞著《聖日耳曼條約》第八十條的棘手用語，該條中規定要在奧地利共和國主張公民身分之人，必須出示他與廣大公民有連結的「有形證據」。[109]

凱爾森、昆茲和勞特帕赫特一同對國家的概念邊界提出質疑，是為了促進最大程度的包容——儘管凱爾森小心地避免提及這類論點有規範性含義。凱爾森在維也納大學的另一名學生——本傑明・阿克金（Benjamin Akzin）——提醒大家注意法律下的平等與實質平等存在著緊張關係。他建議應該根據地位的等級，重新思考國家邊界內法律主體的地位。阿克金在一九二九年的一篇文章〈國際法的主體〉（The Subjects of International Law）中，將他對權利和法律人格的討論連結到無國籍者的具體問題。他在文章中承認，無國籍者在關於國際法性質的辯論中變得多麼重要。他認為無論誰是國際法律秩序的真正主體，無論這個重要理論問題的答案為何，在國家內部保持多元的法律人格形式都是有益的。阿克金認為，即使在單一國家內部，「人格」的正式實質還是會因年齡、性別、健康、教育、財富和種族而有差異。因此，阿克金退回到因等級制度而感到的安全感，用等級差異來解釋其中的差別。在阿克金看來，問題仍然在於法律的可用性和法律的平等。雖然違反直覺，但承認國家內部的多元性可以讓人人都有訴諸法律的機會。[110]

V

對凱爾森和他在哈布斯堡繼承國的學生及同行而言，前帝國臣民的公民身分替他們對法律和國家性質的理論假設提供了重要的測試案例。在凱爾森法學理論的核心，有一個關鍵區隔是法學和社會學的區分，這個區分形塑了接下來有關國家公民身分的國際法概念的辯論。不過，如同我們在前一章看到的，代表廣大俄羅斯難民社群的政治利益之俄羅斯帝國法學家，將無國籍的出現描述為依權利概念（特別是國際人權的概念）受到承認的法律現實。安德烈．曼德爾斯塔姆、馬克．維什尼亞克、約瑟夫．昆茲和沃爾特．納皮爾均隸屬於國際聯盟協會法律委員會（Association of League of Nations Societies Legal Commission），他們一年有數次集會討論對少數族群的國際保護。既有這個共通的學會背景，很難認為哲學上根深蒂固的分歧與奧地利和俄羅斯法學家分別代表不同群人的事實絕對無關。維也納學派的理論家與俄羅斯的流亡法學家有衝突，因為後者堅持日益擴大的無國籍現象應連結到要由國際社會保障個人權利（而不是基於公民身分）。我們在前文看到了俄羅斯法學家想要為無國籍的前俄羅斯帝國臣民創建國際法地位，且這個計畫不同於第一次世界大戰後為各種受害團體提供救濟的人道努力。[111]

一九二四年四月，昆茲在維也納外交部法律委員會的一次會議上，提交了一份關於俄羅斯難民地位的報告，批評一位俄羅斯法學家提出的「新國際大憲章（Magna Carta）」的提議。他在報告中直接指出，他覺得「這些方案都沒有法律上的價值，也無法提供發展國際法的有效手段」。[112]法律委員會因為該報告而以投票否決了大憲章提案，理由為「該方案條款似乎沒有認識到賦予俄羅斯移民的法律保障已經無處不在」，而且「起草和通過規定人民權利與義務的大憲章，並未響應當今國際公法所使用的科學方法」。[113]該委員會在兩個月後又於法國里昂開會，昆茲和曼德爾斯塔姆之間已發展成完全的對立。曼德爾斯塔姆強力要求對俄羅斯人的法律地位做進一步的討論。昆茲則把這個項目從議程中排除。兩個團體對傳統主權學說的批評反映出截然不同的假設，兩種不同的哲學信念也證明人們對國際法律權威有著廣泛的願景。在關於要擴大南森護照的激烈辯論中，就出現過對權利概念和國際法基礎的哲學分歧。在會議中，昆茲與俄羅斯法學家代表在兩方面發生了衝突：一方面是俄羅斯難民（歐洲的代表性受害者）的地位，另一方面則是國際法在保護弱勢族群方面的作用。

曼德爾斯塔姆、維什尼亞克，以及鮑里斯・米爾金－格策維奇（另一位著名的流亡律師，也寫過關於人權的著作）都屬於民主和自由派的猶太人知識分子菁英，他們在法治和自由的「法律」革命理想中看到了俄羅斯猶太人問題的解決方案。[114]曼德爾斯塔姆和維什尼亞克都在聖彼得堡接受過法學家費多・馬滕斯（Fedor Martens）的教導——馬滕斯是俄羅斯帝國最著名的國際法專家。[115]曼德爾斯塔姆在一九二一年寫了一份有關「俄羅斯難民的法律地位」的備忘錄，其中已經建議要普及南森護照。[116]曼德爾斯塔姆大力支持國際法研究院在一九二九年發布的《國際人權宣言》，該宣言渴望所有人（不論其公民身分為何）都獲得一個共通的法律地位。曼德爾斯塔姆在一九三一年的海牙演講中將保護少數族群與人道權利互相對比，說後者「缺乏同樣熱切的提倡者」。他說「*L'homme tout court*」在某些國家並沒有受到條約保護，但是「人權普及的時刻即將到來」。[117]他希望吸引國際法律學者關注人權的國際保護問題，這個「問題與保護少數族群這類重大議題有著密切相關」，但是「不會只關乎某些國家的部分人口，而是不加區別的針對地球上的每一個人」。[118]他將一九二九年的《國際人權宣言》理解為非國家實體也可以享有權利的宣稱。在一篇較早（一九三〇年）的文章〈無國籍者的人權〉（Das Menschenrecht der Heimatlosen）中，米爾金－格策維奇樂觀地寫道，自從「國際人權」戰爭以來，法律意識興起，這類權利的保護也轉移到國際法領域。[119]

馬克．維什尼亞克於一九三三年在海牙的無國籍演講中，清楚呈現了國際倡議者之間的競爭暗流，以及政治和人道主義之間的漸行漸遠。維什尼亞克批評約瑟夫．昆茲所領導的奧地利國際協會聯盟將中歐的無國籍問題視為「人道主義」的困境。維什尼亞克不贊同協會的工作，他提出了自己對於規範無國籍者法律地位的國際法規建議；他還指出「無國籍者的法律、政治和行政處境，並不像失業的社會層面、或是該問題的純粹人道主義層面那樣令聯盟感到興趣」。[120]

俄羅斯流亡法學家認為，傳統的主權概念無法適切表達出國家和個人在多大的程度上並非自治、而是相互依存的。這並非指他們認為國際權利的概念奠基於自然權利；實際上，他們認為國際權利是源於全球在一定程度上實現了團結。一個由社會團結結合在一起的全球共同體，可以隨著法律意識的發展確保所有人（不論其國籍身分為何）的權利。[121]相較之下，凱爾森和他的學生則對國家制定自己規則的能力訴諸「邏輯方面且系統性」的反對意見。[122]雖然《國際人權宣言》的主要支持者描述該宣言是想超越國際制度強加的類別和區分，但是要理解該宣言在自己時代的意義，還是必須將其放在一九二〇年代對無國籍和法律理論的爭論背景下。

在回顧中，我們不難發現用法律理論來對抗中歐新國家的排他性做法顯得天真而過於理想，冒險脫離了政治與社會衝突的現實，因此受到戰後達於高峰的自由主義的批評。[123]海倫．西爾文在回想凱爾森的講課時提到，她後來認為凱爾森足以代表自由秩序對抗大眾政治的非理性時顯得有多徒勞。在她的回憶中，凱爾森是象徵被自由主義者理想化的理性自我，在面對大眾民主和對混亂的渴望時還是緊緊抓著法律憲政主義。凱爾森想在完全孤立的分析中解釋法律秩序的規範和調節角色，但是他依然陷入了自己所處的、那反覆無常的年代。西爾文在她的回憶錄中指出，出現在大學課堂中需要勇氣。每當學生們進入教室，大日耳曼國（Greater Germany）的擁護者就會大喊「猶太人滾出去」。她寫道：「我坐在那裡時充滿了緊張和慌亂。」[124]

凱爾森認為法律分析可以擺脫具體的政治鬥爭，這個主張在接下來幾十年中面臨越來越多批評；同時，他和家人也被迫離開家園，到別處尋求安身之處。一九三〇年，凱爾森獲得德國科隆大學國際法的教授職位，之後他被解除了奧地利憲法法庭法官的身分，並離開奧地利。在一九三三年四月，納粹德國通過所謂的〈職業公務員制度恢復法〉（Law for the Restoration of the Professional Civil Service），又使得他被迫離職。凱爾森在此時前往日內瓦，接受當地的高級國際研究大學學院（*Institut Universitaire des Hautes Etudes Internationales*）的國際法教職——該大學是由國際聯盟政治部門的第一任主要負責人保羅・曼圖（Paul Mantoux）在一九二七年創辦的。凱爾森在一九三六年再度移居，則是因為接受了德國布拉格大學的職位。他在布拉格大學的第一堂課中，有法西斯學生強迫猶太人和共產主義者之外的所有人離開，然後毆打留下來的學生。[125]

羅伯特・穆齊爾（Robert Musil）在一九二一年寫了後帝國小說《沒有個性的人》（*The Man without Qualities*），書中描寫了失去功能的哈布斯堡帝國，而凱爾森對於該時代的政治衝突（包括新國家的排他性公民制度）的處理方式，的確很容易落入該書的辛辣諷刺。穆齊爾對於在哈布斯堡和後哈布斯堡背景下誕生的特定哲學與政治困境，做出了極具影響力且適切的描述。小說中詳細闡述了法律的虛構與（穆齊爾小說所描述的）現實生活之間的重大區別。敘述者對帝國的「僵化形式」和生活中的多種形式——在表面下慢慢醞釀的「文化混亂」——做出區隔。「在書面上稱為奧匈帝國，但是在對話中都稱為奧地利——這個名稱只有官方表示放棄，而在情感上則是被頑固地保留著。這就表示感情和憲法一樣重要，而且規定是一回事，但是真實生活又是完全不同的另一回事了。」[126] 在〈卡卡尼亞〉（Kakania）一章中，敘事者指出事物是如何被命名和它實際上是什麼，兩者之間有著令人驚異的分歧。小說想說的是，生活在這樣一個精神分裂的社會中，一個人若非輕易地陷入對未來的烏托邦幻想，要不然就是變得完全冷漠。

對凱爾森理論的批評，也是類似的、概念上的二分法。批評者指控他隱藏了抽象的法律與國家理論背後的自由主義政治承諾，退回到法律理論的形式抽象概念，迴避真正的政治鬥爭。雖然凱爾森在一九〇五年改信天主教，但是他努力要讓法律與社會學或心理學事實拉開距離，這其實屬於廣大的維也納猶太人文化的一部分，這種文化中的個人所提倡的是與特定特徵脫節的「純粹人性」的啟蒙理想。奧地利的思想史學家威廉・約翰斯頓（William Johnston）認為，凱爾森轉向國際法和國際關係的理論化基本上是帶有意識形態色彩的，因為他試圖透過國際社會重新找到奧地利在一九一四年之前的「安全世界」。[127] 他的罪在於無法誠實面對自己的政治信念，而且他以邏輯和認識論方法對法律進行科學分析，其實隱藏了他自己對自由主義的政治信念。將法律與權力、法律與道德分開，會導致人產生一種危險的錯覺。對凱爾森的這種評價，呼應了奧地利的自由主義歷史學家如何習於將自由主義對法治的信仰，連結到奧地利現代主義的病態（說它是遁入形式的逃避，並且無法面對現實）。[128]到了一九三〇年代中期，凱爾森所象徵的法律與政治方法開始與政治現實和自由民主國家的弱點脫節（我們將在第四章中做更詳細的討論）。自稱「現實主義」的國際政治方法（甚至超過對威瑪憲法的辯論）使凱爾森成為無可救藥的過時法條主義的代表，他無法正視基本上是好鬥且暴力的政治本質。後來在二十世紀後期的國際關係理論家發想的現實主義思想著作（包括馬基維利〔Machiavelli〕、霍布斯和克勞塞維茲〔Clausewitz〕）中，法律和道德（相較於權力的考量）總是比較邊緣。[129]

不過，為了理解無國籍在兩次世界大戰之間的法律和國際思想中的重要性，我們的探討必須超越自由主義在大眾政治和緊急時刻等脈絡中的地位之標準辯論。維也納法學派對無國籍的意義和重要性之觀點，取決於對法律理論和實際政治間之關係的特定想法和假設——因此也是有關於在崩壞和創造的時刻，特定政治共同體的成員身分究竟依賴什麼。批評者認為，純粹的法理論終究不可能和哈布斯堡帝國歷史上對自由主義的特定願景區分開來——這當然是正確的。不過，凱爾森和他的學生也提供了一個豐富的架構，將政治秩序的邊界加以理論化（政治秩序的邊界使得無國籍問題成為這類反思的核心）。這群理論家認為，要理解那些位於法律和政治秩序之外的人，有賴於法律、政治和憲政的基本原則。相較於有些想法認為國際法直到第二次世界大戰之後才開始解決無國籍者的困境，本章顯示無國籍是如何在第一次世界大戰之後，就成為獨特且重要的認知資源（當時各種背景和地理環境中都對如何描繪和定義國際秩序的邊界存有極大爭議），本章也想要釐清促使這些爭議發生的特定知識和意識形態條件。

第四章
成員身分的真正界限
The Real Boundaries of Membership

「如果一個人與該國如此疏遠，而且被完全剝奪了公民權，那麼國際法也無法認為這樣的個人還必須保留原國籍，或許他將成為國際法下的無國籍者。」

——馬克西米利安・科斯勒（Maximilian Koessler），奧地利裔法學家

奧斯卡・布蘭斯泰特（Oskar Brandstaedter）在一九三四年寫了一封經過計算且務實的信給國聯——收信者是查無此人的「無國籍者部門」——信中寫道，他需要許可才能夠在倫敦展開事業，而過去三年間他一直住在倫敦，但是都沒有法律身分。[1] 一年之後，他還是沒有收到國聯的回覆，所以他又再寫了一封信給國聯，但是那封信是寄自維也納的一個新地址。這一次，他在信中傳達了深刻的恐懼和無助，透露出那些沒有護照的人與日俱增的絕望。布蘭斯泰特解釋，他不日就將被驅逐出奧地利。他寫道：對於無國籍的人來說，除了自殺別無出路。等他收到回信的時候，說不定早已經死了。[2]

在一九三三年一月到一九三九年九月之間，有大約一百二十萬人被迫離開他們的祖國尋求庇護。其中有四十二萬人是來自德國和其附屬地的猶太難民。在大批想要進入安全國家的人之中，包括逃離西班牙內戰衝突和中東迫害的人。日本軍隊在一九三七年入侵中國之後，更有上千人逃到上海避難（上海在那時仍是一個國際化的港口城市），還有數百萬人逃到中國內陸。離開時需要簽證，而大多數國家已經停止向難民發放這份救命用的文件。[3] 一九三八年出版了一本參考書頗值得注意，是為了上千名在水晶之夜（Kristalnacht）之後不顧一切想離開德國的德國猶太人所寫的，書中標記出安全的旅行路線和避難場所，突顯了逃亡地理學創造出了一種全新的全球地誌。書中列出可以提供護照和簽證文件的歐洲各首都辦事處，還有會接納人民的國家，以及可能等在新移民面前的氣候和工作。[4]

本書第三章討論的是有關法律、權利和政治成員的界限等比較偏理論的辯論，通俗小說描述的嚴峻現實則為這些辯論提供了補充視角。一九三〇年代的庸俗恐怖小說吸引了更多人思考沒有公民身分保障的人過著怎樣的生活。剛萌芽的寫實小說會描寫偵探和間諜祕密地穿越國界辦案，讓讀者和作家因為無國籍者的法律困境而受到吸引、一起產生共鳴。[5]埃里克・安布勒（Eric Ambler）在一九三八年有一本暢銷的偵探小說《間諜墓誌銘》（*Epitaph for a Spy*），書中的主角是一名叫做約瑟夫・瓦達西（Joseph Vadassy）的語言老師；瓦達西是前哈布斯堡帝國的臣民，他在戰後從未恢復公民身分。安布勒的故事經常是以祕密人物為主角，他們會在帝國和國家的身分之間轉換，而且總是比追查他們的所在位置與身分的偵探和警察領先一步。故事是站在瓦達西的觀點展開敘述，表示無國籍的問題已經深入更廣泛的大眾意識之中，迫使讀者緊貼「*heimatlosen*」的特殊經歷。安布勒的主人翁是用假的南斯拉夫護照在法國的港口城市馬賽生活，他處在憂鬱的不確定狀態之中，並在書中詳細描述了沒有國籍的人要在有邊境管制的世界中生活，會遭遇什麼後果。瓦達西在小說中說道：「如果法國要驅逐我，我就無處可去了。」他在南斯拉夫遭到逮捕、在英國找不到工作，在美國又是非法人士。前往中國則需要護照和入境簽證。瓦達西推想，他或許可以進入南美，但是這個計畫又需要動用大量的現金。全世界各地有管轄權的區域都對他大門緊閉。同時，全球經濟蕭條讓無國籍者的困境益發嚴峻，瓦達西也具體描述道：「我無處可去，哪兒都不行。畢竟，我對誰又有什麼要緊的呢？一個沒有國民身分的小小語言教師就算發生了什麼事，對任何人也都無關緊要。沒有領事會代表他出面；沒有議院、沒有國會、沒有眾議院會詢問他的命運。他沒有正式的存在。他是一個抽象的人、一個幽靈。最適合他、也符合邏輯的事，就是毀滅他自己。」[6]

自從十八世紀後期之後，認為無國籍存在於小說領域的想法，在跨大西洋的國際思想中發揮了重要的意識形態作用。不過在兩次世界大戰之間的小說——例如安布勒的作品和本書第一章所討論的本傑明．特拉文的《死亡之船》——提供了驚人地準確、幾乎像是新聞報導般的描述，說明沒有國家隸屬可提供保障的生活會是什麼樣子。瓦達西沒有適當的文件，所以他無法找到工作，也無法搬到另一個或許可以讓他找到工作的地方。儘管他很願意周遊世界、尋找看似安全的地方，但是各國政府幾乎不可能讓他自由地進入領土。有國民地位意味著會有某個受到承認的政治和法律權威——比如領事館的代表官員，或是有政治職務的從政者——至少要在最低限度內關心瓦達西的命運。缺乏這類法律承認，讓他很容易遭到驅逐、甚至被徹底消滅。

如同我們將在後文討論的，有更大能力改善公民生活的強國價值，以及無法主張公民身分保障的人之急迫需求之間存在著緊張關係，這成了有關無國籍意義的辯論中越來越重要的特徵。美國在一九二四年通過了有種族考量、具排他性的《國家起源法令》（National Origins Act），對容許進入該國的人數設下限制。認為國家應該加強移民控制的自由主義論點同樣獲得了追隨者，這是因為凱恩斯式的論證成功說明了應該存在一個有邊界的世界。在經濟大蕭條（Great

Depression）之後，劍橋的經濟學家約翰・梅納德・凱恩斯（John Maynard Keynes）認為全球的金融崩潰帶來機會，讓我們重新思考政治和經濟假設的一系列缺陷。資本主義的危機讓各國政府必須開始加強對國家經濟的控制，以「擺脫戰前十九世紀世界的思維習慣」。他們必須重新思考財富的意義，把公民的強大福利包括進來，也要承認經濟的國際主義並沒有阻止世界大戰爆發。凱恩斯認為，國家原本是一個以合股公司為模型的組織，關注的是收入和收支平衡，現在要把它轉變成更多的是以公共功能和目標為主的組織，而這是文明該做的工作。[7]

不過，要關注排斥和驅逐的歷史，或是限制性的移民和庇護政策，前提是國家和國際法秩序之間的界限已經很明確，而且在一九三〇年代爆發難民危機之後，唯一具有政治意義的議題就是各國是否願意為難民提供庇護，以及難民在重新獲得公民身分之前擁有哪些權利。不過，成員身分的界限依然有爭議，法律在這些邊界的建構中扮演的角色也尚無定論，尤其是在一九三〇年代晚期加速的難民危機為國籍管理規範帶來一些實際的問題。[8]當缺乏公民身分保障的人那任人擺佈的生活一旦進入大眾的意識，國籍和無國籍也開始回歸有關國際法秩序未來的辯論中之試金石。

對無國籍的法律思維發展似乎是法西斯主義興起和國際聯盟崩潰後必然得到的反應。在戰後的十年間，國際化與大國的利益相得益彰。到了一九三〇年代，這樣的互相配合轉變為對國際問題的國際解決方案抱持懷疑態度，尤其是在日本入侵滿洲、德國戲劇性的退出國聯、隨後的萊茵蘭（Rhineland）重新軍事化，以及國際對少數族群的保護明顯失敗等衝擊接踵而至之後。為了回應這些事件，人們把焦點從無國籍的相關討論帶出的對國際社會的願景，轉而放在促進移民和放寬移民立法。

尋求庇護的人越來越多，有關國家法律權威在國籍相關議題上受到的限制，在國家政府和國際律師之間掀起一連串新的爭議。一九三〇年代的危機無助於確認一直屬於國家主權範圍內的東西——對成員的控制——而是讓人們進一步注意到有關國籍意味著什麼，以及它在國際上如何運作其實都缺乏共識。法律學者的任務不是要從超越所有特定政治共同體邊界的法律秩序的未來，來看待大規模的無國籍現象，而是要確定國際法對規範國籍的作用。

本章會先解釋一九三〇年代中後期的大規模無國籍現象，是如何置於、和不被置於國際管理之下。文中會指出海牙法典編纂會議和一九三三年之後制定的難民救濟安排，是如何改變了國際律師處理這個問題的方式。我們會在後文看到，國聯在一九三〇年組織了國際會議將國籍法加以系統化，理論家和公法學者也根據會議中那些乏善可陳的結果調整了他們的想法。在一九三〇年代尋求庇護的歐洲難民改變了國際法權威的意義，但是沒有減損它是一個獨特的政治和法律秩序領域。為了理解一九三〇年代的危機是如何重新形塑無國籍的意義，我們有必要考量一九三〇年代發生的法律思想轉變這個更大的脈絡，以及更多對於法律形式主義和抽象化的知識面攻擊。本章的第二部分會評估對於法律形式主義（尤其是對漢斯·凱爾森的法律理論）的挑戰，並探討它是如何影響無國籍在國際秩序中的概念化。

I

國聯在戰後收到越來越多聲稱自己是無國籍者的請願書，我們在前文討論過國聯法律專家認為要解決這個問題，國際法典的編纂是一個較有限的方式。他們是將無國籍問題認定為屬於法律衝突的範圍，避免將它看作大量剝奪國籍，或是排他性的國內法造成的廣泛國際或人道危機。國聯在新形態的國際權威和國家的主權權利之間建立起脆弱的界限，對國籍法的違反則將直接威脅到這條界限。最後，在一九三〇年三月十三日到四月十二日之間於海牙舉行的會議上，各國政府代表齊聚一堂，討論國籍法和管轄領海的國際規則，以及各國在領土內對外國人的人身或財產造成損害時應付的責任。國際聯盟的成員國和非成員國代表都出席了會議，包括澳大利亞、奧地利、巴西、保加利亞、加拿大、智利、中國、哥倫比亞、古巴、捷克斯洛伐克、但澤自由市、丹麥、埃及、愛沙尼亞、芬蘭、法國、德國、英國、匈牙利、冰島、印度、愛爾蘭、義大利、日本、拉脫維亞、盧森堡、墨西哥、荷蘭、尼加拉瓜、挪威、波斯、秘魯、波蘭、葡萄牙、羅馬尼亞、薩爾瓦多、南非聯邦（Union of South Africa）、西班牙、瑞典、瑞士、土耳其、美國、烏拉圭和南斯拉夫。蘇聯代表僅是以觀察員的身分參與。[9] 正如同荷蘭外交部長在開幕致詞中所說的，這些國家代表的任務的確就是要「建構國際法的規範」。[10]

雖然國聯官員把這次會議看作解決無國籍問題的方式之一，但是會議期間的討論卻讓某些不想交出決定成員界限控制權的國家代表感到擔憂。在會議中，代表們針對取消和剝奪國籍的效力提出了各種不同意見，不過許多人都同意應該禁止國家驅逐沒有國籍的人，因為他們已經無處可去了，而且可能會侵入其他想要守衛邊界的國家。一旦政府代表開始覺得會議可能會侵犯他們國內制定國籍法的主權能力，代表們就變得惶惶不安。美國派往海牙的公使是前密歇根州共和黨國會議員格里特．J．迪克瑪（Gerrit J. Diekema）；迪克瑪向美國國務卿報告，會議上所探討的有關國籍與領海的問題，「比政府同意出席這次會議時預想的還更真切」。因此該名公使寫道，這次會議終將「回歸編纂國際法典的整組概念」。[11]

會議在促進國際法典編纂事業方面的成功，取決於它以極簡主義的方式解決了表面上旨在遏制的全球問題。曾經在巴黎和會上替美國代表團提供建議的美國律師大衛．杭特．米勒（David Hunter Miller）在海牙寫了一封投書，向《外交事務》（*Foreign Affairs*）的讀者保證無國籍狀態「只是個人問題」，對負責裁決國籍和移民問題的國家官員幾乎沒有什麼重要性。[12] 一九三〇年四月，米勒發了一通電報給有關的美國國務院並說：「這裡的討論顯示，世界對整個國籍問題的觀點還處於不斷變動的狀態，趨勢是走向我們的方式，不過此時此刻還有許多國家有其他觀點，這些觀點主要是根據社會和經濟條件，部分則是基於宗教。」[13]米勒是指來自各國的代表聚在海牙，討論是否可能用一部共通的法典規範國籍事宜，而這些代表與美國的利益相同，都希望國際能夠將其對各別政府在國籍的立法方面的介入，達到最小化。某些國際主義者相信國際法典編纂計畫有助於和平，從他們的的角度來看，這次會議完全失敗了。以美國代表團法律顧問身分參加會議的愛德溫·博哈德認為，會議中的失望情緒過於高漲，完全澆熄了國際主義者對法典編纂所抱持的巨大希望。[14]

雖然法典編纂會議在召開當時被認為是解決國際衝突的一次不成功手段，但是它確認了以國際組織來規範國籍會碰到什麼限制，因而重塑了制定國籍法在法律上的可能性。如果有國家要制定關於入籍和法律上成員的資格規定，他們會參考像是法典編纂會議這樣正式的國際會議，以及其他國家的做法。未能將國籍劃進國際法範圍的一部分，等於是承認在取得和剝奪國籍的事項上，個別國家有絕對優先主權。會議對取消國籍一事做出了嚴密審視。不過幾乎不曾有任何非難，這便是確認即使政府剝奪前國民的國民身分，也不會違反跨國秩序。姑且不論創造了無國籍身分的道德問題，要決定誰是（或不是）國民的確是國家的特權。

法典編纂計畫要求各國承認國籍立法的大規模後果——進入外國軍隊服役、進入公務系統，或是接受公職後會喪失國籍——從這個意義上來說，它是帶有國際主義意涵的。或許，如果政府看到各國立法如何創造出數不清的複雜情況，他們就會以更國際主義的方式反思自己的法律。國聯祕書處的成員不認為他們涉入國籍立法會對主權權威性質的相關辯論有更大影響。美國法學教授曼利・哈德森（編纂世界各地國籍法的項目就是由他領導的），提出以法典編纂會議解決非國家法律主體（包括海盜）的法律地位；但祕書處的麥金農・伍德卻對這個提議嗤之以鼻，伍德評論哈德森把國際法下的個人地位納入會議議程，不過就是在「擾動一些死人骨頭」。[15]

女性主義者對法典編纂會議寄予厚望，視之為用國際法提高婦女地位的測試性案例。直至二十世紀之交，有約八十個國家的國籍法都規定女性的國籍取決於丈夫的國籍，而且可能因為她的婚姻狀態和丈夫的公民身分而喪失國籍。有一些國家（例如法國和委內瑞拉）則與此相反，他們在十九世紀後期制定國籍法來防止婦女失去所有的公民身分。在兩次世界大戰之間的捷克斯洛伐克，則是以家庭一體的重要性來決定公民身分立法，該法確立女性的公民身分取決於丈夫的忠誠狀態。從一九一八年開始，世界上大部分其他國家也決定採取同樣的原則，服膺於家庭一體的信條。[16]

在海牙會議（一九三〇年）的前幾年間，爭取獨立公民身分的國際女性運動聯合起來，形成為已婚女性爭取平等國籍權的運動，並得到不同婦女組織的全力支持。[17] 國際婦女理事會（International Council of Women）、國際婦女和平自由聯盟，以及國際婦女選舉權聯盟（International Alliance for Women's Suffrage，後來更名為國際婦女選舉權與平等公民權聯盟〔International Alliance for Women's Suffrage and Equal Citizenship〕）發起了改革國內立法的運動。在一九一八年到一九二九年之間，有十八個國家制定了保護措施，防止已婚婦女非自願性地喪失公民身分。女性組織認為，創設國際入籍標準可以把平等的公民身分納入國家法，並預防與外國人結婚的女性成為無國籍者。他們想要透過國際條約，要求簽約國讓女性（不論其婚姻狀況為何）完全掌握對自己公民身分的控制權，達到公民身分的改革。在對平等的討論中，他們主張「公民權是最基本的政治權利」，因此女性不應該因為結婚就被剝奪這種權利。然而，會議中做成的協議最終還是沒有規定國家立法應該把女性的國民身分和丈夫的國民身分區分開來。會議草案反而建議各國要「研究法律若將性別平等的原則引入國籍事項中，是否會有窒礙難行之處」。[18]

海牙會議無法就國籍被剝奪之後的身分達成共識——即使是修辭上。對美國人來說——因為美國人不希望用國際約定限制他們的國籍立法——這次會議是成功的，因為它確認了不會有這類限制性規範，而且也對關鍵議題達成共識（就是把國內政治事務和國際事務區別開來）。在一九三〇年代後期，美國國會已經把所有國籍相關的條款編成法典。這項立法最終形成一九四〇年十月的《國籍法》（Nationality Act），該法規定已歸化的公民若在外國居住滿三年，就會自動喪失公民身分。[19]

一位美國法學者在一九三四年寫了一篇有關無國籍的重要法律研究，文中強調編纂國際的國籍法並不是防止無國籍狀況的終極方法。凱瑟琳・塞克勒－哈德森（Catherine Seckler-Hudson）

的研究是關注法律衝突造成的問題，而不是大規模無國籍對國際權威的擴張或國家界限的影響。她在書中描述，無國籍現象是出自不同的原因；她將研究分成婚姻導致的無國籍、未成年人的無國籍，以及非因婚姻導致的成年人無國籍。最後一組反映的是兩百多萬名前俄羅斯國民和越來越多的德國難民。她總結，雖然全球協議是減少全世界無國籍者的最佳解決方案，但是單方面的內政解決方案還是最合理的選擇——儘管它一定會讓一些無國籍者無法得到國家承認其國民身分的保證。[20]

相較之下，英國代表則是帶著巨大的失望離開一九三〇年的會議，因為他們還是沒能把國籍立法置於國際管理之下。對英國來說，這次會議代表他們錯失了一次通過有關帝國和其管轄領土之國籍法的新解決方案的機會。英國的殖民地——加拿大、澳大利亞、紐西蘭和南非——在一八三九年到一九三一年之間要求更多自治權，最終也成為獨立國家（不過他們在憲法上還是和英國王室保有連結）。英國官員希望公共的環境有助於修訂後的帝國憲法解決方案保持穩固並獲得合法性。他們希望解決的問題之一，是究竟是否要保留全帝國的同一國籍。官員的戰略是認為必須確保國際法承認「英國聯邦獨特條件下的特有制度，即承認兩個國籍——一是出於某些目的的自治領國籍，另一個則是為了其他目的的英國臣民『共通身分』」。[21]由於這個解決方案的複雜性，獲得國際承認就顯得格外重要。也有某位官員寫道：「我們甚至不清楚大英國協究竟是應該看作與大英帝國有共同範圍，還是要排除帝國內非自治的部分。但是無論如何，英聯邦並不是、大概也永遠不會是普通意義下的國家（即單一的政治和國際實體），因為它的組成部分已經是出於許多國際目的的個別政治實體。」[22]法典編纂會議這樣的國際討論就像提供了一個機會，用它批准的解決方案重新建立帝國成員的政治邊界。

因此，法典編纂會議的重要性，是兩次大戰之間的國際主義（這樣比較傳統的國際和外交歷史）不曾察覺到的。國際會議絕對沒有失敗，它的成功之處在於建立了共通標準來界定國際政治的法律邊界。例如，在對國家的意義進行了十年激辯之後，各國代表在一九三三年十二月於烏拉圭召開國際會議，同意了一個共同定義，並制定《蒙特維多國家權利義務公約》（Montevideo Convention on the Rights and Duties of States）。拉丁美洲的法學家一直尋求將國家的屬性正式編為法典，他們希望能夠用正式的規則防止他國對拉丁美洲國家事務的介入。該公約最後確立了國家的四個標準：常住人口、明確的領土、（針對領土的）有效政府，以及參與國際關係的能力。這份協議確立國際法的人格有賴國家符合一套具體的標準，而不是其他國家的承認。有了這份公約，並非表示國際法如何定義國家地位的問題已經永久解決了，但是它表現出國際的討論可以成功地將國家和主權標準的不確定性化解到最小（這個議題在第一次世界大戰後，就在全球政治中顯現新的急迫性）。[23]

II

無國籍進入了國際生活，成為國家法院承認的現實，而國聯也以有限的方式承認——這直接觸及了戰後十年間關於主權、國家和國際法秩序本質的一些基本問題。法西斯主義和對少數族群的歧視大幅促使無國籍成為一種大規模現象——雖然國聯避免承認這個事實。但是，國聯免不了要解決納粹政策所引發的新危機——那讓數千人想要入境其他國家。在一九三三年之後，國聯的注意力轉向越來越多想要逃離法西斯獨裁統治的人。一九三〇年代的難民協議接著強化了國籍不屬於國際管轄範圍的概念。有幾次是嘗試透過國際協議解決危機。首先是國際聯盟在一九三三年成立德國的猶太人等難民事務高級委員會（High Commissioner of the League of Nations for Refugees (Jewish and others) Coming from Germany）。國聯在一九三三年開始參與難民救濟，相較於它早期對難民事務的參與，這是一次質的飛躍。德國難民不符合南森護照的資格，他們要由個別條約提供不同的身分證明文件。一九三三年十月二十八日的《難民國際地位公約》（Convention Relating to the International Status of Refugees）旨在使簽約國受到法律約束，並處理大範圍的議題。它讓難民可以享有公民權利、有使用法庭（法律）途徑的自由、享有定居和就業的安全及穩定性、有進入學校和大學的權利，還有不被驅逐的權利。

對於缺乏政府保護的人，國聯想要限制自己直接介入其定義和保護，這使得該組織與其他組織產生分歧——其他組織或許想以更全面和更持久的國際做法，處理無國籍這個普遍存在的現象——這個現象以不同原因影響了許多人，但是他們都有共通的不安全感。參與商議的人提出的問題，包括公約是否應該擴大涵蓋範圍、把第一次世界大戰後的無國籍者包括進去。究竟倡議者是應該用擴大的新難民公約把所有形式的無國籍涵蓋進去，促成國際形式的保障，還是應該將無國籍者類比為外國人的法律地位？英國的國際聯盟協會在一九三四年四月致函英國外交部，敦促他們向國聯理事會提出一份國際協議的提案，將一九三三年十月的公約延伸為涵蓋所有無國籍難民。該提案是代表最後一次嘗試將沒有任何國家保護的人——不論他們是否已經正式失去先前國籍帶來的所有連結——都放到單一的分析類別。提案者在信的備忘錄中解釋，許多國家（包括俄羅斯、土耳其、義大利和德國）因為政治或種族理由而剝奪前公民的國籍，這加劇了無國籍的問題。備忘錄中指出，這類沒有國籍的人一直在穩定增加，國際社會應該對他們負責，為他們提供身分、工作權利和遷徙自由。無國籍者需要的除了國際護照之外，還需要「某種爭取公民權的國際基礎，好讓他們不至於成為社會中無助的廢人」。[24]因此，國際聯盟協會的提議是延續了自由國際主義者在整個一九二〇年代的理論路線，即認為國際法應該確保非公民的權利。而外交部的回應是無國籍問題正在減少。想將這個問題置於國際管理之下的方案「受到某些國家的鼓動和壓力，這些國家當然很樂意把他們的難民安排到其他地方」。[25]南森辦公室的約翰遜（Johnson）少校則指出這個論點並不完全適用，因為英國必須得處理因為伊拉克獨立而成為無國籍者的亞述人問題，依此，英國就應該參與制定一個一體適用的公約，為所有不受任何特定國家保護的人提供保護。[26]

國聯的難民事務高級委員會強化了國家主義（statist）術語中難民的概念，鞏固了國家是負起代表和保護之責的代理人之特定形象。舉例來說，政府間難民諮詢委員會（Intergovernmental Advisory Commission for Refugees）聚焦於制止東道國的任意驅逐。[27]一九三三年公約提供的援助並非為了糾正國際法律制度的異常，而是為了確保難民的人身安全。從一九三三年到第二次世界大戰爆發之前，共有超過四十萬名難民逃離納粹。在一九三五年和一九三九年之間採行的難民協議，主要是從社會（而非法律）的角度重新定義難民狀況。在一九三六年之後，西班牙內戰的難民成為歐洲最大的難民群體。

一九三八年七月召開的埃維昂會議（Evian Conference）是第二次世界大戰之前，為難民危機尋找國際解決方案的最後一次嘗試。富蘭克林．羅斯福（Franklin Roosevelt）有意在國際聯盟的正式框架之外召開會議，「主要是針對加速從德國（包括奧地利）而來的非自願移民」。[28]這使得難民被定義為受到某些社會或政治影響的所有人，重點是確保這些人的安全和福祉，而不是合法身分。[29]一九三八年的《關於德國難民地位之公約》（Convention concerning the Status of Refugees from Germany）將難民定義為「在該國定居、而不具備除德國籍之外的其他國籍之任何人，且其無法享有德國政府的保護」。[30]代表們在會議上成立了跨政府難民委員會

（Intergovernmental Committee on Refugees），由這個機構負責處理因政治觀點、宗教信仰或種族出身而被迫移民的德國和奧地利難民，還有來自該群體、在別處都找不到永久定居地的個人。一九三八年在日內瓦通過另一項公約，讓無國籍者享有與友好方之外國人同等待遇的權利。[31]不過，政府同意將無國籍者視為外國人，並讓他們享有與合法訪客同樣的公民權利，相較於由國際組織以獨立的行動保護無國籍者和確認他們的身分，這兩者之間還是有重要的不同。

III

不過，比起一九三〇年代後期建立、難民救濟機構的國家主義性格，更重要的是有些法學家試圖發展論據來反對納粹政策，但法典編纂會議的結果卻使他們受到阻礙。在乏善可陳的海牙會議之後，法律學者之間針對剝奪猶太人的國家公民身分（使他們徒具國民身分但是沒有政治權利）是否違反國際法，產生了衝突。德國的剝奪國籍原本是個案措施，用來懲罰那些遭指控為宣傳反納粹政權的移民。納粹黨也遵循先前的革命劇本，確認了誰是國家的敵人——特別是流亡者——之後，便剝奪他們的公民身分。納粹內政部（Nazi Ministry of the Interior）在一九三三年七月起草了一項法律提案，將猶太人排除在公民權利之外。其結果出現了一種叫作

「*Reichsbürgerschaft*」的新身分，把猶太人排除在完整的公民權利之外，也禁止猶太人與非猶太人之間的婚姻或性關係。這項立法把德國猶太人變成「統治對象」而不是「公民」，蓄意抹殺了公民解放和政治平等的歷史，在實際上把公民變成納粹政權的殖民對象。[32]

雖然納粹德國對猶太公民的大規模除籍讓觀察家感到極端，但也還是屬於有理由的行為範疇。美國國務院法律辦公室的成員杜沃德・桑迪弗（Durward Sandifer，其專長為國籍和移民）認為，對國籍法進行比較研究是「確保這個重要主題的法律在各程度上均取得協調連結的主要希望」。德國在一九三三年七月通過了一項法律，規定在一九一八年到一九三三年之間不受歡迎的入籍均可以取消，桑迪弗描述這項法律「值得特別注意」，但還是屬於可接受的國家做法的範圍。[33]

英國官員會尋求先例，來證明帝國的國籍概念不斷演進，他們援引了納粹剝奪國籍的行為來論證自己對主權和公民身分的假設。英國官員和法律顧問在商討英國和領地之間可接受的憲法安排時（尤其是國籍在愛爾蘭脫離事件中的法律地位），援引了德國猶太人所受的待遇，進而說明若是取消全帝國共通的公民身分，可能會引發公眾對帝國的憲法改革和納粹法律之比較。內政部官員討論到，如果承認一個獨立的主權國家，是否意味著英國的前臣民就不再與該國有法律上的連結。內政部的一封函文裡問道：「國王是否能宣布愛爾蘭臣民已經不再是『英國臣民』？舉例來說，他能不能夠解除所有英國猶太人臣民的效忠義務、把他們都變成外國人？如果不能，他又怎麼有更大的權利對愛爾蘭人做這些？」[34] 給這封信的回應向該名官員保證，沒有人會說國王可以禁止任何特定的英國臣民或是某一群英國臣民維持效忠。根據普通法，國王可以依條約承認其領土有部分獨立，該地居民因此也是出於自願放棄效忠。[35]

英國和美國的律師確認任何國家都對國籍有完全掌控權。納粹政權的律師克勞斯・馮・史陶芬堡（Claus von Stauffenberg，他後來成為暗殺希特勒失敗的密謀成員之一）在替納粹剝奪國籍政策的合法性辯護時，方法就是將納粹法律與美國移民政策的種族主義特徵互作比較。[36] 國際法學者喬治・塞勒（Georges Scelle）指責納粹法律與國際社會的基本原則互不相容，史陶芬堡則以剝奪國籍是國家特權這一說法來回應對這個指責。而既然法國法也會以喪失國籍作為懲罰，塞勒這樣說根本是「五十步笑百步，遲早會被自己的迴力鏢打到」。[37] 美國政治學家詹姆斯・葛納（James Garner）認為，「可能沒有辦法成功辯證該法違反任何國際法的積極規則」。[38] 密西根大學的國際法教授勞倫斯・普魯斯（Lawrence Preuss）寫有一篇關於剝奪國籍的開創性文章，文中提供了許多一九三三年七月四日德國法的相關先例。[39] 法國在第一次世界大戰之前頒布的命令規定販賣奴隸被判有罪的人將自動失去國籍。一九一三年的德國法規定拒絕返回德國的逃兵和國外的德國居民將被剝奪國籍。普魯斯還列舉了許多可剝奪羅馬尼亞猶太人國籍的事項；直到一九一八年之前，只要他們所在的地方將他們視為國家安全的威脅，他們就會被視為外國人並加以驅逐——這是布爾什維克剝奪大量俄羅斯流亡者的國籍之前國際上最主要的例子。[40]

波蘭國會在一九三八年通過了一項法律，規定在哪些條件之下可以剝奪海外的波蘭公民的公民身分。納粹在該年三月併吞奧地利之後，數以千計擁有波蘭公民身分的猶太人想要從奧地利和德國返回波蘭。波蘭政府希望鼓勵大量猶太人逃走，而不是大規模返國，因此外交部匆匆忙忙把海外的波蘭猶太人排除在波蘭政府的保護對象之外。他們要求居住在海外的公民向大使館登記，並指示駐柏林的波蘭大使不要在猶太人移民的護照上蓋章。一九四〇年十月的維琪（Vichy）法推翻了一八七〇年十月的《克雷米厄法令》（Crémieux Decree）——《克雷米厄法令》讓阿爾及利亞的猶太人歸化，重建猶太人和穆斯林之間的「平等地位」。[41] 維琪法國（Vichy France）反倒借用納粹的例子，規定官員可以不附理由對任何在一九二七年八月十日之後取得法國國籍的人收回國籍。[42]

在難民危機擴大、國際上想要透過編纂國籍法典以減少無國籍的努力也被認為失敗之後，國際法學家和法律學者爭著想對無國籍進行重新定義。他們不再處理與國際法律秩序有關的無國籍問題，而是改為強調海牙會議未能就剝奪國籍的合法性做出明確聲明。對國聯機制足以管理國籍的信心崩潰，再加上普遍承認海牙會議未能就國際的國籍規範達成共識，都促使難民問題藉由確認將不受歡迎的人口強加給另一國會有固有的國際性質，進而轉向國際化。

抗議剝奪猶太人口公民權的依據是什麼呢？其引用的論點反對歧視和迫害，表明國際法秩序至上的主張已經往後退，稍前討論過的、能夠以超越國家的規則決定國家做法的合法性，這種主張也不再彰顯。國際法學家在一九三三年對少數族群保護制度的合法化做出了最後努力，他們支持一名德國猶太人弗朗茲．伯恩海姆（Franz Bernheim）提出請願書，對上西利西亞的納粹種族歧視提出控訴（該地允許個人可以代表團體提出請願）。它最終突顯了制度的局限性。[43]詹姆斯．格羅弗．麥克唐納（James G. McDonald）在一九三五年十二月辭去難民事務高級委員的職務作為公開抗議行動，當時就有《支持麥克唐納辭職信請願書》（*Petition in Support of McDonald's Letter of Resignation*），主張帝國有權基於人道的原因而介入：「從格老秀斯到我們今天的許多重要權威，都認識到可以用斡旋的權利保護受害者免於受到迫害和壓迫。」信中還說，這項權利也是基於幫助外國同樣宗教的人維護「人權」的先例。[44]因此，這是訴諸人權來回顧帝國在十九世紀對鄂圖曼帝國和俄羅斯帝國的干預，以之捍衛宗教上的少數族群。[45]

海牙法典編纂會議的結果讓倡議者相信把剝奪國籍宣傳成違反國際法並非事實。一九三五年，英國猶太人代表委員會的主席內維爾．拉斯基（Neville Laski）要求赫施．勞特帕赫特寫信給英國和法國政府，鼓動他們抗議最近的剝奪國籍行為。拉斯基和諾曼．本特維奇積極關注德國局勢，並與國際聯盟難民事務高級委員會的麥克唐納合作，把這宣揚為一項國際（而非國內）的議題。[46]但是勞特帕赫特卻懷疑這個提議的有效性。他解釋，剝奪國籍並不是一個新的問題。義大利政府早已剝奪過數千名臣民的國籍（且該行動遭到國際的沉默以對），這不過就是一個更大規模的版本。此外，勞特帕赫特還說一九三〇年的海牙法典編纂會議令人失望——它暫時解決了剝奪國籍的問題，但是沒有宣稱這樣違反國際法。[47]

不過，拉斯基依然堅持，並將他的請求轉送給美國猶太委員會（American Jewish Committee）的莫里斯・沃爾德曼（Morris Waldman），沃爾德曼又將這個問題轉給亞瑟・K・庫恩（Arthur K. Kuhn）和亞歷山德拉・薩克斯（Alexander Sacks）（兩人都是美國的國際法教授）。庫恩勸告美國猶太人委員會，向英國和法國政府公開抗議只會造成惡化，就像勞特帕赫特所說的那樣。而且「國籍的取得和喪失，是屬於各國管轄權內的問題」。不過，既然國聯曾經在一九三〇年的海牙法典編纂會議上解決無國籍問題，他認為他們至少可以向那裡提出抗議。美國的猶太人遊說家賽勒斯・艾德勒（Cyrus Adler）完美表達了當時的普遍觀感。他主張根本沒有證據顯示政府剝奪公民身分的能力會受到任何限制。[48]艾德勒還補充，美國在內戰結束時剝奪了叛軍的國籍。他的解釋是，這足以證明沒有任何行為讓國家「必須受制於國際的控制，而不能撤銷公民的身分或國籍」。唯有當這類人要入境另一個國家時，這件事才會確實變成「國際」問題。[49]

如果剝奪某人的公民身分屬於國內、而不是國際行為，那麼這個問題或許可以出現不同的表述方式。真正的國際問題要涉及全球分裂這個共通經驗。不受控制的人口移動會造成威脅，與第一次世界大戰後和平倡議者在全球人口動態和地緣政治之間建立的連結非常吻合。[50]多內迪厄・德・瓦布林（Donnedieu de Vabres）——他日後會成為紐倫堡（Nuremberg）審判的法國法官，和第二次世界大戰後《種族滅絕公約》（Genocide Convention）的制定者之一——認為既然無國籍者無處可去，驅逐在本質上就是一個國際問題。[51]不過，一旦國際法學者確定國籍不是可以由國際規範的目標，他們就更強調難民和無國籍者的區分，尤其是迫害將成為移民背後的驅動力這個事實。律師們開始將與國家沒有任何法律連結而遭遇的問題，與因缺乏國家保護而處於弱勢的人所遭遇的問題區分開來。一九三〇年代中期的法律學者仔細琢磨難民的定義，確認它與無國籍是不一樣的。亞瑟·庫恩在一九三六年的〈對無國籍者的國際救濟措施〉（International Measure for the Relief of Stateless Persons）一文中，把大量「在其他國家享有暫時或永久庇護」的政治難民和失去本國外交保護的無國籍者區分開來。但他還是建議一九三三年的公約要擴大適用範圍，確保所有無國籍者都享有正常的法律地位。[52]國際法研究院於一九三六年四月在布魯塞爾組織了一場會議，來自諾曼第的阿諾德·雷斯特（Arnold Raested）在會中針對無國籍者和難民的法律地位，提出了一份綜合報告。他指出：「會議承認原則上無國籍者應該享有類似情況下會賦予其他外國人的權利。」[53]在一九三六年的國際法研究院會議中，德·瓦布林主張無國籍者的身分特徵是沒有國籍，而難民的主要特徵則是失去了外交保護。[54]這樣的細分顯然過於瑣碎。不過，想要界定難民和無國籍者的區別這件事本身，的確代表這個危機進入了一個新的階段。

法國官員建立了一個需求的等級，以論證他們如何核發進入該國的簽證。他們只承認兩種難民：擁有德國籍和持有南森護照的人。法國外交部長約瑟夫·保羅·尼庫爾（Joseph Paul

Nicour）指示法國駐德領事館可以向南森難民（包括俄羅斯人、希臘人和亞美尼亞人）寬鬆發給簽證。尼庫爾認為無國籍難民的處境「甚至比德國猶太人更危險」。[55]沒有南森護照的無國籍者經常遭到驅逐，因為他們不被承認是無國籍者。有些官員抗議這項政策，他們認為因為戰爭、移民或政治動盪而失去原籍國的那些「失根的可憐人」（包括波蘭、俄羅斯或羅馬尼亞人）也應該免於受到驅逐的命運。[56]

難民危機對於國際政治意味著什麼呢？約翰・L・魯賓斯坦（J. L. Rubenstein）在一九三六年於《國際事務》（*International Affairs*）上發表了一篇文章，呼籲要「一直存在一個處理難民問題的國際組織」。這幾年的經歷已說明了國際上需要一個國際中心，來管理難民登記、發揮就業處的功能，並且與政府、工會和運輸公司保持聯繫。[57]不過，國際難民機構的領導層認為，這次危機並非意味著需要一個常設組織，來為所有缺乏政府保護的人提供國際保護。難民事務高級委員會的職務擴大後，併入了德國難民事務高級委員會和南森辦公室，並由前英國駐印度總督休伯特・愛默生（Hubert Emerson）爵士接掌領導職。愛默生於一九三九年在美國華盛頓特區對跨政府難民委員會進行的演講中，討論要擴大委員會的工作、把所有難民都包括進來，而不限於來自前俄羅斯帝國的難民。愛默生警告，不要把難民的存在視為現代生活中不可避免的特徵。他認為，該組織的真正目標是為無國籍者找到永久的國家家園，把「難民轉變成公民」。只有更為明確且無法大規模重新安置的群體，才會需要國際的持續援助，這個責任就可以委託給國際難民機構。[58]

約翰・霍普・辛普森（John Hope Simpson）在一九三九年提出一份頗具影響力的研究《難民問題：調查報告》（*The Refugee Problem: Report of a Survey*），文中深刻地指出應該建立一個比較常設性的組織向難民提供援助和保護，以及澄清難民和無國籍者的區別，而這兩件事均具有迫切性。辛普森是一名英國的自由派政治家，他曾經在一九二〇年代擔任英國在希臘的難民安置委員會（British Refugee Settlement Committee in Greece）副主席，他認為無國籍者是「重要而不幸的階層」，要與「難民」階層區分開來。[59] 辛普森在一九三七年接受倫敦皇家國際事務研究所（Royal Institute of International Affairs）的委託，準備對難民人口和庇護國進行調查。他引用了紅十字會的名冊和難民組織紀錄，以及庇護國和國際聯盟所提供的官方統計數據。[60] 辛普森認為，這些資料顯示兩群人都應該得到國際聯盟的保護，但是應該分別尋求救濟措施。辛普森指出難民的特徵是他們「無法享有政府或原籍國的保護」。在很多情況下，難民也可能成為無國籍者，但這不是被定義為難民的必要條件，也不是充分條件。[61]

IV

海牙法典編纂會議和後續事情只是整體局勢的一部分。就如同我們在第三章所談到的，法律理論家在面對一九二〇年代的大規模無國籍現象時，認為它與有關政治和法律秩序基礎的廣泛辯論有著基本連結。為了掌握一九三〇年代的危機是如何引導人們對無國籍概念的反思，我們有必要處理跨大西洋的現實主義對漢斯・凱爾森及其學生所體現的抽象及哲學法律方法提出的挑戰。

凱爾森和他的學生在流亡期間也未曾中斷對法律理論和國際法的辯論。歐洲法學者為逃避法西斯主義而移民，開啟了無國籍新一階段的概念化。現實主義在一九三〇年代對形式主義提出的挑戰，開始更直接地針對國際法和政治秩序的法條主義做法。凱爾森在這幾年間面臨一些特定的攻擊，認為他未能解釋我們所遇到的道德或法律都是根源於習俗和慣例，而不是先前的邏輯規範。[62] 期刊《法律哲學與法律社會學文獻》（*Archives de philosophie du droit et de sociologie juridique*）的一名評論家認為，凱爾森的學說在過去幾年間遭到猛烈攻擊，只能「讓位」於「現實」的新原則。[63] 法律現實主義對形式主義的挑戰發生在第一次世界大戰之前，當時的大西洋彼岸有一代的法律理論家用各種方式反對司法判決代表規範的演繹應用這個觀點，他們也開始更關注法律的權力、歷史和習俗的基礎。他們主張，法律的結果應該出自社會學和政治的考量，並考慮司法判決的社會影響。古典自由主義堅持司法要適用共通規則才會創造法律下的真正平等，而美國的法律現實主義者對這點提出挑戰。他們根據司法判決要遵照演繹分析形式的前提，拒絕「形式化風格」，因為判決和適用規則都必須訴諸政策的論據或原則評估才能夠進行。美國對福利國家的行政機構擴張引發了爭議，其中逐漸出現對正式法律的辯論；不過，法律理論家都忙於對形式主義提出挑戰，這也引發了對大西洋彼岸的法律本質之辯論。[64]法律現實主義透過對有關人格的法律抽象和形而上學的主張加以攻擊，來揭發這類抽象理論想要隱藏的權力關係，而且他們是用世界史的術語闡釋這種攻擊。美國的法律現實主義者菲利克斯・科恩（Felix Cohen）認為，有關企業人格的論點象徵了該時代，而在這樣的時代「沒有現實根基的想法會受到高度珍視」。例如，當美國最高法院主張工會是法人、因此可以被起訴的時候，法院其實掩蓋了自己在承認工會是法律實體這件事情上扮演了一定的角色。法院會說自己只是承認了一個原本就存在的實體，從而掩蓋了法院具有的創造力。[65]

在世紀之交後，與形式相對的實質概念對許多學術領域都變得很重要，並取得明確的政治意義。要理解政治，就需要面對它代表意志的衝突這一事實。理論家開始強調國內和國際關係有這項特徵，同時也以下列兩種方式之一，把法律領域描繪成有問題的：它或者充滿了政治意圖——雖然這種意圖往往隱藏在法律論證的抽象概念背後——或者是在故意的決定和行動面前顯得沒有作用。德國法學家威廉・葛魯（Wilhelm Grewe）在一九三六年的博士論文中，觀察到一旦法律學面臨到要適應社會存在的現實，形式主義法學便開始崩潰。法律理論家不是想建立一個「規範的虛幻法律世界」，而是開始轉向「社群的具體形式」和「一國整體的法律創造力量」。[66]例如，卡爾・施密特對國家「實質」的探索就代表對法律形式主義的直接攻擊。[67]施密特在一九三三年的論文〈國際法中的現代帝國主義形式〉（Forms of Modern Imperialism in

International Law）中，指出國際聯盟是支撐歐洲帝國主義的全部內容和統治語言的墳場。新時代的特徵是美國霸權的支配，而他預測新時代的主宰原則是國際法之下的國家主權平等，而不是文明的差異。在一九二〇年代早期之後，施密特就一直強調法律的形式和技術性特徵掩蓋了它的創建和執行其實都需要依賴權力這一事實。

到了一九三〇年代中期，曾經跟隨凱爾森學習的國際法學生開始贊同施密特的觀點，並與他們的導師走向不同的方向。凱爾森身邊的夥伴對他的批評，奠定了以現實主義看待國際關係的理論基礎。漢斯・赫茲在一九三〇年代一直鑽研凱爾森的法律理論。赫茲在這個時期的著作認為，如何理解一個國家在政權更迭或革命後的法律連續性問題，是理解國際法的首要核心問題。[68]凱爾森和他的學生強調法律分析能夠重新定義國家的門檻。凱爾森在有關國家法律概念的著作中，認為只有國際法能夠決定國家邊界。但是到了一九三〇年代中期，赫茲變得對凱爾森的法律理論抱持完全懷疑的態度。赫茲曾經是凱爾森在科隆的研究助理和學生，他與凱爾森一起流亡日內瓦之後，便開始遠離凱爾森的法律哲學。赫茲與漢斯・摩根索（Hans Morgenthau）一起成為美國國際關係學科的創始人之一。他開始發展國際關係的理論，並主張要更確實地面向強權政治現實。[69]赫茲移居美國時，開始提倡過去十年間已經決定性地證明了「在多大程度上，國際法只不過是建立在權力的政治關係上、一個幾乎不加掩飾的法律和意識形態上層構造」。[70]

摩根索是一名德國的猶太人法律和政治理論家，他在一九三四年流亡日內瓦期間也一樣會攻擊凱爾森的法律理論。[71] 摩根索在威瑪德國時與胡戈・辛茲海默（Hugo Sinzheimer）和其他社會主義的律師合作，制定社會和勞動法規，努力將德國推向社會民主主義。[72] 這群人會將形式的法律平等和充滿從屬與不平等的社會現實區分開來，但還是依靠成文法和法律解釋來改造國家。摩根索在一九二九年指出，國際法的靜態本質並沒有考慮到政治和社會變化，這使得弱國處於不得不「永遠遵守大國的特權規範」之境地。不過在摩根索到達日內瓦之後，他開始全面地面對法律形式主義，並且特別針對凱爾森挑毛病，指責兩者未能注意到社會現象。舉例來說，他認為決定捷克斯洛伐克地位的絕對不是法律解釋，而是政治需求。摩根索完全不認為國際法是規範政治的相關因素，他轉向針對權力動態和政治衝突的心理學解釋。

英國的國際關係理論家阿爾弗雷德・齊默恩（Alfred Zimmern）在一九三八年描述國際律師是處於一個「始終不滿的無奈狀態」。[73] 他們的無奈當然可以歸因於許多因素，包括越來越多的證據顯示國聯未能成功防止進一步的衝突發生。但是，對於凱爾森法律理論的批評（尤其是批評它無法納入社會現實和權力本質），呼應了大西洋彼岸對法律的虛構和法律形式身分認同的更廣泛攻擊。一位美國法學家在一九三八年發表了一篇關於法律人格的論文，文中將「權利的法律主體」這個沒有實質意義、政治上又令人存疑的用語，和維也納學派的抽象概念進行了比較。「這個『主體』可以輕易地從其內部生出一個『客體』，然後遊戲就開始了。我們正以越來越強的勢頭滑入無底坑，那裡有『純粹』法學的蛇髮女妖（gorgon）和凱美拉（chimera）怪物在張揚。」[74]

為了反駁接踵而至的批評風暴，凱爾森試著澄清他理論中的反形而上學傾向。他批評過度使用「法人」這個概念，好似只把它當做一個有助於思考的隱喻。法學家曲解了這個擬人化的隱喻，「製造出一個假問題，法學要解決它也終歸是徒勞的」——約瑟夫·科勒（Joseph Kohler）在辯論的較早期也提出同樣的論點來澄清法人概念。[75] 凱爾森的答辯是法律創造了義務和權利，但是沒有創造人。[76] 凱爾森面對的其他批評聲浪認為，社會所謂的「法律」只是更深刻的社會或權力動態的一種表達；但是凱爾森對此說法並沒有退縮，他也為自己的理論辯護，反對有人說他證實了形式主義的法律思想容易陷入無意義或危險的抽象化。

直到一九三〇年代末期，凱爾森還持續面對法律學者的批評——這些學者後來成為國際關係的現實主義理論的重要創始人，而且隨著國際律師和政治學家為了遠離法西斯主義而流亡到美國的大學、政府和智庫尋求庇護，這個傳統也開始在美國紮根。國際聯盟和其象徵意義的終結，代表它脆弱的合法性走向毀滅性的崩潰（這樣脆弱的合法性曾經支撐了國聯發起的各種國際治理實驗）。現實主義者最先指出在一九三〇年代之前，國際主義都是建立在歐洲文明的意識形態信仰之上。英國史學家兼記者愛德華·霍列特·卡爾（E. H. Carr）在一九三九年出版的《二十年危機》（*The Twenty Years Crisis*）一書中，闡述了法律、道德和政治的關係。當時代的「普遍幻想」認為法律代表的領域在道德上高於政治；法律換個方式就是政治，而法律的獨特之處在於它能夠為政治社會賦予穩定。它是組織化的政治生活的基礎，但是也僅只於此。卡爾很有說服力地論證許多歧視行為都是合法進行的：「依照法律剝奪猶太人的財產，這本身並不比直接派衝鋒隊去驅逐他們更為道德。」法律可以合乎道德——除非它們試圖實現良好的意圖。卡爾對危機的詮釋促成了一個很有影響力的觀點，即兩次世界大戰間的時代孕育了有關國際關係的危險理想主義，以及法律馴服強權政治的能力。[77]卡爾把國聯對治理的國際實驗歸結為對進步和技術官僚知識的輕率信念，但是他未能解釋國聯有助於維持、但是無法創造的法律意識的本質。

國聯之所以和理想主義產生連結，是因為該組織（至少在言詞上）代表對國際合作的承諾；它認同期望政治要導向善的實現，而不是預先阻止可怕的事情。由於國際聯盟未能阻止日本侵略滿洲、德國重整軍備和併吞捷克斯洛伐克，以及對少數族群的歧視，所以該組織要成為實現和平共存之手段的承諾可謂煙消雲散，代之而起的是對國際組織有能力預防戰爭的悲觀主義。相較之下，聯合國就是建立在一個比較現實的原則上，由幾個大國繼續負責確保維持和平與現狀。

不過，法律思想演變的意義還不只有這種人們熟悉的二十世紀國際機構的描述。現實主義對法律形式主義的懷疑論發揮了關鍵作用，讓解釋成員資格具有動態性質的推論形式變得不太可信。看到逃離法西斯主義者的特殊情況後，認為國籍這種法律上的虛構還是會帶來真正安全的想法似乎變得越來越令人懷疑。納粹和維琪的國籍法剝奪了猶太人的公民身分，但是保留他們的法律主體地位，這使針對歐洲難民危機做出國際反應的歐美法律學者開始重新審視強調個人與國家間的正式國籍連結這一傾向。[78]對合法國籍這個正式類別的強調逐漸減弱，國家與臣民之間更具實質性的連結變得益發重要。納粹政權把十九世紀帝國的法律做法套用到歐洲，破壞了國際上對無國籍問題的法律思考。[79]一九三〇年代的大部分歐洲難民是與德國保有正式法律連結的猶太人。紐倫堡法案（Nuremberg Laws）定義的是公民的實質概念，它區分了合法成員的國籍和更強大的國家歸屬形式。在一九三八年之後，問題變成猶太人是不是還能夠算是正式國民，因為他們已經失去了所有可見的政治保護。但是從德國國內法的角度來看，他們從未失去對德國的忠誠義務，也依然還是「國家的猶太人臣民」。[80]在一九三九年九月，任何擁有重大資產的人將因成為另一國的公民而失去資產，並將被剝奪國籍。有人指出，剝奪猶太人的公民身分也會妨礙他們移民，因為各國都不太可能接受無國籍的移民。[81]國家社會主義（納粹）的法學家在一九四一年制定了驅逐和剝奪猶太人德國國籍的法律架構，只要驅逐的列車越過德國邊境，他們就變成無國籍者了。[82]

不過，國際法上對於要如何界定成員的界限仍無定論。法學家原本會優先考慮正式的成員資格，後來則轉向審視國家與（國家聲稱要代表的）個人之間的連結性質。視其脈絡而定，國籍或護照可能是毫無意義的「廢紙」，也可能是救命工具。與特定國家的身分連結在某些情況下還比正式處於無國籍狀態更像是負擔。哈佛的政治哲學家朱迪絲．施克萊舉例說明了她和家人於一九四一年在美國尋求庇護時，法學家們試圖解決的困境。施克萊出生於里加（Riga）——那是俄羅斯帝國解體後於一九一八年成立的拉脫維亞共和國首都——她在第二次世界大戰前夕逃離，當她和家人抵達西雅圖、然後再前往蒙特婁的安全港時，她們被當作沒有公民身分的外國人加以拘留。[83]法學家還在嘗試對無國籍者和國際法之間的關係進行理論化，為了應對這個困境，他們改變了問題的用語，不再把無國籍視為探究國家本質和主權的測試案例。實際上，他們建議把國籍和國家歸屬的定義控制權明確交由國際權威機構掌控。[84]

國籍的意義在法西斯主義的時代不斷演變，迫使約瑟夫．昆茲和同時代的人重新思考國際法在國籍規範中可能發揮的作用。不過，他們這麼做，是特別在有關法律現實主義的理論辯論在一九三〇年代達於頂峰時。昆茲獲得洛克菲勒基金會（Rockefeller Foundation）的資助，在一九三一年訪問美國，進行為期一年的獎助研究，並探討「中立戰爭法——具體參考美國的社會經濟戰爭、敵對外國人法、海事法和中立概念」。[85]昆茲回到維也納之後，還繼續代表「*heimatlosen*」，與國聯社團國際聯盟（International Union of League Societies）、國際婦女和平自由聯盟、國際婦女理事會、國際人權聯盟聯合會，以及國際婦女爭取選舉權和平等公民聯盟（International Alliance of Women for Suffrage and Equal Citizenship）的代表一起展開倡議。[86]昆茲在一九三二年離開維也納回到美國，訪問美國法學院並尋找學術職位。昆茲在美國尋找學術職位時，在哈佛度過了一段時間，當時他在曼利．哈德森的課上教授國際法。他於一九三四年在俄亥俄州的托雷多法學院（Toledo Law School）開始任職，直到他在一九七〇年去世為止。

昆茲在美國取得新職位之後，為了針對被剝奪國籍的猶太臣民仍被強加德國國籍一事做出回應，便引進了實質連結的概念。昆茲對國籍的國際性質做出修正觀點，其中主張「在國際規範的範圍內……任何國家均不得將國籍授予和該國沒有合理連結的個人」。[87]

因此，到了一九三〇年代末期，歐洲難民危機的規模——以及被迫逃離法西斯主義而仍保有先前國民身分的人所面臨的特殊困境——改變了無國籍對國際思想的意義。法律理論家開始關注是否可以建立一個國際權威，由其裁決國民身分的爭端。法律學家馬克西米利安．科斯勒從維也納抵達美國之後不久，就向紐約的獨立研究機構——社會科學研究會（Social Science Research Council）——申請資助他撰寫專題論文（題目是有關「國際法下的國籍」）。科斯勒在一九三八年離開奧地利前往美國之前，曾經在維也納當律師。在那之前，他畢業於切爾諾夫策大學（University of Czernowitz），切爾諾夫策是哈布斯堡帝國郊區的布科維納地區的首府，而布科維納在一九一八年之後成為羅馬尼亞的一部分。[88]他向社會科學研究會提出的主題與維也納法學院的理論家所研究的課題很接近，而在他離開維也納之後，這個主題在政治上還變得更加迫切了。

科斯勒說，他的主題是要檢視在國籍事項上——尤其是有關難民問題和無國籍者的處境——國際法可以在由國內控制的範圍內施加什麼限制。[89]他指出將以「非公民之國民」身分作為主要研究對象，因為國際法可規範的是國籍而不是公民身分，公民身分只能夠置於國內法的控制之下。科斯勒希望證明國籍和公民身分之間的實質區別，他認為這意味著劃出了一個空間，其中是由國際法控制歸化的邊界。他在提案中引用證據，支持國際法的國籍概念「實質上與國內法有所區隔」。[90]科斯勒帶進一種觀點，他認為國際法對國籍的控制，是意指國際機構有權裁定國籍究竟是反映出個人和國家之間的實質連結，抑或只是一種形式上的連結，把個人不公平地和國家綁在一起（國家實際上否認了它的保護責任）。他提議檢視「國際法是否有必要承認在各自國內法規定中已經變得空洞（就算還稱不上滑稽）的國籍」。[91]科斯勒認為，「如果一個人與該國如此疏遠，而且被完全剝奪了公民權，那麼國際法也無法認為這樣的個人還必須保留原國籍，或許他將成為國際法下的無國籍者」。[92]科斯勒很強調將個人和國家聯繫在一起的社會連結，他指出這種關係必須建立在更實質的基礎上，而不是只有國家願意承認該人是國民就夠了。

提供保護的迫切，需要使得更多人支持以一個獨立的法律類別，來定義受到迫害的被害者。一個人是否擁有正式的國籍標誌，這已經不夠用了；一九三〇年代的難民危機迫使法學者思考有什麼實質方式可以讓某人被視為一國的成員，而當這些連結被打破到徒留其名時，又會發生什麼事。同時，現實主義對凱爾森和其學生所體現的法律和政治方法的批評，又與不斷演進的危機條件互為呼應。第二次世界大戰的爆發重新定義了無國籍的含義，迫使理論家重新思考無國籍對世界秩序的未來意義（我們將在第五章中討論這一點）。

凱爾森挑戰了一國的法律成員是由社會現實決定的這個想法，在隨後的幾年中，包括科斯勒和昆茲在內的國際法和國籍理論家，將不得不重新審視凱爾森提出的這項挑戰。凱爾森的法律理論對於區分法律領域和社會學領域具有關鍵重要性，因為他的核心目標是理解法律的獨特規範性。如同我們將在後文討論的，要將喪失國籍一事理解為道德上的剝奪，同時也是國際秩序和集體安全的問題，須取決於保持這些領域的差別性。

第五章
世界秩序的條件
A Condition of World Order

「無國籍者的人數在歐洲日益膨脹，後果卻是全世界性的。」

——馬克・維什尼亞克（Mark Vishniak），俄裔猶太法學家

「地球上的新法這次必須將有效性涵蓋到全人類，其權力必須受到嚴格的限制、要根植於新定義的國家領域，並由其控制。」

——漢娜・鄂蘭（Hannah Arendt）

在一九四〇年秋天，炸彈像下雨般無情地落在倫敦。納粹德國空軍從九月七日開始襲擊這座城市，在接下來的五十七個晚上，攻擊都沒有停止過。在轟炸中，開始有一群自稱無國籍者委員會（Committee on Stateless Persons）的國際律師在倫敦市中心集會。這個委員會是格老秀斯協會（Grotius Society）贊助成立的——格老秀斯協會成立於一九一五年，是一個研究國際法的英國專業協會——他們開始研究戰爭爆發是如何改變了擁有國籍的意義，而即使國際秩序的未來仍然充滿不確定性，他們是否可能將這些法律議題重新概念化。[1]當時的倫敦充斥著政治流亡者，他們組建了臨時政府支援歐洲大陸的抵抗運動，並設想國家、帝國和國際社會的未來可能性。流亡者來自法國和被納粹占領的中歐各國，他們背負著國家殘存的部分。他們的政府要仰賴英國的施恩接納而運作；在白金漢宮的花園派對上被承認為流亡政府的代表，成了該國地位的一種臨時標誌。在這個背景下，無國籍者委員會不只想把他們的專業知識用於戰爭爆發後出現的急迫國籍問題，還想用於更多有關世界秩序未來的辯論中。[2]

一提到一九四〇年代，通常就聯想到個人在那時候成為國際法律秩序的主體，國際法也在那時候開始侵入國家的主權領域。[3]不過，如果不仔細審視無國籍在這些想法中的位置，我們就無法正確了解國際法思維中對於個人的地位在國際法中的轉變。本章和第六章會透過戰後建立的法律框架是如何定義難民或無國籍者，來追溯第二次世界大戰爆發後，無國籍的意義在國際法理論和全球秩序中的演變。本章的重點是從一九四〇年到一九四八年訂立《世界人權宣言》

（Universal Declaration of Human Rights）之間的這段時期。在第二次世界大戰期間和戰爭結束不久後，無國籍又再度成為權利和戰後秩序的辯論核心，但是在這個時期動員這個問題，比較像是拿來宣揚主權國家才是權利和法律的主要來源，而不是作為非國家的政治秩序未來之證據。兩次世界大戰之間的法學家認為，無國籍者的法律地位是解鎖國際法秩序本質的關鍵鑰匙，而他們現在則是以主權國家作為分析權利和法律秩序的前提。由於戰後投入國際法和人權制度發展的律師認為他們的工作屬於發展以主權平等為前提的新世界秩序的一部分，因此在這個時期，他們便採用了一種新的方式，讓無國籍這種法律類別和權利、政治秩序的界限等概念產生連結。本章會探討第二次世界大戰期間的法律辯論進展，探究其如何讓國際法學者更大範圍地轉向確保國籍的擁有這個基本權利（這個權利最終納入了一九四八年的《世界人權宣言》）。雖然法律學者還是繼續強調國際法有保護個人、甚至是確保個人擁有某國國籍的功能，但是這些討論也指出兩次世界大戰之間的法條主義的廣泛批評、對國家主權的重新評估，是如何影響他們對無國籍含義的觀點，以及他們對國際政治的意義提出的論點。我們將在後文指出，國際法學者開始不再把國際法的至高地位和無國籍問題綁在一起，而是用其他方式將這個問題與人類的政治組織做出連結。本章的第一部分會說明辯論在一九四一年到一九四五年之間的演變，第二部分則轉向戰後的無國籍問題是如何與有關世界秩序的未來之辯論緊密連結在一起。第三部分會討論《世界人權宣言》中納入的國籍權，這說明當時的脈絡是想確立主權平等信條為支持跨國秩序的核心原則。最後一部分則轉向政治理論家漢娜・鄂蘭戰後對無國籍的反思，她對權利和公民身分的分析應置於該時期的廣泛批判反思脈絡中。雖然鄂蘭不同意兩次大戰之間對政治秩序的法條主義做法（那與第一次世界大戰後的國際思想有關），但是她指稱無國籍是全球政治的一個基本問題，這個立場在隨後的戰後數十年間也變得越來越邊緣化。

I

本書前幾章討論了許多核心的無國籍理論家，他們都逃離了法西斯政權，或是在戰爭開始後選擇離開歐洲。戰爭限制了國際法的辯論網絡，但是律師們還是繼續謹慎地維護他們已經建立的跨大西洋夥伴關係。赫施・勞特帕赫特是一九四〇年到一九四三年之間連接起英國和美國國際法法律圈的關鍵人物，他在一九四〇年到一九四一年之間前往美國號召對國際法的支持，然後又回到英國，以無國籍者委員會成員的身分參與討論。卡內基國際和平基金會（Carnegie Endowment for International Peace）邀請勞特帕赫特在一九四〇年秋天進行巡迴演講，宣導法學院應該進行國際法的教學——當時的英國或美國法學院都沒有國際法的常規課程。約瑟夫・昆茲也獲得洛克菲勒基金會的贊助，在一九三二年到一九三四年之間對美國法學院進行過一次類似的盛大訪問。[4]

在勞特帕赫特造訪全國九所法學院的過程中，他嘗試讓大家確實理解美國和英國法院經常需要解決國際法的適用問題，並且強調要逐漸發展國際法的重要性。[5]

勞特帕赫特的美國同事希望他的走訪能夠激起美國對國際法研究的支持，但是他們也擔心他這一趟會威脅到美國的中立，而且勞特帕赫特在行程中也一再重申他支持對第二次世界大戰的干預。時任卡內基基金會國際法部門主任的菲利普．傑賽普在勞特帕赫特抵達紐約時與他見了面，並要求他在公開會晤中不要再提及戰爭，以及「建議美國擔任某個角色」。傑賽普在私底下向曼利．哈德森保證勞特帕赫特承諾不會這樣做，這表示美國的國際法學界普遍擔心他們的歐洲同行會損及美國的中立性。[6] 這種擔憂並非沒有根據，因為勞特帕赫特得到英國外交部的財務支援，而外交部希望他此行能夠激起美國支持英國的戰爭努力。其實他也有私人的理由要鼓吹美國干預，因為他擔心自己留在波蘭的家人要面臨的命運，以及他在劍橋的太太和兒子在倫敦大轟炸（the Blitz）中面臨的危險。[7] 勞特帕赫特此行的目的顯然超出了宣揚國際法研究的官方說法（雖然他還是有投入更大的計畫進一步發展該領域和專業）。我們將在後文看到他在此行之後的幾年內，對於無國籍者除了國家透過公民身分授予的權利之外，可以體現權利的其他可能性，以及國際法可以直接對沒有國籍的個人賦予權利的想法，都變得越來越沒有耐心。

即使還是有些群體很關注國際法的重要性和其發展，但是無國籍這個主題已經不像在兩次世界大戰之間那樣，占據國際思維的核心理論地位了。馬克．維什尼亞克移居美國之後，對於無國籍研究自他於一九三三年在海牙的演講中對「*apatride*」的法律條件，進行系統性分析之後這幾年間出現的變化，做出了清晰的評價。維什尼亞克是在一九四〇年（德軍進入巴黎的前一週）逃離法國的。他抵達美國之後，便重新展開對無國籍的寫作，修訂並更新了他在一九三三年的研究。[8]維什尼亞克的手寫草稿最後在一九四五年於美國猶太委員會的贊助下出版，書中說明了他自己思想的轉變，以及更多國際法理論家對無國籍的看法轉變。[9]維什尼亞克移居美國之前，他在寫作和公開演講活動中都把國際聯盟描述為少數族群可以捍衛利益的平台或議會。他還提出類似的主張，說明無國籍者如何成為國際公法中一個獨特的法律族群。我們在第三章中看到：維什尼亞克在一九三三年的演講中是如何將無國籍現象描述為足以說明國家整體構造的「病原體」。無國籍者和他們即使沒有國民身分也能夠行使的法律及政治權利，替關於主權和國家及國際社會本質的辯論提供了重要證據。不過，維什尼亞克在一九四一年寫無國籍的新著作草稿中，感嘆無國籍的問題對於國際法學者和政治家乃至政策制定者都失去了強大的啟發意義，他苦澀地指出「無國籍者近日成了受冷落的繼子，不僅是科學文獻和國內立法對他們很冷淡，就連國際法也是」。[10]

維什尼亞克移居美國之後，寫作就不再分析無國籍的法律意義（這是他早期的寫作特色）。維什尼亞克反思這幾十年來，大規模的無國籍已經成為國際政治的特徵，他寫道：「無國籍者的人數在歐洲日益膨脹，後果卻是全世界性的。沒有國家可以完全置身於這個現象之外，也沒有國家可以靠獨立行動來消滅無國籍的傷害，或是防止這個現象。」[11] 維什尼亞克也和許多一九三〇年代的人一樣，提倡建立一個永久性的國際機構來進行難民救濟；他建構自己的論點時，考慮的是更廣泛的國際秩序和安全問題。維什尼亞克認為，無國籍在國際政治的核心地位是源自它在本質上的國際主義，以及它代表一個需要集體應對的共同問題。

維什尼亞克認為無國籍已經成了國際法或法律理論中受冷落的「繼子」，這個主張並不完全正確。不過，他的確指出無國籍在國際思想中的意義發生了一個重大轉變，尤其是在美國於一九四一年十二月參戰之後。我們已經在本書第四章中看到法律學者開始用國際法對國籍事項的主權來描述無國籍，這個方式代表對一九二〇年代國際法律思維的背離（當時的法學家認為沒有國籍的個人居於何種地位，要取決於哪種行為人被視為國際法的主體）。到了一九三〇年代後期，隨著歐洲的難民危機加速，法律學者構想要有一個國際法權威有權裁決國籍方面的要求，而不是依據概念的邏輯限制來定義主權的本質。看到那些還與納粹國家保持形式上連結、但已失去國籍保障的人所面臨的真實困境，我們知道國家成員身分的標記本身就已經成為危險的虛構，與任何有意義的真實都已經脫節了。

不過，主權在國際思想中的新地位，其實是在同盟國要推動國際秩序的意識形態願景這樣的背景下形成的。甚至早在美國正式宣戰之前，對戰後秩序的規畫就已經展開了。一九四一年的《大西洋憲章》（Atlantic Charter）是一份分水嶺文件，它是英美共同努力為戰後秩序創造藍圖的開端，還協助確立了同盟國對納粹發動思想戰爭的意識形態用語。[12]《大西洋憲章》中展現的世界秩序概念，是以主權和國家為核心。該憲章是針對被納粹占領的歐洲，主張「世界各國要形成一個國家共同體，並且需要不斷發展該共同體的組織，才能夠保護和促進共同利益」。[13]羅斯福和邱吉爾喚醒了大西洋共同體的願景，啟動新計畫來重新構想如何定義跨國關係的秩序。在這個意識形態背景下，漢斯．凱爾森和法國法學家萊昂．狄驥——後者的社會學法學和國家理論在兩次世界大戰之間也一樣具有影響力——在跨大西洋的政治思想中特別受到攻擊，因為他們會損害國家主權的概念。

凱爾森在一九四〇年六月抵達紐約。他在流亡期間，又重回國家地位的基礎和國家與國際法的關係等問題。直到法國戰線崩潰之後，他才要求美國的熟人幫他在美國謀求職位。最高法院法官費利克斯．弗蘭克福特（Felix Frankfurter）自己也是維也納移民，他在一九二〇年代把凱爾森的著作介紹給哈佛法學家羅斯科．龐德；凱爾森在被德國的布拉格大學開除之後，正是要求龐德為他在美國找到一個職位。龐德為凱爾森提供了一個臨時職位——哈佛法學院的奧利弗．溫德爾．霍姆斯（Oliver Wendell Holmes）講師（有部分是由洛克菲勒基金會資助）。雖然凱爾森在大西洋兩岸均享有盛譽，但是因為他的學術名聲曾經在一九三〇年代遭到損害，所以他的職位還是極不穩定。引人注意的是洛克菲勒基金會為凱爾森創建的檔案——其中記錄了所有向該基金會提出申請、請求援助移居美國的難民學者——指出：「當戰爭情勢削弱了美國的法學院，他的哲學方法之顯無相關將使他成為一個難題。」[14]如同基金會所預料的，替凱爾森在美國找到一個新的學術家園的確困難重重。

不過，當凱爾森於一九四〇年和一九四一年間在哈佛法學院的奧利弗・溫德爾・霍姆斯講座授課時——雖然他的講座內容應該沒有受到該系太多青睞——他得到了一個可能在哈佛獲得長期職位的機會。凱爾森的演講題目是「以法律實現和平」（Peace Through Law），這個主題又回到他在法律和國家研究中的招牌研究方法，也形成了他對第一次世界大戰後中歐無國籍問題的回應。當聽眾在思考美國會捲入另一場全球衝突時，凱爾森根據他先前有關政治和社會秩序本質的理論預設，提出了和平與戰爭的問題，以及可用國際法來規範國際社會的可能性。有些論點認為國聯解體和戰爭的爆發，顯示只有以同志感情為基礎的國際共同體才能夠維護和平；凱爾森不同意這個論點，他回到自己早期關於社會秩序基礎的主張，認為社會秩序所根據的事實是「秩序本身就將規範這些個人行為」。他繼續指出，個人「唯有在相互行為受到秩序規範的情況之下，才能夠組成團體或共同體。若是缺乏這種秩序，他們就是一群混亂的、缺乏結構的群眾」。[15]無論如何，凱爾森堅持認為要確立國際現象的任何事實，都有賴事前的法律承認。他寫道：「這是確定（cognition），而不是承認。它與法院對法律相關事實的確定具有同樣性質。」[16]美國法學院講求實效，這意味著凱爾森的歐式專業——結合法學、哲學和政治理論——絕對無法輕易迎合美國的法學院。但是他的演講激起了如此敵意，表示他憧憬的法律秩序具有的規範特質，似乎已經與時代格格不入了。[17]

使民主的未來理論化的歐洲流亡政治學家在一九四一年將這場戰爭描述為對國家多元論的全民公決。雖然凱爾森的理論不是多元論，但是他在法律和國家方面的理論與對主權的批評有著決定性的連結。政策知識分子和難民學者試圖挽救政治共同體的概念，這不同於戰前對國家內部團體的法律人格和政治自治的關切。值得注意的是，當理論家一開始面臨到要將納粹國家描述和分析成某種政治制度的挑戰，他們最初是在兩次大戰之間對傳統主權理論的典型批判中將它提出來。納粹國家——和其他國家一樣——代表人類想像力和法律的產物，被賦予真正的權力時就具有巨大的分量。例如，出身哈佛的德國政治理論家卡爾．約阿希姆．弗里德里希（Carl J. Friedrich）就用了第一次世界大戰後常見的術語來分析納粹國家。弗里德里希認為，納粹德國只是代表形而上學的抽象概念和偶像崇拜的危險範例之一。他寫道：「當代思想把『國家』變成具體性錯置的金牛犢（golden calf，譯按：指受到崇拜的偶像）。」弗里德里希把史達林和希特勒放在與霍布斯、盧梭和邊沁相同的傳統中，並將對國家的吹捧歸因於基督教信仰的衰落。[18]他堅持遵照兩次世界大戰之間對主權的批判路線，認為適當的分析方法將揭示國家的原有面目；一旦剝除裝飾和誇大的部分，國家就嚇不了人了。換句話說，在國家理論對納粹主義的初步評價中，理論家採取了兩次世界大戰之間比較為人所熟悉的概念，即過度的國家權力是出自人類想將神聖權威和權力的幻想投射到國家的衝動。

但是不久之後，理論家就開始堅持主權國家的價值，歐洲的流亡者也為保持國家在政治科學中的核心地位發揮了關鍵作用。政治學家——尤其是來自德國和奧地利的流亡者——對一開始以凱爾森為代表、對主權的批評，帶來了重大挑戰。對主權權力的任何限制現在都必須制度化，透過會改變國家互動的做法和協議來實現。柏克萊出身的德國流亡政治理論家海因茲・尤勞（Heinz Eulau）在一九四二年介入他所謂的「主權理論的當代危機」，直接攻擊凱爾森和狄驥，駁斥一九二〇年代對法律和政治主權之間的區別的普遍觀點。雖然這兩位法學家的學說有重要區別，但是尤勞把他們置於兩次世界大戰間的同樣傳統中（該傳統將主權概念「去人格化」，揭露國家是「神話思維」的產物）。尤勞認為，兩位理論家都錯過了發展政治共同體概念的機會，這種概念既不至於受到去人格化的主權概念所害，也不會陷入有機的集體意志這樣危險的觀念。他們急於證明一個有機的整體將國際社會秩序編織在一起（這是狄驥的想法），或是獨立國家的法律力量須取決於先前的國際法律規範（這是凱爾森的想法），兩人都漏掉了尤勞所謂的「民主憲政國家」這類實體其實是「基於人民的同意，由選舉或任命的代表進行統治」。尤勞堅信，這類政治共同體需要一種新的、強而有力的理論——政治實踐的重新神聖化。為了反駁卡爾・施密特對主權權威本質的有力主張，該理論必須證明它在理論上的說服力，並充當尤勞所謂的「意識形態鬥爭中的戰鬥武器」。在這個脈絡下，尤勞認為極權主義理論會「保護國家政治共同體的概念不受到法西斯主義罪行的汙染」。[19] 尤勞帶進的極權主義概念主張，主權的正常運作和極權主義政權手中的國家扭曲有根本的斷裂，因此促成對國家主權的重新評價。納粹帝國強調主權的優點，還有破壞政治共同體對自身命運的最終控制將造成什麼危險。將納粹國家描述為極權主義，可以維護支配個人和公民社會之主權權威的自由民主願景。[20]

其他流亡美國的政治學家也注意到主權討論的基調和實質都發生了變化，這與第一次世界大戰後對主權國家的普遍攻擊形成鮮明的對比。維也納流亡者埃里希．胡拉（Erich Hula）——他也是凱爾森的學生和研究助理——在一篇一九四二年的文章中指出，戰後的規畫問題是如何確定一個國家（相對於其他國家）的法律獨立之合法邊界。胡拉在一九三一年跟隨凱爾森到科隆，又於一九三八年移居布拉格，接著是到日內瓦，最後則到了美國，並在那裡的社會研究新學院（the New School for Social Research）任職。[21] 胡拉認為，戰爭並未證明主權國家的危險。他警告，許多有關戰後重建的文獻都是錯誤地使用了「主權」一詞——他們的批評對象本應是希特勒和德國。胡拉指出「主權國家不只是受到國際主義者的攻擊，而且還受到歐洲和其他大陸的種族主義者攻擊」。[22] 胡拉在後來的分析中強調，《大西洋憲章》中的「民族自決」和第一次世界大戰後宣告的民族自決原則有所區別。胡拉堅持這些構成「從根本上說便截然不同的概念」，政府應基於同意的原則和「民族的原則」必須區分開來（「民族的原則」激起了兩次世界大戰間的人口根據《洛桑條約》〔Treaty of Lausanne〕進行遷移）。[23] 法蘭克福學派（Frankfurt School）的政治理論家奧托．基希默（Otto Kirchheimer）在一九四四年宣稱：「我們這個時代的政治理論走向似乎改變得很快速。有好幾個理論宣布國家已瀕臨垂死，距今才不過是十到十五年前的事。」[24]

在美國較為學術的學科脈絡和政策圈中，都發生了對主權國家的重新評價（包含反對第一次世界大戰後的主流觀點）。一九四三年，美國外務體系（American Foreign Service）的官員、後來的聯合國顧問詹姆斯・勒德洛（James Ludlow）寫了一份機密報告，提倡用「state」一詞，而不是用「nation」來描述一個不隸屬於其他共同體的政治共同體。報告中指出，「state」比「nation」更為精確，因為「nation」意味著種族或文化上的連結。美國對戰後秩序的願景包括提升國際法以限制國家行動，以及不干涉原則。重振和加強國際法意指國家主權將受到國際的法律秩序的限制，而且每個國家都有不干涉其他主權國家內政事務的法律義務。[25]

流亡政治學家和美國政策專家對主權和國際法的分析，說明了本章一開頭所提的無國籍者委員會成員對無國籍者的法律意義所做的討論軌跡。他們對國際法和國籍的討論表明了在對國際法之地位和未來的理論辯論中，無國籍依然具有重要性。該委員會的目標是「準備研究無國籍者的問題，以及他們在當時的情境下（其人數增加，狀況成因也各自不同）的地位和保障」。[26]不過，這些辯論顯示之前的法律學者是想要打破以國家主義作為國際法秩序的前提，現在則是想把無國籍問題和作為權利基礎與根據的國家連結在一起。某些在戰前批評主權學說最不遺餘力的人，開始重新評估國家特有的規範有效性。

保羅・維斯（Paul Weis）從英國的拘留營獲釋之後不久，便加入了委員會。維斯在一九〇七年出生於維也納的一個猶太人家庭，他在維也納大學學習法律，並擔任凱爾森的研究助理，近距離吸收維也納法學院的法律哲學。離開大學之後，他花了幾年時間管理家族企業，而後在一九三四年加入維也納的社會福利管理部門，擔任奧地利國家健康保險局的仲裁員。維斯在身為奧地利的國家官僚期間要負責執行和管理該國的健康保險系統，他會直接面對無法主張公共福利的人所面臨的困境。這些早期的遭遇與他自己身為維也納猶太人資產階級菁英的身分有點距離。不過，維斯在一九三八年被送往達浩（Dachau）集中營；他在一九三九年獲釋之後便逃往英國，並隨即被關押在專門拘留敵方外國人的肯特（Kent）郡里奇伯勒集中營（Richborough Camp），直到英國在德國入侵前夕決定動員囚犯擔任士兵。維斯在一九四七年歸化為英國臣民，當時他才重新獲得公民身分。這裡值得注意的是（我們還會在第六章中討論更多細節），維斯在倫敦經濟學院（London School of Economics）撰寫博士論文時，是接受勞特帕赫特的指導（他的題目是有關國際法中的國籍）。他根據論文完成的《國際法中的國籍與無國籍》（*Nationality and Statelessness in International Law*）一書於一九五六年出版，至今仍被認為是該主題中最具權威性的研究。維斯後來在職涯中同意擔任國際難民組織（International Refugee Organization）的法律顧問，然後又成為聯合國難民事務高級委員會（United Nations High Commission for Refugees，簡稱聯合國難民署〔UNHCR〕）的法律部門負責人，等於是把理論和實踐結合在一起了。[27]

維斯在一九四〇年加入格老秀斯協會，在他首次加入協會有關於無國籍問題的辯論時，指出只要未來國際組織的輪廓還不確定，委員會成員之間的討論就只不過是推測。公民和非公民身分的未來，取決於世界在戰後的樣子。因此，無國籍者委員會的工作與戰後的政治規畫「密不可分」。[28]與其說無國籍者的法律地位標示出國際法律秩序的可能未來（這是兩次世界大戰間的典型說法），不如說無國籍的意義取決於其他將決定世界政治最終形態的因素。

於是在委員會推測世界秩序的未來時，人權概念成為一個關鍵的試金石。不過，這些討論顯示了國際法學者如何認為轉向人權是對早期理論的修正——法律理論家在早期會強調主權的性質和作為國際法主體的個人的法律地位。委員會成員對於是否要支持每個人都應有國籍、或是不應該強調國籍才能夠實現普世權利，各自有不同的意見。德國流亡律師歐文・洛文菲爾德（Erwin Loewenfeld）在將他的法律實務轉向國際問題後，依照實證主義的正統觀點展開論述；他指出，「沒有國籍的個人不適用從國際法受益的原則，因此他們在與國際法有關的範圍內缺乏保護。他們的處境堪比在公海上航行卻沒有懸掛任何一國國旗的船隻」。他建議要搜集國內和國際上有關國籍立法的調查報告，並嘗試寫一份憲章，賦予無國籍者最低限度的權利，讓他們享有法律保護。[29]格老秀斯協會建議對有關國籍和無國籍預防的相關規定修訂草案，建議中指出「每個人均有生而為一國國民或臣民的基本權利，因此可以享有國際法承認的國籍，以及為獲得該法律利益之必要連結」。[30]相較之下，該組織有另一名成員私下反對委員會將國籍認為是每個人最重要、普遍並且當然具有的條件，因為這代表接受個人權利要奠基於國家主義的基礎之上。[31]

討論者注意到，對於反國家主義和多元主義觀點的背離是出於自我意識（這兩者標誌了兩次世界大戰之間對無國籍的分析）。H・R・派克（H. R. Pyke）在格老秀斯協會成員面前強調，國際律師應該宣揚個人的人權，而不是「名為國家之法人團體」的權利。不過，派克並沒有聚焦於國家人格的性質來確定個人的地位，而是問道：「在國際法體系的概念中──它賦予個人法律上可執行的權利，來對抗他自己的國家（甚至包含其他國家）──有什麼是本質上不可能、不合邏輯或不切實際的嗎？」他認為，「建立國際政府機制」是政府和政治家的工作，而不是律師的工作。[32]過去認為國際法學主要是為了釐清該制度的無形機制的學科，他等於是大大扭轉了這個觀點。更精確地說，派克確定了哪些行為人負責制定遊戲規則。

美國國際法學會成員間的討論反映出一些共同的困境，以及共通的專業關懷，即國際法已經不再是替國家和國際社會建立理論的重要方式。該學會於一九四一年四月舉行會議，耶魯大學的國際法教授弗雷德里克・鄧恩（Frederick Dunn）在會中指出人們不看好國際法的主要原因，是它缺乏對個人的保護。美國法學者埃爾溫・維儂・弗里曼（Alwyn V. Freeman）對鄧恩的論證提出質疑，弗里曼堅持認為只有作為某國的國民才能擁有權利。律師們應該認識到國際法目前的限制，並採取措施加以矯正，而不是假裝當時仍止於理想的事已經成為事實了。[33]

勞特帕赫特大概是與第二次世界大戰之後轉向人權最有相關的人物，他也一樣提倡要修正戰前的國際法學界只專注於確認國際法的主體是誰的問題。雖然勞特帕赫特當然是戰後人權學說的重要倡導者之一，他也極力主張以國際法作為個人主張權利的工具，不過他對這些發展的理解都包裹在他自己對無國籍問題的關懷中。從一九三〇年代後期直到《世界人權宣言》的起草，勞特帕赫特都訴諸無國籍問題，以主張用更務實的方法來解決誰（或什麼）才是國際法律秩序的適當主體。勞特帕赫特在一九三七年開始回顧一九二〇年代的世界主義理論，將其視為已經埋藏在過去的一部分。該年有一篇論文小心地將兩次世界大戰之間各方面的知識法律創新，放進其歷史定位中。他認為，主張團體權利以反抗國家的衝動只會強化國家本身擁有真正人格的概念。戰後的趨勢是質疑主權依然是國際法的基礎這個前提。他指出「由此而生的發展被形容為個人在國際領域的解放」。不過，權利是個人而不是國家所固有的這個主張雖然經常被提出，但它其實不過是一廂情願的想法，因為「沒有人嘗試要批判性地回答這些問題」。僅僅是沒有國家或國際機構來執行國際法賦予個人的權利保護，並不表示個人（無論其國籍為何）在國際範圍內沒有基本權利。不過，如果國籍依然是個人與國際法所給的好處之間唯一的連結，那麼國際法就必須「負責確保個人獲得某種國籍」。[34]

國際組織或機構在解決國民身分衝突時所扮演的角色，不會觸及主權何在或是主權意味著什麼這類基本的問題。實際上，這類機構在解決重大的人道主義問題，或是公共與國際秩序的問題時，會發揮重大功能。在格老秀斯協會成員於一九四二年起草的草案中，勞特帕赫特對國籍的定義是身為某個國家主體的身分，並體現了國家與國際法之間的連結。勞特帕赫特當然認為可稱為國家者並不是「超越或在（構成其主體的）人類群體之上的無靈魂上層結構」。既然不是對國家做出此看法，因此一國的個人成員也對國際組織有間接和直接的利益，而且「透過其國籍——也就是他的公民身分或成員資格——的媒介……通常可以從國際法的存在中受益」。如果國籍的確是個人和享有國際法利益之間的樞紐，那麼個人就有權訴諸國際法的保護、抗拒國家切斷這種連結。因此，他主張必須承認個人能夠對抗自己的國家是一種國際權利。[35] 勞特帕赫特認為，國際協議將彌補無國籍者所經歷的保護缺口。國家間的公約可以提供國際保護，限制成為無國籍者的可能性或是減輕這種狀況。

法國法學家勒內．卡森（René Cassin）日後是戰後法國的法律創建者和《世界人權宣言》的創建者之一，他提供了最明確的一種觀點來闡述國際社會應該確保國家成員的權利。他對主權和國籍的論點演化，進一步說明了我們一直在追溯的廣泛轉變。卡森於一九三〇年在海牙做了有關「住所」這個主題的演講，其中援引了俄羅斯和亞美尼亞難民的困境（他們的個人身分因為戰爭和革命而受到質疑）。卡森認為，視住所優先於國籍，將減輕不具備公民身分造成的個人悲劇。[36] 他不同於某些支持者認為有一個最高而統一的國際法律秩序，並且誇誇其談地利用無國籍來證明國家範圍之外的法律人格具有合理性。[37] 他就像凱爾森一樣用無國籍來審視主權的法律邊界，並認為領土主張優先於其他形式的集體成員資格。[38]

不過，卡森將轉向國家一事理解為第二次世界大戰期間的國際法學者使用國際法的條件，是他們對戰前做法的修正。卡森是法國流亡政府的法律委員會主席，他解決了抵抗運動在國籍方面的問題。[39]維琪政府在一九四二年十一月五日發布了一項法令，剝奪夏爾・戴高樂（Charles de Gaulle）、皮埃爾・孟戴斯・弗朗斯（Pierre Mendès France）和其他自由法國（Free French）政府的成員的國籍。自由法國的司法長官後來在一九四三年寫了一封密函給卡森，表示維琪政權在一九四〇年七月的剝奪國籍法令應該在解放之後依然有效。[40]法國戰鬥人員協會（Society for French Combatants）舉行了一場會議，研究戰後秩序的知識和法律面問題，該組織宣告「個人對國家享有權利」，且「國家也是人民的權利。所有人都有融入某個國家的權利。任何人都不應該被剝奪國籍——除非他們擁有另一國國籍」。[41]由於卡森對法蘭西帝國的忠誠和他後來支持建立猶太人國家，他的立場並不令人驚訝。他贊成戰後為公民引進更強大的國家計畫，他還於一九四一年三月與威廉・卑弗列治（William Beveridge）會面，討論他對英國新福利制度的願景。[42]不過，堅持對國家的特定權利其實是代表對他過去論點的重大轉變——他曾經在一九三〇年提出以居住地作為無國籍問題的解決方案。卡森過去曾提倡用不同的法律基礎將國家的邊界概念化，現在則是以歸屬於一個國家作為權利基礎。

參加這些戰時會議的大部分律師都同意他們不應該再把重點放在個人的法律人格，而是應該限制國家的能力，使其不能剝奪個人對國際法的唯一連結。有些與會者認為，這個轉移代表對個人主義目標的危險撤退。格老秀斯協會在一九四四年舉辦了「國際法與個人」的會議，其中一名與會者堅持認為，提倡對個人權利的國際保護都是在傷害這個目標，因為它「反覆強調必須擁有國籍，才能夠獲得國際法的權利」。[43]勞特帕赫特認為是該採取更實際措施的時候了，而不是只對國際法本身的性質進行理論反思。他指出，雖然他希望個人在比現在更大的程度上成為國際法的主體，但是國際法依然允許無國籍。此外，勞特帕赫特還在思考「或許我們太過重視國際法是否直接賦予個人權利，並且能夠強制執行（在這個情況下，個人是國際法的主體），又或者是否透過國家機構授予他利益，並由國家強制執行（在此情況下，個人則是國際法的對象）」。[44]這個問題在一九三五年被利波瓦諾視為「問題中的問題」，現在看起來則有學究式的迂腐，而且不夠務實。

II

雖然第二次世界大戰強化了以主權國家作為規範理想的概念，但是從那些預測國際秩序未來者的角度看來，全球政治組織的前景則還遠遠未定。公民身分和無國籍的未來，取決於世界地圖在戰後如何重新安排。成立聯邦的想法代表了地區重建和國際秩序的一種選擇。多層次政府的多元法律管轄權緩和了某些人被排除在外的問題，因為聯邦制度採取較寬鬆的公民形式，承諾社群可以保有互相連結的生活和自治。它代表的另一種政治組織模式，讓那些不覺得有共同歷史的人也可以分享共同的領土。[45]聯邦制的願景既包含自由貿易區的自由主義夢想，也包括建立計畫經濟的雄心，將無國界的歐洲夢與社會平等結合在一起。[46]克拉倫斯・史崔特（Clarence Streit）曾在一九三八年提出建立北大西洋民主國家聯邦聯盟的提案，展望有一個共通的公民身分和共同貨幣，到了一九四〇年已經經歷十七個版本。包括波蘭、捷克斯洛伐克、南斯拉夫和希臘的流亡政府都討論過歐洲聯邦或地區邦聯。[47]在戰爭期間，像是聯邦聯盟（Federal Union）和學生聯邦主義者（Student Federalists）等團體都組織了全球聯邦計畫的支持者。[48]戴高樂領導的法國流亡政府則在一九四三年對西部的區域聯邦計畫達成協議，戴高樂還指示他的解放委員會研究「西歐的聯邦計畫」。[49]

因此，在這個脈絡下評估無國籍的意義，須取決於歐洲是否會在戰爭結束後成為一個聯盟或聯邦。如同維什尼亞克所觀察的，如果「立即結盟」或「世界聯邦」的計畫在戰後得以實現，無國籍的問題就比較容易解決了，因為無國籍者可以主張具有歐洲公民身分。[50]立陶宛出身的猶太人法學家雅各布・羅賓森（Jacob Robinson）寫有大量關於國際問題的著作，而且隸屬於美國的猶太復國主義（Zionist）團體的一員，他很強調在國際秩序的未來尚不明確的情況下，勾勒國際少數群體保障的未來將面臨什麼挑戰。[51]他們是否應該假設戰後的歐洲會在民族國家的基礎上組織領土？是否會將領土組織成民族國家，但是由國際聯盟這樣的普世組織進行治理？它會成為許多人夢想的聯邦嗎，還是戰後的世界會有「不列顛治世」（Pax Britannica）的特徵——如果歐洲有部分地區被證明為不適合民主組織和制度，將由修改過後的託管制度加以監督嗎？[52] 當時也不清楚少數族群權利保護制度會在東歐復甦後擴大到其他地區，還是完全消解。[53]

這類計畫並沒有與美國和蘇聯達成合議——這兩國已經開始設想戰後的國際組織會有不同的基礎。羅斯福和史達林反對流亡政府和歐洲抵抗運動的成員提出的戰後聯邦計畫。實際上，他們提倡的另一種觀點認為如果要確保國際國家體系的安全，就必須維持國家邊界的神聖性。一九四四年年底，英國、中國、美國和蘇聯的代表在敦巴頓橡樹園（Dumbarton Oaks）會面，準備起草《聯合國憲章》（Charter of the United Nations）。同盟國於一九四四年七月在布列敦森林（Bretton Woods）確立了戰後的經濟秩序的主要機構：國際貨幣基金組織（International Monetary Fund）和國際復興開發銀行（International Bank for Reconstruction and Development）。

雖然有一些民族主義運動在第二次世界大戰初期明確轉向建國運動、遺棄了其他後帝國的選擇，但是民族國家——它的基本概念是所有公民平等和嚴格的邊界——似乎遠遠稱不上是一九四五年之後的確定結局。歐洲的民主左派——包括社會主義者和左翼天主教徒——還繼續提倡統一歐洲的夢想。遭逢戰爭重挫的國家在那幾年間要尋求人口和勞動力的湧入，並在英國和美國的支持下引進數千名義大利勞工——雖然有些國家（像是捷克斯洛伐克和波蘭）想要同種族的人口。[54] 尋求自治和獨立的殖民地臣民也提出後帝國的聯邦計畫。[55] 英法帝國都改革了他們對非白人臣民的統治政治結構，將母國與邊陲之間的關係重新概念化。法蘭西帝國在一九四六年更名為法蘭西聯盟（French Union），殖民地則成為這個複合國家的一部分（它們的政治地位並沒有平均分配）。這個聯盟的聯邦結構得以實現，是因為有協商下的新附屬形式，以及對法律地位的重新定義（而不是一律平等的法國公民身分）。[56]泛非洲大會（Pan-African Congress）在一九四五年召集了一群想像中的非洲流亡者反對殖民主義，但是沒有提出什麼特定的未來政治秩序取代它。到了一九四六年，阿爾及利亞的穆斯林提倡要在聯邦共和政體下擁有平等的公民身分。在法蘭西帝國的憲政改革脈絡下，左翼運動用了一九四六年關於帝國公民的法律（其中所呈現的帝國共和主義之平等主義言論），來作為政治參與、工資和社會福利等權利的基礎。在這個由帝國轉變成統一的多民族國家的過程中，必須尋求更實質的制度整合。因此，在戰後世界中廣泛的公民身分問題其實取決於帝國的未來，也取決於戰後出現的政治共同體種類。[57]

除了帝國改革和公民身分的性質有不確定性之外，如果在戰後世界成為無國籍者，其政治和法律意涵也一樣取決於國際政治權威在全球政治秩序脈絡中的未來地位。因此有必要重回國際難民機構的建立，要求這些機構將流亡者的性質和其本身針對無國籍者的權威加以概念化。在戰爭期間，同盟國建立了擴大的機制來處理歐洲大量流離失所者的問題。聯合國善後救濟總署（United Nations Relief and Rehabilitation Administration，簡稱UNRRA）於一九四三年成立，改變了國際上對難民的反應，而且該組織擁有比兩次世界大戰之間的難民事務高級委員會更多的資源和權力。[58]戰爭結束時，大量人口流離失所的問題顯然已經達到前所未見的比重，而且成為足以塑造戰後世界的因素之一。同盟國在一九四五年進入德國，當時估計西歐有將近三十五萬人流離失所。納粹投降之後，總人數增加到七百萬人。蘇聯也發表了災難性的數字：直至一九四五年秋天，總人數已接近一千四百萬人。[59]

戰後為了安置流離失所的人而設立了難民營，其標示出外交做法上的重大斷裂，因為機構的責任是由跨政府難民委員會和聯合國善後救濟總署分擔。聯合國善後救濟總署負責他們所謂的「短期」難民的「生理需求」，而跨政府難民委員會則是分配到一些不是那麼看得到、摸得著的問題，例如國民身分、身分證件、旅行文件，還有這類被暫時居住的國家視為「長期」難民的特定族群和個人的權利及義務。[60]跨政府難民委員會和聯合國善後救濟總署的目標，都是讓流離失所者「重新歸屬於某個領土」。[61]處理難民危機的大型國際機構的出現，同時也創造了一個專家階級（通常是社會工作者或心理學家），由他們來管理和照顧難民。專家和國際官員尋求的戰略發展是建立永久性的難民管理機構，而戰後的人道主義工作者和兒童福利專家則是想重建家庭的控制與國家的主權。[62]蘇聯堅持流離失所的人不是無國籍者，而是應該被遣返的國民。流亡國外的法國、比利時、荷蘭和義大利人都很快就回國了，而東歐的流亡者則經常抗拒遣返，直到一九四七年中期，該政策終於被放棄並改為支持重新安置。在雅爾達協議之後，美國、法國和英國當局不顧強力反抗，開始協助遣返蘇聯國民。[63]

雖然同盟國試圖用遣返來解決難民問題，但是無國籍代表的概念在本質上就與國際政治的基本問題脫不了關係。有大量的受害者和流離失所者被置於同盟國軍隊的監管之下，沒有正式的法律定義對他們做出相應安排，所以軍方和國際組織用「無國籍」這個詞作為一個籠統的說法。在收留流離失所者的難民營裡，官員和社會工作者會為了遣返的目的而盤問居民、確認他們的國籍。[64]官員使用的粗略定義是「無國籍者是不受任何政府保護的人」，這等於是概括定義了所有事實上沒有國家的人。一位陸軍上校寫信給外交部，確認了他到訪貝爾根－貝爾森（Bergen Belsen）集中營時所做的聲明：「認為自己沒有國籍的人如果日後希望、並被接納為隸屬於某個『國家』，就毋須再保留此身分。」[65]《社會科學評論》（*Social Science Review*）在一九四六年的一篇文章中，將無國籍者定義為「無法或不願意返回其原籍國的人」。[66]對無國籍者的概念就是整體不受保護的人，這也促使他們被拿來和其他域外團體做比較。社會學者與評論家討論了兩個替代計畫。其一是在世界上某個人煙稀少的地區建立一個新國家，把所有無國籍者帶到那裡去。第二個方案則與國際聯盟的護照制度較為吻合：創造一種外於國家、由聯合國支持的公民身分，這樣的話，無國籍者就會成為第一批世界公民了。[67]

法國國家檔案館裡有一份一九四六年七月的備忘錄，記錄了無國籍問題的解決方案，其中表明當下各種富於想像力的可能性。例如，備忘錄裡說「*apatrides*」可以視為「戰時受害者」這個龐大類別中的一小部分，甚至可以視為其代表。在另一方面，他們也可以構成一個獨立的政治共同體。[68]作者有意地交替使用「難民」和「無國籍者」這兩個詞彙：「我們可以創造出一個把『*apatrides*』的定義包含在內的法律公式嗎？或者，它就是指對抗地球上的國家各種不人道行為的那一類人？」作者將這個概念連結到那些被置於政治秩序外之人的深刻歷史，還連結到革命團體的行動，他引用羅馬的無產階級作為「*sans-patrie*」，還有馬克思的「沒有國家的人」，以及法國工團主義者（Syndicalist）（他們於一九〇年在斯圖加特〔Stuttgart〕舉辦的國際大會上取得了「*sans-patrie*」的稱號）。這群不得志的人雖然引發了同情，但是他們也在同樣程度上成為破壞的起因、可能的流行病根源，並造成對公共財務和公共秩序的危險。該備忘錄還將無國籍者與羅馬共和國末期的數百萬奴隸進行比較，這些奴隸無異於「無政府主義軍隊的胚胎，雖然他們自認是附帶了條件的公民」。他宣稱「這些遭排除的大眾，是預告內戰的病毒」。[69]該備忘錄指出這讓聯合國在兩個互相矛盾的制度之間面臨抉擇。組織可以選擇把大量無國籍者分散到不同的國家，或是組成一個單獨社群（這將實現「無領土國家」的雄心）。備忘錄作者說，這第二種選項是南森護照的邏輯延伸。無國籍者的社群只不過構成了「準國家的胚胎」。如果成為「真正的」、或就是「準」國家，「*apatrides*」的代表就足以在各國享有代表權了。這種「無國籍者的國家」不必具有領土，它可以構成一種有別於領土國家的政治形式，顯示國籍「既不是唯一、也不是最古老的隸屬和公權力形式」。[70]

爭論的核心議題是，究竟哪一個機構——國內的、國際的或跨政府的——對國籍爭議有最終的話語權。國際法學家投入的特定辯論，便是要決定應該由哪一種權威來裁決國籍衝突。馬克西米利安．科斯勒正是在這個脈絡中發表了一篇重要的文章，指出國籍的意義要取決於世界秩序的未來。科斯勒在不久前流亡到美國，他當時在美國軍隊的戰爭罪部門（War Crimes Branch）擔任律師，要負責準備起訴戰犯。他在一九四六年的總結是，任何「現實中可被預期出現的未來世界秩序都擺脫不了國籍的法律概念」。他回歸較早期的論文（我們已經在第四章中討論過），主張這樣的未來勢必要制定具體的國際法規則來決定國籍的取得和喪失，以及確認國家成員的身分基礎是住所，而不是出生地或親子關係。[71] 值得注意的是，科斯勒在闡述國籍的國際法意義時，將兩個概念做出區分：對一個國家的隸屬主要是屬於「法律概念」，而歸屬則是具有政治意涵的「社會學概念」。科斯勒堅持認為，國籍這個法律概念「只不過是一個形式框架，中間圍繞著一個可以被改變的角色形象」。國籍所代表的國際法概念依然是一個「純粹形式的命題」。[72] 我們將在後文看到法律理論家會在概念上區分「法律」與「社會學」類別的國籍，這在論證無國籍對於理解世界秩序的條件具有的重要性時，是核心方法之一。

戰爭過後，隨即針對要決定國民身分的國際權威性質發生了具體辯論，科斯勒的文章就是直接介入其中。乍看之下，會覺得這個時期的文獻似乎讓個人第一次成為國際法的主體，但是它們其實助長了有關主權在國籍爭端中的另一種爭議。喬治．卡肯畢克（Georges Kaeckenbeeck）對兩次世界大戰間在上西利西亞的「實驗」做了研究（該地是由一個混合的國際法院解決國籍爭議），他的研究被用作實際案例，說明有關人員在戰後確立個人會直接受到國際法的約束所做的努力。不過，仔細看就會發現他更關心的，是展示國際法庭於兩次世界大戰之間在裁決國籍問題方面的成功。他在一九四六年寫了一篇有關上西利西亞國際法院的文章，文中主張必須有「國籍權」，而且應該賦予國際機構廣泛的權限裁決這類主張。[73]卡肯畢克並沒有重訪兩次世界大戰間的機構以修正國際法主體的相關學說，而是參與了較為現代的、國籍相關爭論中關於管轄權威的辯論。[74]

勞特帕赫特也想要解決是哪個機構對國籍問題有最終的控制權的難題。一九四六年初，跨政府難民委員會要求他針對同盟國的軍政府和德國的盟國管制理事會（Allied Control Council）頒布的法律之效力，出具一份法律意見書。勞特帕赫特認為國際組織應該對國籍問題進行監督，因此他認為應尊重國家剝奪國籍的裁決，但同時國際組織還是要對這些決定進行最終監督。他引用了相關案例（包括《斯托克訴公共受託人》案），堅持無國籍也可能會有益——如果失去的國籍本來就不能為該國國民帶來安全。他認為《斯托克》案表達出國際法的一項準則：國家剝奪臣民國籍的立法對於確定他們在國外的身分是有決定性的。[75]

不過，勞特帕赫特還要解決一個更大的問題：在一國撤銷了另一國剝奪國籍的決定之後，國際難民組織是否可以在其權限內訴諸國際機構（像是聯合國或國際法院）裁決這個撤銷的合法性。他明白表示，「若是將之前被剝奪了德國籍的無國籍者視為德國人，引發的問題涉及國籍議題和對人格的尊重，這個問題的程度之深，會使得國際難民組織有正當理由試著動用聯合國和國際法院的機制」。勞特帕赫特在意見中很小心地不要把國際管轄權延伸得太遠，他也強調能夠轉到國際法院應該是最後的手段；理想上，應該由國內法院和當局「用符合正義和人性尊嚴的方式適用國籍法，以免讓受迫害的受害者在違反人類良知的情況下被剝奪的國籍又再次強加給他們」。[76]哥倫比亞大學的法學教授約瑟夫．張伯倫（Joseph Chamberlain）在一九三〇年代和一九四〇年代之間與許多難民援助組織合作，並在一九四六年擔任國家難民部（National Refugee Service）的主席，他便對勞特帕赫特的概述提出質疑——雖然勞特帕赫特的提議已經努力不讓國際組織對國籍問題享有最終權力，但是仍然賦予國際組織過多權力。張伯倫在一九四六年五月寫信給跨政府難民委員會的美國代表，信中說他同意勞特帕赫特的主張，也認為強迫一名已經無國籍的前德國國民恢復舊國籍，足以令人憎惡。但是因此而認為可以由國際法院對國內法做出裁決，還是跳得太遠了：「我認為國際法院應該接受由國家當局解釋的國內法，然後再決定是否違反國際法。」[77]

換句話說，只有針對國家法律或政府政策是否違反國際法的規定或公約，國際法院才能主張其管轄權。如果這類法院聲稱它有權裁決法律應該如何規範國籍的取得或喪失，那就是違反主權原則本身了。相較於張伯倫對國家主權和國際法之間的關係採取二元論觀點，勞特帕赫特的提議似乎是在所謂的主權核心議題上，把國際法院置於國家權威之上。不過，勞特帕赫特從一九二〇年代到一九四〇年代的思想軌跡透露出他對國際法的界限，以及國家主權規範的有效性，也經歷過看法上的重大轉變。在勞特帕赫特後來的思想中，他把國際上如何裁決國籍的問題描述成一個實際的問題——到底要同意在哪裡劃定國際與國家法律權威之間的界限——而不是要看法律和國家的終極基礎為何。

聯邦主義和國際主義對戰後秩序的選項將影響國籍和無國籍的未來，而這些在這十年的尾聲都大幅縮減了。大國拒絕了戰後對少數族群恢復國際保護的提議，等於是默許不會因為國際管轄權的主張，或是因為國家正式邊界內的民族團體要有自治法律生活的主張，而讓國家分裂。在一九四六年八月——印度和巴基斯坦各自獨立建國的前一年——穆罕默德·阿里·真納（Mohammed Ali Jinnah）和賈瓦哈拉爾·尼赫魯（Jawaharlal Nehru）對英國人離開後的適當權力分配和組織進行了辯論。那時候，聯邦結構還是談判的一部分。究竟是要把權力集中在一個中央集權的國家、以民主投票決定其合法化，還是要承認印度穆斯林獨立建國、把權力劃分出去？[78]真納在一九四〇年代追求的聯邦形式確保了省級的自治，而且有以穆斯林為團體的代表。但是等到印度在一九四七年獨立時，尼赫魯推翻了甘地對主權的願景（要以村莊為基礎、自下而上），接受了現代國家和壟斷的主權，尼赫魯認為這才最有利於加速計畫經濟的發展。[79]

這個時期發生了法律國際主義的轉變，以及對人權主題的更廣泛關注，也為戰後國家的規範基礎提供了新的視角。第二次世界大戰後的人權起源各式各樣，反映出不同的政治目標。世界各地、來自不同政治光譜的許多人，都表達戰後必須回歸道德的基本原則。勞工和社會主義政府戰後隨即在選舉中取得成功；戰後的歐洲保守派為了應對此事，便轉向人權和建立超越國家的法律機構。[80]聯合國制定普世的人權宣言體現出一種不同的政治，它也被當作戰後福利國家的共通道德基礎。不過，該宣言的目的並不是用一套決定國際社會規範的共通道德原則來建立戰後的秩序。實際上，當代人是將宣言理解為重建戰後世界的計畫中的一部分。聯合國的教育、科學及文化組織（UNESCO）在一九四七年對重要知識分子及文化人做了一份有關人權的哲學基礎的調查，托馬斯主義（Thomist）的法國哲學家雅克．馬里頓（Jacques Maritain）對此提出了其中最受人矚目的回應。馬里頓的結論是，的確可能就一份普世權利的清單達成合意——「只要沒有人問我們為什麼」。[81]

要以人權作為同盟國對戰後世界願景的一部分，在戰爭結束之前帶進了這個概念，對某些人而言似乎意味著肯定個人就是國際法的主要對象。克萊德．伊格頓在一九四六年對美國國際法學會的演講中，表示國際法研究院早在一九二九年的布賴爾克里夫（Briarcliff）會議中，就採納了個人享有國際權利的原則（即使與他們自己的國家有所違背）。伊格頓回溯了對這種超越國家的權利概念的早期表述，指出這個長期被承諾的信條正在接近實現。在伊格頓的演講之後，美國國際法學會的另一名成員——喬治．芬奇（George Finch）——回應道：「我寧可要能感到自己的政府在背後給予保護。」[82]認為個人（而不是國家）才是國際法律秩序主體的想法，與以往已有不同——至少那些早期曾對這種可能性抱持希望的法學者會如此認為。勞特帕赫特在一九四六年的文章〈國際法的格羅蒂安傳統〉（The Grotian Tradition in International Law）中宣稱：「個人是所有法律的終極單位……從雙重意義上來說，國際法的義務最終是針對個人，而個人的發展、福祉和尊嚴是國際法直接關注的課題。」[83]不過，我們在前文看到在兩次世界大戰之間，追求國際法律秩序自治願景的歐美國際法律師轉向了人權，這表示他們對國際法和國家主權的關係有了新的認識。

這個時期引進的國籍權概念意味著人權應該奠基於更基本的國家成員身分之權利。早期的《世界人權宣言》草案中有一段文字，詳細說明了無法受到政府保護的人將被置於聯合國的保護之下。勒內・卡森提倡將該段文字寫得更確實而且具有描述性。如果按照他的方式，宣言將包括下列詳盡聲明：「每個人都有國籍權。聯合國和其會員國有責任防止無國籍的狀態違背人權和人類共同體的利益。」[84]但也不是所有人都同意。聯合國人權委員會（Commission on Human Rights）的主席愛蓮娜・羅斯福（Eleanor Roosevelt）就認為宣言應該完全避免無國籍和國籍的問題。[85]法國規劃由「國際組織直接關注所有無國籍者的命運」，這最終遭到委員會的否決。[86]到了該委員會第三次開會時，卡森版本的條款已經無人再提，取而代之的最終形式不再以聯合國作為另一個提供保護和法律身分的機構。[87]宣言第十五條的最終版本是，「每個人都有獲得國籍的權利，任何人均不得任意剝奪該人之國籍」。[88]

如果看到卡森從兩次世界大戰之間到戰後的知識發展軌跡，就會覺得他在一九四八年發表為宣言辯護的演講，應該解讀為安慰法律國際主義者（他們過去一直寄希望於創造一個更詳盡計畫的國際權威範圍）的一種嘗試。卡森告訴他的同僚，他認為宣言是「一種前進的方式」。這是要讓成員國的立法「符合其中闡述的原則，並在其管轄範圍內成立……以防止或糾正領土內可能發生的侵犯人權情事」中之第一步。[89] 卡森沒有尋找跡象以顯示國際法秩序已經承認個人是國際法的主體，或是法律主權已經由像是住所這樣的原則加以定義，他認為這些原則最終要由獨立的國家制定憲法、由法律加以承認。這不該看成是對個人成為國際法律秩序主體的渴望，還在繼續影響對難民救濟制度的分析。一名法律學者在評論國際難民政策的演變時，認為讓國際難民組織的理事會直接聽取上訴人的意見後確定其身分，「從法律的角度來看，是為流離失所的人創造了最有趣的制度」。這類說法可能會讓人覺得戰後時代（可能甚至包括戰後的難民救濟）標示出個人與國際法律秩序在當時的直接連結（這至少可以提供對抗國家的概念性保護）。但是這裡所表達的情緒，與影響兩次世界大戰間的機構（例如上西利西亞混合法院）的國際法分析的情緒並無不同（上西利西亞的混合法院是根據個人的證詞確定國籍）。演講者發現，這一發展的有趣之處在於它長期以來存在於國際法的辯論中。[90] 卡森的演講中也強調缺乏國家保護的普世人權有其局限。《世界人權宣言》並不符合法律實證主義的概念，因為它反映的是道德渴望，而不是由武力加以支撐的法律。

雖然勞特帕赫特從來不是嚴格的實證主義者，但是他對協商的結果只有帶來權利宣言（而不是成員國同意的公約）感到十分失望。在一九二〇年代之後研究無國籍的法律學者修正了他們對國際法角色的觀點；不過，他們還是堅持無國籍問題在全球政治秩序中的核心地位。戰後的國際公約和條約有承諾要限制主權權利的範圍，但是想將人權發展進法律體系的律師則不再完全否認這一權威的首要地位。他們不再尋找跡象顯示國際法已經承認個人是法律的主體、或是國際法秩序的基本優越性，而是轉為主張《世界人權宣言》列舉的權利終將交由主權政府編纂為法律。聯合國大會在一九四八年十二月十日通過了《世界人權宣言》，對於想在法律上承認人權的人而言，這稱不上什麼勝利的時刻。它也沒有被視為一種世界主義精神的表達——是世界主義精神激勵了美國前飛行員和百老匯演員蓋瑞・戴維斯（Garry Davis）在一九四八年五月於巴黎聲明放棄他的公民身分，並宣布發起一場世界公民運動。[91] 政治哲學家喬治・阿甘本（Giorgio Agamben）後來觀察到，「一九四五年之後的各權利宣言並不是用價值約束立法者尊重永久的原則。實際上，它們成了國家的合法性和主權的世俗基礎」。[92] 不過爭論在於，國家的權利鞏固在兩次世界大戰期間的國際思想中是如何演變的。

我們應該停下來看看勞特帕赫特和傑賽普之間的辯論，那很能夠說明國籍在戰後世界的重要性。無國籍狀態的兩種不同形式在他們關於國際國籍權的不同意見中顯得十分關鍵——分別是私人經濟行為者相對於國家的基本自由，以及國際社會對缺乏國籍保護之人的義務。勞特帕赫特等人堅持戰後要對國籍有基本的國際保障；他們之所以抱持該立場，是因為經過務實的評估後，認為國際法無法實現第一次世界大戰後所渴望的普遍性。勞特帕赫特鼓吹同僚放鬆他們信奉的學說立場（他們認為國際法要能夠直接接觸非國家的實體，才能成為國際事務的強大力量），主張國籍（而不是沒有國籍）才會成為國際法伸出溫暖雙手的對象。[93]勞特帕赫特在戰後關於人權的著作中，將國籍描述為「人格的必要屬性」。[94]不過，面對流離失所的猶太人想要擺脫德國籍隸屬的困境，他則是在另一篇關於剝奪國籍的文章中指出：沒有國籍的經歷須視其脈絡而定，不能一概說是一種明確的剝削。[95]勞特帕赫特對理論和實踐之間的差異的敏感度，解釋了他在一九三〇年代和一九四〇年代的著作（其主題是關於誰算是國際法的主體）中的矛盾心態。理論上，個人可因生而為人而享有權利。但是在實踐上，勞特帕赫特堅持國籍權必須獲得國際的保障。他於一九四五年所寫的《國際人權法案》（*An International Bill of the Rights of Man*）一書，與聯合國的創始文件《舊金山憲章》（San Francisco Charter）互相呼應。他在書中引用了康德的觀點——憑藉國家手段的好政府，是人能夠享有「人類自然權利」的首要條件。[96]

與傑賽普在一九四〇年代提出的無國籍與人權之間的關係互為比較，可以看出勞特帕赫特試圖在國家主權和人權的規範價值之間取得的特殊平衡。如同我們在前文所討論的，自從一九二〇年代以來，傑賽普便一直尋找證據來顯示國際法秩序的至高無上，他現在也主張聯合國的執法機制可以直接適用於個人。傑賽普支持個人現在是國際法律秩序的主體，這個論點在本質上很類似於一九二〇年代為了證明非國家實體具有國際法人格而提出的論點。正如他所說的，聯合國代表國際主義的歷史高峰，也體現了國際法秩序的至高無上，他還援引兩次世界大戰之間的作者（他們都認為國際法應該關注個人而非國家），表示聯合國是他們雄心實現的成果。[97]在解殖於聯合國大會成為主流議題之前，傑賽普持續用一些政治附屬國和有限主權的例子，來證明他在國際法中關於個人的論點。傑賽普在一九四八年的一篇文章〈現代國際法的主體〉（The Subjects of a Modern Law of Nations）中，指出各種非國家的主體——包括羅馬天主教廷、現代早期的特許公司（例如荷蘭東印度公司）、印度各土邦（princely state），以及菲律賓自由邦（Philippine Commonwealth）——在美國法院中的地位。值得注意的是傑賽普用無國籍來證明他的論點。他認為法人與國家之間、或是法人與無國籍者之間的契約足以構成國際法協議，因此可以由特別國際法庭進行裁決。[98]

傑賽普也並非對過去十年間國際法名聲遭受的傷害全然不敏感，他與最具說服力的批評者仍有密切交流。[99]傑賽普在意識到這些批評之後，精心構思了一套公式，要在各國平等的法律原則、抑或是法律主體（不論是國家或個人）平等的原則之間仔細取得平衡。他堅持認為即使堅守個人是國際法秩序主體的信念，也不再需要由理論上摧毀國家的人格。傑賽普仔細地區分法律平等和政治平等，他認為所有實體——個人、公司和國家——在聯合國大會之前，都可以是平等的主體。[100]傑賽普在一九四八年寫有《現代萬國法》（*A Modern Law of Nations*）一書，就是關於國際法在第二次世界大戰後的轉變，書中也直接提及勞特帕赫特構想的人權與國籍權之間的關係。傑賽普承認勞特帕赫特的推論（終結無國籍必須由國家對在其領土上出生的所有人授予國籍），但是他認為這個論點與反國家的基本權利的概念直接矛盾。他在書中說，對於無國籍的補救「與本書依據的假設並無矛盾之處：也就是要接受個人是國際法主體的立場」。個人擁有權利，並非透過其身為國民而隸屬的國家才衍生性地擁有。「因此，擁有國際權利就不必再仰賴他擁有國籍。」[101]

所以對傑賽普來說，無國籍還是維持著第一次世界大戰後所代表的相同期望（要讓個人成為國際法的主體）——即使這種期盼已經不再依賴對國家人格的否認。相較之下，勞特帕赫特至此已經果斷地放棄兩次世界大戰之間的期望，不再把廣泛的國際法秩序未來與無國籍現象連結在一起。勞特帕赫特對「國籍權」的堅持，的確可以解讀為他對猶太人民族自決這個更大承諾的一部分，也是這個時期的集體政治解放帶來的權利之一。[102] 近期對於勞特帕赫特的生活和思想的研究顯示，我們很難將他的個人政治與他對國際法的廣泛參與截然二分，也顯示了國際法學者對於法律、權利和國際秩序本質做出的抽象且看似普世的主張背後，大致都隱藏著特定的承諾和利益。不過，這邊並非否認勞特帕赫特的政治信念具有的重要性，或是他根據特定情況提出不同論點的律師技能；重點在於，勞特帕赫特與傑賽普的衝突彰顯出無國籍對於未來世界秩序的意義存在著兩種不同的觀點。

III

無國籍之於全球政治秩序的意義，對這個問題在一九四〇年代之後最著名的反思並非來自國際法的傳統或是政治學科，而是來自德國的猶太人流亡知識分子漢娜・鄂蘭的政治思想。鄂蘭和本書討論的大多數人物不同，她不是國際律師或法學家，她的分析也是在聯合國內部機構之外進行的。鄂蘭對國際法文獻是有選擇性的閱讀，她在這個時期的政治著作經常會錯誤地描述無國籍在國際法律思想中的意義。她在《極權主義的起源》一書中，全面呈現了她對現代無國籍的著名且甚具影響力的分析，她將兩次世界大戰間的法條主義世代描述為失落的自由時代的遺緒。而她的敘述沒有掌握到在第一次世界大戰之後，大規模無國籍問題在多大程度上成為國家和國際權威之間的邊界得以理論化的關鍵資源。不過，我們將在後文看到鄂蘭把無國籍問題和全球政治組織的未來連結在一起，她也加入了像是勞特帕赫特等理論家的行列，堅持以政治上的包容作為集體安全和世界秩序的基本條件。單獨看她的文章，會覺得她的反思似乎是在回應世界免不了要分成幾個國家、因而國家會小心翼翼地捍衛自己的主權權威。不過，如果把鄂蘭在整個一九四〇年代的思想演變，放在對國際政治秩序的廣泛辯論和其具有不確定性的背景下——有鑑於當時有更廣泛的運動使得國家合法化成基本的治理單位（而不是以非國家的替代方案作為人類的政治組織）——就彰顯出她參與的意義，以及無國籍問題在這個命題中的核心地位了。

鄂蘭最初轉向政治，是始於她在納粹主義興起之後被迫考慮從德國流亡。她曾經在威瑪德國的知識危機氣氛下向馬丁・海德格（Martin Heidegger）學習哲學，而她的第一部主要作品是由聖奧古斯丁（St. Augustine）的愛情觀研究，來探討交互主體性（intersubjectivity），以及人類與神的關係等主題。威瑪共和國的崩潰和德國對猶太公民日益增長的歧視，促使鄂蘭將注意力轉向現代歐洲史，尤其是歐洲現代性當中的猶太人解放和同化歷史。鄂蘭在一九三三年逃離德國，之後她曾經在日內瓦的國際勞工組織（Bureau International du Travail）短暫工作，近距離觀察兩次世界大戰間的歐洲國際主義，而後她便前往法國，希望在那裡較長久的定居，她也在那裡參與了猶太政治。[103]

一九四一年，鄂蘭抵達美國，之後便開始更有系統性地撰寫有關無國籍的文章——這個轉變是在她的法國集中營時期之後，而且是因為獲得南森護照和美國緊急簽證的保障才得以實現。她對這個主題的初期著作，是強調公民解放和同化——十九世紀的「人權」觀念所代表的平等公民權的承諾——的理想崩潰。這些文章強調群體身分無法避免。與十九世紀較小型的無國籍現象相比，現代無國籍的特殊性在於它發生在整個民族而非個人身上。鄂蘭在一九四三年發表了〈我們難民〉（We Reguguees）一文，文中反映出猶太難民取得新的國民身分也是徒勞。實際上，她反而總結說難民可以擁抱被遺棄者的身分，而不是拼命抱著新的國民身分所提供的虛假安全感。她在一九四五年的文章〈無國籍者〉（The Stateless People）中，同樣強調新的同化現象在現代歷史中並不可能發生，她把這連結到中世紀的領土管轄權原則崩潰，以及新興的現代國際條約想要確保國家對其國民的保護（即使在自己的邊界外）。[104]

鄂蘭的分析主要是基於兩次世界大戰間有關少數族群保護條約的德語、法語和英語的法律與政治文獻，以及國際法學者勞倫斯．普魯斯探討國際法中的國籍剝奪議題的著作——普魯斯認為「在國際法領域，民族國家的主權權力當然是在移民、歸化、國籍和驅逐等問題上最為重要」。[105]鄂蘭認為，無國籍者代表兩次世界大戰間中歐面臨的廣泛少數族群問題的延伸。在第一次世界大戰後沒有取得公民身分的人通常是少數族群的成員，他們在中歐的新民族國家面臨歧視，因為這些國家將生活在境內的少數民族成員視為對領土主權的威脅。同時，由於多數民族的成員在其他國家又是受到保護的少數民族，這為修正主義擴大國家領土的主張提供了依據。

這些早期論文反映了鄂蘭對於國民身分和共同體的倫理及政治價值的信奉。她的著作也證明一九四〇年代早期的人們對全球政治組織的各種戰後計畫抱持開放態度。她在一九四五年到一九四六年之間發表的論文，是訴諸地下運動提出的歐洲聯邦理想——這些地下運動是為歐洲人民的聯邦而戰，他們想要「斷絕」國籍與領土的連結。這個提議認為民族團體在更廣闊的憲法架構內可以保有政治上的自治。鄂蘭採用了奧地利的馬克思主義理論家奧托．鮑威爾（Otto Bauer）和卡爾．倫納的建議——他們的闡述方法是要調和帝國的治理與民族自治。因為人天生就屬於一個民族群體，而人民聯邦將領土與政治的共同體分開，意味著每個人都會在世界上找到一個政治家園。倫納在一九三七年的文章中，主張可以透過一個自由的國家聯盟實現全球和平。地球表面將會覆蓋著「貴重的各個拼湊部分，而其特徵是充滿異質性的心靈和人類」。[106]多樣性本身就構成了和平的條件，因為人們是透過與特定群體的共同特徵或自然連結找到共同體。倫納想像可以由憲法和法律秩序來規範這些共同體的關係。聯邦制可以將民族群體的集體精神生活與國際的穩定加以結合。[107]奠基於這個想法，鄂蘭認為較廣闊的帝國領土便可以構成真正的「民族家園」，不同的民族仍然可以透過民族議會管理他們的集體生活。[108]鄂蘭認為民族國家會創造大量的無國籍者，而歐洲的人民聯邦則不會造成同樣的排他困境。聯邦代表一種解決方案，因為它會「切斷國籍與國家和領土的連結，使國籍變成可攜式的」。[109]鄂蘭總結道，聯邦制可以恢復無國籍者「不可剝奪的人權」，因為它可以預防數以百萬計的人生活在政治秩序的邊界之外。她以這個選項直接回應同盟國欲轉移人口、建立更為同質性的民族國家的提議。[110]

不過，為了回應國際政治的實際現實，鄂蘭在一九四六年開始強調已不可能繼續保有在聯邦體制中有互相連結的政治自治團體這個夢想。她調查了一九四五年之後的歐洲政治重組，得到的結論是大國已經排除了歐洲聯邦的可能性。鄂蘭在回顧一九四五年的一篇對重振中歐少數族群保護所做的研究時指出，重新引進保護的提議是建立在錯誤的假設前提上（以為該地區可依聯邦制的路線組織起來）。[111]鄂蘭苦澀地寫道：「在寫出這個出色提議的時間點，聯合國能夠評估『各民族與東中歐人之間的真實關係，以及多數族群和少數族群的國家要求』的時代已經成為歷史了。這一次，聯合國甚至可以聲稱他們並沒有失敗，因為他們根本沒有嘗試。」[112] 換句話說，用創新的國際主義方案來解決民族衝突的時代已經過去了，讓給一個不太適合兩次世界大戰間試驗的大國體制。

從這時候起，鄂蘭的著作都描述公民身分是人類安全及道德和法律人格的基礎。對照她早期的文章，就能很清楚看到鄂蘭是如何提供一種規範性的國家願景——儘管是高度理想化的共和國版本——那屬於國家在戰後更廣泛地重新合法化的一部分。鄂蘭也屬於要廣泛重新評估主權國家的規範價值這場運動中的一部分。天主教的社會和國際理論家約瑟夫·湯瑪斯·德羅斯（J. T. Delos）在一九四六年著有《國家》（*La Nation*）一書，鄂蘭在評論該書時回應了像是卡爾·弗里德里希（Carl Friedrich）的主張（他們在第二次世界大戰前夕主張法西斯主義的出現和和平的崩潰，是源自對國家的錯誤崇拜）。鄂蘭把責任轉移給過度的民族認同，她說：「因此，以國家的神格化來看待我們這個時代的邪惡是非常錯誤的。是民族篡奪了上帝和宗教的傳統地位。」[113]

赫爾曼·布洛赫（Hermann Broch）的一篇論文〈對一九四六年的權利與責任國際法案之烏托邦的思考〉（Considerations on the Utopia of an International Bill of Rights and Responsibilities in 1946）促使鄂蘭在聯合國寫了有關人權的文章。布洛赫在文章中批評法學家缺乏現實主義，並提議用「人性尊嚴」標準作為共通道德的泉源。相較之下，鄂蘭關注的則是政治秩序的基礎。[114] 聯合國在發展上明顯「不現實」，這是源於宣言提出了何謂人權，但是沒有認識到其真正來源。

她的討論對於聯合國正在進行的人權辯論產生了明顯的影響。鄂蘭在一九四九年四月向《外交事務》雜誌提交了論文——〈人類的權利：是哪些？〉（The Rights of Man: What Are They?）——雜誌編輯指稱那篇論文「與聯合國人權宣言的對話會很有趣」。[115] 鄂蘭在文章中強調，宣言的矛盾之處在於它宣稱權利是普世的，但是除了透過特定國家成員的身分來保障權利之外，宣言中沒有提供任何制度性的措施來確保個人能享有這些權利。「在近日制定新人權法案的嘗試，便足以證明似乎沒有人有把握如何定義這些有別於公民權的的普遍人權到底是什麼。」[116] 鄂蘭的結論是，《世界人權宣言》提供了「性質和來源最多樣化的一堆權利」，但是沒有解釋「一旦缺少、就無法實現其他權利的那項權利——也就是隸屬於某個政治共同體的權利。這種人權也和其他權利一樣，只能夠透過相互的協議和保證而存在。這種權利超越了公民權利——它是能夠成為公民的人權——只能夠藉由各國的禮讓而獲得保障」。[117] 在一九四九年的文章中，鄂蘭提出「擁有權利之權利」作為先於政治的擔保，對宣言提出論辯的挑戰。這篇文章將好心的法學家描述為無法面對無國籍的根本挑戰，或是認識到權利的真正來源；她揭露自己感受到理想主義的局限性，以及例外身分和陷入慈善同情的危險性。因此，她對自己的定位不同於那些無法掌握無國籍者的困境所透露的基本真相的法學家。

鄂蘭在《極權主義的起源》一書中對無國籍所做之討論，將她對兩次世界大戰間法律理想主義的批評和歷史學家費薩爾．戴維（Faisal Devji）所謂「啟蒙國家」的興衰譜系交織在一起。[118]

鄂蘭先是以長篇討論了歐洲的帝國主義史，接著在總結的地方轉向以所有公民皆平等為統治原則的民族國家的崩潰。她指出，民族國家的理想形態已經被泛民族運動的興起和無限制的帝國野心腐蝕了，她還認為「自從拿破崙夢失敗之後，民族政治體和作為政治手段的征服之間的內在矛盾就顯而易見了」。[119] 自從法國大革命以來，歐洲民族國家的權威就是建立在人民主權和「法律之前人人平等」的基礎上。法國大革命是以全人類的名義承諾政治平等，但是幾乎立刻變成一場民族革命。十九世紀的猶太解放主義者和主張同化的自由主義者將他們的信仰寄託於文化和資產階級身上，迴避政治自由的真正承諾。民族主義與支持帝國主義的自由主義結合，產生試圖超越所有邊界的運動。一旦擴張的帝國主義行徑到達歐洲，脆弱的民族國家體制就崩潰了。鄂蘭認為，法律和政治平等理想的崩潰在十九世紀反猶太主義的「超國家主義」（supranationalism）中有最清晰的呈現，它試圖「摧毀所有本土生成的國家結構」。[120] 缺乏國家保障的權利沒有任何意義，這同時表明人權宣言的結構自從一七八九年（其實是自從美國獨立戰爭）以來，就不是對自然權利的宣示，而是有關於權利及政治共同體成員間的必要連結。

鄂蘭更進一步對善意的國際主義者那時為保護人權所做的努力，提出了嚴峻的評價：「更糟糕的是，所有為保護人權而成立的協會、所有要達成新人權法案的努力都是由邊緣人發起的——一些沒有政治經驗的國際法學者，或是專搞慈善的博愛主義者，他們受到了一些含糊的理想主義情緒所驅使。」[121] 真正的平等是要求特定主權的所有臣民在法律之前完全平等。她的參與也和戰後在評價兩次世界大戰間的政治志向的其他著作一樣，反映出國際主義在過去三十年間的失敗。「當人缺乏自己的政府、不得不求助於最低限度的權利時，沒有任何權威可以保護他們，也沒有機構願意為他們提供保障。」唯有當個人在世界上占有一席之地、有權利隸屬於某個有組織的共同體，人權才能獲得保障。[122]

不過，如同我們在前文所見的，重要的是不要把無國籍的歷史和它對國際政治與法律思想的影響降格為鄂蘭所說的：與此相關的歷史事實是缺乏「民族國家的通常運作」。[123]在第一次世界大戰之後的時期，法律學者並沒有假設民族國家具備「通常的運作」。實際上，無國籍似乎可以用來檢驗他們對國家法律邊界的理論，檢驗個人在國家的保障之外是否還可以說擁有法律人格。鄂蘭對普世權利提案的辯論式參與嚴重歪曲了無國籍對國際思想的意義。

鄂蘭對於確認國家的規範價值，以及無國籍作為世界秩序的原則或條件具有重要性的論點，做出了貢獻。她總結，既然我們生活在同一個世界，就不可能避免人的問題。唯一的解答就是相互協議，從帶來災難的環境中達成盟約。鄂蘭在《極權主義的起源》的序言中提議，國際法要保證「地球上的新法這次必須將有效性涵蓋到全人類，其權力必須受到嚴格的限制、要根植於新定義的國家領域，並由其控制」。[124]鄂蘭認為，全球的政治組織是起源於帝國主義的歷史影響和對統一空間的征服。源自這個事實的盟約又似乎帶有《聖經》的印記。就像是上帝在洪水之後答應諾亞絕不會再毀滅地球，人類必須在這個關鍵方面限制自己。對鄂蘭來說，無國籍問題意味著與政治極簡主義的奮鬥——與一個不免是有限且統一的世界體系門檻條件的奮鬥。帝國主義可以用暴力和強制確保全人類過著同樣的歷史，但是也必須建立和創造一個考量此事實的共通政治秩序。

鄂蘭的極簡主義世界觀與康德在《論永久和平》（*Perpetual Peace*）中對受到友好接待之權利（right to hospitality）的論點有驚人的類似之處。[125] 對全球歷史發展的類似願景，構成康德和鄂蘭對世界主義原則的論證基礎。康德依「受到友好接待之普世權利」的有限術語，在《論永久和平》一書中對世界主義權利做出定義。康德認為，整個地球的聚落和領土空間的有限本質，構成了要在全球範圍實踐倫理的必要基礎。康德主張所有人類都可以「憑其共同擁有地球表面的權利」向社會展現自己。地球的形狀本身接著又支配了這個原則：「既然是球體表面，就無法讓人們不受限制地散布其上，但他們終究還是必須容忍彼此作為鄰居，而且本來就沒有人比其他人有更多權利享有地球上的一席之地。」[126] 康德對世界主義權利的主張，有賴於其對領土限制的經驗論證。同樣的，鄂蘭也繼之提出對「地球上新法律」的提議，要確保所有人都可以聲稱具有某個地方的成員資格，因為帝國主義已經統一了全球。[127] 鄂蘭並不認為主權應該取決於國家遵守某些最高的道德原則，她反而將對政治包容的基本權利描述為國際秩序的先決條件。在她展現的世界中，國家是由對國境和邊界的排他性控制所定義的，每個國家可能都願意承認他們在很特定領域中的共同利益。「擁有權利的權利」代表一個世界主義的命題，它是國際秩序的原則，替最低限度的包容門檻（這必須遭到普世的接受和應用）提供了基礎。因此，無國籍代表一種共通的生存困境，而在一個免不了要互相聯繫和相互依存的時代，「擁有權利的權利」原則確定了國家在解決共同困境中的核心地位。

馬克西米利安·科斯勒在一九四六年的經典論文中，將國籍描述為「純粹形式的命題」和「圍繞著多變人物圖像的形式框架」。鄂蘭對現代歷史中大規模無國籍現象的意義進行了批判性的反思，為現代缺乏權利者和弱勢提供了一幅更為條理分明、更有解釋性的畫面。她在《極權主義的起源》中的描述，是針對只關注法律身分形式的法條主義者，而不是要為大規模死亡和流亡負責的行為者。不過，合在一起看的話，我們會發現鄂蘭也加入了戰後國際法理論家的行列，認為無國籍在本質上與全球秩序的前景連結在一起。她對於合法性和法治的概念化並非依據其可預測性和普遍性；實際上，她反而將「參與有組織的政治世界」一事描述為「能夠行使行為能力」，而她進而將這形容為一種戲劇表演——這種描述呼應了奧托·馮·吉爾克的法律人格理論。國家除了被認為是對無國籍者承擔責任的主要行為者之外，也要充當行動者可以表演的舞台。它是行使人格的一個形式條件，要取決於維持政治成員的法律基礎和社會學基礎之間的區別，以及對政治秩序的人為本質的理解。

第六章

讓國際社會國家化

Nationalizing International Society

「無國籍是一種邪惡嗎？」

——伊萬・柯爾諾（Ivan Kerno），捷克外交官

「無國籍者沒有國籍，這個事實會讓他處於非正常和低等的地位，降低他的社會價值，並摧毀他自己的自信心。」

——聯合國《無國籍研究》（*A Study of Statelessness*），一九四九年

海倫．巴特雷斯科（Hélène Batresco）在一九六〇年十月二十一日寫了一封信給當時的聯合國祕書長道格．哈瑪紹（Dag Hammarskjöld），請求給予她法國公民的身分，終結她數十年來無國籍者的身分。在信中，巴特雷斯科在信中強調她的個人奮鬥和二十世紀所搬演的高階政治（high politics）之間的戲劇性衝突，她向祕書長報告她正在以自身的故事為基礎寫一本「*apatride*」經驗的書。她在一九〇五年出生於布魯塞爾，但是在法國長大，雖然她待了這麼久、付出這麼多努力，但是她從未嘗試取得法國公民的身分。她在十九歲時嫁給一名拿著波蘭護照的男人，因此覺得自己可以透過婚姻成為波蘭國民。接下來——就在她和丈夫於一九三二年申請成為法國公民時——法國總統保羅．杜美（Paul Doumer）遭到暗殺，他們的入籍檔案也在紛擾中遺失。巴特雷斯科解釋說她接下來在納粹占領期間，試著在法國得到合法居留資格，但是所有努力都失敗了。她的丈夫在戰爭期間被驅逐出境，她和兒子得以住下來，她擔任盲人的引路人，但是沒有法國國籍，這種身分使得她在戰後無法享有法國公民的社會保障和其他社會福利。[1]巴特雷斯科的信中並沒有說明她的丈夫為什麼遭到驅逐出境，以及她是如何成為無國籍者，但是她的命運依然反映出許多嫁給沒有國家公民身分的男性之女性，將面臨什麼樣的命運。她明確表示自己並不尋求聯合國提供的物質援助。她寫信給祕書長是為了請求他終結她作為無國籍者的境況，她用粗體的大寫字母寫下：「我不想以『*apatride*』的身分死去」，她還說：「如果無法享有國籍權，身而為人又有什麼意義呢？」[2]

這封信有許多值得注意的元素，包括巴特雷斯科指望聯合國祕書長向法國政府說情、她是用二十世紀的大範圍歷史來構建她的個人論述、她計畫以無國籍者的經歷寫一本回憶錄，以及擁有國民身分和獲得國家福利之間的關聯。不過，最引人注目的，是她策略性使用了國籍權概念辯論中的核心術語。她的聲明觸動到以下兩種主張的緊張關係：一個是人類因其身而為人就能夠擁有權利，另一個則是權利只能夠來自身為某個國家成員的資格（這是許多人在《世界人權宣言》制定時表達的觀點）。

聯合國人權委員會收到巴特雷斯科的信將近一年之後，在一九六一年八月三十日通過了《減少無國籍狀態公約》（Convention on the Reduction of Statelessness），制定了授予和不撤銷公民身分的規則，防止新的無國籍案例出現。不過，最值得注意的是一九六一年通過此公約時，恰逢喪失國籍這一現象逐漸不被國際關注，以及人們逐漸認為沒有國籍這一狀況從道德上來看也意義未明。

我們已經在第五章中討論過第二次世界大戰期間，大量個人缺乏公民保障的問題再次成為權利與戰後秩序的辯論核心。與一九二〇年代不同，一九四〇年代更容易用無國籍來提倡主權國家的價值（因為主權國家是權利和法律的主要來源）。原本都是主張政治和法律秩序應超越國家的人以無國籍作為核心理論資源，後來則是想要確立主權國家的規範合法性和國家在國際政治中的首要地位之人，以無國籍作為試金石。在戰後替國際法和人權制度的發展做出貢獻的法律學者，並沒有致力於發展一套對抗國家權力的法律規範，而是將自己的工作理解為發展出以國家主權平等為前提的新世界秩序的一部分。理論家在兩次世界大戰之間認為，無國籍問題是解開國際法律秩序本質的關鍵，而現在他們則以主權國家作為分析權利的前提。巴特雷斯科對國籍權的呼籲，以及她主張擁有正式的政治成員資格和人權具有本質上的結合，都讓人回想起在第二次世界大戰後的早些時候，赫施．勞特帕赫特和漢娜．鄂蘭等理論家堅持認為全球秩序的未來取決於以國際合作的方式來確保每個人都擁有國籍。

本章試圖確立國籍這個指定成員資格和權利基本門檻條件的正式法律身分，何以在戰後變得失去信用。我們將在後文看到，高階政治有助於建立法律框架來定義何謂「隸屬於一個國家」。但是在第二次世界大戰後，為了定義流離失所之人而發展出的區別，是以強調公民身分的實質——尤其是社會和心理經驗——作為條件。國籍這種法律身分代表個人被納入國際法秩序的正式基礎。抽象的國籍權與戰後普遍轉向對公民身分做比較實質的定義（強調政治成員的社會性質，而不是形式的法律性質）有所抵觸。

戰後的公民身分被加上社會內涵，以及支持這個轉變的法律思想變化，形成對政治上排他問題的解決方案。如果說無國籍者的存在揭露出一種無法可管的狀態，而且會影響到我們所有人，這是一種正式或絕對的陳述。這無關乎對無國籍者或難民的特定經歷所做之調查。如果在描述國籍的意義——以及定義公民與國家之間的關係——時強調社會經驗，而不是正式的成員資格，將使得國籍的喪失從政治和道德的觀點來看變得更加模糊不清。無國籍作為一個國際法律類別的確立，表明了非公民這種自成一格的類別被創設出來，是如何影響後帝國的國家世界之形成。戰後的國際法機構將國籍重新定義為一種深厚的社會紐帶，國際社會及其法律機構對於決定這類依附的性質具有特權地位。如果我們不理解是什麼知識衝突塑造了戰後的國際組織，以及什麼樣的法律架構被建立出來決定誰不屬於政體界限內的人員，我們就無法開始釐清國籍（以及無國籍）何以變得如此曖昧不明。

I

法律上的無國籍問題最初並沒有被視為與更廣泛的難民危機有所不同。沒有任何國家保護的個人是代表一個廣泛的總群體，他們對戰後的國際秩序重建提出了根本挑戰。一九四八年通過《世界人權宣言》之後便開始展開國際協議，為難民和無國籍者提供法律的保護（這兩者被認為是戰後秩序的雙重挑戰）。帕特里克・墨菲・馬林（Patrick Murphy Malin）在〈難民，國際組織面臨的問題〉（The Refugee, a Problem for International Organization）一文中，指出相對於兩百萬難民和流離失所的人，法律上的「無國籍者」比較少，但是他們都真正缺乏法律和政治保護，尤其是領事館和外交的保護。[3]類似的觀點來自一九四八年的一項聯合國決議（其旨在緩解無國籍者的困境），認為「無國籍者」應該被定義為「法律上被剝奪公民身分的人，以及不可遣返之難民」。[4]

將第十五條納入《世界人權宣言》之後，聯合國經濟及社會理事會（Economic and Social Council）有一段短暫的時間將注意力轉向政治上無家可歸者的整體問題，並考慮為沒有公民身分之安全保障的個人提供廣泛保護的可能性。經濟及社會理事會呼籲會員國要與聯合國合作，「確保每個人都擁有有效的國籍」。理事會要求祕書長研究對無國籍者的保護，並建議是否應該單獨制定一個公約來規定國家對無國籍者的義務。[5]國際法委員會（International Law Commission）在一九四九年的第一屆會議中，決定將「國籍（包括無國籍）」放進法典編纂的主題清單中。曼利・哈德森、弗拉基米爾・寇列茲基（Vladimir Koretsky）、徐淑希、羅伯特・科爾多瓦（Robert Cordova）和赫施・勞特帕赫特被任命為著手進行國籍法的編纂。[6]這些努力的結果是委員會提供了一份建議草案給各國政府，還有一本調查歷史和法律問題的《無國籍研究》（*A Study of Statelessness*）小冊子。

為無國籍保留一個廣泛的定義至少在一段時間內滿足了戰略要求。美國國務院堅持將難民與無國籍者在概念上放在一起，以避免對歐洲難民產生任何具體的義務。在一九四九年六月美國代表團與經濟及社會理事會的私下討論中，顧問們的結論是「現階段的照顧應該注意不要投射任何特定的組織模式，或是將流離失所者的問題與整個無國籍問題分開」。[7]大規模的流離失所到了一九四九年已經成為一種全球現象，難民運動的核心也從歐洲轉移到中東和亞洲。在印度分裂、巴勒斯坦創建猶太國家之後，難民救濟機構提出援助的需求。聯合國近東巴勒斯坦難民救濟和工程處（United Nations Relief and Works Agency，簡稱ＵＮＲＷＡ）於一九四九年十二月成立，旨在協助流離失所的巴勒斯坦人。有數十萬中國大陸人逃到香港和台灣。一九五〇年的韓戰爆發後，國際難民組織的負責人成立了聯合國朝鮮重建署（United Nations Korean Reconstruction Agency，簡稱ＵＮＫＲＡ）幫助南韓平民。這時候，藉由強調無國籍是一種包山包海的類別，官員可以最大限度地減少處理難民的庇護申請。[8]

聯合國內部對於定義廣泛的無國籍問題的普遍關注——包括因為前帝國殖民地獲得獨立，有越來越多人不再具備受到帝國保護的地位——導致英國官員得仔細權衡後帝國在國籍問題國際化之後的潛在危機。埃及的希臘裔塞普勒斯人兄弟會（Greek Fraternity of Cypriots）主席在同一年向英國政府請願，希望英國政府保護「無國籍的塞普勒斯人」。塞普勒斯自從一八七八年以來便是英國的保護國，並在一九一四年被正式吞併。塞普勒斯本地人可以受到英國保護，但不是英國的臣民。在第二次世界大戰期間，許多住在埃及的人曾為英國而戰，也認為他們可以繼續受到英國的保護。僅僅在幾年前（一九四三年），外交部還曾經強烈考慮將英國籍授予願意在英國軍隊服役的埃及塞普勒斯人。到了一九四九年，前英國臣民繼續保持這個身分的機會變少了。塞普勒斯人將會失去受到英國保護的臣民身分，而且無法獲得埃及國籍，於是他們就變成無國籍者了。英國駐開羅外交部在一份機密備忘錄中提出，他們可以將問題提交給聯合國以避免這個窘境，同時也協助塞普勒斯人社群；他們還與當時的工黨政府外交大臣歐內斯特・貝文（Ernest Bevin）商討是否將問題提交給負責研究無國籍的經濟及社會理事會中的委員會。[9]

值得注意的是，英國官員可能因為未履行對埃及的塞普勒斯人的責任，而面臨到要被聯合國的經濟及社會理事會究責，於是便試圖逃避公眾的譴責，這個舉動至少短暫顯示了該問題在聯合國領域內的地位。英國官員不想冒險面對經濟及社會理事會的批評，而是悄悄地將塞普勒斯人的請願置之不理，也拒絕了協助將埃及的無國籍問題搬到國際舞台上的提議。外交部指示亞歷山大港（Alexandria）的臨時代辦（chargé d'affaires）不要再繼續執行悄悄向聯合國遞送請願書的計畫。如同指示中所說的：「我認為我們不應該冒著必須到經濟及社會理事會捍衛我們態度的風險。」[10]其結論是，如果如何保護或是替無國籍的埃及塞普勒斯人取得國籍的問題被提交到經濟及社會理事會，英國政府不願意將英國籍授予塞普勒斯人的決定就可能會受到公眾檢視。[11]

聯合國在一九四九年的《無國籍研究》一書中對國際的無家可歸者提出了全面定義，並獲得機構支持。該研究詳細闡述了各國如何對居住在國內的所有無國籍個人賦予「受保護者」的法律身分，並提供與國民相同的權利。它明確認可勒內・卡森等人在審議《世界人權宣言》時表達的觀點：所有形式的無國籍都違背人權，也違背了人類共同體的利益。[12]不過，聯合國的《無國籍研究》顯示了心理學的新興重要性，以及對戰後難民的創傷有日益加深的理解。一九四九年的報告強調，喪失國籍或是沒有國籍的生活會帶來創傷的後果。無國籍對於個人是個問題，因為正如該研究中所說的：「無國籍者沒有國籍，這個事實會讓他處於非正常和低等的地位，降低他的社會價值，並摧毀他自己的自信心。」[13]從對個人心理影響的角度來描述無國籍的後果，代表在第一次世界大戰後的十年間，對無國籍帶來的法律影響的強調發生了決定性的轉變。這並不是說法律倡議家和國際機構在早期對抗無國籍這個大規模現象時，並沒有將成為無國籍者導致的物質匱乏視為重要因素。不過，該研究強調無國籍的心理後果為問題的性質帶來了不同的重點：在這個以國家成員資格作為基本安全條件的世界中，它專注於非國家成員者的經驗，而不是把重點放在他們的異常。

在一九五一年制定《難民公約》之前的幾年，有關人員已經對沒有國民身分的個人和難民概念之間的關係有所辯論，《無國籍研究》中呈現的問題就是在預演此番辯論的主要術語。僅就無國籍這一事實——這是巴特雷斯科在寫給哈瑪紹的信中描述的情況——而受到的剝削，會等於迫害和大規模暴行的受害者所經歷的痛苦嗎？或者說，缺乏國民身分是否會構成更深層次的權利剝奪（不僅是因為限制了無國籍者取得商品和服務的能力，也是因為合法性和道德人格之間的連結）？[14]從個人經驗的角度來評估這個現象有意義嗎？如同我們稍後會討論的，以強調社會經驗（而不是正式的成員資格）來描述國籍的重要性——以及定義公民和國家之間的關係——讓喪失國籍一事從政治和道德的角度來看都顯得更加模糊不清。聯合國大會在一九五〇年十二月投票決定召開外交會議，審議有關難民和無國籍者身分的協議草案。在協議起草期間，對於是否要創設一個比較具包容性的文件引發了激烈爭論。保羅・維斯描述，審議過程明顯傾向於將「難民」定義為不同於「無國籍者」，並主張替沒有國籍的個人制定個別公約。[15]

維斯此時已經成為難民和無國籍者相關法律事務的著名專家，他最終也獲得日內瓦國際難民組織的法律顧問職位。他曾經建議用一個更廣泛的制度來擴大國際難民組織的職權，好確保替沒有國家保護的人提供國際保護。[16]在公約的協商期間，只有英國支持他的提議，把難民和無國籍者同樣劃歸「受保護者」的類別；英國深知，只要替後殖民國家的非公民制定更廣泛的國際制度措施，就有助於減少他們對之前受英國保護的帝國臣民的責任。[17]

不過，提議把沒有國籍的人和那些被迫逃亡、但並沒有正式放棄與先前國家的連結的人放在一起，讓某些代表覺得步伐已超前了太遠。法國的聯合國代表私下寫信給外交部，問說「將難民概念和『*apatride*』概念同化的提議會帶來怎樣的法律革命？」信中提到，戰前有兩種公約，一種是要解決法律衝突的——主要是指不同國家依據「屬人主義」或「屬地主義」決定歸化國家而產生的的矛盾——另一種則是對難民的國際保護。若是把這些詞語等同視之，就要冒著將無國籍從「例外狀態」轉變成受管制的法律身分之風險。因此，該名聯合國代表認為不論是從法律或心理學的角度來看，無國籍者都不屬於和難民相同的國際類別。[18]聯合國祕書長也在一九五〇年一月的一份備忘錄中承認必須對無國籍制定單獨條約，因為沒有政府會同意用如此包山包海的規定來說他們有義務對所有無國籍者授予公民身分，這將不可避免地衝擊國內立法。[19]將無國籍視為一個基本上是道德的問題（雖然具有高度的模糊性），讓代表們迴避了更根本的政治秩序問題（如果由國際規範無國籍問題便將帶來這些問題）。有些代表（例如比利時代表）認為雖然難民象徵嚴重的人道主義危機，應該得到會員國的協同努力，但是沒有任何國籍的個人代表行政的異常，是國際社會要長期關注的問題，而不是嚴重的人道主義緊急事態。[20]

國家官員的第二個選項是把無國籍描述成一場人道主義災難，但是與難民遭遇的災難屬於從根本上便有所不同的類型。美國國際律師路易士・亨金（Louis Henkin）將美國國務院中不斷轉向的議程帶到了《難民公約》的籌備會議上。[21]這等於是美國在一九四九年的立場發生了翻天覆地的變化——當時的美國代表團堅持不把難民與整體無國籍問題分開——美國國務院指示亨金要主張難民和無國籍者都代表對權利的根本剝奪，但是《難民公約》應該嚴格適用於難民。[22]國務院實際上支持將無國籍問題送交國際法委員會的提議，並指示起草一份單獨的國際公約，用解決矛盾入籍制度的方法來消除或減少無國籍。美國說那份公約會維護聯合國在難民領域的特殊利益，並「保護美國堅持其既定的難民定義立場，不會在定義中廣泛地納入無國籍者」。不屬於難民的無國籍者將由單獨的協議涵蓋處理，不受到聯合國難民機制的約束。[23]

一九五一年七月，《關於難民地位之公約》在日內瓦舉行的會議中通過，最終文字反映出難民已經擁有與生俱來的公民身分之基本假設。公約的第一條將難民定義為「有充分理由害怕因為種族、宗教、國籍、特定社會團體成員的身分或政治見解而受到迫害，且其身在本籍國之外，無法、或出於以上擔憂而不願利用該國保護之任何人；或是因為此類事件而沒有國籍，又身處在之前的慣常居住國之外，而無法、或是出於這類恐懼而不願返回該國之人」。[24]因此，這個公約幾乎沒有提及像是巴特雷斯科這類人的困境——他們並沒有因為害怕迫害或暴力而面臨遭到遣返的挑戰，只是與他們從未離開過的領土缺乏正式的法律連結。代表們在會議上通過的決議是要以更詳細的研究考量無國籍者的身分，並延遲了決定國際法和國際機構對於無國籍的規範角色（無國籍現在的定義要窄得多了）。

國際法專家和聯合國代表把難民及無國籍者分開來談，是把迫害放在更優先的地位，比擁有世界上某個國家的正式政治身分所帶來的安全還要優先。該公約較之先前的協議更普遍認可難民的類別，但還是針對特定群體（公約中規定，任何被定義為難民之人都必須因為一九五一年之前發生在歐洲的事件而逃離）。比起先前的國際協議，戰後的公約當然為非公民確立了更廣泛的權利。一九五一年的《難民公約》引進了不遣返原則，或者說禁止驅逐或遣返被送回原籍地可能會遭到危險的任何人。此外，雖然公約強調要將無國籍和難民的法律類別分開，但公約還是有替不具備任何國籍的人提供保護。[25]不過，編纂難民的類別，以及公約中詳細闡述的庇護概念，確認了有一定道德或政治義務的國家社群中的全球組織基礎。因此，至關重要的是理解新的難民保護制度要如何強化機構和救濟工作者之間的國際合作，並且提供論據來重建強大的國家，以及照顧被置於其保護之下的人。[26]

當無國籍和難民應分門別類的論點取得勝利，國際法委員會的一個小組委員會就負起替未來的無國籍會議準備研究資料的任務。曾經在兩次世界大戰間領頭研究和編纂國籍法典的哈佛法學教授曼利・哈德森再次帶頭起草《無國籍公約》（Convention on Statelessness）。時任聯合國難民署的法律顧問維斯也加入哈德森的工作。聯盟祕書處的前成員、捷克外交官伊萬・柯爾諾（Ivan Kerno）承擔了公約的大部分幕後準備工作和初期研究。

一九五一年的公約並不是用概括式協議規定各國在個人缺乏其他國家的對等保護時，都有義務賦予其權利，也沒有擴大像是國際難民組織這類國際機構的職權，而是將難民問題定義成迫害帶來的道德問題。當無國籍問題已經正式和難民概念分開、需要為無國籍問題另外制定協議時，起草者也是試圖根據無國籍者所經歷的特定類型的剝奪來表達出問題所在。柯爾諾預計另外召開會議來商討無國籍者身分的相關公約，他撰寫了一份值得注意的報告，標題為「無國籍是一種邪惡嗎？」（Is Statelessness an Evil?）。柯爾諾在報告中記錄了十九世紀末以來法律學者和政治家描述無國籍的迥異方式，試圖區辨對於無國籍的道德地位是否有新的規範共識。他援引第一次世界大戰後有關無國籍的意義和結果的辯論史，思考國際法委員會應該如何評估這個現象。柯爾諾的研究再次顯現當初決定將無國籍和難民問題分開時顯示的模糊性。他的報告中包括許多有關無國籍者意味著什麼，以及無國籍代表著什麼樣的剝奪的辯論。他指出，沒有國籍有時候被證明是邪惡的根源，有時候是通往公民身分的過渡類別，或者是個人從國家解放出來的的自由起源。無國籍究竟應該被視為「一種邪惡」，或是保有兩面特質的奇怪異常——有時候是詛咒，有時候又是個人自由的起源——仍然是一個懸而未決的問題。柯爾諾個人也經歷過無國籍的雙重特性。他在代表聯合國的多趟旅程中將自己的國籍列為「無國籍」，並帶著身分和國籍宣誓書（而不是護照）踏上旅程。因此，一旦無國籍現象的分析轉向道德判斷的領域，柯爾諾對無國籍——無論它是否應該視為一種明確的「邪惡」——的描述，就是它從根本上便顯得模棱兩可。[27]

　　維斯不同意從經驗或受害的觀點來評估無國籍的意義，他認為無國籍就代表國際法律秩序的一個內在問題。維斯與柯爾諾不同，他堅持沒有國籍就代表一種根本的剝奪，因為「沒有正式的法律身分」，就會讓無國籍者被排除在國際法的秩序之外。維斯希望各國同意無國籍者的「國際國籍」，他還主張《無國籍公約》應該為國際難民組織賦予更多職權，以替難民和無國籍者提供領事服務。[28] 類似的還有國際法學者喬治・塞勒對聯合國國際法委員會如何考量無國籍的問題展開反思，他認為無國籍的非難民處於「最為殘酷的」的處境，因為那表示個人與國際法秩序沒有直接連結，這將導致「他被所有社交的福音拒於門外」。他認為解決方案是確保對象與國際法的直接相關，由國際法賦予相當於國籍或國際公民的身分。[29]

　　從負責起草無國籍公約的主要法律專家之間的通信，可以看出無國籍對於世界主義律師的符碼意義已經降低了。勞特帕赫特告誡他在劍橋的學生維斯「不要陷入」與各國的地盤之爭，尤其在有關國際難民組織對難民領事服務的管轄權方面。他建議維斯，「要願意承認國家辦事處可以將許多準領事的職能做得和國際辦事處一樣好」。[30]勞特帕赫特是他這一代人當中最重要的國際法學者，他被邀請對無國籍公約提出更整體性的建議。在此脈絡下，他認為，就如同一些律師一直要求的那樣，提出一個更激進版本的公約並不適當，因為它會使國家「背負」大量無國籍者，讓國家有義務賦予他們國籍，甚至還要預先採取一些更實際的措施、預防未來出現無國籍者。實際上，他反而建議公約要求簽約國對於在某個領土上慣常居住十年的無國籍者授予國籍，只要他們先提出國籍申請即可。[31]勞特帕赫特在國際法委員會的第五屆會議上討論國籍和無國籍問題時，主張現有的無國籍問題具有政治性質，可能超出委員會的職權範圍。他堅稱委員會的功能是要逐步發展和編纂國際法。同時，維斯也接受以公約作為務實的解決方案。不過他還是希望各國有一天能夠一致同意無國籍者的「國際國籍」，他也表達了他認為透過像是國際難民組織這樣的機構來對無國籍者進行正式保護，將提供更多的實際利益。[32]

已經分別有兩個國際公約將難民和無國籍者分開，對各個無國籍者公約的內容也展開了辯論，這透露出要如何將沒有正式國家成員身分的涵義概念化，其實還存在根本的分歧。最後，是由一九五四年九月二十八日通過的《關於無國籍者地位之公約》對無國籍做出了正式法律定義。根據公約第一條，無國籍者是「不被任何國家依其法律視為國民之人」。理論上，同意該公約的國家會確保每個人都擁有法律身分及法律規定的基本權利。[33]

這些公約介紹了兩種人應受到國際法的規範：難民和無國籍者。不過我們將會在後文看到，在制定公約（一九五四年）後的幾年中，在定義上已變得狹義的無國籍問題又越來越邊緣化了。問題的邊緣化當然有部分要歸因於外部的政治發展，包括美國代表大致上還是不參加公約談判。[34]不過，我們也必須思考從先前關注法律在法學和社會思想中之特殊地位的轉向，是如何在其後的辯論中引起迴響。[35]雖然一九五四年的公約將無國籍定義為缺乏正式身分，不過對法律身分問題的關注也開始顯得太過形式主義。[36]從道德的角度來看，沒有國籍作為正式法律身分開始顯得越來越難以理解（這是兩大公約形成的固有觀點），隨著帝國之後展開由國家組成的世界，可以證明這一事實至關重要。

II

我們有必要再次轉向鄂蘭——她在最初的《極權主義的起源》一書的重磅出擊之後，在其後幾年間又有對無國籍的寫作。鄂蘭對無國籍法律架構的反思，進一步闡明了此一時期定義法律和政治方法的爭論性術語。她對無國籍主題的思考為我們觀察兩次世界大戰期間的轉變提供了重要的洞見——先是強調問題的形式、結構、對國際法律秩序的意義等性質，後來則關注經驗和道德後果。

鄂蘭並沒有參與為難民和無國籍者提供保護的國際協商。不過她的確很注意這些協商的進行。當律師和外交官在協商無國籍公約的條款時，鄂蘭捍衛她最初的論點，認為缺乏正式的國家保護是當代世界的巨大危險之一。鄂蘭準備於一九五三年在普林斯頓大學進行一系列西方政治思想傳統的講座，當時她有思考劃分不同的法律官僚式的類別來定義難民和無國籍者會有什麼問題。她告誡，不宜衝動地將難民和無國籍者區分開來，或是去定義兩者的法律官僚差異，因為這忽略了一個基本事實——在一個完全組織化的全球秩序中，兩者都很脆弱。一個就技術面而言還保有法律連結的人和另一個在法律上已經沒有國籍的人，兩人之間有何區別不會比遭到驅逐的意義和後果更為重要。鄂蘭在一九五三年的演講中把無國籍描述為現代世界的狀態——未成為政治的一部分的狀態。[37]雖然她對現代無國籍的描述是著眼於她那個時代的全球秩序的特殊情境，但是她的分析奠基於更深刻的、有關公民身分和公眾自由等固有價值的哲學主張。無國籍描述的是比其他法律類別更徹底的疏離和無家可歸的狀態。失去國籍會自動將一個人排除在政治領域之外。鄂蘭在一九五三年八月的一則充滿智性的日記事中，將希臘的「*apolitia*」概念連結到比較新的「*staatenlosigkeit*」一詞。[38]有一段對沒有國籍的人會遭到什麼痛苦的描述忽略了重點：第二次世界大戰後的世界已經被組織成有明確邊界的共同體，國籍成了一種底線要求——無論它是否在任何特定情況下都可以確立社會或經驗的後果。

鄂蘭以這些用語使公民身分的含義得以概念化，而她把注意力放在美國的公民身分如何賦予公民比之前更多的社會權利和保護，不過同時，剝奪國籍的聯邦權力也擴大了。到了一九五〇年代早期，美國檢察官越來越常適用戰時立法，把被控以叛國罪或拋棄公民身分的人剝奪國籍，反共主義也促使人們越來越願意將涉嫌共產主義的人剝奪公民身分。[39]鄂蘭將此一發展描述成對美國這個共和國的根本威脅，她一直保留著《紐約時報》的一則剪報（內容是關於聯合國在一九五四年十月召開有關無國籍公約的籌畫會議），其中詳列了「懲罰性地剝奪公民身分」是如何變得越來越普遍。[40]

鄂蘭在游牧般的學術生涯中，一直在反思剝奪國籍的意義，並焦慮地觀察美國和聯合國對這類問題的相關發展。鄂蘭在一九五五年任職為加州大學柏克萊分校的政治學客座教授，為了在該大學舉辦一場題目為無國籍相關問題的講座，她準備了一些筆記，並使用了一些美國剝奪國籍的案件，來重新檢視在這些案件的脈絡中針對「擁有權利之權利」的想法。她這時候主張，「任何國家——無論其法律多麼嚴厲——都沒有剝奪公民身分的權利」。[41]她再次嘗試在國際現實中確立這個限制性原則。這是從「沒有國際機構可以取代主權」這個事實中得出的唯一結論，因此「即使是最基本的人權，也要作為公民權利才能發揮作用」。鄂蘭認為剝奪公民身分「可以算作危害人類罪」。這時候，聯合國法律學者正對《世界人權宣言》不具有約束力感到失望，因此投入完成了具有法律效力的國際人權法案。不過，鄂蘭的回應是堅持留下一項相關權利就好。她提議有「一項受國際保障的公民權——無論這項公民權是什麼」，而不是「一個有無數人權的法案，但卻只有最高的文明才能享有」。[42]

鄂蘭在一九五五年的演講簡潔有力地闡述了無國籍對個人和國際秩序的破壞性後果。這種論點在起草《無國籍公約》時沒有被傾聽，起草的律師和文官認為缺乏國籍所造成的心理和社會後果還很不明確。相較之下，鄂蘭則在演講中堅稱，成為無國籍者會失去與人類的聯繫，並失去他們的公民身分。她的演講提供了一個抽象的方案——由國際保障的公民權——作為國際社會的基本條件。此外，她的論點並不看無國籍對個人的特定後果。鄂蘭遵循古典的共和主義路線，她認為有那些生活在法律外的人存在，會汙染周圍政治秩序的合法性，就像是帝國的擴張會威脅到共和國的美德。[43]因此，她的演講論證了為什麼沒有政治或法律身分的個人會威脅到民主國家的完整性。雖然她在一定程度上對古典的共和制公民理想在二十世紀的重新復興負有責任，但是在她對無國籍問題的反思中，又回到了更簡約的法律保護理想。鄂蘭力陳，即使在承諾公民之間真正社會平等的福利主義改革時代，公民身分的實質變得越來越強大，但是成為政治成員的門檻條件依然至關重要。

鄂蘭對抽象公民權的堅持與戰後的普遍轉向背道而馳——戰後普遍轉向比較實質的公民身分定義（強調政治成員的社會性質，而不是形式的法律性質），並用這類論點為無國籍的邊緣化辯護。對包容做基本承諾的想法，使得鄂蘭與第二次世界大戰後幾十年間的轉向也有扞格——第二次世界大戰後轉向以社會和心理學解釋來評估國籍的意義。[44]如同我們在前文談到的，較早期的國家理論家會將國家監管機構與內部社會明確分開，而此時已經不同了，此時很難將國家與特定群體和利益區分開來，這是戰後社會的顯著特徵之一。這並不是說國家和社會早期實際上是作為獨立的實體分別運作，而是說國家理論和國際法制度開始堅持它們的基本統一了。[45]足以支持重新分配和控制市場以促進社會平等的社會需要高度的義務感和團結，而不只是藉由法律權利的虛構將成員聯繫在一起。[46]

鄂蘭也加入了法律專家的批評行列，他們擔心公民身分的社會化——或者試圖對公民身分的概念灌輸特定的社會意涵——會損及在任何地方都不能主張公民身分者的特殊法律處境。不過，她堅持以法律身分為優先的觀點，還是讓她與戰後占優勢的實質道德與心理學分析背道而馳。在鄂蘭對這個話題的參與中，她一再堅持對一個人是如何因為沒有國籍而遭受痛苦的描述忽略了以下事實：國際秩序的正式結構會使得國籍成為最底線的要求——無論它是否在任何特定情況下都可以確立社會或經驗的後果。[47]

我們必須說，鄂蘭對法律秩序的觀點並不是形式主義——例如，馬克斯・韋伯或漢斯・凱爾森所理解的現代法理性的基礎，就是與道德或政治等規範分開的。不過，她也抗拒更大幅度地轉向社會或是社會學的解釋（那是許多無國籍的相關政策和法律辯論的特徵）。鄂蘭在一九五八年出版了《人的條件》（*The Human Condition*）一書，書中更新了亞里斯多德對行政國家（administrative state）的政治活動領域和家庭領域之間的區分；如同鄂蘭所主張的，行政國家的社會、經濟和科學需要，使得共享的多元政治世界被邊緣化了。[48]認為國籍取決於個人更廣泛的社會紐帶和承諾的觀點，體現了鄂蘭著手診斷的歷史過程。她在芝加哥大學的同輩人長期以來一直批評國家以社會福利的名義擴張。[49]不過，鄂蘭出版這本書的時候，用她的話來說就是，社會對政治的殖民化是採取一種特殊的形式，這種形式與她長期以來對無國籍者的關注有關。國家與社會的糾纏，以及不可能把國家與特定群體和利益區分開來，成為戰後社會的一個顯著特徵。鄂蘭提議由國際保障的公民權，這不必以最高國際法秩序的邏輯必要性為基礎。但是她對於現代世界中無國籍意味著什麼的敘述，也不必依賴這個經驗可能如何影響個人的分析。實際上，它是奠基於全球秩序結構的一般規則。[50]鄂蘭指出她對全球安全的核心想像，就是必須確保每個人被分配到某個政治共同體的安全邊界內。

III

鄂蘭擔心公民身分的社會化會讓沒有正式法律身分的意義顯得模糊不清，這個憂慮也當真體現在《諾特博姆》案（*Nottebohm*，即列支敦斯登訴瓜地馬拉〔*Liechtenstein v. Guatemala*〕案）——該案是由列支敦斯登和瓜地馬拉政府在一九五五年向國際法院提起的。弗里德里希・諾特博姆（Friedrich Nottebohm）原本是德意志國的公民，他於第一次世界大戰之前在瓜地馬拉擁有興旺的事業。諾特博姆是一名遊走各國邊界工作的商人，他代表二十世紀上半葉拉丁美洲著名的國際企業家。在一九三九年——就在第二次世界大戰爆發的前夕——諾特博姆以三萬七千五百瑞士法郎的代價取得了列支敦斯登的公民身分，他擔心自己的前德國國民身分如果讓他在戰爭中被認定為敵對的外國人，他就會失去瓜地馬拉的事業和財產。如果諾特博姆是列支敦斯登國民，他就會被當作中立國民，因此可以免於其財產被視為敵方外國人的財產而遭到扣押，或是他本人被視為敵方國民而被拘留在戰時集中營。[51] 諾特博姆返回瓜地馬拉之後還是繼續過他的生活——只是多了一本列支敦斯登護照——一直到一九四三年十一月，瓜地馬拉正式向納粹德國宣戰。瓜地馬拉的官員也是在那時候將諾特博姆驅逐到美國，他在那裡以敵方外國人的身分遭到拘留，直到一九四六年才獲得釋放。[52]

列支敦斯登代表諾特博姆請求法院裁決瓜地馬拉須承認諾特博姆是列支敦斯登的國民。該法院是由聯合國大會和安全理事會（Security Council）選舉產生的十五名法官所組成，它位於海牙的和平宮（Peace Palace），是在一九四五年根據《聯合國憲章》成立的，旨在根據國際法解決各國提出的法律爭端。雖然諾特博姆技術性地取得了列支敦斯登的公民身分，但是瓜地馬拉主張這樣形式的連結不應讓他豁免於土地分配法（Agrarian Law）之外、繼續保障他的財產不必收歸國有和遭到分配。法院要解決的問題，是瓜地馬拉是否必須尊重列支敦斯登有權代表諾特博姆提供外交保護，這也是在考驗鄂蘭對於國籍權受到國際保障的願景（不論該國籍碰巧為何）。它也提供了明確的公共國際環境條件，讓人對國家的個人成員資格之基礎展開辯論。多數決的裁定認為當諾特博姆歸化為列支敦斯登籍時，他與該國沒有「真正的」紐帶，因此判決採納瓜地馬拉的主張。法院對《諾特博姆》案的裁決表示國籍不是橡皮圖章，國籍這樣的社會類別可以反映個人與國家間的真實紐帶，不能在緊急時刻才撿起來或放棄。法院認為，國籍「的法律連結是以依附的社會事實作為基礎，是生存、利益和情感的真正相連，有相互的權利與義務存在」。[53]就像是英國的國籍法和國際法專家約翰．默文．瓊斯（John Mervyn Jones）在檢討這個判決時所說的，法院並不是否認列支敦斯登可以根據該國的入籍法將公民身分授予諾特博姆。法庭其實是根據國籍具有的「特性」，而主張列支敦斯登無法執行國民身分帶來的保護。[54]

因此，該判決看的是將個人與特定國家連結在一起的「事實」或是真實紐帶；雖然國際法院聲稱對裁決這類關係的真實性有管轄權，不過決定這類判決的原則其實認為國籍是一種深刻的社會事實，而不只是一種形式的法律連結。這意味唯有當國民身分標示出個人與領土的最強「有機連結」，國家才必須承認另一國有權利擴大其保護。[55]該裁決特別強調個人要如何建立生活和共同體的具體方式，其中指出「該人的慣常居住地是一個重要因素，但還是有其他因素，例如他的利益所繫、他的家庭連結、他對公共生活的參與、他對特定國家所表現的依附，以及對他孩子的灌輸等」。因此，法院會優先考慮國籍的實質性質，而不是以官僚程序為準則。[56]

之前的假設認為，國家在評估他國的入籍——和剝奪國籍——作為時，沒有多少迴旋餘地，但《諾特博姆》案挑戰了這個假設。在一九二一年的《斯托克》案判決中，法官認為應該尊重另一個主權國家對該國臣民的國民身分所做之決定——不論該國決定國民的依據是什麼。從這個意義上來說，如果這代表國家不再對確定國籍裁決的合法性具有認知特權，那麼該裁決就是對國家取得或剝奪國籍的主權能力附加了一些限制，同時也默認了無國籍者的出現。[57] 法院對「真正」或「事實上」紐帶的主張提高了公民身分的門檻，同時也對評估各國國內事務提供了一個粗略的跨國標準。真正紐帶原則意指，唯有當一個人的國民身分反映出他與系爭國家的真正連結，國籍才會讓國家有權對另一國行使對他的保護。因此本案和《斯托克》案不同，法院在評估國民身分時主張國際法具有最高地位。在法庭上代表巴基斯坦的法官沙潔福（Muhammed Zafrulla Khan）曾回憶，《諾特博姆》案判決是他在法院任期內最重要的案件之一，因為它開創了國際法對國籍管轄權的新先例。[58]

先把訴訟過程中所提論點的內在邏輯放在一邊，重要的是考慮去殖民化的背景政治是如何影響當代人理解該案件的意義。在國際法院的法律訴訟程序幕後，有聯合國老牌強權之辯論（爭論判決將如何影響聯合國內部關於解殖和帝國終結的新興鬥爭）。英國官員特別渴望國際法院支持瓜地馬拉，因為全球的權力平衡——至少在聯合國的正式範圍內——已開始偏離英美霸權。就像是一份備忘錄所說到的：「從國際政治的角度來看，不利於瓜地馬拉的判決將使得各個新政府陷入窘境。」[59]最初設想用聯合國來維護帝國國際秩序的基本等級架構，但是聯合國很快成為裁決帝國統治不公的場所。在《諾特博姆》案判決的同一年，要將自決權納入人權公約草案的辯論驚動了大會。在北非有摩洛哥人（Moroccan）、阿爾及利亞人、突尼斯人（Tunisian）、埃及人和利比亞人（Libyan）要求脫離法國和大英帝國而獨立。提議實施國際監督以調查各國人民和國家對其國家資源的永久主權狀況，可能進一步使得南半球國家和北半球富裕國家之間的關係益趨複雜化。發展中國家和最近獨立的國家便以鼓動自決權和反對實施國際監督來進行反擊，以確定他們對自然資源的主權控制。[60]

不過，該判決一方面是重新構思了國民和國家之間的關係，同時也闡明了戰後的數十年中（當時正從一個主要是由帝國組成的世界中，轉變為一個由國家組成的世界），法律和法律思維的變形是如何導致無國籍的邊緣化。國籍——相對於公民身分——是代表國家和臣民之間更厚實的連結（而不是提供保護的契約關係），這個概念挑戰了先前對該主題的教條式論述。此之前的國際法意見一直把國籍理解為個人連結到國家的形式紐帶。法院在確認國民身分的社會基礎時，是優先考慮一種似乎會把無國籍問題邊緣化、更強有力的國籍概念。國際法院的瑞士法官保羅·古根海姆（Paul Guggenheim）在反對意見中反對法院引進真正紐帶原則，因為如果法院駁回列支敦斯登對諾特博姆行使外交保護的主張，就是默認要創造出無國籍者。他認為這個結果會進一步削弱國際法對個人的保護，而且「違反《世界人權宣言》中體現的基本原則（《世界人權宣言》主張人人都有獲得國籍的權利）」。[61]沒有人比赫施．勞特帕赫特對於法院的裁決訴諸「事實上的國籍」更感到驚訝。此時的勞特帕赫特已經被選為國際法院的法官，但是被排除在此案之外——因為他當選前曾經在諾特博姆一案中向列支敦斯登政府提供過建議。他沒有預料到會使用這種法律論據，因為除了雙重國籍的案件（個人必須在兩種可能的忠誠之間做抉擇）之外，真正紐帶這個標準從未被援引過。[62]

《諾特博姆》案持續成為國際律師間爭論的根源，他們對案件的解釋及含義都存在分歧。許多美國國際法學會成員曾經辯論過將個人與特定國家連結在一起的法律紐帶性質，他們的成員也在一九五六年舉辦的學會年會上討論過《諾特博姆》案，以及對無國籍問題建立國際共識的意義。來自塞爾維亞的流亡博士伊萬．蘇博蒂奇（Ivan Soubbotitch）曾經在一九二〇年代擔任南斯拉夫外交部的政治部門主任，並且在一九三五年之後成為南斯拉夫常駐國聯的代表，他在評論中回憶起與其他法律專家的長年辯論（辯論內容是有關於一九三〇年的海牙會議之後，國家與個人之間紐帶的法律性質）。[63]接下來的討論圍繞著柯爾諾在備忘錄中所提的問題（那是他在一九五四年的《關於無國籍者地位之公約》協商之前所寫的）——無國籍是否是國際社會應該努力消除的明顯「邪惡」，又或者是否無法事先確定無國籍的後果。[64]

答案取決於所用的推理類型。保羅・維斯在一九五六年的指標性論文《國際法中的國籍與無國籍》中嘗試釐清國籍的特定法律意義——相較於它的「事實」或「社會」意義。維斯的這項研究是在判決之前完成的（雖然他設法在該書最終出版前放進一些對該案的參考）。正如他定義的概念：

> 本書所使用的「國籍」（nationality）一詞是一個政治法律術語，它表示一個國家的成員資格。它必須與「民族」（nationality）一詞區分開來，民族是歷史生物學術語，用來表示一個民族的成員資格。後者的意義是指形成「種族」或「民族」的特定群體成員結為一體的主觀集體情感，他們可能（但是不一定）擁有領土，並透過在該領土上尋求政治統一而形成國家。……這個意義下的民族在本質上是一種非法律性質的概念，它屬於社會學和民族誌領域，而不屬於本研究的主題。[65]

維斯是引用維什尼亞克於一九三三年在海牙的講座〈無國籍者的國際法律地位〉上將「國籍」一詞定義為「政治法律」的概念（對比於來自社會學或民族學調查的定義）。如同維斯所說的，國籍的國際法概念取決於將它仔細地和社會學或民族誌等領域的看法區分開來。就在《國際法中的國籍與無國籍》出版不久前，維斯曾經主張難民和無國籍者是國際法上的「異常」，就像是航行在公海上沒有懸掛旗幟的船隻；他這個說法是為了回應國際法上考量要將難民和無國籍者分開，他還進一步主張應該用實證主義術語將通則問題加以概念化。[66]雖然沙潔福認為《諾特博姆》案是在國民身分相關問題中引進以國際法為尊的原則，但是維斯認為要讓國際法能夠對成員資格的界限提出主張，唯有讓該詞彙保有相應的國際法意義。《諾特博姆》案意味著情況可能不是如此，因此堅持認為國際法可以評估個人和國家連結在一起的社會紐帶。也就是說，如果一國的國籍法反映出更深層的社會現實，法院便會加以認可。[67]

在一九五〇年代和一九六〇年代，各國政府抓住《諾特博姆》案闡述的真正紐帶原則，制定了新國家憲法中的公民身分基礎。在一九五五年之後制定的憲法中，所表達的概念是國籍仰賴的關係比歸化賦予的形式連結更為深刻。[68]各國政府呼應了《諾特博姆》案闡述的邏輯，認為在有關國家成員身分基礎的立法中，應該反映既定的「社會學」因素，而不是以法律的建構（或虛構）來形成社會現實。丹麥為了籌備「消除或減少未來之無國籍會議」（Conference on Elimination or Reduction of Future Statelessness），在一九五五年三月提出了一份備忘錄，其中包含下列陳述：「丹麥政府認為忽略社會學等其他因素是不切實際的——國家是依這些因素而在『屬地主義』和『屬人主義』之間選擇國籍法的基本原則。這與忽略個人和國家之間可能發生隸屬的改變（尤其是在出生到成年的這段期間）同樣不切實際。」[69]丹麥政府的此番評論有一個關鍵涵義——它指出在國民和國家之間的依附性質，應該比立法來回應新公民的加入，或是回應國際的無國籍問題更為重要。丹麥政府的評論引人注意之處，是他們在權衡了公約辯論核心的不同價值觀之後，如何處理爭議的明確用語。

真正紐帶原則同樣有助於國際秩序的國家化，因為它確立了在判決設定的社會條件下，懸掛國旗的船舶是特定主權領土的延伸這一概念要獲得更廣大的承認意味著什麼。在《諾特博姆》案之後，一九五八年的《公海公約》（Convention on the High Seas）規定「每個國家都應確立在什麼條件下可以將國籍授予船舶、讓船舶在其領土內登記，以及享有懸掛國旗的權利。船舶隸屬於有權懸掛國旗的國家，並擁有其國籍。國家與船舶之間必須存在真正的紐帶；尤其是國家必須在行政、技術和社會事務上，能夠對懸掛該國國旗之船舶行使有效的管轄權和控制權」。[70]

約瑟夫．昆茲幾年後在《美國國際法期刊》（*American Journal of International Law*）發表了對判決的回應，明確指出國際法院的判決是不正義的，因為它使諾特博姆成為沒有國籍的人，剝奪了他的所有法律救濟。昆茲將這部分歸咎給被他稱作「人權捍衛者」的一群人，他們語帶誤導地表達了將個人視作國際法律秩序主體的想法當真可行，使得諾特博姆變成無國籍者一事看起來是中立的行為。昆茲認為該裁決沒有進一步推進人權學說，因為它沒有確立個人在國際法下也有地位的原則。更糟糕的是，它還斬斷國家保護國民的義務——隨著移民增加和不穩定的新國家興起，這種義務只會變得更形必要。因此，昆茲提出一種不同類型的基本推論，把國際法律秩序的形式面向也列入考慮。[71]

既然證明國際法的重要性和有效性意味著接受內在的政治化，當國際法思維走向法律現實主義、政策導向的時刻，即便必須以讓某些人成為無國籍者為代價，仍然應該根據更實質的標準來決定國民身分的這種想法看起來就很合理了。[72]為《諾特博姆》案辯護的專業國際律師堅持，個人和國家之間應該有「真正的關係」。英國國際法學者伊恩・布朗利（Ian Brownlie）批評昆茲對於無國籍代表國際秩序的失敗這一說法。布朗利主張反無國籍的推定會創造出一些案例，讓個人保留形式的成員資格，但是其實被排除在國家的利益之外，從而「成為禍根」。實際上，最好的是能夠證明個人與國家的連結「牢不可破」，而不只是「流於形式」。[73]布朗利順著類似的思路，在另一篇有關個人國際法地位的文章中評論道：「無論主張個人是或不是國際法的『主體』，兩者的情況都是說得太多、也招來太多問題了。」[74]

昆茲提倡對國籍最低限度的國際保證，而不期望國民證明他對國家有更深度的依戀來源，這和鄂蘭一樣，是要提倡一種法律的國籍概念，而這個概念已經失去它的重要性——因為歷史已經顯示出形式性國家隸屬的缺點，此外還有越來越多法學者對於沒有社會具體實質的法律形式顯得不屑一顧。昆茲和鄂蘭一樣，擔心連結個人和國家的形式法律紐帶將失去價值。不過他後來的著作帶有思想分裂的痕跡。他堅持他的老師凱爾森的法律理論中的核心要素，同時又接受了專業領域中的現實主義和社會學轉向。規範秩序看似由法律支配，但其實是取決並仰賴潛在的社會凝聚力。昆茲在一九六一年寫了一篇題為〈法律對當代世界秩序的貢獻〉（The Contributions of Law to Contemporary World Order）的文章，文中指出法律秩序是根據規定的規範性和強制力來管理人類行為，不過這個秩序的基礎必須由一種共享的價值體系構成。他回顧了國際法的發展，得出的結論是「基督教歐洲的區域法」是在國際聯盟時期擴大的。一九四五年之後，支撐這種擴張的基本信念和情感崩潰了。因此昆茲促成了國際法解體的論述，他認為法律規章必須以更深層的社會連結作為基礎才會有效。[75]他的分析呼應了同時間對哈布斯堡帝國的憲法歷史提出的重要解釋前提。一個法律組織的制度可能將各種不同的實體聚集為一個正式的整體，但是如果共同體沒有更深層的經歷，這個政治安排終將無法經得起時間的考驗。歷史學家羅伯特・卡恩在一九五七年對有眾多民族的哈布斯堡帝國的融合與解體展開研究，他的結論是「為了長期預防戰爭而設計的組織（例如聯合國）如果要有效，必須建立在深刻的共同體意識上，這樣的和平改變過程才能獲得很長一段時間的保證」。[76]隨著聯合國的會員國數量在解殖期間漸漸增加，卡恩和包括昆茲在內的其他國際秩序的評論家都認為所謂真正的國際社會在外觀上已是分崩離析了。

不過，在一個重要的意義上，將國家成員的法律淵源和所謂的社會學淵源區分開來的偏好，是重現了凱爾森在價值多元主義所定義的現代社會脈絡下對純粹理論的辯護。雖然昆茲對政治共同體的形式法律基礎有越來越多懷疑，但是由於國際法並沒有替個人單獨提供一套規範和保護，所以他還是繼續堅持擁有正式國籍的迫切必要性。他不同意像是布朗利這樣的法律評論家，去主張我們完全可以合理認為國際法院有權評估國民身分在什麼程度上反映了個人與特定政治共同體的「真實」連結關係，即使這代表它要推翻像是列支敦斯登這樣的主權政府讓某人入籍的決定。無國籍者可以聲稱他與國際法律秩序沒有法律連結，基於這些理由，昆茲認為國際法寧可過於確保形式身分，也好過承認國家成員的資格須取決於更實質的依附關係。

一九六一年在耶路撒冷舉行了納粹武裝親衛隊領導人阿道夫・艾希曼（Adolf Eichmann）的著名審判，這是給法學家思考個人與國家之間的連結的另一次機會，看其性質或實質是否會影響到其他政府有沒有義務尊重國家的連結。以色列特工在阿根廷逮捕了阿道夫・艾希曼——他在那裡是以假名和假護照生活——法學家對這件事情的思考，是傾向於肯認以真正連結的效力來作為全世界國籍法的基本原則。一名評論家認為，形式上的國籍不足以帶來國際保護的行使，他引用《諾特博姆》案來說明德國無法保護阿道夫・艾希曼免受以色列的審判。既然國籍必須「真實且有效」，而且能夠表達「社會事實」，那麼德國就不能對艾希曼進行外交保護，因為雖然艾希曼以技術面而言還是德國國民，但是他與國家的實質連結已經因為納粹政權戰敗而被切斷了。[77]

從鄂蘭的觀點來看，艾希曼的案件揭示了公眾對無國籍困境的廣泛否認，這種否認體現在對這方面案件的沉默。鄂蘭開始報導艾希曼被捕，以及隨後由以色列電視轉播的審判時，她發現最初的觀察——法律上的無國籍問題沒有獲得任何公眾關注——得到了證實。鄂蘭決定為《紐約客》報導艾希曼的審判，對於該審判的國際法層面，她的主要資料來源是她在芝加哥大學的同事約薩爾・羅加特（Yosal Rogat）針對該案的法律議題所寫的一本小冊子。羅加特在分析該綁架事件的法律議題時，從未提到艾希曼沒有國籍一事，而在鄂蘭對小冊子的手寫注釋中，她補充了「艾案：無國籍者」這一字句。[78] 她在一九六三年出版《平凡的邪惡》（*Eichmann in Jerusalem*）時重新審視了這一點，書中指出可以綁架艾希曼的理由正是在於他沒有國籍。[79] 她認為，逮捕和審判艾希曼的終極合理性並不是依據實證主義的法律原則。正如同她在審判報導中所說的，艾希曼的有罪之處在於他違反了不同民族所居住的這個世界的多元化和多樣性本質。鄂蘭認為艾希曼的逮捕和審判具有正當性，是因為以色列法院聲稱他們代表多元的普世原則。不過，諷刺的是，鄂蘭在她於羅加特所寫的小冊子上寫下的注釋中說，艾希曼之所以成為普世的臣民、面臨這一指控，其實是因為他沒有國籍可以保護他。

除了很少有法學家或公開評論者對艾希曼的無國籍所潛藏的更複雜問題感到焦慮之外，鄂蘭關心的還有該案顯示出法律形式的優點也在失去正確評價。她反對任何政治組織——不論是國家還是國際的——有權評估個人與民族國家之間的「真正連結」，這個主張呼應了她在一九六三年出版的《論革命》（*On Revolution*）一書中的論點（針對摘下法律人格所提供的面具、追求內在真實的道德性質時所面臨的風險）。鄂蘭在這項研究中回溯了兩次世界大戰之間有關法律人格的文獻，比較了法國和美國革命的不同軌跡，她還語帶贊同地引用了英國多元主義理論家歐內斯特·巴克對奧托·馮·吉爾克的《自然法與社會理論》（*Natural Law and the Theory of Society*）一書的介紹，尖銳地分析了法國革命將自然的人類從法律形式的虛構中解放出來的衝動。鄂蘭指出「角色」（persona）這個詞原本是源自古典戲劇的隱喻。法律之於羅馬公民，就像是演員戴著面具，因為它會把公民與私民（private person）分開，讓人可以參與公共舞台。她認為法國大革命堅持撕下了法律人格的虛構面具，發現了真正的實質，徹底地使社會和政治領域被混為一談。[80]

因此，對於轉向社會面的批評，其實是因為以確保沒有人會在國家的世界中面臨無國籍狀況為優先，他們強調必須以較形式的方式來理解國籍才能達到這個目標。不過，這些批評者把焦點放在國籍的形式特質，也冒著會破壞已經在戰後開始取得立法勝利的社會公民這一強大願景的風險。其實，他們的論點讓他們和民族福利國家的自由主義批評者較為接近——這類批評者認為在建立和發展民族國家的時期，外來者的權利較之法治安全更為優先，而最重要的則是對財產權的保護。弗里德里希・諾特博姆和馬克斯・斯托克一樣，體現了弗雷德里希・海耶克（Friedrich Hayek，奧地利出生的經濟自由主義理論家）所謂的商人自由——海耶克是在主張個人投資者的經濟權利高於國家的主權權利時，想到這種自由。這種理解認為，國民身分替一個人能夠享有法治提供了入場券。換句話說，用海耶克和奧地利經濟學派的原話來說就是，主張無國籍的中心地位的人會強調國際社會的憲法結構。他們認為法治的形式特徵位於公民間的實質平等之上。不過，海耶克和其他行政福利國家的保守派批評者不曾想像資本的人權可以在沒有國家保護的情況下，延伸至保護弱勢的個人。新自由主義理論家努力將世界納入無國界市場的規則，同時維護及依靠國家的政治主權來執行這些規則。雖然他們對法治的論點有共鳴，本書中討論的許多法學者（雖然不包括鄂蘭）也都在哈布斯堡帝國有共同的根源，但是這些對於戰後全球秩序的願景最後還是互相衝突，而不是趨同。[81]

IV

在有關無國籍意義的辯論中，主要問題變成是否有一種原則是不僅可以確定無國籍是什麼，還可以解釋為什麼它代表一種需要首先被解決的特定剝奪。自從第一次世界大戰之後，美國最高法院一直支持國會依憲法權力頒布立法，將戰爭期間犯下逃兵或其他罪行的美國公民剝奪國籍。一九五〇年代提交給最高法院的一系列案件中，法官都有考慮《驅逐法》（Expatriation Act）的憲法地位，並以無國籍作為一種懲罰。美國最高法院對於非自願移居國外的憲法地位做出過兩項重大判決，鮮明地體現出概念的不確定性。美國法官提出的論點進一步闡明了戰後幾十年間關於國籍在國家世界中的地位，以及更廣泛的國際與知識脈絡——它們也影響了看似是內部、國內的法律糾紛——的爭論及辯證用語。[82]

《特羅普訴杜勒斯》案（*Trop v. Dulles*）是一九五八年向最高法院提起的案件，它標誌著法院對這個憲法問題的思索達到高峰。法官的推論轉向喪失國籍的實質後果，以及能不能夠先驗地確定其結果。厄爾・華倫（Earl Warren）大法官在意見書中解釋了為什麼從憲法來看，撤銷國籍構成一種「殘忍且不尋常的」懲罰。華倫認為，喪失國籍會導致「個人身分在有組織的社會中遭到徹底毀滅」。他在意見書中援引的觀點認為，無國籍代表對個人的不公正，使個人被迫生活在「國際的法外之地」的狀態中，應該「不去允許任何人沒有政治身分，才符合有組織社會的利益」。因此，對已經入籍的人剝奪公民身分，構成了「比酷刑更原始的懲罰」，這當然違反了美國憲法對這類判決的禁止令，同時也因為它破壞了國際秩序而應該加以避免。[83]

接下來，華倫利用聯合國的資料來支持《驅逐法》違反國際社會規範的觀點：「世界上的文明國家幾乎一致認為不應該將無國籍作為犯罪的懲罰。」華倫引用聯合國對國籍法的調查，指出在接受調查的八十四個國家中，只有菲律賓和土耳其會以剝奪國籍作為懲罰。值得注意的是，華倫還引用了聯合國在一九四九年的《無國籍研究》，該書對無國籍有明確的譴責。因此，《美國憲法增修條文第八條》（Eighth Amendment）禁止以剝奪國籍作為一種懲罰，因為無國籍會讓個人在國內和國外都陷入困境，符合「殘忍且不尋常的懲罰」標準。華倫認為，「出於美國對人性尊嚴的概念，不適合讓那些被我們處罰的人變得完全『無國籍』——否則他們會成為國內剝削者或海外壓迫者的好獵物（如果還當真有任何地方可以容得下他們的話）」。[84]

在聯合國這樣的公開國際環境對難民與無國籍公約所做的協商，成功確立了無國籍問題在概念上的不確定性——這是使無國籍成為問題的首要原因。雖然華倫利用一種想像中的國際共識，指出「文明」國家的規範已經將剝奪國籍排除在國家做法之外，但是費利克斯·弗蘭克福特大法官的不同意見書對此提出反駁；弗蘭克福特指出，美國會確保境內非公民的權利，這就表示無國籍者並不是被迫生活在法律保護之外的法律「亡命之徒」，這個關鍵因素不利於華倫的結論中說這種情況必然有殘酷的性質。[85] 弗蘭克福特認為，「文明國家」的規定並沒有讓成為無國籍之人的處境變得異常殘酷，因為國際社會規範和制度取得的進展已經讓現代的無國籍狀況既不殘酷、也非異常。弗蘭克福特主張無國籍者已經不再是國際體系中的「法外之徒」了。就像是昆茲所擔心的，「人權捍衛者」在無意中支持了以下論點：非國家形式的法律權威發展意味著「成為無國籍者」不再是一種明確的剝奪。[86]

因此，將無國籍這個類別與難民劃分開來，以及創設兩個分別的協議來規定簽署國的義務，這個過程成功地把分析術語轉向經驗性的。華倫和弗蘭克福特雖然對於失去國民身分的懲罰性後果抱持完全相反的結論，不過威廉·布倫南（William Brennan）大法官也對結果是否真如兩位法官所稱的那樣，明確表示懷疑。布倫南認為無國籍造成的損害仍無法確定，但是他也同意華倫所說的，無國籍意味的不確定性和被拋棄的經歷代表一種「心理傷害」，那是做成裁決時一個必要考慮的因素。不過他也補充，這類懲罰的性質從根本上就是不確定的，「無論無國籍者的實際經歷再怎麼於暗中帶來危害並令人洩氣，事先考慮似乎都不會掀起嚴重的疑慮，因為我們都不知道它的後果」。[87]因此，布倫南的回應認為，如果從無國籍經歷的角度來判斷，無法以先驗方式確定剝奪的性質（即它是否真的符合殘酷和異常懲罰的標準）。

最終，確立了無國籍法律框架的會議還是延續了無國籍代表「邪惡」的假設，認為國家應該集體努力克服這種「邪惡」。就在最高法院做成裁決不久之後，聯合國成員國代表再次集會，商討剝奪國籍的有效性；然而，國際會議的結果僅僅證實了國際上對無國籍問題的性質缺乏共識。在會議的籌備階段，國際法委員會分別起草了兩項公約，其中之一的目標是減少未來的無國籍案件，另一項則是朝向消除無國籍而努力——透過更擴大的條款，明確規定政府有義務對任何若未歸化就會成為無國籍者的人授予國籍。委員會成員也起草了一些條文，創設一個另外的機構來裁決國籍衝突，並為無國籍者提供法律保護。

一九五九年三月二十四日到四月十七日，在日內瓦舉辦了一場會議，會中有三十五個國家的代表出席，但是展開之後不久，會議就破局了——因為各國對於是否要納入禁止剝奪國籍的條款存在著嚴重分歧。對於納入此條款的爭議重新劃定了全球的國際自決權概念戰線（這個概念在沒幾年前才震撼了聯合國）。聯合國的舊日強國與新興的「不結盟」集團和後殖民國家發生了衝突，如果放棄授予——和剝奪——公民身分的主權特權，他們將損失慘重。國家方面其實沒有什麼意願接受國際法委員會的提議，把公約的相關解釋或適用爭議交給特別成立的國際法庭裁決，更不必說根據公約讓個人（即使只是間接的）交由這類法庭來裁決他們的國籍主張。[88]

雖然一九五九年的國際會議最終破局了，不過代表們還是於一九六一年八月在紐約的聯合國總部再次召開會議，最終確定了《減少無國籍狀態公約》。一九六一年的條約規定國家（至少是同意公約條款的國家）有哪些積極義務要解決個人無法獲得國民身分的問題；在國籍規範的長期國際運動史中，一九六一年的條約標誌了一項重大成就。在海倫．巴特雷斯科寄出那封信的將近一年之後，公約規定國家有授予國籍的積極義務，並描述了兩種主要方式要求國家分擔責任，以確保不會再出現無國籍者。首先，是要確保出生時沒有國籍的人可以獲得出生地的國籍，其次是規定任何人在獲得另一國國籍之前均不得失去國籍。這個多國條約規定簽署國都有義務為其領土上出生的人提供公民身分（否則他們將因此而成為無國籍者的話），這個機制避免了有人在出生時便無國籍，或是因疏忽而喪失國籍，並禁止以人種、民族、宗教或政治立場為由而剝奪國籍。[89]

雖然全世界對難民問題的關注程度取決於各種歷史因素（包括冷戰時期的難民庇護政治），不過從人道主義的觀點來看，令人驚訝的是無國籍問題在接下來的幾十年中受到的關注普遍要少得多。從一九五六年的匈牙利難民危機開始，被定義為難民的人開始被更加普遍地視為一個全球性問題。聯合國發起了世界難民年（World Refugee Year），在一九五九年籌集資金為四個指定的流亡族群提供援助——他們分別是歐洲難民、中東巴勒斯坦難民、香港的中國難民，以及中華人民共和國的俄羅斯難民。[90]許多學者指出，規範難民身分的法律框架已確認國家是安全的終極來源，而國際秩序的國家化取決於選擇性地將責任移交給負責管理難民的國際機構。畢竟，難民和無國籍者在國際法中的地位獲得確認，是在凱恩斯的治理原則和國家確保其公民福祉的能力得到廣泛認可的時期。[91]

不過，為了了解問題的描述是如何開始發生轉變，我們首先必須了解公民身分的社會化和法律思維的轉變，是如何構成國際秩序的國家化，以及戰後的政治例外類型。重建更廣泛的論證描述，有助於闡明國籍這個正式的法律地位——它標示了成員資格和權利的基本門檻條件——是如何在戰後時代變得如此信用無存。即使世界主義的法律學者轉而將國家視為保護和權利的最終來源，他們還是拒絕尊重社會現實已經證明，隨著由國家組成的世界在解殖的時期變得益發擴大，國籍遭到邊緣化也是國際廣泛關注的狀況。他們的參與釐清了強調社會經驗（而非正式的成員身分）會掩蓋喪失國籍背後更大的政治意涵。有些論點支持成員資格的邊界應該符合社會學和歷史現實的假設，這促成了國際法秩序和國際政治界限的同化。國際聯盟將無國籍問題劃歸到法律衝突的脈絡，避免挑戰它自身要努力確立的國際權威界限；不過聯合國卻將之定性為傷害和剝奪的問題，在過程中首先是對國家如何定義邊界的問題保持沉默。同時在整個社會科學領域，公民身分、政治代表權、利用機會和平等的內在本質，都幾乎完全蓋過了政治邊界的基本問題。

在第二次世界大戰後的數十年間，在走出圍繞著帝國組織起來的世界的複雜路徑中，有一系列政治和憲法安排被提了出來，以減少排他形式的國家公民身分形式所帶來的後果。[92] 如同第一次世界大戰後發生了帝國的分裂，國際律師和官僚再一次需要考慮對於生活在繼任政體邊界內的臣民而言，國家解體和主權移轉具有什麼意義。他們又要再一次從國際法的角度思考繼承國的地位，以及它是否承擔了前手政府的債務、承諾和義務。在一九六一年的公約中，有一項條款是針對去殖民化期間可能使無國籍狀態擴大，因此指定締約國在有關領土轉讓的每個條約中都要包括一些條款，以確保沒有人會因為這類轉讓而成為無國籍者。不過，在戰後的解殖時期，當法律理論家開始要解決這類棘手問題時，他們一般都避免討論國家具有「人」的性質或是個人的法律人格，這一點與第一次世界大戰後的狀況不同（當時這類辯論對於較大的政治概念至關重要）。[93]取得獨立之後進入國際體制的新國家都會承諾尊重現有國境，以免新國家的邊界面臨分裂或擴張主義的修正。國家地位帶來集體解放的希望，但是新國家的建立有可能破壞基於尊重主權原則而帶來的制度穩定。理論家們隨之爭論解殖是否意味著在殖民統治的數十年間被湮沒的主權重新出現，或者殖民國家的邊界是否以人為的方式將具有不同附屬關係和忠誠的不同人圈在一起。毫無疑問的是，自決原則助長了主權的擴散，而無國籍的概念——它從國際法的角度來看是個問題——其討論有助於戰後國際政治邊界的穩定。[94]

隨著新國家進入國際體系，一波波移民和流離失所的浪潮隨之而來。前殖民地臣民徘徊於新的保護制度和公民身分的法律之間，無國籍也隨之激增。許多人在解殖之後，成了永遠的無國籍者，他們是在爭取獨立的鬥爭中站錯邊的成員。其他人則陷入帝國身分漸漸消失，以及無法在新成立的後殖民國家獲得公民身分的困難之間。[95]有些後殖民政府藉由擴大帝國的法律身分來證明排他性的立法是正當的。獅子山（Sierra Leone）在一九六一年脫離英國正式獨立，獨立後的政府提議創立「聯邦公民」的身分，把所有因為新國家的國籍法而變成無國籍者涵蓋在內。[96]帝國統治的結束意味著象徵帝國國籍的各種形式成員資格遭到廢除。不過，官員還是繼續依個案呼籲將英國保護臣民的身分擴大到在前英國殖民地獨立後沒有恢復國民身分的個人。以帝國面向的國籍作為可賦予保護的正式身分還在英國官員的想像中持續存在了一段時間。負責內政部國籍部門的律師J．M．羅斯（J. M. Ross）寫道，「英聯邦公民」的概念現在是一種無法持續的法律虛構，因為英聯邦是由獨立的國家組成，而不是一個聯邦政府。羅斯的結論是，沒有單一聯邦國家公民身分的英聯邦公民代表一種脫離了社會或政治現實的「空洞概念」。[97]

隨著國際社會日益擴大，公眾的焦點也轉移到要求獨立和國家地位的法律與政治主張。在聯合國大會、更大範圍的還有反殖民的想像中，開始認為巴勒斯坦人示範了沒有公民身分的困境，而克服無國籍也依然與國家地位的前景息息相關。[98]到了一九七四年，聯合國難民署已成為接受無國籍者申請的主要機構。不過到了這個時候，法律上無國籍的人已經大致上消失在公眾辯論中，也不再受到聯合國的國際律師和文官關注。一九七六年，法律學者、同時也是日後的馬拉威（Malawi）總統彼得．穆薩里卡（Peter Mutharika）發表他對國際法和無國籍的研究（在這一時期，和他這本書一樣處理同一主題的書籍並不多），他指出法律上的無國籍在國際機構或國際法學術研究中，並沒有引起和難民同等級的國際關注。[99]

人權條約經常被問到的問題是它們是否有帶來改變，或者它們只有在被違反時才受到尊重。如同我們在前文所看到的，有關無國籍的國際法典編纂需要考慮的因素還有很多，因為協議中包含的條款並未完全掌握戰後的國際思想中關於無國籍問題的更大框架。在戰後對於無國籍的重要性和意義的辯論中，各方都訴諸於價值觀來闡明喪失國民身分所代表的剝奪本質。不過，唯有訴諸喪失國籍會對國際秩序造成影響因而引起反對，才能夠為這個問題在整個世界的核心地位提供最強而有力的論據。也就是說，用比較富有道德的考量來重新審視這個問題，會將關注從個人在國際法下的法律身分和全球秩序的基本前提轉移開來。

結論
Conclusion

「在國家即將終結，或者說至少是傳統的主權概念即將終結的預言背景下，全球的無國籍者喚醒所有人注意國家持續存在的重要性。」

——米拉．西格爾柏格

冷戰結束時，法律上的無國籍又重回國際矚目，這個問題在全球的能見度與人們對主權受到侵蝕和國家死亡的普遍認知不謀而合。蘇聯、南斯拉夫和捷克斯洛伐克在一九九〇年代初期相繼解體，帶來沒有國民身分的新人口，使得聯合國大會在一九九五年做出決議，要求聯合國難民署將注意力指向無國籍現象的防止。為了達到這個目標，該機構設立了一個專屬職位，和各國及其他國際機構合作，提升對現有公約的遵守。[1]不過，即使國家形式已延伸到全球，專家仍然宣告在國際政治中，以國家為核心行為者的時代已經接近尾聲。全球化的力量造成主權受侵蝕的論述取得優勢地位，政治思想史學家約翰．波考克（John Pocock）在一九九七年的一次演講中對這件事提出了反思，他說「主權和歷史普遍被認為是要遭到破壞的」。[2]雖然二十世紀末是由一百九十一個在聯合國有代表的國家組成國際體系，並估計有五百七十五個潛在國家，不過到了一九九〇年代，則有政策菁英和社會科學家指出在經濟益加相互依存和非政府組織日益重要的壓力下，國家主權已經開始失靈。某些持類似論述路線的人也認為在一九九二年成立歐洲聯盟（European Union），似乎是回到了超國家的、國家和地方的身分與主權互相爭奪人民忠誠的時代。在美國的全球政治霸權保護傘下，政策制定者提議要回到早期的想法——認為國際秩序是由不同的政治實體所組成（包括對特定領土擁有民族權利、但是沒有主權的團體），或是由國際組織支持的少數族群權利保護。[3]國家必須和其他團體分享權力，包括跨國公司、非政府組織和由法律賦予權力的少數族群和原住民族（他們透過法院爭取地方的領土權和對條約義務的承認）。

[4]

在國家即將終結，或者說至少是傳統的主權概念即將終結的預言背景下，全球的無國籍者喚醒所有人注意國家持續存在的重要性——對國家的存在和保護感到需要，是發生在否認國家的權力和必要性這一狀況遭到公眾關注的時刻。[5]正是在這樣的時刻，漢娜・鄂蘭對於現代無國籍的討論成為重要的試金石，讓人們理解沒有公民身分保障的人所面臨到的困境。鄂蘭的著作在後冷戰時期獲得新的追隨者，因為它們有力地捕捉到國際秩序的悲哀——雖然聲稱個人有權利反對國家，但還是需要靠國家的權力才能夠確保上述個人權利。一九九〇年代的全球化和人權論述支持的觀點認為，在國家能力耗弱的時代，無國籍者代表國家權力的殘餘，這種主張的根據往往是將專屬主權的歷史追溯到一六四八年的《西發里亞和約》（Treaty of Westphali）。這樣的論述認為在後冷戰時期，一個由排他的主權國家組成的世界已經開始讓位給在道德和政治上都更加統一的世界。因此，在權利的時代被看做是一種痛苦悖論的無國籍，開始於自由的國際思想中取得新的意義，體現出世界主義和民族主義、普遍主義和特殊主義、普世人權和排他的公民權等等之間持續存在的緊張關係。[6]

本研究的中心主旨之一是要釐清有什麼概念和規範資源可以用來理解無國籍在當下的意義。本書試圖挑戰的概念包括傳統主權的界限直到一九四五年之後才被跨越，以及無國籍體現了主權與人權之間的矛盾。對於無國籍概念的批判性反思歷史建立在二十世紀的新國際制度背景之下，替當前國家和非國家的法律秩序關係提供了一個更有根據的歷史視角。[7]如同記者阿托薩・阿布拉哈米安（Atossa Abrahamian）所說的，對於富人來說，世界已經變成後國族的世界，大部分可供出售；消費者可以在自由徵收他們財富稅的國家裡領取護照和主張公民身分。社會公民身分這個理想和公共政策在二十世紀後期走向衰落，也恰逢當時可以擁有多重國籍。在那些負擔得起的人之間，很流行藉著投資計畫（輔以境外的〔offshore〕稅務登記）獲得公民身分，有能力生活的人可以挑剔和選擇他們的居住地和繳稅制度，就像是國界完全不存在一樣。這個幻想的自由意志論版本認為，由於技術創新，不再需要由國家為貨幣制度的信仰提供基礎。身分就由區塊鏈的應用程序加以確認；金錢方面則是賺取和消費無國籍的貨幣（例如比特幣，這種貨幣似乎不需要政府的保證）。這類新技術有望克服護照的疏漏、建立一個超越政府的世界——然而，即使金錢都以數位方式流動（就像是國界都不存在），想要轉移資金的個人還是需要護照才能夠到訪他們的帳戶所在。[8]

對於窮人和被剝奪權利的人來說，擁有國家成員的資格依舊很重要。能夠跨越國界的能力體現出全球的不平等模式——有些人可以取得數十本護照，有些人卻苦於連一本護照都沒有的境地。在今天，法律上沒有國籍的人往往被排除在就業和教育等基本的國家規定之外。他們缺乏護照和出生證明，因此沒有辦法向國家提出要求，也無法抵抗對他們的各種掠奪（例如非法販運）。聯合國難民署號召在十年內消除無國籍，並發起一項於二〇二四年終結全球無國籍的運動。這波倡導與舊日對無國籍的做法之間有著複雜的關係，既體現了連續性，同時也有改變。在一方面，即使法律上的無國籍問題在全球變得益發重要，但在做法上還是沿用戰後確立的分段路線和制度結構。大多數法律上沒有國籍的人所居住的許多國家都有權力登記和授予公民身分，律師、倡議者和國際組織也發展了某些技巧，說服國家承擔這個責任。他們的手法取得了一些成功，由於過去幾年中不斷成長的運動，簽署一九五四年和一九六一年聯合國公約的國家越來越多。而另一方面，即使國際和非政府機構得依賴公約確立的框架，不過現有架構的延伸也足以納入近幾年來由於被迫移民而新出現的無國籍成因。[9]

的確，從今日倡議者的角度來看，漢娜・鄂蘭和約瑟夫・昆茲提倡的國籍權底線——保證正式的法律地位——的想法顯得有點過時了。不過他們的論辨脈絡——在國際法中建立法律架構——說明了當代倡議和法律論據的方式。鄂蘭和昆茲擔心如果強調公民身分的實質面向，會對人們加入和取得世界上某個國家的成員資格的急迫性產生負面影響。多年來也證明他們的預言是正確的。不過，隨著法律上的無國籍在聯合國和難民機構間變得益形重要，法學者和倡議家也不再強調在法律類別之間做嚴格劃分，轉而支持對實際人類的真實狀況進行實際檢查。功能上的無國籍問題在倡議家的想像中占了優先地位，因此他們的論點強調國家有義務承認有效的國籍。例如，倡議家在討論問題時會區分法律上（*de jure*）或事實上（*de facto*）的無國籍。「事實上」的無國籍是指某個人可能擁有正式意義的國籍，但是無法向他居住的國家尋求保護。聯合國的一份報告解釋，一個國家中合法居住的非公民所享有的保護，可能比暴力政權下的國家公民還更多，而那些與某國保有技術上法律連結的人，可能實際上缺乏與該國的所有實質連結。事實上的無國籍還指一個人無法證明他的正式國籍或合法的移民身分，這是影響到無正式文件的移民子女，以及屬於邊緣社群的人（例如羅姆人〔Roma〕或羅興亞人〔Rohingya〕），他們通常缺乏所需文件來證明自己的合法身分。聯合國難民署估計至少有一千兩百萬人屬於這種類別。[10]

有些國際律師和評論者對於本書第六章所討論的《諾特博姆》案的結果持批判意見；從他們的角度來看，《諾特博姆》案裁決帶來的危險後果之一是將無國籍視為「邪惡」，使其喪失優先性。不過，判決中主張的真正紐帶原則，在今天被認為可以用來挑戰政府對於個人或少數族群是否擁有國民身分的主張。[11] 在替無國籍者和沒有正式文件的人辯護時，經常援引的是領土和社區的連結兩個論點。領土被認為是道德義務的空間，即使缺乏正式的承認，領土也是展現對地方和政體的真正依附本質的方式。[12] 相對於昆茲、鄂蘭等人的論點著重於使用正式的法律術語和其性格，當代的倡議者傾向於認為最好是強調可以聯繫某人與特定共同體的社會連結。他們認為對國民身分的判斷——除了源自特定政府之外——還有其他來源，這種判斷要根據個人和某個地方聯繫在一起的「真實」連結。將人與地方連結在一起的社會紐帶和關係，繞過或推翻了國家定義其公民和合法居留邊界的方式。[13] 關注國家成員身分的社會基礎，等於是將法律成員的最終判斷來源從國家轉移到國際法領域，以及該法律秩序的守護者。即使一國無法或不願意證實，某人仍然可能是該國國民，移民在特定地方建立的生活和社群就可以形成該事實。有關國際法的假設或是約定國家之間秩序的公約，在這裡比不上日常實踐和關係所產生的地方事實那般重要。

從規範的角度來看，通常被用於處理移民問題的兩種主要思想傳統是政治哲學和國際法。本書講述的故事將這兩種傳統置於歷史的視野中。其中探討了關鍵的歷史發展、創建邊界的相關辯論和說理是由哪些概念形塑的，以及構成和跨越邊界的意義。尤其是在過去十年間，政治和道德哲學家對於成員資格和國家邊界的正義及合法性展開了討論，其方法與本書所調查的法學辯論有著明顯不同。相較於根據現有的法律框架進行推論，他們是運用原則和道德判斷來評估定義公民與非公民身分的類別，以及制度的公正性，有時候會建立在公約的基礎上，有時候則是從正義的角度質疑其有效性。[14]有鑑於本書所闡述的特定系譜——現代政治哲學的基礎在於拒絕邏輯實證主義，以及法律與道德的形式分離——這一點並非無關緊要。決定成員界限和出入境與庇護規則的原則引發了道德爭論，自從一九七〇年代之後主導了政治哲學，對於分配和成員資格的法條主義做法也引發了批評，這使邊界問題的分析轉向道德判斷的領域。[15]與第一次世界大戰後論述的背離，也明顯表現在二十世紀後半葉關於人權和人性尊嚴論述的蓬勃發展，使得有關法律人格的辯論（這是第一個批判反思階段的特徵）似乎在相比之下顯得貧乏。道德人格被想像成比在法庭上起訴或被起訴的能力更為實質的東西。二十世紀早期的法人實體作為獨立的法律存在提供了一個強有力的例證，證明有獨立於國家之外的法律身分，而二十世紀下半葉的道德革命將個人視為權利和義務的神聖對象，這個概念也開始被用來使法人在新興的全球法律體系中取得更重要的地位。「人」變得不僅僅是一個法律類別，它還承載了一些法人概念中不存在的道德假設，這使得它似乎不太容易被想尋求權利對抗以國家構成的世界的法人所挪用。[16]

不過，氣候變遷也會成為迫使人流離失所的原因，這使得我們不得不思索一下全球秩序的概念與法律基礎。這還指出當大規模流離失所的政治意涵只是依照國際秩序的靜態想像加以概念化時，會出現什麼問題。在似乎不太遠的未來，當整個國家——密克羅尼西亞、馬爾地夫或吐瓦魯——都被淹沒時，失去依靠的人口在當前制度下將無法享有任何政府的保護。因此，他們會成為「事實上」的無國籍者。國家的邊界正以新的方式被打破，這個過程免不了會有強迫的移民。領土主權因為海平面的上升而面臨侵蝕，帶來的問題便是如何理解這些領土消失的國家後續的國家地位。在氣候變遷和大規模移民的新時代，國家的定義是什麼，又是由誰決定的呢？消失的國家是國際法下的新型主體嗎？領土還是國家的基本特徵之一嗎？[17]舉例來說，如果馬爾地夫人保留了某種名義上的「國籍」（但是無法享有領土型國家的好處），那麼他們將無法根據國際法獲得任何救濟，因為他們不符合公約對於無國籍的法律定義。政治理論家看到領土的動態變化之後，已經開始強調現有移民規範方式的局限性，不過還有很多工作要做。寶琳娜．奧喬亞．埃斯佩約（Paulina Ochoa Espejo）在最近指出，一個國家的既定邊界可以假定為現有的人民和既定領土，並用民主的方式證明其正當性；但是，如果移民挑戰了現有的民族和國家邊界，這個策略就不可行了。此外，對於有爭議的領土主張、或是在全球環境危機中可能出現的大規模移民造成的領土問題，這個做法也不夠。[18]

在第一次世界大戰之後，科特．施威特斯的拼貼畫喚起對世界地圖的重製。本書原文書的封面圖片便是他在這個時期創作的一幅拼貼畫。這張畫讓我們注意到戰後的幾年中，在歐洲和廣大世界裡有更多人意識到了政治秩序的崩潰和建立。在那些年間，各種理論家將無國籍與有關政治和法律秩序概念的基礎辯論相連結。本書注意到帝國、主權、國際主義和法律思想交織的歷史，想要解釋是在怎樣的知識和意識形態脈絡下，才發生這些對於無國籍的重要性和意義的辯論。本書還追溯了這些學說的根源和遺緒，以及造成這些學說的機構（它們也還繼續在形成全球政治）。無國籍這個法律類別藉由其故事在國際歷史中告訴我們的是，在創造現代的國際秩序時，思想發揮了比人們通常假設的更重要的作用。它還顯示法律和法律思想的知識史不僅有助於我們理解國籍和無國籍的思想史，也對於理解國際秩序本身的歷史不可或缺。在二十世紀的過程中，支持法律實證主義和法律形式主義的知識前提都受到了削弱或挑戰。這些技術性辯論帶來重大的結果——影響了政治和法律行為者如何在編纂戰後的法律框架時加入無國籍問題，而且接下來還有助於穩定國際政治的傳統邊界。因此，這類架構具有重要的意識形態功能，本研究也試圖彰顯出這點。

無國籍危機直到今天依舊存在，而且在迅速增長，有哪些可用的資源足以協助它概念化呢？

當我完成本書之際，改變了世界的新冠疫情顯示國家政府承擔了集體災難的責任，因此國家的確有無可否認的重要性。如果國家依然是全球秩序中最重要的行為者或代理人，那麼我們可以用什麼框架和詞彙來理解無法放進國家邊界的東西呢？如果我們今天想要找到這些問題的答案，就必須把它們連結到標幟了我們這個時代的政治與法律秩序的廣大變遷——就像是本書的主要人物在標幟出他們時代的崩潰和創造力的時期所做的事。

致謝
Acknowledgements

我想在此對協助本書出版的老師、導師、朋友和家人致上最大的謝意。

這項研究是在哈佛大學進行的，我有幸在大衛・阿米蒂奇（David Armitage）、彼得・戈登（Peter Gordon）、查爾斯・麥爾（Charles Maier）和塞繆爾・莫因（Samuel Moyn）的指導下展開這個計畫。在我的研究早期，大衛・阿米蒂奇就對這本書付予信任，並鼓勵我要將研究和思考廣泛地擴及政治哲學、國際歷史和國際法律理論。大衛一直是一位非常慷慨的指導者和老師，也始終不改變他對我的鼓勵、啟發和支持。

我在哈佛時，得益於艾瑪・羅斯柴爾德（Emma Rothschild）、艾莉森・約翰遜（Alison Johnson）、瑪麗・劉易斯（Mary Lewis）、艾瑞茲・瑪內拉（Erez Manela）和吉姆・克洛彭伯格（Jim Kloppenberg）的指導和重要教誨。我很感謝查爾斯・麥爾和我之間的許多豐富對話，形成了我對國際歷史的理解和研究方法。彼得・戈登的質疑使我深入挖掘寫下無國籍這個類別的歷史意味著什麼，以及這麼做的道德和人性意義。我很感謝彼得長期以來的支持和鼓勵。

我在哈佛的時光因為有菲爾・菲利里（Phil Fileri）、傑米・馬丁（Jamie Martin）、艾瑞克・林斯壯（Erik Linstrum）、漢娜・卡拉威（Hannah Callaway）、菲麗帕・赫瑟林頓（Philippa Hetherington）和威爾・塞林格（Will Selinger）的友誼和對話而變得豐富。本計畫也獲得歐洲研究中心（Center for European Studies）、哈佛文理研究院（Graduate School of Arts and Sciences at Harvard）、懷廷基金會人文學科獎學金（Whiting Foundation Fellowship in the Humanities）、愛德蒙・薩夫拉倫理學研究生獎學金（Edmond J. Safra Graduate Fellowship in Ethics）和劍橋大學歷史與經濟中心（Cambridge University Centre for History and Economics）的獎助金。

當我要將論文發展成本書時，普林斯頓研究員協會（Princeton Society of Fellows）提供了一群理想的人選來檢驗我的想法，並擴大我的思維。我要極力感謝蘇珊娜・貝加（Susana Berger）、安德魯・漢密爾頓（Andrew Hamilton）、克里斯托夫・利特溫（Christophe Litwin）和喬尼・塔卡爾（Jonny Thakkar）讓我在普林斯頓的歲月如此豐富、有意義和充滿活力。瑪莉・哈波（Mary Harper）和蘇珊・斯圖爾特（Susan Stewart）確保了研究員協會是一個自由交流和充滿智慧創造力的地方，我也非常感謝她們對草稿的精闢評論，以及她們的建議與鼓勵。

我要感謝德克・哈托格（Dirk Hartog）對我在在普林斯頓大學期間的引領和指導。還有傑里米・阿德爾曼（Jeremy Adelman）、查爾斯・拜茲（Charles Beitz）、大衛・貝爾（David

Bell）、丹・埃德爾斯坦（Dan Edelstein）、戴斯蒙德・賈格莫漢（Desmond Jagmohan）、哈羅德・詹姆斯（Harold James）、斯坦利・卡茲（Stanley Katz）、梅麗莎・蓮恩（Melissa Lane）、大衛・明多（David Minto）、菲爾・諾爾德（Phil Nord）、吉安・普拉卡什（Gyan Prakash）、安森・拉賓巴赫（Anson Rabinbach）、丹尼爾・羅傑斯（Daniel Rodgers）、瑪麗亞・保拉・薩芬・薩寧（Maria Paula Saffon Sanin）、安娜・史提爾茲（Anna Stilz）和揚・維爾納－繆勒（Jan Werner-Mueller）不吝提供他們的見解和評論。

在我修改草稿時，我要感謝以下這些人所提供的回饋和建議，他們分別是鄧肯・貝爾（Duncan Bell）、莉歐拉・比斯基（Leora Bilsky）、內哈爾・布塔（Nehal Bhuta）、羅希特・戴（Rohit De）、何塞・阿格塔・富內斯（José Argueta Funes）、斯特凡－路德維希・霍夫曼（Stefan-Ludwig Hoffman）、鄧肯・凱利（Duncan Kelly）、詹姆斯・羅夫勒（James Loeffler）、馬克・馬佐爾（Mark Mazower）、莫里亞・帕茲（Moria Paz）、珍妮弗・皮茲（Jennifer Pitts）、蘇菲・史密斯（Sophie Smith）、菲爾・斯特恩（Phil Stern）和約翰・威特（John Witt）。

我也要感謝普林斯頓大學的戴維斯研討會（Davis Seminar at Princeton）、耶魯大學法學院法律史論壇（Legal History Forum at Yale Law School）、倫敦大學學院的行星未來研討會（Planetary Futures seminar at UCL），以及劍橋的政治思想與思想史研討會（Political Thought and Intellectual

History Seminar at Cambridge）的聽眾。

我有幸加入倫敦大學瑪麗王后學院（Queen Mary, University of London）的政治和法律思想史學家社群，並得益於理查德・伯克（Richard Bourke）、喬安娜・科恩（Joanna Cohen）、馬克西米利安・德爾・瑪（Maksymilian Del Mar）、卡特里娜・弗雷斯特（Katrina Forrester）、摩里齊奧・伊莎貝拉（Maurizio Isabella）、艾琳－佛羅倫薩・曼特（Aline-Florence Manent）、米麗・魯賓（Miri Rubin）、昆廷・斯金納（Quentin Skinner）、加雷斯・斯特德曼－瓊斯（Gareth Stedman-Jones）、喬治斯・瓦魯薩基斯（Georgios Varouxakis）的專業建議。我要特別感謝理查德閱讀了完整草稿。還有朱利安・傑克遜（Julian Jackson）、馬克西米利安・德爾・瑪、阿曼達・維克里（Amanda Vickery）和潘妮・格林（Penny Green）在複雜的情況下提供了極為專業的支持。

在我轉換到倫敦、現在又來到劍橋的過程中，理查德・伯克一直不吝為我提供指引，我要感謝他的友誼和智慧。理查德除了給我專業建議和堅定的支持之外，還確保我在需要時能夠專注於自己的健康，並幫助我在重返工作崗位時找到立足點。

哈佛大學出版社（Harvard University Press）的喬伊斯・塞爾策（Joyce Seltzer）早於我很久之前，就相信這個計畫能夠寫成一本書。我要感謝她的引領和她對這個計畫在道德和人文方面的觀點。詹姆斯・布蘭特（James Brandt）協助我完成了這本書，我要感謝他的建議和理解。我要感謝的人還有米哈埃拉・帕庫爾（Mihaela Pacurer）、傑米・阿姆斯特朗（Jamie Armstrong）、戴夫・普勞特（Dave Prout），以及哈佛的製作團隊。

本研究的一些核心主題（尤其是我們賴以保障安全和平安的網絡及條件）在本書的寫作過程中以較個人的方式成了關注焦點，而當我不得不把書放在一邊、專注在其他事物時，我也對在精神上及物質上支持我的家人和朋友欠下了許多不同形式的債。

我的朋友們幫助我度過了一段艱難的時期，而且每天鼓勵著我，他們是塞斯・安茲卡（Seth Anziska）、蘇珊娜・貝加、卡特里娜・弗雷斯特、哈娜・蘭德斯（Hana Landes）、傑米・馬丁和特希拉・薩松（Tehilla Sasson）。卡特里娜和傑米讓我們從抵達倫敦的那一刻開始，就感到受到賓至如歸和被愛。蘇珊娜・貝加總是知道什麼時候該帶著她深具洞察力的建議和智慧介入，我希望讓她知道她的友誼對我是如何重要。對於卡特里娜的友誼，我的感謝之情無以言喻，她總是能以得體的方式分享她的見解，幫助我理清思路，並在關鍵的時刻一直在我身邊。

自從我在哥倫比亞大學就讀大一以來，塞繆爾・莫因一直是我的靈感源泉。他以無數方式塑造了這個計畫，閱讀了我的完整草稿，並不斷將我推向新的想法和研究方向。塞繆爾一直是友誼、求知欲和全方位人性（*Menschlichkeit*）的模範，我要特別感謝他在我最需要的時候，提供了支持且擲地有聲的觀點。

我很難適切地說出自己對家人的感謝，我希望他們知道他們的愛和信念對我而言有什麼意義；這幾年來，他們是如此竭盡全力地確保我的健康和幸福。我要謝謝漢娜（Hannah）和布羅那（Brahna），感謝他們無與倫比的愛和理解，而且他們是如此可靠的歡笑和快樂的來源。感謝華倫（Warren），感謝他慷慨地準備了一個在陌生時刻依然能夠閱讀和思考的地方。瑞奇（Ricky）和我共享寫作的旅程，並在關鍵時刻提供了睿智的建議。依莎貝拉（Izabella）、愛德華（Eduard）和加夫里爾．穆洛坎多夫（Gavriel Mullokandov）歡迎我加入他們的家庭——我非常感謝他們的愛和慷慨。

亞設（Asher）投入這個計畫的時間和我一樣久。自從這個計畫展開之後，這些年來，他一直耐心地聽我在思考時的自言自語、閱讀我的草稿，為我掛保證和提供他的洞察。他所在的地方就是家，他的愛讓一切成為可能。

我擁有的一切都要歸功於我的父母——佛蘿倫絲和艾倫．西格爾柏格（Florence and Alan Siegelberg）——他們是我最初、也是最重要的老師，他們一直堅定不移地把他們充滿愛心的鼓勵帶給我。這本書是獻給他們的，帶著我滿滿的愛。

Oxford University Press, 2019)。有關於戰後協議是如何為針對難民和無國籍者的規範性反思提供基礎，例如可參見 David Owen, "On the Normative Basis of the Institution of Refugeehood," in *Migration in Political Theory: The Ethics of Movement and Membership,* ed. Fine and Ypi (Oxford: Oxford University Press, 2016); M. J. Gibney "The Rights of Non-Citizens to Membership," in *Statelessness in the European Union: Displaced, Undocumented, Unwanted,* ed. C. Sawyer and B. Blitz (Cambridge: Cambridge University Press, 2011), 45。

15 Melissa Lane, "Positivism: Reactions and Developments," in *The Cambridge History of Twentieth-Century Political Thought,* ed. Richard Bellamy and Terence Ball (Cambridge: Cambridge University Press, 2008), 321–342. 有關於戰後的自由主義政治哲學，可參見 Katrina Forrester, *In The Shadow of Justice: Postwar Liberalism and the Remaking of Political Philosophy* (Princeton, NJ: Princeton University Press, 2019)。

16 Bruce Mazlish and Alfred Chandler, *Leviathans: Multinational Corporations and the New Global History* (Cambridge: Cambridge University Press, 2005); Kim Rubenstein and Daniel Adler, "International Citizenship: The Future of Nationality in a Globalized World," *Indiana Journal of Global Legal Studies* 7, no. 2 (2000): 519–548; Turkuler Isiksel, "The Rights of Man and the Rights of Man-Made," *Human Rights Quarterly* 38, no. 2 (2016): 308; Jose Alvarez, "Are Corporations 'Subjects' of International Law?," *Santa Clara Journal of International Law* 9, no. 1 (2011). 有些人想將道德人格延伸到非自然人，他們的想法是樹木和地標、荒野、公司、國家和其他人造人也都具有可與人類相比擬的道德身分。Christopher Stone, *Should Trees Have Standing? Law, Morality, and the Environment* (Oxford: Oxford University Press, 2010).

17 Charles Maier, *Once within Borders: Territories of Power, Wealth, and Belonging since 1500* (Cambridge, MA: Harvard University Press, 2017).

18 Marija Dobrić, "Rising Statelessness Due to Disappearing Island States: Does the Current Status of International Law Offer Sufficient Protection?," *Statelessness and Citizenship Review* 1, no. 1 (2019): 42–68; Heather Alexander and Jonathan Simon, "No Port, No Passport: Why Submerged States Can Have No Nationals," *Washington International Law Journal* 26, no. 2 (2017); Paulina Ochoa Espejo, "Taking Place Seriously: Territorial Presence and the Rights of Immigrants," *Journal of Political Philosophy* 24, no. 1 (2016): 67–87; Espejo, "People, Territory, and Legitimacy in Democratic States," *American Journal of Political Science* 58, no. 2 (2014): 466–478.

Legal Principle into National Law: The Right to a Nationality and the Avoidance of Statelessness," *Refugee Survey Quarterly* 25, no. 3 (2006): 8–25; Laura Van Waas, "Nationality Matters, 5 Years On: How Far Statelessness Has Travelled," November 28, 2013, http://statelessprog.blogspot.hu/2013/11/nationality-matters-5-years-on-how-far.html。

10 UNHCR, *The State of the World's Refugees: A Humanitarian Agenda* (1997), chap. 6 "Statelessness and Citizenship," http://www.unhcr.org/3eb7ba7d4.html. 也可參見 Margaret Somers, *Genealogies of Citizenship: Markets, Statelessness and the Right to Have Rights* (Cambridge: Cambridge University Press, 2008); Jacqueline Bhabha, ed., *Children without a State: A Global Human Rights Challenge* (Cambridge, MA: MIT Press, 2011); Tendayi Bloom, Katherine Tonkiss, and Phillip Cole, eds., *Understanding Statelessness* (London: Routledge, 2017)。國際難民法專家詹姆斯·海瑟薇（James Hathaway）指出「這是不夠的……如果一國其實不願意提供保護讓他們免於回到受迫害的國家，提出申請的人就還必須有第二本來自非迫害國家的護照」。James Hathaway, *The Law of Refugee Status* (United Kingdom: Buttersworth Canada, 1991), 59.

11 可參見 Guy Goodwin Gill on the potential for the Nottebohm case to have relevance beyond its limited context, https://www.ejiltalk.org/statelessness-is-back-not-that-it-ever-went-away/。

12 Hamsa Murthy, "Sovereignty and Its Alternatives: On the Terms of (Illegal) Alienage in US Law," in *Who Belongs? Immigration, Citizenship, and the Constitution of Legality,* ed. Austin Sarat (Bingley, UK: Emerald, 2013), 1–29; William E. Conklin, *Statelessness: The Enigma of an International Community* (Oxford: Bloomsbury, 2014); Eric Fripp, *Nationality and Statelessness in the International Law of Refugee Status* (Oxford: Bloomsbury, 2016); Linda Bosniak, "Being Here: Ethical Territoriality and the Rights of Immigrants," *Theoretical Inquiries in Law* 8, no. 2 (2007): 389–410.

13 Conklin, *Statelessness*, 223.

14 有關於社會科學和政治理論普遍忽視公民身分和歸屬感的外顯面向，可參見 Linda Bosniak, *The Citizen and the Alien: Dilemmas of Contemporary Membership* (Princeton, NJ: Princeton University Press, 2006); Rogers Brubaker, *Citizenship and Nationhood in France and Germany* (Cambridge, MA: Harvard University Press, 1992)。較為近期的可參見 Sarah Fine and Lea Ypi, eds., *Migration in Political Theory: The Ethics of Movement and Membership* (Oxford: Oxford University Press, 2016); Anna Stilz, *Territorial Sovereignty: A Philosophical Exploration* (Oxford:

並產生後國族成員身分和去領域化身分的新結構——可參見 Adam Mckeown, *Melancholy Order: Asian Migration and the Globalization of Borders* (New York: Columbia University Press, 2008)。

3 例如可參見：Gidon Gottlieb, *Nation against State: A New Approach to Ethnic Conflicts and the Decline of Sovereignty* (New York: Council on Foreign Relations Press, 1993)。有關於對這些建議的批判性觀點，可參見 Nathaniel Berman, "Legalizing Jerusalem or, Of Law, Fantasy, and Faith," *Catholic University Law Review* 45, no. 3 (1996): 823–836。

4 Miranda Johnson, *The Land Is Our History: Indigeneity, Law, and the Settler State* (Oxford: Oxford University Press, 2016); S. James Anaya, *Indigenous Peoples in International Law* (New York: Oxford University Press, 1996); Benedict Kingsbury, "Indigenous Peoples in International Law: A Constructivist Approach to the Asian Controversy," *American Journal of International Law* 92, no. 414 (1998).

5 例如可參見 Quentin Skinner and Bo Strath, "Introduction," in *States and Citizens: History, Theory, Prospects,* ed. Skinner and Strath (Cambridge: Cambridge University Press, 2003), 2。

6 義大利哲學家喬治・阿甘本的著作受到鄂蘭有關無國籍者的論述所啟發，他在書中指出（仍因受制於權力而）遭到排除的人物，就是先前被隱藏的政治主權的實質。Giorgio Agamben, *Homo Sacer: Sovereign Power and Bare Life* (Stanford, CA: Zone Books, 1998).

7 Lauren Benton, *Search for Sovereignty: Law and Geography in European Empires, 1400–1900* (Cambridge: Cambridge University Press, 2009), chap. 6.

8 可參見 Atossa Abrahamian, *The Cosmopolites: The Coming of the Global Citizen* (New York: Columbia Global Reports, 2015)。

9 Statement by António Guterres, United Nations High Commissioner for Refugees, Third Committee of the General Assembly, 68th Session, November 6, 2013, http://www.unhcr.org/52a83ce99.html. 布拉德・布立茲（Brad Blitz）和卡羅琳・索耶（Caroline Sawyer）提供了對當代文獻的全面性概述。可參見 Caroline Sawyer and Brad K. Blitz, *Statelessness in the European Union: Displaced, Undocumented, Unwanted* (Cambridge: Cambridge University Press, 2011)。法律分析可以透過對國際協議的解釋、用法律獨創性和分析來克服提供保護的差距——如利用《世界人權宣言》、《公民權利及政治權利國際公約》（ICCPR）、《兒童權利公約》（Convention on the Rights of the Child）。可參見 Carol Batchelor, "Stateless Persons: Some Gaps in International Protection," *International Journal of Refugee Law* 7, no. 2 (1995): 232–259; Batchelor, "Transforming International

Sharma, F. Wooldridge, "Some Legal Questions Arising from the Expulsion of the Ugandan Asians," *International and Comparative Law Quarterly* 23, no. 397 (1974): 397–425; HO 213/2360, Sierra Leone: Commonwealth Citizenship to Reduce Statelessness, TNA: PRO. Letter October 14, 1965。

98 Seth Anziska, *Preventing Palestine: A Political History from Camp David to Oslo* (Princeton, NJ: Princeton University Press, 2018); Paul Thomas Chamberlin, *The Global Offensive: The United States, The Palestine Liberation Organization, and the Making of the Post-Cold War Order* (Oxford: Oxford University Press, 2012); Lydia Walker, "Decolonization in the 1960s: On Legitimate and Illegitimate Nationalist Claims-Making," *Past and Present* 242, no. 1 (2019): 227–264.

99 Peter Mutharika, *The Regulation of Statelessness under International and National Law* (New York, 1977). 一九六一年的《減少無國籍狀態公約》花了十二年時間才確保所需的簽署，現在也只有五十五個締約國。有關於整體上被學術忽略的一些例外，可參見 Myres McDougal, Harold Lasswell, and Lung-chu Chen, "Nationality and Human Rights: The Individual and External Arenas," *Yale Law Journal* 83 (1974): 900–998; Dorothy Jean Walker, "Statelessness: Violation or Conduit for Violation of Human Rights?," *Human Rights Quarterly* 3, no. 1 (1981): 106–123，引用於 *The State of the World's Refugees,* http://www.unhcr.org/3eb7ba7d4.html; T. R. Subramanya, "Problem of Statelessness in International Law," *International Studies* 26, no. 337 (1989): 337–350。

結論

1 Matthew Seet, "The Origins of the UNHCR's Global Mandate on Statelessness," *International Journal of Refugee Law* 28, no. 1 (2016): 7–24; Mark Manly and Santosh Persaud, "UNHCR and Responses to Statelessness," *Forced Migration Review* 32 (2009): 7; Andras Fehervary, "Citizenship, Statelessness and Human Rights: Recent Developments in the Baltic States," *International Journal of Refugee Law* 5, no. 3 (1993): 392–423.

2 經出版為 J. G. A. Pocock, "The Politics of History: The Subaltern and the Subversive", in *Political Thought and History: Essays on Theory and Method,* ed. Pocock (Cambridge: Cambridge University Press, 2009), 256。有關於人權和主權平等之間在規範面的緊張關係，可參見 Jean Cohen, *Globalization and Sovereignty: Rethinking Legality, Legitimacy, and Constitutionalism* (Cambridge: Cambridge University Press, 2012)。有關於敏銳的分析用「全球化敘事」來描繪一九七〇年代這個新時代——當時出現了全球化、跨國互動和私有化，邊界經過重劃，

of Modern South Asia (New York: Columbia University Press, 2007); Emma Haddad, *The Refugee in International Society: Between Sovereigns* (Cambridge: Cambridge University Press, 2008); Guy Goodwin-Gill and Jane McAdam, *The Refugee in International Law* (New York: Oxford University Press, 2007)。

92 Frederick Cooper, *Citizenship between Empire and Nation: Remaking France and French Africa, 1945–1960* (Princeton, NJ: Princeton University Press, 2014).

93 英國的國際關係學者馬丁·懷特（Martin Wight）在一篇一九六六年的文章中指出：「無國籍者的緊迫問題」突顯了某些學說（像是只有國家才具有國際法人格）的局限性。Martin Wight, "Western Values in International Relations," in *Diplomatic Investigations: Essays in the Theory of International Politics*, ed. Martin Wight and Herbert Butterfield (London: Allen and Unwin, 1966), 101; Rosalyn Higgins, "Conceptual Thinking about the Individual in International Law," *British Journal of International Studies* 4, no. 1 (1978): 1–19.

94 有關於在殖民主義或占領下仍保留的國家地位的法律屬性，可參見 C. H. Alexandrowicz, "New and Original States: The Issue of Reversion to Sovereignty," in *The Law of Nations in Global History*, ed. David Armitage and Jennifer Pitts (Oxford: Oxford University Press, 2017), 375–384。也可參見 Matthew Craven, "The Problem of State Succession and the Identity of States under International Law," *European Journal of International Law* 9 (1998): 142–162。

95 對於成為終結無國籍運動的對象人口之調查，可參見 Greg Constantine's website Nowhere People, http://www.nowhere people.org/。有關於肯亞（Kenya）的無國籍歷史，可參見 Julie MacArthur, "Decolonizing Sovereignty: States of Exception along the Kenya-Somali Frontier," *American Historical Review* 124, no. 1 (2019): 108–143。

96 HO 213/2360, Sierra Leone: Commonwealth Citizenship to Reduce Statelessness, TNA: PRO.

97 HO 213/2345, Stateless in Zanzibar, 1964, Letter Solicitor Murgatroyd to O'Connor, Nationality and Consular department, July 8, 1965. 尚吉巴（Zanzibar）還是（英國的）保護國時，該地有印度血統的人會被登記為英國及殖民地公民，尚吉巴在一九六三年成為獨立的聯邦國家，當時便交換成尚吉巴的公民身分，而他們在一九六四年一月又被革命政府被剝奪了公民身分，成為無國籍者。有關於英國在帝國轉移主權時仍繼續存在的複雜法律安排，可參見 Steven Krasner, *Organized Hypocrisy* (Princeton, NJ: Princeton University Press, 1999), 230; Oliver Lissitzyn, "Territorial Entities Other than States in the Law of Treaties, vol. 125," in *Collected Courses of the Hague Academy of International Law* (1968); Vishnu D.

American University, 1934)。史蒂文・波洛克（Stephan Pollack）為《耶魯法律評論》（*Yale Law Review*）撰寫的一篇（討論一九五四年《驅逐法》的）未署名文章中，首先建議將《美國憲法增修條文第八條》適用於驅逐案件。波洛克大量使用了鄂蘭對無國籍的討論。Weil, *Sovereign Citizen,* 160; "The Expatriation Act of 1954," *Yale Law Review* 64, no. 8 (1955): 1164–1200; *Trop v. Dulles*, October Term 1957, 104–14 to 105–4, series 1, 20, Felix Frankfurter Papers, Harvard Law School Library.

85 *Trop v. Dulles*, 356 U.S. 86, 125 (1958).

86 *Trop v. Dulles*, October Term 1957, 104–14 to 105–4, series 1, 20, Felix Frankfurter Papers, Harvard Law School Library.

87 *Trop v. Dulles*, 356 U.S. 86, 111–112 (1958).

88 與（美國並未參與的）一九五四年會議不同，美國參加了一九五九年的程序，對制定公約也有更大的興趣。M. Wilcox to M. Becker, January 29, 1959, UN Elimination and Reduction of Future Statelessness, box 365, A1 5536, National Archives and Records Administration. Stavropoulos to Liang, April 20, 1959, International Conference of Plenipotentiaries to Conclude a Convention on the Reduction or Elimination of Future Statelessness, SO 261/41, United Nations Office at Geneva. Nehemiah Robinson, July 1, 1960, box 96, file 5, World Jewish Committee Collection, United States Holocaust Museum Memorial; Nehemiah Robinson, *Convention Relating to the Status of Stateless Persons (A Magna Charta for Stateless Persons*) (New York: Institute of Jewish Affairs, World Jewish Congress, 1954).

89 Paul Weis, "The United Nations Convention on the Reduction of Statelessness, 1961," *International and Comparative Law Quarterly* 11, no. 4 (1962): 1073–1096; Alison Kesby, *The Right to Have Rights: Citizenship, Humanity, and International Law* (New York: Oxford University Press, 2012), 49. 有關於一九六一年的公約對事實上連結和忠誠證據的強調，以及《諾特博姆》案裁決的影響，可參見 Peter Mutharika, *The Regulation of Statelessness under International Law* (New York: Oceana, 1977), 120; Norman Bentwich, "Human Rights and the Reduction of Statelessness," *Contemporary Review* 201, no. 1153 (1962): 57–60; J. M. Ross, "English Nationality Law: Soli or Sanguinis?," in *Studies in the History of the Law of Nations,* ed. C. H. Alexandrowicz (Leiden: Martinus Nijhoff, 1970), 22。

90 Peter Gatrell, *The Making of the Modern Refugee* (Oxford: Oxford University Press, 2013).

91 例如可參見：Vazira Fazila-Yaccobali Zamindar, *The Long Partition and the Making*

(2004): 133。

80 Hannah Arendt, *On Revolution* (New York: Viking, 1963), 108–109. 在這個特殊的時刻，鄂蘭與恩斯特・坎托羅威茲（Ernst Kantorowicz）同樣對法律人格的奧祕感到興趣——坎托羅威茲在一九五七年著有《國王的兩具軀體》（*The King's Two Bodies*）一書，本書源自為馬克斯・拉丁的紀念論文集所寫的一篇較短的論文，是對於主權在中世紀的神祕起源所做的早期思考（拉丁是一名法哲學家，他寫有一些二十世紀關於公司法人格的核心法律著作）。坎托羅威茲認為中世紀的公司理論建立在羅馬法律概念的基礎上，但是從中世紀的天使永生觀念和基督聖體的教義中（這些實體即使有所變化，還是維持著同一性）獲得了更深層次的概念，即認為法律的建構物（像是公司和後來的國家）是不朽的。可參見 Ernst Kantorowicz, *The King's Two Bodies: A Study in Medieval Political Theology* (Princeton, NJ: Princeton University Press, 1957)。有關於其與拉丁著作的關聯，可參見 Robert Lerner, *Ernst Kantorowicz: A Life* (Princeton, NJ: Princeton University Press, 2017), 344。

81 有關於源自後哈布斯堡帝國環境的「異族權利」（Xenos Rights）這個新自由主義概念，可參見 Quinn Slobodian, *The Globalists: The End of Empire and the Birth of Neoliberalism* (Cambridge, MA: Harvard University Press, 2018)。有關於鄂蘭對「社會」的批評以及她的思想與海耶克的比較，可參見 Wendy Brown, *In the Ruins of Neoliberalism: The Rise of Antidemocratic Politics in the West* (New York: Columbia University Press, 2019)。William Davies, *The Limits of Neoliberalism: Authority, Sovereignty, and the Logic of Competition* (Los Angeles, CA: Sage, 2017), 8.

82 有關於戰後的美國案例，可參見 Patrick Weil, *The Sovereign Citizen: Denaturalization and the Origins of the American Republic* (Philadelphia: University of Pennsylvania Press, 2013), chap. 11。可參見 Sigal Ben-Porath and Rogers Smith, eds., *Varieties of Sovereignty and Citizenship* (Philadelphia: University of Pennsylvania Press, 2013)。

83 *Trop v. Dulles*, 356 U.S. 86, 101 (1958); *Trop v. Dulles*, October Term 1957, box 104 folders 14–18 to box 105 folders 1–4, series 1, 20, reel 34, Felix Frankfurter Papers, Harvard Law School Library.

84 華倫在意見書中引用了聯合國的《無國籍研究》，以及在兩次世界大戰之間、從比較法和國際法觀點撰寫的有關於無國籍主題的著作，包括：Edwin M. Borchard, *The Diplomatic Protection of Citizens Abroad* (New York.: Banks Law, 1915); Catherine Seckler-Hudson, *Statelessness, with Special Reference to the United States: A Study in Nationality and Conflict of Law* (Washington, DC:

Economic Order," *Humanity* 6, no. 1 (2015): 129–143.

73 Ian Brownlie, "The Relations of Nationality in Public International Law," *British Yearbook of International Law* 39, no. 284 (1963): 284–264.

74 Ian Brownlie, "The Individual before International Tribunals," *International and Comparative Law Quarterly* 11, no. 3 (1962): 701–720.

75 Josef Kunz, "The Distinctiveness of the International Legal System: Comparison and Contrast," *Ohio State Law Journal* 22, no. 3 (1961): 449. 波蘭國際法和憲法學者馬雷克・聖科羅維茲（Marek St. Korowicz）在第二次世界大戰之前就讀於利沃夫的亞捷隆大學（Jagiellonian University），他的結論是國際和跨國的法律手段不斷增加，反映了國際法最終解體成數量之多、令人眼花繚亂的分支——從海事和航空法到國際犯罪都有。Marek St. Korowicz, *Introduction to International Law: Present Conceptions of International Law in Theory and Practice* (The Hague: Martinus Nijhof, 1959), 21. 也可參見 M. Korowicz, "The Problem of the International Personality of Individuals," *American Journal of International Law* 50, no. 3 (1956): 533–562。

76 Robert Kann, *The Habsburg Empire: A Study in Integration and Disintegration* (New York: Octagon, 1957). 「沒有平等權作為社會基礎的民族平等，只是一種拙劣的模仿，它會將超民族的妥協簡化為空洞的公式。」Robert A. Kann, "Die Habsburgermonarchie und das Problem des ubernationalen Staaten," in *Die Habsburger Monarchie, 1848–1918*, ed. Adam Wandruszka and Peter Urbanitsch, vol. 2 (Vienna: Austrian Academy of Science Press, 1975), 22，引用於 Gerald Stourzh, "Multinational Empire Revisited," in *From Vienna to Chicago and Back: Essays on Intellectual History and Political Thought in Europe and America* (Chicago: University of Chicago Press, 2007), 135。

77 漢斯・巴德（Hans Baade）在對該次審判的法律評論文章中提出對《諾特博姆》案判決的爭議（他引用了約瑟夫・昆茲對該判決的反對意見）。Hans W. Baade, "The Eichmann Trial: Some Legal Aspects," *Duke Law Journal* 1961, no. 3 (1961): 400–420.

78 Yosal Rogat, *The Eichmann Trial and the Rule of Law* (Santa Barbara, CA: Center for the Study of Democratic Institutions, 1961), 24; Book annotations, *The Eichmann Trial and the Rule of Law*, General, 1938–1976, Rogat, Yosal, Correspondence File, 1938–1976, Hannah Arendt Papers, Library of Congress.

79 Hannah Arendt, *Eichmann in Jerusalem: A Report on the Banality of Evil* (New York: Viking Press, 1963), 238. 可參見 Roy T. Tsao, "Arendt and the Modern State: Variations on Hegel in 'The Origins of Totalitarianism,'" *Review of Politics* 66, no. 1

68 同前注，頁 xvii。也可參見 Nissim Bar-Yaacov, *Dual Nationality* (London: Stevens, 1961)。巴爾・亞科夫（Bar Yaacov）的書是以他在劍橋大學時接受勞特帕赫特指導的一篇論文為基礎，並將事實上國籍的原則追溯回二十世紀之交的法院案件。

69 "Denmark: Memorandum with Draft Convention on the Reduction of Statelessness," 1955, A/CONF.9/4, http://legal.un.org/diplomaticconferences/1959_statelessness / vol1.shtml.

70 可參見 United Nations Conference on the Law of the Sea, Second Committee: Summary Records of Meetings and Annexes, February 24–April 27, 1958, 4, http://legal .un.org/diplomaticconferences/lawofthesea-1958/vol/english/2nd_Cttee_vol_IV_ e .pdf。聯合國公約以保護海洋為「人類共同的遺產」為託辭，授權將百分之四十的海洋表面置於國家的控制之下。Martti Koskenniemi, "The Future of Statehood," *Harvard International Law Journal* 32, no. 2 (1991): 397–410. 這一時期對空域和外太空主權界限的爭論，同樣反映了更廣泛授予國籍的趨勢。可參見 Philip C. Jessup and Howard J. Taubenfeld, *Controls for Outer Space and the Antarctic Analogy* (New York: Columbia University Press, 1959); Stuart Banner, *Who Owns the Sky? The Struggle to Control Air Space from the Wright Brothers On* (Cambridge, MA: Harvard University Press, 2008), chap. 9。有關於一九四〇年代到一九七〇年代後殖民國家制定的移民法，其統一性被視為現代全球趨同的一個重要面向，可參見 Alison Bashford, "Immigration Restriction: Rethinking Period and Place from Settler Colonies to Postcolonial Nations," *Journal of Global History* 9, no. 1 (2013): 26–48。

71 Josef L. Kunz, "The Nottebohm Judgment (Second Phase)," *American Journal of International Law* 54, no. 3 (1960): 536–571.

72 有關於國際法專業和一般性法律思想中的廣泛形式主義危機，可參見 Martti Koskenniemi, *The Gentle Civilizer of Nations: The Rise and Fall of International Law, 1870–1960* (Cambridge: Cambridge University Press, 2001); Judith Shklar, *Legalism: Law, Morals and Political Trials* (Cambridge, MA: Harvard University Press, 1964); David Kennedy, *The Dark Side of Virtue: Reassessing Modern Humanitarianism* (Princeton, NJ: Princeton University Press, 2005), 210–211; Kennedy, *World of Struggle*, 234; Rosalyn Higgins, *The Development of International Law through the Political Organs of the United Nations* (Oxford: Oxford University Press, 1963)。來自全球南方（global south）的法學者贊同摒棄古典的法律實證主義，藉此方法授予非歐洲國家權力。Umut Özsu, "'In the Interest of Mankind as a Whole': Mohammed Bedjaoui's New International

要反映其依附的社會事實這一原則。可參見 Karen Knop, "Statehood, Territory, People, Government," in *The Cambridge Companion to International Law,* ed. James Crawford and Martti Koskenniemi (Cambridge: Cambridge University Press, 2012), 95–117。有關於去殖民化會產生反形式主義的國際法，可參見 Umut Ozsu, "Determining New Selves: Mohammed Bedjaoui on Algeria, Western Sahara, and Post-Classical International Law," in *The Battle for International Law in the Decolonization Era,* ed. Jochen von Bernstorff and Philipp Dann (Oxford: Oxford University Press, 2019), 341–358。

56 "Nottebohm Case (Second Phase)," I. C. J. Reports, 1955.

57 有關於在非殖民地化的過程中透過國際社會的承認創建新國家，可參見 Matthew Connelly, *A Diplomatic Revolution: Algeria's Fight for Independence and the Origins of the Post–Cold War Era* (Oxford: Oxford University Press, 2003)。

58 *The Reminiscences of Sir Muhammad Zafrulla Khan,* interview conducted by Wayne Wilcox and Aisle T. Embree for Columbia University (Maple, Canada: Oriental, 2004), 188–190.

59 "American Department—Guatemala," January 6, 1953, FO 371/103358, TNA: PRO.

60 Annex to the memorandum from Mr. Schwelb to M. De Seynes of February 24, 1955, on the Right of Self-Determination, SOA 317/1/03 A.

61 "Nottebohm Case (*Liechtenstein v. Guatemala*) (Dissenting Opinion of Judge Guggenheim)," *International Court of Justice Reports of Judgments* 4, Advisory Opinions and Orders 1955, 59–60.

62 Elihu Lauterpacht, *The Life of Hersch Lauterpacht* (Cambridge: Cambridge University Press, 2010), 383.

63 Henry Franklin Butler et al., "The Draft Conventions on Statelessness of the International Law Commission," *Proceedings of the American Society of International Law at Its Annual Meeting,* 6th session (April 27, 1956), 173. 有關於蘇博蒂奇在兩次世界大戰之間針對法律上國籍的的著作，可參見 Ivan Soubbotich, *Effets de la dissolution de l'Autriche-Hongrie sur la nationalité de ses ressortisants* (Paris: Rousseau, 1926)。

64 Butler et al., "Draft Conventions," 175–176.

65 Paul Weis, *Nationality and Statelessness in International Law* (London: Stevens, 1956), 3.

66 Paul Weis, "The International Protection of Refugees," *American Journal of International Law* 48, no. 2 (1954): 193–221.

67 Weis, *Nationality and Statelessness,* 3.

Ross and Theodor Porter (Cambridge: Cambridge University Press, 2003), 205–238. 她經常在著作中對社會科學家提出攻擊，因為他們都未能對人類行為有全新的理解，而那是揭露集中營和滅絕營必不可少的。例如可參見 Arendt, "Social Science Technique and the Study of Concentration Camps," *Jewish Social Studies* 12, no. 1 (1950): 49–64。

49 可參見 Angus Burgin, *The Great Persuasion: Reinventing Free Markets since the Depression* (Cambridge, MA: Harvard University Press, 2012). 鄂蘭非常擔心位於福利國家核心的重新分配問題無法維持公共的公民之領域。可參見 Dana Villa, "Introduction: The Development of Arendt's Political Thought," in *The Cambridge Companion to Hannah Arendt* (Cambridge: Cambridge University Press, 2000), 1–25; Hanna Pitkin, *The Attack of the Blob: Hannah Arendt's Concept of the Social* (Chicago: University of Chicago Press, 1998); Steven Klein, "Fit to Enter the World: Hannah Arendt on Politics, Economics, and the Welfare State," *American Political Science Review* 108, no. 4 (2014): 856–869; Sheldon Wolin, *Politics and Vision: Continuity and Innovation in Western Political Thought* (Boston: Little, Brown, 1960)。

50 羅傑斯・布魯貝克（Rogers Brubaker）在對於法國和德國公民身分的經典比較研究中指出：正式的公民身分——即將個人與特定國家結合在一起的法律連結——在戰後的社會科學中大致遭到了忽略。Brubaker, *Citizenship and Nationhood in France and Germany* (Cambridge, MA: Harvard University Press, 1992), 21–22. 關於這一點，也可參見 Peter Sahlins, *Unnaturally French: Foreign Citizens in the Old Regime And After* (Ithaca, NY: Cornell University Press, 2004), xii。

51 引用於 Ayelet Shachar, "The Marketization of Citizenship in an Age of Restrictionism," *Ethics and International Affairs* 32, no. 1 (2018): 3–13。

52 Robert D. Sloane, "Breaking the Genuine Link: The Contemporary International Legal Regulation of Nations," *Harvard International Law Review* 50, no. 1 (2009): 4; Cindy G. Buys, "Nottebohm's Nightmare: Have We Exorcised the Ghosts of WWII Detention Programs or Do They Still Haunt Guantanamo?," *Chicago Kent Journal of International and Comparative Law* 11, no. 1 (2011): 1–76.

53 "Nottebohm Case (Second Phase)," I. C. J. Reports, 1955, http://www.icj-cij.org/docket/files/18/2676.pdf.

54 J. Mervyn Jones, "The Nottebohm Case," *The International and Comparative Law Quarterly* 5, no. 2 (1956): 244.

55 法律學者將該裁決描述為「國際關係浪漫時期」的一部分，因為它確認了國籍

40 "UN Asked to Call Stateless Parley: Meeting of the Last Twenty Nations to Discuss Plight of Vast Group Sought," *New York Times,* October 17, 1954, 9. Excerpts and Notes, Minority statelessness, Speeches and Writings File, 1923–1975, Hannah Arendt Papers, Library of Congress.

41 Hannah Arendt, "Statelessness," lecture, 1955, Speeches and Writings File, 1923–1975, Hannah Arendt Papers, Library of Congress.

42 同前注。

43 同前注。

44 有關於鄂蘭對法律形式主義的普遍厭惡，可參見 Christian Volk, "From Nomos to Lex: Hannah Arendt on Law, Politics, and Order," *Leiden Journal of International Law* 23, no. 4 (2010): 759–779。

45 有關於戰後的公民社會、外部安全和主權的結合，可參見 Charles Maier, *Leviathan 2.0: Inventing Modern Statehood* (Cambridge, MA: Belknap Press, 2014)。有關於美國法律史上最近由修正主義文學對國家與公民社會之間的推定對立做出的批評，可參見 Jeremy Kessler, "The Struggle for Administrative Legitimacy," *Harvard Law Review* 129, no. 3 (2016): 718–783。有關於創造一個與國家機構不同和對立的資產階級公共空間，以及國家和社會在福利國家中的重新融合，可參見 Jürgen Habermas, *The Structural Transformation of the Public Sphere: An Inquiry into a Category of Bourgeois Society,* trans. Thomas Burger (Cambridge, MA: MIT Press, 1991)。

46 英國的戰後福利國家理論家托馬斯·漢弗萊·馬歇爾（T. H. Marshall）發展出「社會公民」的概念，同樣是用了不太適合的方式描繪正式的成員資格。T. H. Marshall, *Citizenship and Social Class, and Other Essays* (Cambridge: Cambridge University Press, 1950).

47 鄂蘭在一九五三年十二月寫了一封信給她以前的導師卡爾·雅斯佩斯（Karl Jaspers），信中表達了她對美國這個共和國的持久性感到懷疑，她擔心它正在「被民主從內部瓦解」，且其「社會正在壓倒共和國」。她寫下了知識分子對這些狀況感到的困惑，而這種困惑要歸咎於「社會學家和心理學家，所有東西都深陷和沉沒在他們的概念沼澤中了」。Hannah Arendt to Karl Jaspers, December 21, 1953, in *Hannah Arendt / Karl Jaspers: Correspondence, 1926–1969,* ed. Lotte Kohler and Hans Saner (New York: Harcourt Brace Jovanovich, 1992), 236.

48 Hannah Arendt, *The Human Condition* (Chicago: University of Chicago Press, 1958); Dorothy Ross, "Changing Contours of the Social Science Disciplines," in *The Cambridge History of Science: The Modern Social Sciences,* vol. 7, ed. Dorothy

Yearbook of International Law 83, no. 1 (2013), 82–114。

29 Georges Scelle, "Le Problème de L'apatridue devant la Commission du Droit international de l'O.N.U.," *Die Friedens-Warte* 52 (1953/55): 142–153.

30 H. Lauterpacht to P. Weis, March 5, 1951, Paul Weis Papers, PW/WR/PUBL/9, Social Science Library, Oxford.

31 H. Lauterpacht to Cordova, September 17, 1953, Paul Weis Papers, PW/PR/IRO/6, Social Science Library, Oxford.

32 "Commentary on G. Scelle," Paul Weis Papers, PW/PR/IRO/6, Social Science Library, Oxford. Budislav Vukas, "International Instruments Dealing with the Status of Stateless Persons and of Refugees," *Revue Belge de Droit International* 8, no. 1 (1972): 142–144.

33 *1954 Convention Relating to the Status of Stateless Persons*, New York, September 28, 1954 (London: H. M. Stationery Office, 1960).

34 美國國務院官員形容公約是「歐洲國家的主要利益」之一。Durward V. Sandifer to M. Hickerson, January 16, 1950, Statelessness: Ad Hoc Convention, box 17, RG 59, General Records of the Department of State, National Archives and Records Administration.

35 可參見 David Kennedy, *A World of Struggle: How Power, Law, and Expertise Shape Global Political Economy* (Princeton, NJ: Princeton University Press, 2016), 238。一般性的介紹可參見 Max Weber, *Economy and Society: An Outline of Interpretive Sociology,* ed. Guenther Roth and Claus Wittich (Berkeley: University of California Press, 1968)。

36 Ann Orford, "Constituting Order," in *Cambridge Companion to International Law,* ed. Martti Koskenniemi and James Crawford (Cambridge: Cambridge University Press, 2012), 286.

37 "Karl Marx and the Tradition of Western Political Thought," Christian Gauss Seminar in Criticism, Princeton University, Princeton, NJ, Speeches and Writings File, 1923–1975, Hannah Arendt Papers, Library of Congress. Aristide Zolberg, "The Formation of New States as a Refugee Generating Process," *Annals of the American Academy of Political and Social Science* 467, no. 1 (1983): 24–38.

38 Hannah Arendt, *Denktagebuch: 1950–1973,* bk. 17, ed. Ursula Lutz (Munich: Piper, 2002), 420.

39 有關於鄂蘭如何回應美國將涉嫌的共產主義者剝奪國籍，可參見 Elisabeth Young-Bruehl, *Hannah Arendt: For Love of the World* (New Haven, CT: Yale University Press, 1982), 274–275。

20 “Complete Rendering of Debates on ‘Apatridie,’” box 298, Apatrides, 1947–1959, Archives du Ministère des Affaires Étrangères, La Corneuve.

21 “Ad Hoc Committee on Statelessness and Related Problems: Personal Summary Records of the Fourth Meeting,” January 10, 1950, box 17, files of Durward V. Sandifer, Deputy Assistant Secretary of State for United Nations Affairs, 1944–1954, RG59, National Archives and Records Administration.

22 “Report of the Ad Hoc Committee on Statelessness—Position Paper,” June 10, 1950, ECOSOC SD/E/448, box 3, RG59 General Records of the Department of State, National Archives and Records Administration.

23 同前注。

24 UN General Assembly, “Convention Relating to the Status of Refugees,” July 28, 1951, http://www.ohchr.org/EN/ProfessionalInterest/Pages/StatusOfRefugees.aspx.

25 有關於庇護和不遣返的區別，可參見 James C. Hathaway, *The Rights of Refugees under International Law* (Cambridge: Cambridge University Press, 2005), 300–302。

26 有關於最近的難民史學中指出人道主義行動者和戰後的國家同質化之間較為隱蔽的關係，可參見 Pamela Ballinger, “Impossible Returns, Enduring Legacies: Recent Historiography of Displacement and the Reconstruction of Europe after World War II,” *Contemporary European History* 22, no. 1 (2013): 127–138。也可參見 Mark Mazower, *Hitler's Empire: How the Nazis Ruled Europe* (New York: Penguin, 2008), 602–603。

27 “Is Statelessness an Evil? A Collection of Opinions, Statements, Declarations,” box 4, Ivan S. Kerno Papers, Hoover Institution Archives. 柯爾諾是一名終身的國際文官，他在巴黎和會上展開捷克斯洛伐克外交部的工作，並在日後成為國際聯盟祕書處的一員。在那之前，他曾經在布達佩斯和巴黎學習法律。他在戰後成為聯合國法律部門的助理祕書長，在職位上是負責管理國際法委員會的工作。他起草了對於無國籍的法律反思，而在同時，他被懷疑是到美國尋求庇護的共產主義者，因此使其身分變得岌岌可危。Kerno Travel Pass, box 2, Ivan S. Kerno Papers, Hoover Institution Archives. “Czech Ex Official of UN Says He Will Stay in US as an Exile,” *Herald Tribune,* September 30, 1952, box 1, Ivan S. Kerno Papers, Hoover Institution Archives.

28 “Commentary on G. Scelle,” Paul Weis Papers, PW/PR/IRO/6, Social Science Library, Oxford. 有關於勞特帕赫特在戰後對超然的國際法律秩序的信念，可參見 Surabhi Ranganathan, “Between Philosophy and Anxiety: The Early International Law Commission, Treaty Conflict and the Project of International Law,” *British*

Refugees and America's Half-Open Door, 1945–Present (New York: Free Press, 1986)。

8 Laura Madokoro, *Elusive Refuge: Chinese Migrants in the Cold War* (Cambridge, MA: Harvard University Press, 2016).

9 R. Campbell to Ernst Bevin, May 27, 1949, Fraternity of Cypriots in Egypt and Stateless Persons of Cypriot Origin, FO 371/73669, TNA: PRO.

10 Confidential Memo Chancery Cairo Africa Department, August 7, 1949, Fraternity of Cypriots in Egypt and Stateless Persons of Cypriot Origin, FO 371/73669, TNA: PRO.

11 "Comments on the Disadvantages of Extending British Nationality to Stateless Persons of Cypriot Origin in Egypt," August 7, 1949, Fraternity of Cypriots in Egypt and Stateless Persons of Cypriot Origins, FO 371/73669, TNA: PRO.

12 United Nations Department of Social Affairs, *A Study of Statelessness* (Lake Success, NY: United Nations Department of Social Affairs, 1949).

13 同前注，頁 11。

14 J. G. A. Pocock, "The Ideal of Citizenship since Classical Times," in *Theorizing Citizenship,* ed. Ronald Biener (Albany: State University of New York Press, 1995), 29–53.

15 Paul Weis to G. G. Kullman, January 19, 1950, Paul Weis Papers, PW/PR/IRO/6, Social Science Library, Oxford University.

16 自一九二〇年代以來便一直在為俄羅斯無國籍者倡議的俄羅斯流亡法學家，向維斯抱怨國際難民組織只保護在一九三九年之後成為難民的人，新公約將戰前即成為無國籍的難民排除在外（包括持有南森護照的俄羅斯人和亞美尼亞人）。J. Rubenstein to P. Weis, February 3, 1950, Paul Weis Papers, PW/PR/IRO/6, Social Science Library, Oxford University.

17 P. Weis to G. G. Kullman, January 19, 1950, Paul Weis Papers, PW/PR/IRO/6, Social Science Library, Oxford University.

18 "Délégation française étude de la situations des apatrides," 1949, Apatrides, 1947–1959, box 298, Archives du Ministère des Affaires Étrangères, La Corneuve. 有關於這一時期對難民的經歷轉向心理學解釋，可參見 Tara Zahra, *The Lost Children: Reconstructing Europe's Families after World War II* (Cambridge, MA: Harvard University Press, 2011)。

19 Ad Hoc Committee on Statelessness and Related Problems, "Status of Refugees and Stateless Persons—Memorandum by the Secretary General" (Statelessness Conference, January 3, 1950, www.unhcr.org/3ae68c280.html).

125 同前注。

126 Immanuel Kant, “Toward Perpetual Peace: A Philosophical Sketch,” in *Toward Perpetual Peace and Other Writings on Politics, Peace, and History: Immanuel Kant,* ed. Pauline Kleingeld, trans. David Colclasure (New Haven, CT: Yale University Press, 2006), 82. 鄂蘭在於一九七〇年關於康德的演講中引用了這段。Hannah Arendt, *Lectures on Kant's Political Philosophy,* ed. Ronald Beiner (Chicago: University of Chicago Press, 1992), 75.

127 有關於領土國家在康德政治思想中對行使權利的作用，可參見 Anna Stilz, “Nations, States, and Territory,” *Ethics* 121, no. 3 (2011): 572–601。

第六章　讓國際社會國家化

1 Hélène Batresco to UN Secretary-General, October 21, 1960, SOA 261/41, United Nations Office at Geneva. 有關於無國籍者所寫的傳記，可參見 Kon Balin, *Born Stateless: A Young Man's Story, 1923–1957* (Bloomington, IN: Authorhouse, 2009); Liliane Willens, *Stateless in Shanghai* (Hong Kong: Earnshaw Books, 2011); Victor Brombert, *Trains of Thought: Memories of a Stateless Youth* (New York: W. W. Norton, 2002); Anna Fries, *Memoirs of a Stateless Person* (Bloomington, IN: Authorhouse, 2013)。

2 Hélène Batresco to UN Secretary-General, October 21, 1960, SOA 261/41, United Nations Organization Library.

3 Patrick Murphy Malin, “The Refugee, a Problem for International Organization,” *International Organization* 1, no. 3 (1947): 443–459. 前一年的另一份研究把注意力放在難民和無國籍者之間的技術性差異，不過該研究強調無國籍是一個廣泛的類別，應該包含與任一國家都沒有正式連結的人、與不想返回家園的難民。Jane Perry Clark Carey, “Some Aspects of Statelessness since World War I,” *American Political Science Review* 40, no. 1 (1946): 113–123.

4 “Stateless Persons Win Inquiry by UN,” *New York Times,* February 21, 1948, 4.

5 Economic and Social Council resolution 116 (6) D of March 1–2, 1948 (E/777).

6 United Nations, *Yearbook of the International Law Commission 1949: Summary Records and Documents of the First Session Including the Report to the General Assembly* (New York: United Nations, 1956), 281.

7 “Position Paper,” June 10, 1949, box 3, RG59, General Records of the Department of State Bureau of International Organization Affairs, ECOSOC Special Subject Files 1945–1955, National Archives and Records Administration. 有關於美國對庇護條款的反抗，可參見 Gil Loescher and John A. Scanlan, *Calculated Kindness:*

Kaiser, and Kathrin Thiele, "The 'Aporias of Human Rights' and the 'One Human Right': Regarding the Coherence of Arendt's Argument," *Social Research* 74, no. 3 (2007): 739–762; Justine Lacroix, "The 'Right to Have Rights' in French Political Philosophy: Conceptualizing a Cosmopolitan Citizenship with Arendt," *Constellations* 22, no. 1 (2015): 79–90。

117 Arendt, "Rights of Man." 有關於鄂蘭在更多著作中對權利概念的獨特訴求所引發的爭論，可參見 Samuel Moyn, "Arendt and the Right to Have Rights," in *The Right to Have Rights,* ed. Alastair Hunt et al. (London: Verson, 2017), 118–148。

118 Faisal Devji, *Muslim Zion: Pakistan as a Political Idea* (Cambridge, MA: Harvard University Press).

119 Hannah Arendt, *The Origins of Totalitarianism* (New York: Schocken Books, 1951), 128.

120 同前注，頁 41。

121 Arendt, *Origins of Totalitarianism,* 292.

122 鄂蘭特別仰賴勞倫斯・普魯斯。可參見 Arendt, *Origins of Totalitarianism,* 278; Preuss, "International Law"。 她也引用了 John Fischer Williams, "Denationalisation," *British Yearbook of International Law* 8, no. 3 (1927): 45–62。可參見 Arendt, *Origins of Totalitarianism,* 284n36。英國記者邁爾・傑克・蘭達在一九四六年對「沒有國家的人」所做的研究中，寫下「直到第一次世界大戰結束時，『無國籍』一詞才為人所知……它沒有被一般字典收錄。即使是律師也無法準確的說出它意指、或是暗指何意，不過它很快的就成為那些必須得認清它的人的專利，它指的是一種新形態的難民，等級較低，而且是『無法可管的次要種類』之一」。M. Landa, *The Man without a Country* (London: Herbert Joseph, 1946), 8.

123 Arendt, *Origins of Totalitarianism*, 291–292. 有關於鄂蘭對西方政治傳統與歐洲帝國主義和泛民族主義脫節的假設，可參見 Dirk Moses, "Das römische Gespräch in a New Key: Hannah Arendt, Genocide, and the Defense of Republican Civilization," *Journal of Modern History* 85, no. 4 (2013): 867–913; Karuna Mantena "Genealogies of Catastrophe: Arendt on the Logic and Legacy of Imperialism," in *Politics in Dark Times: Encounters with Hannah Arendt,* ed. Seyla Benhabib, Roy T. Tsao, and Peter Verovsek (Cambridge: Cambridge University Press, 2010), 83。有關於批評鄂蘭對人性觀念的法律表述，可參見 Samera Esmeir, *Juridical Humanity: A Colonial History* (Stanford, CA: Stanford University Press, 2012)。

124 Arendt, *Origins of Totalitarianism,* ix.

Law Review 59, no. 2 (1945): 301–304; Hannah Arendt, review of *Nationalities and National Minorities*, by Oscar I. Janowsky, *Jewish Social Studies* 8, no. 3 (1946): 204。也可參見 Oscar Janowsky, *Nationalities and National Minorities (with Special Reference to East-Central Europe)* (New York: Macmillan, 1945); Janowsky, *The Jews and Minority Rights, 1898–1919* (New York: Columbia University Press, 1933)。

112 Arendt, review of *Nationalities and National Minorities*.

113 Hannah Arendt, "The Nation," *Review of Politics* 8, no. 1 (1946): 138–141. 可參見 Istvan Hont, "The Permanent Crisis of a Divided Mankind," in *Jealousy of Trade: International Competition and the Nation-State in Historical Perspective* (Cambridge, MA: Harvard University Press, 2005), 498。有關於鄂蘭和黑格爾在《極權主義的起源》中所述現代國家角色的相似性，可參見 Tsao, "Arendt and the Modern State"。有關於反對民族主義的「啟蒙國家」思想，可參見 Faisal Devji, *Muslim Zion: Pakistan as a Political Idea* (Cambridge, MA: Harvard University Press, 2013)。可參見 Ira Katznelson, *Desolation and Enlightenment: Political Knowledge after Total War, Totalitarianism, and the Holocaust* (New York: Columbia University Press, 2004)。有關於認為「沒有個性的國家」因為提供價值中立的承諾而成為冷戰自由主義的基礎，可參見 David Cieply, "Why the State Was Dropped in the First Place: A Prequel to Skockpol's 'Bringing the State Back In,'" *Critical Review* 14, no. 2 (2000): 157–213。

114 Arendt to Broch, September 9, 1946, in *Hannah Arendt—Hermann Broch Briefwechsel, 1946–1951*, ed. Paul Michael Lützeler (Frankfurt: Jüdischer, 1996), 14. 也可參見 Elisabeth Gallas, "The Struggle for a Universal Human Rights Regime: Hannah Arendt and Hermann Broch on the Paradoxes of a Concept," *S.I.M.O.N* 4, no. 2 (2017): 123–130。

115 Note by Byron Dexter to Letter Mary Stevens, April 22, 1949, Correspondence, box 3, Hamilton Fish Papers, Mudd Library, Princeton University Library; Hannah Arendt, "The Rights of Man: What are They?," *Modern Review* 3, no. 1 (1949): 24–37. 該篇文章出現在《現代評論》（*Modern Review*）或許是因為《外交事務》的總編輯拜倫．德克斯特（Byron Dexter）對這篇文章建議了一些實質性的修改。

116 Arendt, "Rights of Man." 德文譯本將這篇文章重新命名，反映其認為擁有權利之權利才是唯一有意義的人權。Hannah Arendt, "Es gibt nu rein einziges Menschenrecht," *Die Wandlung* 4 (1949): 754–770. 德文的標題是根據道夫．史騰貝爾格（Dolf Sternberger）的建議。可參見 Christophe Menke, Birgit

的一篇論文，該文主張新國家的存在對國際法規範並沒有基本的承認。他們的辯論轉向以色列獨立建國是否基於該國自己的存在宣言，或是要看其他國家是否承認它。Josef L. Kunz, "Critical Remarks on Lauterpacht's 'Recognition in International Law,'" *The American Journal of International Law* 44, no. 4 (1950): 713–719.

103 Elisabeth Young-Bruehl, *Hannah Arendt: For Love of the World* (New Haven, CT: Yale University Press, 1982), 107.

104 Hannah Arendt, "We Refugees," *Menorah Journal* 31, no. 1 (1943): 69–77; Arendt, "The Stateless People," *Contemporary Jewish Record* 8, no. 2 (1945): 137–153.

105 Lawrence Preuss, "International Law and Deprivation of Nationality," *Georgetown Law Journal* 23, no. 2 (1935): 250–276; Arendt papers, "Excerpts and Notes," Minority Statelessness, Hannah Arendt Papers, Library of Congress.

106 Karl Renner, "Die Nation: Mythos und Wirklichkeit," trans. S. Pierre-Caps and C. Tixador, in *La nation, mythe et réalité* (Nancy: Presses Universitaires de Nancy, 1998).

107 Koppel Pinson, "Simon Dubnow: Historian and Political Philosopher," in *Nationalism and History: Essays on Old and New Judaism,* ed. Koppel Pinson (Philadelphia: Jewish Publication Society, 1958).

108 Hannah Arendt, "Concerning Minorities," *Contemporary Jewish Record* 7, no. 4 (1944): 353–368.

109 Arendt, "Stateless People."

110 Arendt, "Stateless People"; Gil Rubin, "From Federalism to Binationalism: Hannah Arendt's Shifting Zionism," *Contemporary European History* 24, no. 3 (2015): 393–414; William Selinger, "The Politics of Arendtian Historiography: European Federation and the Origins of Totalitarianism," *Modern Intellectual History* 13, no. 2 (2014): 1–30; Douglas Klusmeyer, "Hannah Arendt's Case for Federalism," *Publius* 40, no. 1 (2010): 31–58; Wolfgang Heuer, "Europe and Its Refugees: Arendt on the Politicization of Minorities," *Social Research* 74, no. 4 (2007): 1159–1172. 可相較於 Roy T. Tsao, "Arendt and the Modern State: Variations on Hegel in 'The Origins of Totalitarianism,'" *Review of Politics* 66, no. 1 (2004): 105–136。有關於聯邦制的想像，可參見 Gary Wilder, *Freedom Time* (Durham, NC: Duke University Press, 2015); Adi Gordon, *Toward Nationalism's End: An Intellectual Biography of Hans Kohn* (Lebanon, NH: Brandeis University Press, 2017)。

111 漢斯・摩根索回顧了相同的研究，並得出相同結論。可參見 Hans Morgenthau, review of *Nationalities and National Minorities*, by Oscar I. Janowsky, *Harvard*

93 Hersch Lauterpacht, "The Law of Nations and the Individual."

94 Hersch Lauterpacht, *An International Bill of the Rights of Man* (New York, 1945), 7; H. Lauterpacht, "Grotian Tradition"; H. Lauterpacht, *International Law and Human Rights* (New York, 1950), 347–348.

95 H. Lauterpacht, "Nationality of Denationalized Persons."

96 H. Lauterpacht, "Grotian Tradition"; H. Lauterpacht, *International Bill,* 7.

97 Philip C. Jessup, "The Subjects of a Modern Law of Nations," *Michigan Law Review* 45, no. 4 (1947): 383–408.

98 同前注。

99 漢斯・摩根索在一九四〇年一月寫信給傑賽普，談及國際法的「聲名狼藉」，並表示「如果不是某些思想學派給公眾輿論灌輸了一些錯覺使現在的公眾輿論對國際法都有此錯覺」，國際法也不會落入如此可怕的困境。Morgenthau to Jessup, January 4, 1940, Philip Jessup Papers, Library of Congress.

100 他的文章出自他在哥倫比亞大學傳授的一門國際法的研究所專題討論，學生們在課堂上寫了有關「作為教條和現實的國家平等」和「美洲體系中的國家平等演變」等專題。Jessup, "Subjects of a Modern Law," 397n52.

101 Philip C. Jessup, *A Modern Law of Nations: An Introduction* (New York: Macmillan, 1948), 69.

102 勞特帕赫特於一九四八年初在紐約與沙布泰・羅森（Shabtai Rosenne）共同起草了一份《以色列獨立宣言》（Israeli Declaration of Independence）——羅森是以色列獨立後未來政府的法律顧問。此外，以色列的建國被證明是勞特帕赫特的一個特例，他一般性的建議是如果要讓國家主權成為戰後世界的力量，國家的誕生應該由國際機構決定並仔細監控。一個想要宣稱獨立的印度公國（同時自英國和獨立的印度獨立出來）向勞特帕赫特尋求建議時，他建議他們尋求國際法院的承認。然而，他建議巴勒斯坦的猶太事務局（Jewish Agency）避開國際法庭。可參見 James Loeffler, "The 'Natural Right of the Jewish People': Zionism, International Law, and the Paradox of Hersch Zvi Lauterpacht," in *The Law of Strangers: Jewish Lawyering and International Legal Thought,* ed. James Loeffler and Moria Paz (Cambridge: Cambridge University Press, 2019), 21–42。勞特帕赫特寫了一篇標題為〈猶太共和國臨時政府取得權力宣言〉（Declaration of the Assumption of Power by the Provisional Governments of the Jewish Republic）的長篇文章，詳細闡述了承認新國家的法律論據。Yoram Shachar, "Jefferson Goes East: The American Origins of the Israeli Declaration of Independence," *Theoretical Inquiries in Law* 10, no. 2 (2009): 589–618; E. Lauterpacht, *Life of Hersch Lauterpacht,* 305–306. 約瑟夫・昆茲嚴厲批評勞特帕赫特在一九四八年

80 Samuel Moyn, *Christian Human Rights* (Philadelphia: University of Pennsylvania Press, 2015); Marco Duranti, *The Conservative Human Rights Revolution: European Identity, Transnational Politics, and the Origins of the European Convention* (Oxford: Oxford University Press, 2016).

81 Jacques Maritain, "Philosophical Examination of Human Rights," in *Human Rights: Comments and Interpretations, a Symposium Edited by UNESCO*, July 25, 1948.

82 Dunn and Freeman, "International Rights of Individuals," 14–22.

83 Hersch Lauterpacht, "The Grotian Tradition in International Law," *British Yearbook of International Law* 23, no. 1 (1946): 1–53.

84 "The Cassin Draft: Suggestions Submitted by the Representative of France for Articles of the International Declaration of Human Rights," in Mary Ann Glendon, *A World Made New: Eleanor Roosevelt and the Universal Declaration of Human Rights* (New York: Random House, 2001), app. 2, 278. 格蘭登（Glendon）沒有探究卡森這番具體性表述的重要性，雖然她有引用他與韓福瑞（Humphrey）宣言草案的差異。可參見 Glendon, *World Made New,* 64。有關於一九四八年《世界人權宣言》的民族主義和福利主義前提，可參見 Samuel Moyn, *The Last Utopia: Human Rights in History* (Cambridge, MA: Belknap Press of Harvard University Press, 2010), chap. 2。

85 Johannes Morsink, *The Universal Declaration of Human Rights: Origins, Drafting, Intent* (Philadelphia: University of Pennsylvania Press, 2000), 80.

86 "UN Body Rejects Plan for Stateless," *New York Times,* June 5, 1948, 4.

87 H. F. Van Panhuys, *The Role of Nationality in International Law: An Outline* (Leiden: A. W. Sythoff, 1959), 221.

88 UN General Assembly, "Universal Declaration of Human Rights," December 10, 1948, 217, http://www.refworld.org/docid/3ae6b3712c.html.

89 引用於 Winter and Prost, *René Cassin and Human Rights,* 249。

90 Eduard Reut-Nicolussi, "Displaced Persons and International Law," *Recueil des cours* 73 (1948): 19–64，引用於 Cohen, *In War's Wake,* 82。

91 Mark Greif, *The Age of the Crisis of Man: Thought and Fiction in America, 1933–1973* (Princeton, NJ: Princeton University Press, 2015), 79; Garry Davis, *The World Is My Country: The Autobiography of Garry Davis* (New York: Putnam, 1961). 有關於世界聯邦制，可參見 Sluga, *Internationalism in the Age of Nationalism*; Rosenboim, *Emergence of Globalism*。

92 Giorgio Agamben, *Homo Sacer: Sovereign Power and Bare Life* (Stanford, CA: Zone Books, 1998).

64 Note from Col. MG, May 29, 1945, DPs and Stateless Persons, FO 1052/278, TNA.

65 同前注。“Stateless Displaced Persons Centers,” June 7, 1945, DPs and Stateless Persons, FO 1052/278, TNA. 有關於德國的流亡者，可參見 Atina Grossman and Wolfgang Jacobmeyer, *Vom Zwangsarbeiter zum Heimatlosen Auslander: Die Displaced Persons in Westdeutschland, 1945–1951* (Gottingen: Vandenhoek and Ruprecht, 1985)。

66 Stephen King-Hall, “A State for the Stateless,” *National News-Letter,* and Harry Gregson, “Stateless,” *Central European Observer*，引用於 “The Postwar ‘Stateless,’” *Social Science Review* 20, no. 3 (1946): 404。

67 引用於 “The Postwar ‘Stateless,’” 403–406。

68 Andrei Matlos, “Apatrides,” memo, July 17, 1946, NUOI 1944–1959, box 298, Archives du Ministère des Affaires Étrangères, La Courneuve.

69 同前注。

70 Matlos, “Apatrides.”

71 Maximilian Koessler, “‘Subject,’ ‘Citizen,’ ‘National,’ and ‘Permanent Allegiance,’” *Yale Law Journal* 56, no. 1 (1946): 75–76.

72 同前注。

73 引用於 A. W. B. Simpson, *Human Rights and the End of Empire: Britain and the Genesis of the European Convention* (Oxford: Oxford University Press, 2004), 141。

74 卡肯畢克在第一次世界大戰之後於比利時的外交部擔任律師，並於一九一九年到一九二二年之間任職於國際聯盟祕書處的法律部門。Georges Kaeckenbeeck, *The International Experiment of Upper Silesia: A Study in the Workings of the Upper Silesian Settlement, 1922–1937* (Oxford: Oxford University Press, 1952).

75 Hersch Lauterpacht, “The Nationality of Denationalized Persons,” *Jewish Yearbook of International Law* 1, no. 1 (1948): 179.

76 同前注，頁 185。

77 Joseph P. Chamberlain to Martha Biehle, May 15, 1946, YIVO Archives, RG 278/23, Papers of Joseph P. Chamberlain, YIVO Institute for Jewish Research.

78 Sunil Khilnani, “Nehru’s Judgment,” in *Political Judgment: Essays for John Dunn,* ed. Richard Bourke and Raymond Geuss (Cambridge: Cambridge University Press, 2009), 254.

79 Karuna Mantena, “Popular Sovereignty and Anti-Colonialism,” in *Popular Sovereignty in Historical Perspective,* ed. Richard Bourke and Quentin Skinner (Cambridge: Cambridge University Press, 2016), 316.

of Sovereignty: Territories, Laws, Populations, ed. Douglas Howland and Luis White (Bloomington: Indiana University Press, 2008), 94–124; Todd Shepard, *The Invention of Decolonization: The Algerian War and the Remaking of France* (Ithaca, NY: Cornell University Press, 2006)。

56 Frederick Cooper, "Alternatives to Empire," 94–124; Shepard, *Invention of Decolonization*.

57 Frederick Cooper, "Reconstructing Empire in British and French Africa," *Past and Present* 210, suppl. 6 (2011): 196–210.

58 Jessica Reinisch, "Internationalism in Relief: The Birth and Death of UNRRA," *Past and Present* 210, suppl. 6 (2011): 258–289.

59 Michael Marrus, *The Unwanted: European Refugees from the First World War to the Cold War* (Philadelphia: Temple University Press, 2002), 297–298.

60 "Division of Duties between UNRRA and Existing Group Indicated in London," *New York Times,* November 22, 1943. 可參見 *UNRRA: Organization, Aims, Progress* (Washington, DC: United Nations Relief and Rehabilitation Administration, 1945); United Nations Relief and Rehabilitation Administration, *The Story of UNRRA* (Washington, DC: UNRRA Office of Public Information, 1948)。

61 有關於難民史和戰後的重建與歸化之間的關係，可參見 David Feldman, Mark Mazower, and Jessica Reinisch, eds., *Post-War Reconstruction in Europe: International Perspectives, 1945–1949* (Oxford: Oxford University Press, 2011); Pamela Ballinger, "At the Borders of Force: Violence, Refugees, and the Reconfiguration of the Yugoslav and Italian States," *Past and Present,* suppl. 6 (2011): 158–176; Jessica Reinisch and Elizabeth White, eds., *The Disentanglement of Populations: Migration, Expulsion and Displacement in Postwar Europe, 1944–1949* (Basingstoke, UK: Palgrave Macmillan, 2011); Tara Zahra, "'A Human Treasure': Europe's Displaced Children between Nationalism and Internationalism," *Past and Present,* suppl. 6 (2011): 332–350; Zahra, *The Lost Children: Reconstructing Europe's Families after World War II* (Cambridge, MA: Harvard University Press, 2011)。

62 Tara Zahra, "Prisoners of the Postwar: Expellees, Displaced Persons, and Jews in Austria after World War II," *Austrian History Yearbook* 41, no. 1 (2010): 191–215. 有關於民族主義的理念是想以人權之名推動難民政策，可參見 Zahra, *Lost Children*。

63 Daniel G. Cohen, *In War's Wake: Europe's Displaced Persons in the Postwar Order* (Oxford: Oxford University Press, 2011), 20–21.

War II (Stanford, CA: Stanford University Press, 2009)。

48 James A. Junker, *The Idea of World Government: From Ancient Times to the Twenty-First Century* (New York: Routledge, 2011), 50–52；或 Rosenboim, *The Emergence of Globalism: Visions of World Order in Britain and the United States, 1939–1950* (Princeton, NJ: Princeton University Press, 2017)。

49 Wilfried Loth, "Sources of European Integration: The Meaning of Failed Interwar Politics and the Role of World War II," in *Crises in European Integration: Challenges and Responses, 1945–2005,* ed. Ludger Kühnhardt (New York: Berghahn Books, 2009), 24.

50 "Draft of the Legal Status of the Stateless," Mark Vishniak Papers, box 18, Hoover Institution Archives, 112. 匈牙利的猶太女權主義組織者羅斯卡．施維默（Rosika Schwimmer）在一九三七年發起世界聯邦政府運動（Campaign for World Federal Government），她的動機是受到歐洲難民危機和她自己的無國籍者身分的啟發。施維默是在貝洛．庫恩（Bela Kun）於匈牙利發起共產主義革命之後失去匈牙利公民的身分。施維默成了無國籍者，並流亡到美國；由於她信奉綏靖主義，而且被懷疑為社會主義者，因此無法取得美國公民身分。可參見 Glenda Sluga, *Internationalism in the Age of Nationalism* (Philadelphia: University of Pennsylvania Press, 2013), 76。

51 Omer Bartov and Eric D. Weitz, eds., *Shatterzone of Empires: Coexistence and Violence in the German, Habsburg, Russian, and Ottoman Borderlands* (Bloomington: Indiana University Press, 2013), 72.

52 Robinson to Vishniak, undated, Series C. Institute of Jewish Affairs, C95/13 Post War Planning 1941–1946, World Jewish Committee Collection, United States Holocaust Museum Memorial.

53 為了解決這個問題，包括維什尼亞克內在內的許多流亡法學家都寫有關於少數族群條約的書。可參見 Jacob Robinson et al., *Were the Minorities Treaties a Failure?* (New York: Institute of Jewish Affairs, 1943)。

54 Tara Zahra, "Going West," *East European Politics and Societies* 25, no. 4 (2011): 787.

55 有關於第二次世界大戰之後還維持的歐洲帝國，可參見 Mark Mazower, *No Enchanted Palace: The End of Empire and the Ideological Origins of the United Nations* (Princeton, NJ: Princeton University Press, 2009); William Roger Louis, *The British Empire in the Middle East, 1945–1951: Arab Nationalism, the United States, and Postwar Imperialism* (Oxford: Clarendon, 1984); Frederick Cooper, "Alternatives to Empire: France and Africa after World War II," in *The State*

University Press, 2019), 177–203.

39 Patrick Weil, *The Sovereign Citizen: Denaturalization and the Origins of the American Republic* (Philadelphia: University of Pennsylvania Press, 2013), 128.

40 Patrick Weil, "The History and Memory of Discrimination in the Domain of French Nationality: The Case of Jews and Algerian Muslims," *International Social Science Review* 6, no. 1 (2005): 56.

41 Commision pour l'étude des problèmes d'après-guerre d'ordre juridique et intellectual, sous-section des droits de l'homme, November 21, 1942, France Combattante, 382 AP 58, René Cassin Papers, National Archives of France.

42 卑弗列治報告在倫敦的各個流亡政府之間流傳，還被空投到遭占領的歐洲。Jay Winter and Antoine Prost, *René Cassin and Human Rights: From the Great War to the Universal Declaration* (Cambridge: Cambridge University Press), 143; Conway, "Legacies of Exile," 256; Commision pour l'étude des problèmes d'après-guerre d'ordre juridique et intellectual, section de la refome de l'etat, sous-section des droits de l'homme, March 9, 1943, 382 AP 58, René Cassin Papers, National Archives of France.

43 Vladimir Idelsen et al., "The Law of Nations and the Individual," *Transactions of the Grotius Society* 30, no. 1 (1944): 50–82; R. Graupner and P. Weis, *The Problem of Statelessness* (n.p.: World Jewry Congress Publications, 1944).

44 Idelsen et al., "Law of Nations."

45 可參見 Duncan Bell, *The Idea of Greater Britain: Empire and the Future of World Order, 1860–1900* (Princeton, NJ: Princeton University Press, 2008), 267。有關於十九世紀歐洲為了解決相互衝突的國家政治志願和國家與帝國之間的緊張關係，而提出以聯邦作為共通解決方案，可參見 Holly Case, *The Age of Questions, or A First Attempt at an Aggregate History of the Eastern, Social, Woman, American, Jewish, Polish, Bullion, Tuberculosis, and Many Other Questions over the Nineteenth Century, and Beyond* (Princeton, NJ: Princeton University Press, 2018), chap. 4。

46 Mark Mazower, *Dark Continent: Europe's Twentieth Century* (New York: Vintage, 1999), 205.

47 Max M. Laserson, "On Universal and Regional Federalism," *Journal of Legal and Political Sociology* 2, no. 82 (1943): 82–93; J. O. Hertzler, "Some Basic Queries Respecting World Regionalism," *Social Forces* 22, no. 4 (1942–1943): 371–387. 有關於特定的中歐背景如何培育出地區主義的世界秩序想像，可參見 Holly Case, *Between States: The Transylvanian Question and the European Idea during World*

（Westphalian）秩序——它清楚劃定了國內和國際，並假設政治實體之間是平等的，而不是存在等級——可參見 Peter Stirk, "The Westphalian Model and Sovereign Equality," *Review of International Studies* 38, no. 3 (2012): 641–660。

26 Grotius Society Committee for the Status of Stateless Persons, September 27, 1940.

27 Paul Weis curriculum vitae, 1967, PW/PR/HCR/BSN/14/38, Paul Weis Papers, Social Sciences Library, University of Oxford.

28 Paul Weis to W. R. Bisschop, December 30, 1941, Weis Papers, PW/PR/GRSO 1, Social Sciences Library, University of Oxford.

29 Erwin Loewenfeld, "Status of Stateless Persons," *Transactions of the Grotius Society* 27, no. 1 (1941): 59–1

30 "Revised Draft of the Proposed Rules Regarding Nationality and the Prevention of Statelessness," n.d., Grotius Society, Committee on Status of Stateless Persons, Weis Papers, PW/PR/GRSO 1, Social Sciences Library, University of Oxford. 也可參見 "Proposed Nationality Rules in Connection with Statelessness," *Transactions of the Grotius Society* 28, no. 1 (1942): 157–158。

31 Eric G. M. Fletcher to W. R. Bischop, July 28, 1942, Weis Papers, PW/PR/GRSO 1, Social Sciences Library, University of Oxford.

32 Memorandum by H. R. Pyke, Committee for the Status of Stateless Persons, Weis Papers, PW/PR/GRSO 1, Social Sciences Library, University of Oxford.

33 Frederick Dunn and Alwyn V. Freeman, "The International Rights of Individuals," *Proceedings of the American Society of International Law* 35, no. 1 (April 24–26, 1941): 14–22; Frederick Dunn, *The Protection of Nationals: A Study in the Application of International Law* (Baltimore: Johns Hopkins University Press, 1932).

34 Hersch Lauterpacht, "The Subjects of International Law," in *International Law Being the Collected Papers of Hersch Lauterpacht,* vol. 1, ed. Eli Lauterpacht (Cambridge: Cambridge University Press, 1970), 297.

35 The Grotius Society, Nationality (Draft Report), PW/PR/GRSO 1.

36 René Cassin, "La nouvelle conception du domicile dans le règlement des conflits de lois," *Recueil des cours* 34 (1930): 659–663.

37 有關於認為卡森的演講主要是將國家主權去神聖化的想法，可相較於 Jay Winter, *Dreams of Peace and Freedom: Utopian Moments in the Twentieth Century* (New Haven, CT: Yale University Press, 2008), 108。

38 Moria Paz, "A Most Inglorious Right: Rene Cassin, Freedom of Movement, Jews and Palestinians," in *The Law of Strangers: Jewish Lawyering and International Legal Thought,* ed. James Loeffler and Moria Paz (Cambridge: Cambridge

Kelsen, "The Principle of Sovereign Equality of States as a Basis for International Organization," *Yale Law Journal* 53, no. 2 (1944): 207–220.

18 Carl Friedrich, "The Deification of the State," *Review of Politics* 1, no. 1 (1939): 18–30. 有關於弗里德里希對國家和政治責任的韋伯式觀點，可參見 Udi Greenberg, "Germany's Postwar Re-education and Its Weimar Intellectual Roots," *Journal of Contemporary History* 46, no. 1 (2011): 10–32; Greenberg, *The Weimar Century: German Émigrés and the Ideological Foundations of the Cold War* (Princeton, NJ: Princeton University Press, 2014)。

19 Heinz H. F. Eulau, "The Depersonalization of the Concept of Sovereignty," *Review of Politics* 4, no. 1 (1942): 3–19.

20 有關於歐洲流亡知識分子對民主與合法性關係的重新檢討，可參見 Anne Mira Kornhauser, *Debating the American State: Liberal Anxieties and the New Leviathan, 1930–1970* (Philadelphia: University of Pennsylvania Press, 2015)。

21 Christian Fleck, *Transatlantic History of the Social Science: Robber Barons, the Third Reich and the Invention of Empirical Social Research* (London: Bloomsburg Academic, 2011), 59.

22 Erich Hula, "Sovereignty under Attack"， 未出版論文，1942, box 10, series 5, Erich Hula Papers, German and Jewish Intellectual Émigré Collection, State University of New York at Albany。

23 Erich Hula, "National Self-Determination Reconsidered," *Social Research* 10, no. 1 (1943): 1–21. 胡拉在其職業生涯中一直在提倡國際秩序的法條主義觀點，並且捍衛國際法不受到現實主義者（例如漢斯・摩根索）的批評。Hans Morgenthau to Erich Hula, February 14, 1943, box 2, Correspondence, Erich Hula Papers, German and Jewish Intellectual Émigré Collection, State University of New York at Albany.

24 Otto Kirchheimer, "In Quest of Sovereignty," *Journal of Politics* 6, no. 2 (1944): 139.

25 James Minor Ludlow, "Postulates, Principles, Proposals for the International Law of the Future," January 1, 1943, James Minor Ludlow Papers, box 5, Hoover Institution Archives. 卡爾・施密特在一九三三年的論文〈國際法中的現代帝國主義形式〉中，主張美國支配的新時代將以各國主權平等的原則為特徵，會以美國的權力決定所有國家被迫要講述的法律詞彙。Carl Schmitt, "Forms of Modern Imperialism in International Law," (1933), trans. Matthew Hannah, in *Spaciality, Sovereignty and Carl Schmitt: Geographies of the Nomos*, ed. Stephen Legg (London: Routledge, 2011), 29–46. 有關於戰後發明的「西發里亞」

Life of Hersch Lauterpacht, 106.

7 E. Lauterpacht, *Life of Hersch Lauterpacht,* 106.

8 "Mark Vishniak, Russian Expert," *New York Times,* September 3, 1976, 14.

9 Marc Vishniak, *The Legal Status of Stateless Persons* (New York: American Jewish Committee, 1945).

10 "Draft of the Legal Status of the Stateless," 1941–1945, Mark Vishniak Papers, box 18, Hoover Institution Archives. 保守派德國流亡政治哲學家格哈特・尼梅耶（Gerhart Niemeyer）於一九四一年在一篇激烈交鋒的研究中問道：「發生了什麼事？不過是二十年前才在風頭上的國際法，為什麼現在便像是形同虛設了？」Gerhart Niemeyer, *Law without Force: The Function of Politics in International Law* (Princeton, NJ: Princeton University Press, 1941), 14.

11 "Draft of the Legal Status of the Stateless," 1941–1945, Mark Vishniak Papers, box 18, Hoover Institution Archives.

12 *The Atlantic Charter: The Eight-Point Declaration of President Roosevelt and Prime Minister Churchill, August 14, 1941* (New York: Commission to Study the Organization of Peace, 1941). 有關於《大西洋憲章》的意識形態起源和遺緒，可參見 Borgwardt, *New Deal for the World,* 14–46。

13 *Atlantic Charter.*

14 Tamara Ehs and Miriam Gassner, "Hans Kelsen, Legal Scholar between Europe and the Americas," *Transatlantic Perspectives*，於二〇一八年六月二十九日瀏覽，http://www.transatlanticperspectives.org/entry.php?rec=132.

15 出版為 Hans Kelsen, *Law and Peace in International Relations* (Cambridge, MA: Harvard University Press, 1948), 73。

16 Hans Kelsen, "Recognition in International Law: Theoretical Observations," *American Journal of International Law* 35, no. 605 (1941): 605–617.

17 可參見 Jeremy D. A. Telman, "The Reception of Hans Kelsen's Legal Theory in the United States: A Sociological Model," *Law Faculty Publications* 7 (2008), http://scholar.valpo.edu/law_fac_pubs/7。有關於奧地利的法律和政治哲學與美國知識環境之間的緊張關係，可參見 Erich Hula, "Austrian Legal and Political Thought in the United States: Lecture at the Austrian Institute, 5 December 1958," box 2, Erich Hula Papers, German and Jewish Intellectual Émigré Collection, State University of New York at Albany。凱爾森在思考國際組織的基礎時（他認為國際組織是依主權平等的原則），認為「主權平等」概念的意義取決於對國際法（「一組緩慢而穩定改變的規範」）的服從，因為只有國際法可以保證國家——作為主權和平等的共同體——的共存。他認為這是符合邏輯的推導。Hans

90 科斯勒指出一九四〇年的美國《國籍法》有區分公民和國民。他也引用一九三五年的德國《*Reichsbuergergesetz*》法中對公民和國民的區分。他還審視了羅馬法下「dediticii」的特殊地位——「dediticii」是羅馬的臣民，但不是公民，這也將是他未來研究的關鍵部分。Koessler statement to the Social Science Research Council, January 1941, Philip Jessup Papers, Library of Congress.

91 Koessler to Lindsay Rogers, May 12, 1942, Philip Jessup Papers, Library of Congress.

92 Koessler statement to the Social Science Research Council, January 1941, Philip Jessup Papers, Library of Congress.

第五章　世界秩序的條件

1 Grotius Society Committee for the Status of Stateless Persons, September 27, 1940, Paul Weis Papers, PW/PR/GRSO 1, Social Sciences Library, University of Oxford.

2 Martin Conway, "Legacies of Exile: The Exile Governments in London during the Second World War and the Politics of Post-War Europe," in *Europe in Exile: European Exile Communities in Britain, 1940–1945,* ed. Martin Conway and José Gotovitch (New York: Berghahn Books, 2001), 256.

3 例如：可參見 Daniel G. Cohen, "The Holocaust and the 'Human Rights Revolution': A Reassessment," in *The Human Rights Revolution,* ed. Akira Iriye, Petra Goedde, and William I. Hitchcock (Oxford: Oxford University Press, 2012), 53–73; Ruti Teitel, *Humanity's Law* (New York: Oxford University Press, 2011); Elizabeth Borgwardt, *A New Deal for the World: America's Vision for Human Rights* (Cambridge, MA: Harvard University Press, 2005), 71; Dieter Grimm, *Sovereignty: The Origin and Future of a Political and Legal Concept* (New York: Columbia University Press, 2015), 83–85.

4 Josef Kunz Memoir, draft, December 17, 1959, Hans Kelsen Archive.

5 Elihu Lauterpacht, *The Life of Hersch Lauterpacht* (Cambridge: Cambridge University Press, 2018), 115–118. 勞特帕赫特在訪問期間說過他在演講「國際法的現實」這個題目時，「很重視在法律學生——有時候則是在更廣泛的聽眾——面前講授這些國際法的相關面向，當時還有許多善意但是失望的人會對國際法做出攻擊」。Lauterpacht, *Life of Hersch Lauterpacht*, 117.

6 E. Lauterpacht, *Life of Hersch Lauterpacht,* 133; Manley Hudson memo to Philip Jessup, October 4, 1940, box 113, Manley Hudson Papers, Harvard Law School. 傑賽普當時提倡美國的中立性。Philip C. Jessup, "The Monroe Doctrine in 1940," *American Journal of International Law* 34, no. 4 (1940): 704–711; E. Lauterpacht,

78 Robert R. Wilson, "Gradations of Citizenship and International Reclamations," *American Journal of International Law* 33, no. 1 (1939): 146–148.

79 Oscar Janowsky and Melvin M. Fagen, *International Aspects of German Racial Policies* (New York: Oxford University Press, 1937).

80 H. W. Goering, "Decree Imposing Atonement Fine on Jewish Subjects (November 12, 1938)," in *The Jew in the Modern World: A Documentary History,* ed. Paul Mendes-Flohr and Yehuda Reinharz (Oxford: Oxford University Press, 1980), 653.

81 Martin Dean, "The Nazi Development and Implementation of Nazi Denaturalization and Confiscation Policy up to the Eleventh Decree to the Reich Citizenship Law," *Holocaust and Genocide Studies* 16, no. 2 (2002): 217–242.

82 Hans-Christian Jasch, "Civil Service Lawyers and the Holocaust: The Case of Wilhelm Stuckart," in *The Law in Nazi Germany: Ideology, Opportunism, and the Perversion of Justice,* ed. Alan Steinwies and Robert Rachlin (New York: Berghan, 2013), 49.

83 Judith Shklar, "A Life of Learning," in *Liberalism without Illusions: Essays on Liberal Theory and the Political Visions of Judith N. Shklar,* ed. B. Yack (Chicago: University of Chicago Press, 1996), 263–279.

84 Wilson, "Gradations of Citizenship."

85 The Rockefeller Foundation Archives, Record Group 10.2—Fellowship recorder cards, Discipline 5—Humanities, box 3, Rockefeller Archive Center, Sleepy Hollow, NY.

86 "The Problem of Statelessness (People Deprived of Nationality): Some Facts, Arguments, and Proposals Presented to the International Conference Called by the Women's International League for Peace and Freedom" (Geneva, September 1930); "Statenlosen: Correspondence with the Women's International League for Peace and Freedom," R3589/25612, LNA; Anna Askenazy, "The Problem of Statelessness," and Emma Cadbury, "The Problem of Statelessness from the Humanitarian Side," R3589/25612, LNA; Josef L. Kunz, *Die Völkerrechtliche Option* (Breslau: F. Hirt, 1926).

87 Josef Kunz, "The 'Vienna School' and International Law," *NYU Law Quarterly Review* 11, no. 3 (1933–1934): 370–422.

88 Koessler statement to the Social Science Research Council, January 1941, Philip Jessup Papers, Library of Congress.

89 Koessler to Lindsay Rogers, May 12, 1942, Philip Jessup Papers, Library of Congress.

Law）會議，凱爾森在會中的形式主義要歸因於他的猶太人背景。引用於 Detlev Vagts, "Carl Schmitt in Context: Reflections on a Symposium," *Cardozo Law Review* 23, no. 6 (2002): 2157–2164。

68 Casper Sylvest, "Realism and International Law: The Challenge of John H. Herz," *International Theory* 2, no. 3 (2010), 410–445; Nicolas Guilhot, *After the Enlightenment: Political Realism and International Relations in the Mid-Twentieth Century* (Cambridge: Cambridge University Press, 2017), 3–4. 有關於施密特對戰後國際關係的現實主義發展之影響，可參見 Martti Koskenniemi, *The Gentle Civilizer of Nations: The Rise and Fall of International Law, 1870–1960* (Cambridge: Cambridge University Press, 2001), 459–474。

69 國際關係理論領域的構成與凱爾森對主權的批判相對立。William Scheuerman, "Professor Kelsen's Amazing Disappearing Act," in *Émigré Scholars and the Genesis of International Relations: A European Discipline in America?*, ed. Felix Rösch (London: Palgrave Macmillan, 2014), 81–103.

70 John Herz, "Expropriation of Alien Property: An Inquiry into the Sociology of International Law," *Social Research* 8, no. 1 (1941): 63–78; John Herz, "Einige Bemerkungen zur Grundlegung des Völkerrechts," *Internationale Zeitschrift für Theories des Rechts* 13, no. 1 (1939): 275–300.

71 Morgenthau, *La réalité des normes*.

72 William Scheuerman, *Morgenthau* (Cambridge: Polity, 2009), 12–14.

73 Alfred Zimmern, "The Decline of International Standards," *International Affairs* 17, no. 1 (1938): 3–31. 有關於齊默恩，可參見 Jeanne Morefield, *Covenants without Swords: Idealist Liberalism and the Spirit of Empire* (Princeton, NJ: Princeton University Press, 2005)。

74 Max Radin, review of "The Personality Conception of the Legal Entity," by Alexander Nekam, *Harvard Law Review* 52, no. 4 (1938): 706–707. 也可參見 Cohen, "Transcendental Nonsense"。

75 Hans Kelsen, *The Pure Theory of Law* (1934), 178.

76 同前注，頁 191。

77 E. H. Carr, *The Twenty Years Crisis, 1919–1939: An Introduction to the Study of International Relations* (New York: Perennial, 1939). 可參見 Brian C. Schmidt, *The Political Discourse of Anarchy: A Disciplinary History of International Relations* (Albany: State University of New York Press, 1998)。Mark Mazower, "An International Civilization? Empire, Internationalism, and the Crisis of the Mid-Twentieth Century," *International Affairs* 82, no. 3 (2006): 553–566.

Intergovernmental Committee dealing with refugee problems, Washington, DC, October 17, 1939. 列印於 "Postwar Problems of Refugees," *Foreign Affairs* 21, no. 2 (January 1943): 211。

59 John Hope Simpson, *The Refugee Problem: Report of a Survey* (London: Oxford University Press, 1939), 2. 也可參見 Dorothy Thompson, *Refugees: Anarchy or Organization?* (New York: Random House, 1938), 10–11; Holborn, "Legal Status of Political Refugees"。

60 Marc Raeff, *Russia Abroad: A Cultural History of the Russian Emigration, 1919–1939* (Oxford: Oxford University Press, 1990), 24.

61 Simpson, *Refugee Problem,* 3–4.

62 Hans Morgenthau, *La réalité des normes, en particulier des normes du droit international* (Paris: Librarie Félix Allcan, 1934).

63 Paul Leon, "H. Morgenthau, *La réalité des normes,*" *Archives de philosophie du droit et de sociologie juridique* 4 (1934): 271–273.

64 Jürgen Habermas, "Law and Morality," in *The Tanner Lectures on Human Values,* ed. S. McMurrin, trans. K. Baynes (Salt Lake City: Utah University Press, 1988), 8:217–279; David Rabban, *Law's History: American Legal Thought and the Transatlantic Turn to History* (New York: Cambridge University Press, 2013), 474. 有關於大陸和美國法律現實主義的不同軌跡，可參見 Katharina Schmidt, "Law, Modernity, Crisis: German Free Lawyers, American Legal Realists, and the Transatlantic Turn to 'Life,' 1903–1933," *German Studies Review* 39, no. 1 (2016): 121–140。

65 Felix S. Cohen, "Transcendental Nonsense and the Functional Approach," *Columbia Law Review* 35, no. 6 (1935): 809–849.

66 Wilhelm Grewe, "Gnade und Recht" (Hamburg: Hanseatische Verlagsanstalt, 1936), 5，引用於 Bardo Fassbender, "Stories of War and Peace: On Writing the History of International Law in the 'Third Reich' and After," *European Journal of International Law* 13, no. 2 (2002): 488–489。有關於一九三〇年代的「現實主義」論述，可參見 Nathaniel Berman, "Beyond Colonialism and Nationalism? Ethiopia, Czechoslovakia, and 'Peaceful Change,'" *Nordic Journal of International Law* 65, no. 421 (1996): 421–479。

67 Peter C. Caldwell, "The Citizen and the Republic in Germany, 1918–1935," in *Citizenship and National Identity in Twentieth-Century Germany,* ed. Geoff Eley and Jan Palmowski (Stanford, CA: Stanford University Press, 2008), 40–57. 卡爾・施密特在一九三六年十月組織了一個「德國法中的猶太人」（Jewry in German

(New York: Knopf, 2008); Brendan Simms and D. J. B. Trim, eds., *Humanitarian Intervention: A History* (Cambridge: Cambridge University Press, 2011), 139–15; Davide Rodogno, *Against Massacre: Humanitarian Interventions in the Ottoman Empire, 1815–1914* (Princeton, NJ: Princeton University Press, 2012), ch. 2。

46 McDonald, *Advocate for the Doomed,* 104.

47 Lauterpacht to Laski, March 25, 1935, ACC/3121/C11/ 3/5/2, Board of Deputies, London Municipal Archives.

48 Seckler-Hudson, *Statelessness*. 塞克勒-哈德森也有對利波瓦諾進行評論，刊於《美國國際法期刊》（*American Journal of International Law*）。Seckler-Hudson, "L'Apatridie."

49 Cyrus Adler to Morris Waldman, April 11, 1935, ACC/3121/C11/ 3/5/2, Board of Deputies, London Municipal Archives.

50 可參見 Alison Bashford, *Global Population: History, Geopolitics, and Life on Earth* (New York: Columbia University Press, 2014)。

51 H. Donnedieu de Vabres, "Rapport sur le problème de l'expulsion des apatrides," *Travaux du Comité français de Droit International Privé* 1, no. 2 (1935): 64.

52 Arthur Kuhn, "International Measures for the Relief of Stateless Persons," *American Journal of International Law* 30, no. 3 (1936): 495–499.

53 同前注，頁 498。

54 De Vabres, "Rapport sur le problème de l'expulsion des apatrides," 64.

55 Caron, *Uneasy Asylum,* 16. 也可參見 Vicky Caron, "The Politics of Frustration: French Jewry and the Refugee Crisis," *Journal of Modern History* 65, no. 2 (1993): 311–356。

56 法國試圖將難民問題國際化，以減少吸收新移民的壓力。Caron, *Uneasy Asylum,* 28.

57 J. L. Rubenstein, "The Refugee Problem," *International Affairs* 15, no. 5 (1936): 716–734. 類似觀點也可見於 Lawford Childs, "Refugees—a Permanent Problem in International Organization," in *War Is Not Inevitable, Problems of Peace* (London: International Labor Office, 1938)。路易絲．霍爾伯恩（Louise Holborn）在一九三六年的布魯塞爾會議中公布了國際法研究院發表的「難民」定義。「難民」是指「因為政治原因而離開或被迫離開母國之人，他／她們被剝奪了外交上的保護，而且未獲得任何其他國家的國籍或外交保護」。可參見 Louise W. Holborn, "The Legal Status of Political Refugees, 1920–1938," *American Journal of International Law* 32, no. 4 (1938): 680–703。

58 Sir Herbert Emerson, address to members of the Executive Committee of the

Third Reich," *American Journal of International Law* 84, no. 3 (1990): 661–704。也可參見 James Q. Whitman, *Hitler's American Model: The United States and the Making of Nazi Race Law* (Princeton, NJ: Princeton University Press, 2017)。

37 Georges Scelle, "A propos de la Loi allemande du 14 juilet 1933 sur la déchéance de la nationalité," *Révue critique de droit international* 29, no. 1 (1934): 63–76; Stauffenberg, "Die Entziehung der Staatsangehörigkeit und das Völkerrecht, Eine Entgegnung," 261–276.

38 James W. Garner, "Recent German Nationality Legislation," *American Journal of International Law* 30, no. 1 (1936): 96–99.

39 Lawrence Preuss, "International Law and Deprivation of Nationality," *Georgetown Law Journal* 23, no. 2 (1935): 250–276. 也可參見 Maximilien Philonenko, "Expulsion des Heimatlos," *Journal de droit international* 60 (1933): 1161–1187; John Fisher Williams, "Denationalization," *The British Yearbook of International Law* 8, no. 3 (1927): 45–62。

40 Preuss, "International Law," 250–276.

41 Todd Shepard, *The Invention of Decolonization: The Algerian War and the Remaking of France* (Ithaca, NY: Cornell University Press, 2006), 169–170.

42 Patrick Weil, *How to be French: Nationality in the Making since 1789* (Durham, NC: Duke University Press, 2008), 126–129.

43 Mark Mazower, "The Strange Triumph of Human Rights, 1933–1950," *Historical Journal* 47, no. 2 (2004): 388.

44 "Petition in Support of the Letter of Resignation of James G. McDonald and Concerning the Treatment of Jews and Non-Aryans by the German Government: Addressed to the XVIIth Plenary Assembly of the League of Nations," 1–2, Assistance International aux Réfugiés Allemandes, R5720, LNA. 有赫施・勞特帕赫特、內維爾・拉斯基（Neville Laski）和倫敦的法學者弗拉基米爾・艾德爾森（Vladimir Idelson）為該草案提供意見，還有兩名少數族群保護條約專家——奧斯卡・雅諾夫斯基（Oscar Janowsky）和梅爾文・費金（Melvin Fagin）。可參見 Monty Noam Penkower, "Honorable Failures against Nazi Germany: McDonald's Letter of Resignation and the Petition in Its Support," *Modern Judaism* 30, no. 3 (2010), 268; James G. McDonald, *Advocate for the Doomed: The Diaries and Papers of James G. McDonald, 1932–1935,* ed. Richard Breitman, Barbara McDonald Stewart, and Severin Hochberg (Bloomington: Indiana University Press, 2007), 57。

45 可相較於 Gary Bass, *Freedom's Battle: The Origins of Humanitarian Intervention*

McAdam, *The Refugee in International Law* (New York: Oxford University Press, 2007)。

28 Gilbert Jaeger, "On the History of the International Protection of Refugees," *Review of the International Committee of the Red Cross* 83, no. 843 (2001): 727–737. 也可參見 Michael Marrus, *The Unwanted: European Refugees from the First World War to the Cold War* (Philadelphia: Temple University Press, 2002), 161–164, 170–172。

29 可參見 "Provisional Arrangement Concerning the Status of Refugees Coming from Germany, July 4, 1936" 與 "Convention Concerning the Status of Refugees Coming from Germany, February 10, 1938"，引用於 James C. Hathaway, *The Law of Refugee Status* (Toronto: Butterworths, 1991), 4。

30 League of Nations, Convention Concerning the Status of Refugees Coming from Germany, February 10, 1938, League of Nations Treaty Series, vol. 192, no. 4461, p. 59, http://www.refworld.org/docid/3dd8d12a4.html.

31 Hersch Lauterpacht, "The Nationality of Denationalized Persons," in *International Law, Being the Collected Papers of Hersch Lauterpacht,* vol. 3, ed. Eli Lauterpacht (Cambridge: Cambridge University Press, 1977), 392. 原出版為 Lauterpacht, "The Nationality of Denationalized Persons," *Jewish Yearbook of International Law* 1, no. 1 (1949): 164–185。有關於難民身分以何為基礎的轉變——從法律面到社會面，最後再到個人對迫害的恐懼——可參見 J. C. Hathaway, "Evolution of Refugee Status in International Law, 1920–1950," *International and Comparative Law Quarterly* 33, no. 384 (1984): 348–380。可相較於 Jane McAdam, "Rethinking the Origins of 'Persecution' in Refugee Law," *International Journal of Refugee Law* 25, no. 4 (2013): 667–692。

32 Saul Friedlander, *Nazi Germany and the Jews,* vol. 1, *The Years of Persecution* (New York: HarperCollins, 1997), 146.

33 Durward V. Sandifer, "A Comparative Study of Laws Relating to Nationality at Birth and to Loss of Nationality," *American Journal of International Law* 29, no. 2 (1935): 248–279; John Wigmore, "Domicile, Double Allegiance, and World Citizenship," *Illinois Law Review* 21, no. 8 (1927): 761–770; Egidio Reale, "Passport," in *Encyclopedia of the Social Sciences* (New York: Macmillan, 1934), 12:13–16.

34 Bushe to Dowson, November 15, 1933, Nationality Law, DO 35 104/2, TNA: PRO.

35 Dowson to Bushe, November 17, 1933, Nationality Law, DO 35 104/2, TNA: PRO.

36 Claus von Stauffenberg, "Die Entziehung der Staatsangehorigkeit und das Volkerrecht, Eine Entgegnung," *Zeitschrift für ausländisches öffentliches Recht und Völkerrecht* 4 (1934): 261–276，引用於 Detlev Vagts, "International Law in the

History (Cambridge: Cambridge University Press, 2016); Melissa Feinberg, *Elusive Equality: Gender, Citizenship, and the Limits of Democracy in Czechoslovakia, 1918–1950* (Pittsburgh: University of Pittsburgh Press, 2006), 74.

17 Candice Lewis Bredbenner, *A Nationality of Her Own: Women, Marriage, and the Law of Citizenship* (Berkeley: University of California Press, 1998), chap. 6.

18 Catherine Seckler-Hudson, *Statelessness, with Special Reference to the United States: A Study in Nationality and Conflict of Law* (Washington, DC: American University, 1934).

19 Patrick Weil, *The Sovereign Citizen: Denaturalization and the Origins of the American Republic* (Philadelphia: University of Pennsylvania Press, 2012), 90. 有關於一九三〇年代擴大聯邦權威以管理國內遷移和移民，可參見 Elisa Minoff, "Free to Move? The Law and Politics of Internal Migration in Twentieth-Century America" (PhD diss., Harvard University, 2013); Karen Tani, *States of Dependency: Welfare, Rights, and American Governance, 1935–1972* (Cambridge: Cambridge University Press, 2016)。

20 Seckler-Hudson, *Statelessness*. Seckler-Hudson also reviewed Lipovano for the *American Journal of International Law*. Catherine Seckler-Hudson, "L'Apatridie, by I. G. Lipovano," *American Journal of International Law* 30, no. 4 (1936): 743–744. 也可參見 Waldo Emerson Waltz, *The Nationality of Married Women: A Study of Domestic Policies and International Legislation* (Urbana: University of Illinois Press, 1937)。

21 "Notes on the Points Discussed," 1930, Nationality Law, DO 35 104/2, TNA: PRO.

22 同前注。

23 可參見 Arnulf Becker Lorca, *Mestizo International Law: A Global Intellectual History 1842–1933* (Cambridge: Cambridge University Press, 2014), chap. 9。

24 League of Nations Union to John Simon, April 6, 1934, Measures for Regulating Position of Stateless, League International Office for Refugees, HO 45/20528, TNA: PRO. 也可參見 Jacques Scheftel, "L'apatridie des refugies russes," *Journal de Droit International* 61, no. 1 (1934): 36–69。

25 Unsigned memoranda, 1934, Measures for Regulating Position of Stateless, League International Office for Refugees, HO 45/20528, TNA: PRO.

26 Unsigned memoranda, 1934, Measures for Regulating Position of Stateless, TNA: PRO.

27 可參見 Emma Haddad, *The Refugee in International Society: Between Sovereigns* (Cambridge: Cambridge University Press, 2008); Guy Goodwin-Gill and Jane

York: Institute of Jewish Affairs of the American Jewish Congress and World Jewish Congress, 1944); Tommie Sjöberg, *The Power and the Persecuted: The Refugee Problem and the Intergovernmental Committee on Refugees, 1938–1947* (Lund, Sweden: Lund University Press, 1991); Barbara McDonald Stewart, *United States Government Policy on Refuges from Nazism, 1933–1940* (New York: Garland, 1982); Vicky Caron, *Uneasy Asylum: France and the Jewish Refugee Crisis, 1933–1942* (Stanford, CA: Stanford University Press, 1999); Louis London, *Whitehall and the Jews, 1933–1948: British Immigration Policy, Jewish Refugees, and the Holocaust* (Cambridge: Cambridge University Press, 2000)。有關於被民主國家驅逐出境，可參見 Daniel A. Gordon, "The Back Door of the Nation-State: Expulsion of Foreigners and Continuity in Twentieth-Century France," *Past and Present* 186, no. 1 (2005): 201–232。

9 *Acts of the Conference for the Codification of International Law*, Issue 14, League of Nations, 1930.

10 同前注，頁 15。

11 American minister to the Netherlands, Hague Conference, January 21–April 22, 1930, Herbert Hoover, 1929–1933, FRUS 1 (1945), 504.418A2/159.

12 David Hunter Miller, "Nationality and Other Problems Discussed at The Hague," *Foreign Affairs* 8, no. 4 (1930): 632–640. 可參見 Richard W. Flourney, ed., *A Collection of Nationality Laws of Various Countries, as Contained in Constitutions, Statutes, and Treaties* (New York: Oxford University Press, 1929)。

13 Miller Telegram, Hague Conference, January 21–April 22, 1930, Herbert Hoover, 1929–1933, FRUS 1 (1945), 504.418A2/159.

14 Edwin M. Borchard, "The Hague Codification Conference," *The Nation* 131, no. 3394 (1930): 94–95.

15 Mackinnon-Wood to F. P. Walters, March 9, 1931, "Codification of International Law: Correspondence with the Faculty of the Harvard Law School," R2056, LNA.

16 女性只有附屬的公民身分，這個政策首先出現在一八〇四年的《拿破崙民法典》（Napoleonic Civil Code）的行政立法性文件中。在拿破崙時代，歐洲各地適用的法典都是套用以婚姻為條件的國籍原則，到了十九世紀中葉，世界上大多數國家也都依循這個原則。Carol Miller, "Geneva—the Key to Equality: Interwar Feminists and the League of Nations," *Women's History Review* 3, no. 2 (1994) 219–245; John Witt, "Crystal Eastman and the Internationalist Beginnings of American Civil Liberties," *Duke Law Journal* 54, no. 3 (2004): 705–763; Helen Irving, *Citizenship, Alienage, and the Modern Constitutional State: A Gendered*

可以證明是虛構的。由於這種國家理論是純粹法理論（Pure Theory of Law）的重要部分，因此純粹法理論可以看作是一種明確的奧地利理論。」Hans Kelsen, "Autobiographie," in *Hans Kelsen im Selbstzeugnis,* ed. Matthias Jestaedt (Tübingen: Mohr Siebeck, 2006), 62. Judith Shklar, *Legalism: Law, Morals, and Political Trials* (Cambridge, MA: Harvard University Press, 1964), 41. 也可參見 Jabloner, "Kelsen and His Circle"; Beller, *Vienna and the Jews,* 211。

129 例如：可參見 Richard Falk, "Revisiting Westphalia, Discovering Post-Westphalia," *Journal of Ethics* 6, no. 4 (2002): 311–352。Casper Sylvest, "Realism and International Law: The Challenge of John H. Herz," *International Theory* 2, no. 3 (2010): 410–445; Nicolas Guilhot, *After the Enlightenment: Political Realism and International Relations in the Mid-Twentieth Century* (Cambridge: Cambridge University Press, 2017).

第四章　成員身分的真正界限

1 Oskar Brandstaedter to the League, February 24, 1934, R5671, "Staatenlosen: Various Correspondence with Individuals and Organizations," LNA.

2 Oskar Brandstaedter to the League, October 4, 1935, R5671, LNA.

3 Claudena Skran, *Refugees in Inter-War Europe: The Emergence of a Regime* (Oxford: Clarendon, 1995), 48.

4 Karl Schlögel, *In Space We Read Time: On the History of Civilization and Geopolitics,* trans. Gerrit Jackson (Chicago: University of Chicago Press, 2016), 93–96. Mark Mazower, "Endless Exodus: 3,000 Years of Fearing and Depending on Refugees," *Financial Times*, February 10, 2017 中有討論。

5 諾埃爾・文德里（Noël Vindry）於一九二五年在法國寫了一篇關於「無國籍」（*l'apatridie*）的論文。他又繼續在一九三〇年代寫了一系列成功的偵探小說。Noël Vindry, *L'apatride* (Aix: Impremerie-Libraire A. Makaire, 1925). 可參見 Bruno Cabanes, *The Great War and the Origins of Humanitarianism, 1918–1924* (Cambridge: Cambridge University Press, 2014), 138。

6 Eric Ambler, *Epitaph for a Spy* (New York: Vintage, 2002), 22. 也可參見 Eric Ambler, *A Coffin for Dimitrios* (New York: Knopf, 1939)。

7 John Maynard Keynes, "National Self-Sufficiency," *Yale Review* 22, no. 4 (June 1933): 755–769.

8 有關於自由國家的庇護政策，可參見 Frank Caestecker and Bob Moore, eds., *Refugees from Nazi Germany and the Liberal European States* (New York: Berghahn Books, 2012); Arieh Tartakower and Kurt Grossmann, *The Jewish Refugee* (New

121 有關於曼德爾斯塔姆屬於法國的「社會連帶主義風潮」的一部分，可參見 Dzovinar Kévonian, “La protection des minorities et l’internationalisation des droits de l’hommes,” in *Revisiting the Origins of Human Rights,* ed. Pamela Slotte and Miia Halme-Tuomisaari (Cambridge: Cambridge University Press, 2015), 57–72。

122 Martti Koskenniemi, *From Apology to Utopia: The Structure of International Legal Argument* (Cambridge: Cambridge University Press, 2006), 201. 凱爾森鼓勵他的學生在論文中把他和狄驥拿來做比較。Silving-Ryu, *Memoirs,* 88.

123 對於這種方法在抵抗法西斯主義方面的弱點分析，可參見 Nathaniel Berman, “‘But the Alternative Is Despair’: European Nationalism and the Renewal of International Law,” *Harvard Law Review* 106, no. 1792 (1993): 1793–1808; Carl Schorske, *Fin de Siècle Vienna: Politics and Culture* (New York: Knopf, 1979)。有關於對奧地利自由主義的這類詮釋，可相較於 Coen, *Vienna*; Malachi Hacohen, *Karl Popper: The Formative Years, 1902–1945* (Cambridge: Cambridge University Press, 2000)。

124 Silving-Ryu, *Memoirs,* 83.

125 他在那裡與喬治·塞勒（George Scelle）、威廉·拉帕爾德（William Rappard）、保羅·曼圖、保羅·古根海姆（Paul Guggenheim）與漢斯·魏貝格（Hans Wehberg）等人討論了該學科的未來。Yael Paz, *A Gateway between a Distant God and a Cruel World: The Contribution of Jewish German-Speaking Scholars to International Law* (Leiden: Martinus Nijhof, 2012), 182; Rudolf Aladar Metall, *Hans Kelsen: Leben und Werk* (Wien: Franz Deuticke, 1969), 70–72.

126 Robert Musil, *The Man without Qualities,* vol. 1, trans. Sophie Wilkins (New York: Random House, 1995), 29. 也可參見 Marjorie Perloff, *Edge of Irony: Modernism in the Shadow of the Habsburg Empire* (Chicago: University of Chicago Press, 2016)。

127 Johnston, *Austrian Mind,* 98. 有關於哈布斯堡憲法無法正視社會現實，可參見 Janik and Toulmin, *Wittgenstein's Vienna,* 271–272。法國科學史學家喬治·康吉萊姆（Georges Canguilhem）將凱爾森的理論描述為「無力將政治事實納入法律事實中」。*The Normal and the Pathological,* trans. Carolyn Fawcett (New York: Zone Books, 2007), 249。也可參見 Steven Beller, *Vienna and the Jews, 1867–1938: A Cultural History* (Cambridge, Cambridge University Press, 1991), 236。

128 Michael Gubser, *Time's Visible Surface: Alois Riegl and the Discourse on History and Temporality in Fin-de-Siècle Vienna* (Detroit, MI: Wayne State Press, 2006). 用凱爾森自己的話來說：「考慮到奧地利這個國家是由這麼多不同種族、語言、宗教和歷史族群所組成的，如果有理論想要以這些（在法律上屬於同一個國家的）人所具有的某些社會心理學或社會生物學背景來構建國家的一體性，顯然

Nations Societies Papers 1924–1927, P93, LNA.

113 同前注。

114 Dzovinar Kévonian, "Les Juristes juifs russes en France et l'action internationale dans les années vingt," *Archives Juives* 34, no. 2 (2001): 72–94. 有關於俄羅斯帝國晚期的法學家和法條主義，可參見 Peter Holquist, "Dilemmas of a Progressive Administrator: Baron Boris Nolde," *Kritika* 7, no. 2 (2006), 241–273。整體論述可參見 Richard Wortman, *The Development of a Russian Legal Consciousness* (Chicago: University of Chicago Press, 1976)。

115 曼德爾斯塔姆在第一次世界大戰前的十年間是君士坦丁堡的俄羅斯外交官，他對鄂圖曼帝國的所謂「亞美尼亞問題」提出了國際主義的解決方案，帝國中的亞美尼亞各省都是由一位總督治理——總督可能是信仰基督教的鄂圖曼公民，或是由蘇丹提名的「歐洲人」。後來在戰爭期間，曼德爾施塔姆負責裁決與戰俘相關的法律問題，在一九一七年初的俄羅斯自由革命之後，他被擢升為外交部的首席法律顧問。Helmut Philipp Aust, "From Diplomat to Academic Activist: Andre Mandelstam and the History of Human Rights," *European Journal of International Law* 25, no. 4 (2015). 曼德爾斯塔姆在他的研究《*Le Sort de L'Empire Ottoman*》的一開始便寫道：「這本書是一位自由派俄羅斯人的著作，他是一名熱愛法律的法學家，並在一個向法律永久宣戰的帝國度過了十六年。」*Le Sort de L'Empire Ottoman* (Paris: Payot, 1917).

116 Bruno Cabanes, *The Great War and the Origins of Humanitarianism* (Cambridge: Cambridge University Press, 2014), 168.

117 A. N. Mandelstam, "La protection international des droits de l'homme," *Recueil des Cours* 38, no. 4 (1931): 129–131.

118 A. N. Mandelstam, "La protection des droits de l'hommes," *Les minorités nationales* 5, no. 4 (1932): 65–75; A. N. Mandelstam, "La géneralisation de la protection internationale des droits de l'homme," *Revue droit international et de législation comparée* 11, no. 2 (1930): 297–326. 有關於這一群流亡的法學家，可參見 Dzovinar Kévonian, "Exilés politiques et avènement du 'droit humain': La pensée juridique d'André Mandelstam (1869–1949)," *Revue d'histoire de la Shoah* 117–118 (2001): 245–273。

119 可參見 Boris-Mirkine Guetzevitch, "Das Menschenrechte der Heimatlosen," *Die Freidens-Warte* 30, no. 7/8 (1930): 213–215。有關於另一個類似的觀點（雖然其強調「文明」界限內的權利），可參見 Paul Gramain, *Les droits internationaux de l'homme* (Paris: Éditions Internationales, 1933)。

120 Vishniak, "Le statut international des apatrides," 165–166.

Kaplan and Rudy Koshar (Lanham, MD: Lexington Books, 2012), 345–371。可相較於 Josef L. Kunz, *Völkerrechtswissenschaft und reine Rechtslehre* (Leipzig: F. deutlicke, 1923); Michael Stolleis, *A History of Public Law in Germany, 1914–1945* (Oxford: Oxford University Press, 2004), 63。

103 Josef Kunz, Untitled Memoir, December 17, 1959, Hans Kelsen Institut Archive; Josef L. Kunz, *Bibliographie der Kriegsliteratur: Politik, Geschichte, Philosophie, Völkerrecht, Friedensfrage* (Berlin: H. R. Engelmann, 1920); Josef L. Kunz, *Gaskrieg und Völkerrecht* (Vienna: Springer, 1927).

104 Kunz, Untitled Memoir, December 17, 1959, Hans Kelsen Institut, Vienna.

105 J. L. Kunz, "L'option de nationalité," *Hague Recueil* 31, no. 1 (1930): 1–31.

106 Karl F. Geiser, review of *Handbuch des Völkerrechts, II, 4: Die Staatenverbindungen*, by Josef L. Kunz, *American Journal of International Law* 24, no. 2 (1930): 417–418. 也可參見 Josef L. Kunz, *Die Anerkennung von Staaten und Regierungen im Völkerrecht* (Stuttgart: W. Wohlhammer, 1928)。

107 波蘭的法律和行政繼承呈現出一個特別複雜的問題，因為波蘭是從三個不同的帝國繼承了法律和官僚機構。有關於波蘭在國際法中的再度現身，可參見 C. H. Alexandrowicz, "Recognition of New States in International Law," in *The Law of Nations in Global History,* by C. H. Alexandrowicz, ed. David Armitage and Jennifer Pitts (Oxford: Oxford University Press, 2017), 400。

108 Hersch Lauterpacht, "Sukcesja państw w odniesieniu do zobowiązań prywatnoprawnych" *Glos Prawa* 5, no. 6 (1928): 18–33，英譯版為 "Succession of States with Respect to Private Law Obligations," in *International Law being the Collected Papers of Hersch Lauterpacht,* vol. 3, ed. Eli Lauterpacht (Cambridge: Cambridge University Press, 1977), 121–138。

109 這項陳述直接借用了維也納行政法院在一九一〇年的一項裁決，該裁決表明地方市政糾紛中的種族歸屬，可以根據市政當局對（表明系爭個人種族歸屬的）「實物證據」的評估結果而定。Gerald Stourzh, "Ethnic Attribution in Late Imperial Austria: Good Intentions, Evil Consequences," in *From Vienna to Chicago and Back: Essays on Intellectual History and Political Thought in Europe and America* (Chicago: University of Chicago Press, 2007), 169.

110 Benjamin Akzin, "Les sujets du droit international," *Revue de droit international* 3, no. 4 (1929): 451–489.

111 "Lyon Juridical Commission Meeting," June 27, 1924, International Federation League of Nations Societies Papers 1924–1927, P93, LNA.

112 "Commission Juridique Vienna," April 1924, International Federation League of

österreichischen Liga für Menschenrechte, 1930), 6.

98 Hans Herz, "La problème de la naissance de l'état et la decision du Tribunal Arbitral Mixte germano-polonais du August 1929," *Revue de la droit international et de législation comparée* 3, no. 1 (1936): 1–27; Hans Herz, "Le sujet de droit en droit international public," *Revue international de la théorie du droit* 10, no. 2 (1936): 100–111. 波蘭法學家克里斯蒂娜・馬雷克（Krystina Marek）在一九五四年的專著《國際公法中國家的同一性和連續性》（*Identity and Continuity of States in Public International Law*）（Geneva: Libraire E. Droz, 1954）繼承了維也納學派的傳統。也可參見 James Crawford, "The Criteria for Statehood in International Law," *British Yearbook of International Law* 48, no. 1 (1976): 93–182。Mikulas Fabry, *Recognizing States: International Society and the Establishment of New States since 1776* (Oxford: Oxford University Press, 2010), chap. 4.

99 John Herz, "On Human Survival: How a View Emerged," box 2, John Herz Papers, German and Jewish Intellectual Émigré Collection, State University of New York at Albany.

100 Josef L. Kunz, *Die Völkerrechtliche Option* (Breslau: F. Hirt, 1926).

101 Rockefeller Foundation Archives, Record Group 10.2—Fellowship recorder cards, Discipline 5—Humanities, box 3, Rockefeller Archive Center, Sleepy Hollow, NY.

102 Josef L. Kunz, "The 'Vienna School' and International Law," *New York University Law Quarterly Review* 11, no. 3 (1934): 370–422. 追隨維也納法學理論門派的著名學者包括阿道夫・默克爾、阿爾弗雷德・維爾德羅斯、費利克斯・考夫曼（Felix Kaufmann）、弗里茲・桑德（Fritzer Sander）、埃里克・沃格林（Erich Voegelin）、阿爾夫・羅斯（Alf Ross）、查爾斯・埃森曼（Charles Eisenman）、弗朗茲・威爾（Franz Weyr）、列奧尼達斯・皮塔米（Leonidas Pitamic）、約瑟夫・勞倫茲・昆茲（Josef Laurenz Kunz）、魯道夫・阿拉達・梅特爾（Rudolf Aladar Metall）、海倫・西爾文-留（Helen Silving-Ryu）、里奧・格羅斯（Leo Gross）和約翰・赫茲（John Herz）。Jabloner, "Kelsen and His Circle." 有關於凱爾森的理論，可參見 Hans Kelsen, "Legal Formalism and the Pure Theory of Law," in *Weimar: A Jurisprudence of Crisis,* ed. Arthur J. Jacobson and Bernhard Schlink (Berkeley: University of California Press, 2000), 76–84，最初出版於 Kelsen, "Juristischer Formalismus und reine Rechtslehre," *Juristische Wochenschrift* 58, no. 23 (1929): 1723–1726。也可參見 Kelsen, *Allgemeiner Staatslehre,* 1925; R. A. Métall, *Hans Kelsen: Leben und Werk* (Vienna: Deutike, 1969); Peter Caldwell, "Sovereignty, Constitutionalism, and the Myth of the State," in *The Weimar Moment: Liberalism, Political Theology, and Law,* ed. Leonard

Theory and Practice, ed. Maksmilian Del Mar and William Twining (Heidelberg: Spring, 2015), 18.

87 Hans Kelsen, *Pure Theory of Law,* trans. Max Knight (Berkeley: University of California Press, 1967), 288. 有關於法律和社會學的區別，及其與法律規範性的關聯，可參見 Stephen P. Turner, *Explaining the Normative* (Cambridge, UK: Polity, 2010), ch. 3。

88 Hans Kelsen, "The Conception of the State and Social Psychology with Special Reference to Freud's Group Theory," *International Journal of Psycho-analysis* 5, no. 1 (1924): 1–38.

89 同前注，頁 3。

90 Helen Silving-Ryu, *Helen Silving: Memoirs* (New York: Vantage, 1988), 75, 85. 也可參見 Albert Ehrenzweig, "Preface," *California Law Review* 59, no. 3 (1971): 609–616。

91 Silving, *Memoirs*, 88. 埃貢・威爾斯（Egon Wellesz）——凱爾森的鄰居、作曲家阿諾德・勳伯格（Arnold Schoenberg）的學生——回憶在第一次世界大戰之後，維也納「那些人不喜歡凱爾森，他徹底破壞了國家」。引用於 A. W. B. Simpson, *Reflections on the Concept of Law* (Oxford: Oxford University Press, 2011), 113。

92 引用於 Fredrik Lindstrom, *Empire and Identity: Biographies of the Austrian State Problem in the Late Habsburg Empire* (West Lafayette, IN: Purdue University Press, 2008), 272。也可參見 Josef Redlich, *Austrian War Government* (New Haven, CT: Yale University Press, 1929)。

93 Gary B. Cohen, "Our Laws, Our Taxes, and Our Administration: Citizenship in Imperial Austria," in *Shatterzones of Empires: Coexistence and Violence in the German, Habsburg, Russian, and Ottoman Borderlands,* ed. Omar Bartov and Eric Weitz (Bloomington: Indiana University Press, 2013), 117.

94 Pieter Judson, *The Habsburg Empire: A New History* (Cambridge, MA: Harvard University Press, 2016), 387–388.

95 Hans Kelsen, "La naissance de l'état et la formation de sa nationalité: Les principes de leur application au cas de la Tchéchoslovaquie," *Revue de droit international* 4, no. 1 (1929): 612–641.

96 *Prager Tagblatt*, "Our Stateless," October 11, 1930, via "Situation des Apatrides: Correspondence Diverse," R3589, LNA.

97 "Wer keinem Staate als Bürger angehört, ist völkerrechtlich vogelfrei." Hans Kelsen, "Geleitwort," in *Die Staatenlosen,* by Heinrich Englander (Vienna: Schriften der

International Law 14, no. 1 (2012): 51–86。

74 Hans Kelsen, *Allgemeiner Staatslehre* (Berlin: Springer, 1925).

75 David Dyzenhaus, *Legality and Legitimacy: Carl Schmitt, Hans Kelsen, and Hermann Heller in Weimar* (Oxford: Oxford University Press, 1999), 155–156.

76 Eugen Ehrlich, *Fundamental Principles of the Sociology of Law*, trans. Walter Moll (Cambridge MA: Harvard University Press, 1936), 9. 有關於在社群實踐中尋找法律，可參見 Georg Gurvitch, *L'idée du droit social* (Paris: Recueil Sirey, 1932)。

77 Ehrlich, *Fundamental Principles*; Bart Van Klink, "Facts and Norms: The Unfinished Debate between Eugen Ehrlich and Hans Kelsen," in *Living Law: Reconsidering Eugen Ehrlich,* ed. Marc Hertogh (Portland, OR: Hart Publishing, 2009), 127–156.

78 Allan Janik and Stephen Toulmin, *Wittgenstein's Vienna* (New York: Touchstone, 1973), 271.

79 有關於法律的各種權威來源，一般性介紹可參見 J. G. A. Pocock, *The Ancient Constitution and the Feudal Law: A Study of English Historical Thought in the Seventeenth Century* (Cambridge: Cambridge University Press, 1957)。

80 Hans Kelsen, "Selbstdarstellung," in *Hans Kelsen im Sebstzeugnis,* ed. Matthias Jestaedt (Tübingen: Mohr Siebeck, 2006), 1927.

81 Coen, *Vienna,* 88–90.

82 William Johnston, *The Austrian Mind: An Intellectual and Social History, 1848–1938* (Berkeley: University of California Press, 1972), 97.

83 Johnston, *Austrian Mind,* 106; Karl Renner, "State and Nation (1899)," in *National Cultural Autonomy and Its Contemporary Critics,* ed. Ephraim Nimni (London: Routledge, 2005), 15–47.

84 Gerhard Stourzh, "The Multinational Empire Revisited," in *From Vienna to Chicago and Back: Essays on Intellectual History and Political Thought in Europe and America* (Chicago: University of Chicago Press, 2007), 145; John Deak, *Forging a Multinational State: State Making in Imperial Austria from the Enlightenment to the First World War* (Stanford, CA: Stanford University Press, 2015).

85 凱爾森在一九二七年的一篇自傳短文中說新康德哲學「從一開始就與我同在」。Kelsen, "Selbstdarstellung," 23. 有關於新康德主義，可參見 Gordon, *Continental Divide,* 52–69; Thomas Williey, *Back to Kant: The Revival of Kantianism in German Social and Historical Thought, 1860–1914* (Detroit, MI: Wayne State University Press, 1978)。

86 Hans Kelsen, "On the Theory of Juridic Fictions: With Special Consideration of Vaihinger's Philosophy of the As-If," trans. Christophe Kletzer, in *Legal Fictions in*

International Federation League of Nations Societies, P98, LNA.

64 Michael Marrus, *The Unwanted: European Refugees from the First World War to the Cold War* (Philadelphia: Temple University Press, 2002), 95.

65 Hans Kelsen, *Die Staatslehre des Dantes Alighieri* (Vienna: Franz Deuticke, 1906). 有關於斯特里索韋爾，可參見 Mónica García-Salmones Rovira, *The Project of Positivism in International Law* (Oxford: Oxford University Press, 2013), 186。

66 Hans Kelsen, *Hauptprobleme der Staatsrechtslehre, entwickelt aus der Lehre vom Rechtssatze*, 2nd ed. (Tübingen: Mohr Siebeck, 2005).

67 Hans Kelsen, "Autobiographie," in *Hans Kelsen im Selbstzeugnis,* ed. Matthias Jestaedt (Tübingen: Mohr Siebeck, 2006), 49, 52.

68 約翰・博耶（John Boyer）認為一九一八年的奧地利革命特徵是轉向一個民主合法的國家，它擁有多元的精神，並試圖讓國家超越意識形態的衝突。John Boyer, *Culture and Political Crisis in Vienna: Christian Socialism in Power, 1897–1918* (Chicago: University of Chicago Press, 1995), 453. Robert Kann，引用於 Boyer, *Culture and Political Crisis in Vienna,* 453。

69 Clemens Jabloner, "Kelsen and His Circle: The Viennese Years," *European Journal of International Law* 9, no. 2 (1998): 368–385; N. B. Ladavac, "Hans Kelsen: Biographical Note and Bibliography," *European Journal of International Law* 9, no. 1 (1998): 391–400.

70 Hans Kelsen, *Der soziologische und der juristiche Staatsbegriff: kritische Untersuchung des Verhaltnisses von Staat und Recht*, 2nd ed. (Tübingen: Mohr, 1928); Andrew Spadafora, "Georg Jellinek on Values and Objectivity in the Legal and Political Sciences," *Modern Intellectual History* 14, no. 3 (2015): 1–30.

71 Carl Schmitt, *Constitutional Theory,* trans. Jeffrey Seltzer (Durham, NC: Duke University Press, 2008).

72 Christopher Tomlins and John Comaroff, "'Law As . . .': Theory and Practice in Legal History," *UC Irvine Law Review* 1, no. 3 (2011): 1039–1079; Hermann Heller, *Die Souveränität: Ein Beitrag zur Theorie des Staats und Völkerrechtes* (Berlin: Walter de Gruyter, 1927).

73 Hans Kelsen, "Les rapports de système entre le droit interne et le droit international," *Recueil des Cours de l'Académie de Droit International* 14, no. 4 (1926): 227–331; Hans Kelsen, *Das Problem der Souveränität und die Theories des Völkerrechts: Beitrag zu einer Reinen Rechtslehre* (Tübingen: J. C. B. Mohr, 1928). 也可參見 Peter Langford and Ian Bryan, "Hans Kelsen's Legal Theory of Monism: A Critical Engagement with the Emerging Legal Order of the 1920s," *Journal of the History of*

53 他的文章試圖透過對占有的社會現象學考察來分析「客觀權利」的概念。Alexandre Gorovtsev, "A New Conception of the Right of Property as Considered from the Point of View of the 'Principiology of the Law.'" MS sent to Roscoe Pound, August 28, 1928, Roscoe Pound Papers, Harvard Law School Library.

54 戈羅夫采夫在巴黎和美國都沒能找到工作，最後於一九三三年在巴黎的布洛涅森林（Bois de Boulogne）自殺。G. S. Starodubt͡sev, *Mezhdunarodno-pravovaia͡ nauka rossiĭskoĭ ėmigrat͡sii: 1918–1939* (Moscow: Kniga i biznes, 2000). 我要感謝菲麗帕・赫瑟林頓（Philippa Hetherington）為我確定這個消息來源。

55 Gorovtsev, "La problème de la protection des Sans Patrie par la S.D.N au point de vue juridique," 115; Alexandre Gorovtsev, "La notion d'object en droit international en son role pour la constructions juridique de cette discipline," *Review de droit international et de la législation comparée* 6 (1925): 173–202. 也可參見 Anthony Pagano, "Personnalité juridique et représentation légale de l'incapable," *Revue internationale de la théorie du droit* 2 (1927/1928): 1–11。

56 Mark Vishniak, "In Two Worlds," in *The Russian Century: A Hundred Years of Russian Lives,* ed. George Pahomov and Nickolas Lupinin (Lanham, MD: University Press of America, 2008), 95–103.

57 Mark Vishniak, *La protection des droits des minorités dans les traités internationaux de 1919–1920* (Paris: J. Povolozky, 1920), 63–64.

58 如果少數族群抗議他們被排除在調查和報告程序之外，國聯祕書處負責少數族群保護的部門便經常答以抱怨其行政結構。Zara Steiner, *The Lights That Failed: European International History, 1919–1933* (Oxford: Oxford University Press, 2007), 363–365.

59 Vishniak, "Le statut international des apatrides," 105.

60 同前注，頁 121。

61 Record of conversation with Sir Willoughby Dickinson and Sir Walter Napier, "The 'Staatenlose' Problem," September 6, 1926, R1287, LNA.

62 "Rider A to Napier Report Nationality in the Succession States of Austria-Hungary," Refugees, Statelessness 1925–1935, International Federation League of Nations Societies, P98, LNA；也可參見 Sir Walter John Napier, *Staatenlosigkeit: Being a Report of the Condition of Statelessness in Which the Subjects of the Former Austro-Hungarian Empire Are Left under the Peace Settlement* (Brussels: General Secretariat and Offices of the Federation, 1926)。

63 "Nationality in the Succession States of Austria Hungary, Memorandum by Sir Walter Napier," November 12, 1925, Refugees, Statelessness 1925–1935,

in *Citizenship and National Identity in Twentieth Century Germany,* ed. Geoff Eley and Jan Palmowski (Stanford, CA: Stanford University Press, 2008), 41. 有關於耶林內克和國家理論，可參見 Duncan Kelly, "Revisiting the Rights of Man: Georg Jellinek on Rights and the State," *Law and History Review* 22, no. 3 (2004): 493–529。

46 Edward Borchard, "The Access of Individuals to International Courts," *American Journal of International Law* 24, no. 359 (1930): 359–365; Jasper Yeates Brinton, *The Mixed Courts of Egypt* (New Haven, CT: Yale University Press, 1930); Nathan J. Brown, "The Precarious Life and Slow Death of the Mixed Courts of Egypt," *International Journal of Middle East Studies* 25, no. 1 (1993): 33–52.

47 Catherine Gousseff, *L'exil russe: La fabrique du réfugié apatride, 1920–1939* (Paris: CNRS, 2008), 238.

48 Roger Picard, "Les 'Sans-Patrie' et la S.D.N.," *La Paix par le Droit* 37, no. 1 (1927): 97–99.

49 同前注，頁 99。同情無國籍者困境的政治家和公法學者提出國際的保護形式，也是一樣將無國籍者置於受監護的角色。在一九二二年至一九二五年之間擔任美國國務卿的查爾斯·埃文斯·休斯（Charles Evans Hughes）認為只要俄羅斯流亡者被剝奪了「自然主權」，他們就需要「道德庇護」。引用於 Alexandre Gorovtsev, "La problème de la protection des 'Sans Patrie' par la S.D.N au point de vue juridique," *La Paix par le Droit* 37, no. 1 (1927): 113。

50 Giuseppe Nitti, *La situation juridique des émigrés italiens en France* (Paris: Pedone, 1929), 74; Giuseppe Nitti, "La situation juridique des émigrés italiens en France," *Revue generale de droit international public* 36 (1929): 742; Susan Treggiari, "Social Status and Social Legislation," in *The Cambridge Ancient History* (New York: Macmillan, 1996), 10:874.

51 Tristan S. Taylor, "Social Status, Legal Status, and Legal Privilege," in *The Oxford Handbook of Roman Law and Society,* ed. Clifford Ando, Paul J. du Plessis, and Kaius Tuori (Oxford: Oxford University Press, 2016), 349–362. 有關於認為法學家對世界的描述可以規範社會現實，以及法律如何創造出它僅是聲稱自己在描述的東西，並用以建構現實，可參見 Clifford Ando, *Law, Language, and Empire in the Roman Tradition* (Philadelphia: University of Pennsylvania Press, 2011)。

52 J. G. A. Pocock, "The Ideal of Citizenship since Classical Times," *Queen's Quarterly* 99, no. 1 (1992): 33–55. 有關於卡爾·馬克思（Karl Marx）否認法律是社會中存在物之間的中介，可參見 Donald Kelley, "The Metaphysics of Law: An Essay on the Very Young Marx," *American Historical Review* 83, no. 2 (1978): 350–367。

39 P. W. Duff, "The Personality of an Idol," *The Cambridge Law Journal* 3, no. 1 (1927): 42–48; H. Rheinfelder, *Das Wort "Persona" Geschichte seiner Bedeutungen mit besonderer Berücksichtigung des frazösischen und italienischen Mitaelalters* (Halle: Niemeyer, 1928); Edwin DeWitt Dickinson, "The Analogy between Natural Persons and International Persons in the Law of Nations," *Yale Law Journal* 26, no. 7 (1916–17): 564–591; Hugo Krabbe, *The Modern Idea of the State,* trans. George H. Sabine (New York: D. Appleton, 1922).

40 John Dewey, "The Historic Background of Corporate Legal Personality" *Yale Law Journal* 35, no. 6 (1926): 655–673; W. M. Geldart, "Legal Personality," *Law Quarterly Review* 27 (1911): 90–109. 隨著越來越多行政機構開始接掌公共服務的管理和分配，美國的政治與法律辯論便以法律的地位和法律國家為主。可參見 C. H. McIlwain, "Sovereignty Again," *Economica*, no. 18 (1926): 253–268。

41 Dewey, "Historic Background," 655. John Dewey, *The Public and Its Problems* (New York: Henry Holt, 1927), 6. 也可參見 Livingston, *Pragmatism and the Political Economy*, 197–200。

42 可參見 Stuart Banner, *Who Owns the Sky? The Struggle to Control Air Space from the Wright Brothers On* (Cambridge, MA: Harvard University Press, 2008), 36–37; John Haffenden, *William Empson: Among the Mandarins* (Oxford: Oxford University Press, 2005), 47–48。

43 Max Radin, "The Endless Problem of Corporate Personality," *Columbia Law Review* 32, no. 4 (1932): 643–667; Robert E. Cushman, "Judicial Decisions on Public Law," *American Political Science Review* 11, no. 3 (1917): 545–555. 美國的脈絡中有阿道夫・奧古斯都・伯利（Adolf A. Berle）和嘉迪納・科伊特・敏斯（Gardiner C. Means）認為現代公司已經開始與國家競爭了，因為它們掌握了經濟權力。可參見 Dalia Tsuk Mitchell, "From Pluralism to Individualism: Berle and Means and 20th Century American Legal Thought," *Law and Social Inquiry* 30, no. 179 (2005): 179。

44 Harold Laski, *The Foundations of Sovereignty and Other Essays* (New York: Harcourt, Brace and Company, 1921), 314. 在昆廷・斯金納（Quentin Skinner）和大衛・朗西曼（David Runciman）對政治思想史上的企業與國家人格的研究中，兩人都認為如果忽略了國家是什麼、國家來自哪裡——國家作為一種特殊人類結合的獨特之處——這類哲學問題，風險在於喪失這樣的觀點等同於更全面地否認國家是對集體生命負重要責任的代理人。可參見 Skinner, "The Sovereign State: A Genealogy"; Runciman, *Pluralism and the Personality of the State*。

45 引用於 Peter C. Caldwell, "The Citizen and the Republic in Germany, 1918–1935,"

Maitland, *Political Theories of the Middle Ages,* trans. Otto von Gierke (Cambridge: Cambridge University Press, 1913), xxx; David Runciman, *Pluralism and the Personality of the State* (Cambridge: Cambridge University Press, 1997), 52, 90。

32 可參見 Jonathan Levy, "Accounting for Profit and the History of Capital," *Critical Historical Studies* 1, no. 2 (2014): 171–214; James Livingston, *Pragmatism and the Political Economy of Cultural Revolution, 1850–1940* (Chapel Hill: University of North Carolina Press, 1997)。

33 Frederic Maitland, "Trust and Corporation," in *Maitland: State, Trust, and Corporation,* ed. David Runciman and Magnus Ryan (Cambridge: Cambridge University Press, 2003); Gregory S. Alexander, "The Transformation of Trust as a Legal Category, 1800–1914," *Law and History Review* 5 (1987): 303–350.

34 Maitland, "Trust and Corporation," 126.

35 同前注。例如：西奧多·赫茲爾（Theodor Herzl）在一八九六年的《猶太國》（*Der Judenstaat*）一書中，就將國家設想為合股的公共夥伴關係。Ulrich E. Bach, *Tropics of Vienna: Colonial Utopias of the Habsburg Empire* (New York: Berghahn Books, 2016). 有關於商人和公司的法律世界，以及高度帝國主義時期的主權商品化，可參見 Steven Press, *Rogue Empires: Contracts and Conmen in Europe's Scramble for Africa* (Cambridge, MA: Harvard University Press, 2017)。

36 另一方面，對照於莫頓·霍維茲（Morton Horwitz）有關於自然實體理論——或謂公司的「真實」人格理論——與二十世紀之交的美國大企業合法化的直接關聯。Morton J. Horwitz, *The Transformation of American Law, 1870–1960: The Crisis of Legal Orthodoxy* (Oxford: Oxford University Press, 1992), 72 and chap. 3. 有關於理解二十世紀主權爭議本質時被忽視的多元論之重要性，可參見 Jeanne Morefield, "Political Theory as Historical Counterpoint: The Case of Schmitt and Sovereignty," *Theory and Event* 19, no. 1 (2016); Karuna Mantena, "On Gandhi's Critique of the State: Sources, Contexts, Conjunctures," *Modern Intellectual History* 9, no. 3 (2012): 535–563; Duncan Bell, "Beyond the Sovereign State: Isopolitan Citizenship, Race, and Anglo-American Union," *Political Studies* 62 (2014): 418–434。

37 David Runciman and Magnus Ryan, "Introduction," in *Maitland: State, Trust and Corporation,* ed. David Runciman and Magnus Ryan (Cambridge: Cambridge University Press, 2003), xxvi; Marc Stears, *Progressives, Pluralists, and the Problems of the State* (Oxford: Oxford University Press, 2002).

38 Josef Kohler, *Philosophy of Law*, trans. Adalbert Albrecht (Boston: Boston Book Company, 1914), 68.

Legal Order as an Idea," *American Journal of International Law* 73, no. 2 (1979): 266。

22 Philip Jessup to Edwin Borchard, October 5, 1926, box A4, Philip Jessup Papers, Library of Congress. 可參見 Mark Weston Janis, *America and the Law of Nations, 1776–1939* (Oxford: Oxford University Press, 2010), 206; Adam Tooze, *The Deluge: The Great War and the Remaking of Global Order, 1916–1931* (London: Penguin, 2015).

23 Quincy Wright, "Sovereignty of the Mandates," *American Journal of International Law* 17, no. 4 (1923): 691–703; Susan Pedersen, *The Guardians: The League of Nations and the Crisis of Empire* (Oxford: Oxford University Press, 2015), ch. 7, passim; James Garner, "Limitations on National Sovereignty in International Relations," *American Political Science Review* 19, no. 1 (1925): 1–24.

24 Quincy Wright, *Mandates under the League of Nations* (Chicago: University of Chicago Press, 1930), vii.

25 Segal, *L'individu,* 163–164.

26 M. Korowicz, "The Problem of the International Personality of Individuals," *American Journal of International Law* 50, no. 3 (1956): 533–562.

27 Edwin Borchard, "International Law," in *Encyclopedia of the Social Sciences* (London: Macmillan, 1932).

28 Clyde Eagleton to Manley Hudson, September 2, 1929, box 52, Manley O. Hudson Papers, Harvard University Law School Library.

29 Lassa Oppenheim, *The League of Nations and Its Problems: Three Lectures* (London: Longmans, Green, 1919), 75.

30 Hannah Arendt, *The Origins of Totalitarianism* (New York: Schocken Books, 1951), chap. 9; Quentin Skinner "The Sovereign State: A Genealogy," in *Sovereignty in Fragments: The Past, Present, and Future of a Contested Concept*, ed. Hent Kalmo and Quentin Skinner (Cambridge: Cambridge University Press, 2010), 26–47；可參見 Janne Nijman, *The Concept of International Legal Personality: An Inquiry into the History and Theory of International Law* (The Hague: Asser Press, 2004)。

31 美國最高法院法官約翰·馬歇爾（John Marshall）認為，私人公司是「純粹的法律創造物，它只擁有創立章程所賦予的財產」。*Trustees of Dartmouth College v. Woodward*, 17 U.S. 518 (1819). 有關於「公司人格和將船舶人格化的虛構是在竭力體現以人類為中心的各類屬性」，可參見 D. Lind, "The Pragmatic Value of Legal Fictions" in *Legal Fictions Theory and Practice,* ed. Maksmilian Del Mar and William Twining (Heidelberg: Spring, 2015), 99; Frederic

Ottoman Office of Legal Counsel," *Journal of the Ottoman and Turkish Studies Association* 3, no. 2 (2016): 255–275. 法國培訓的國際律師認為他們的學術成果是對法國憲法思想所做的貢獻，以及在面對社會和經濟危機時支持國家權威。David Bates, "Political Unity and the Spirit of Law: Juridical Concepts of the State in the Late Third Republic," *French Historical Studies* 28, no. 1 (2005): 69–101.

14 Benjamin Coates, *Legalist Empire: International Law and American Foreign Relations* (New York: Oxford University Press, 2016); Stephen Wertheim, "The League of Nations: A Retreat from International Law?" *Journal of Global History* 7, no. 2 (2012): 210–232. David Kennedy, *Of War and Law* (Princeton, NJ: Princeton University Press, 2006), 68–83; Koskenniemi, *Gentle Civilizer of Nations,* 237.

15 Mathias Schmoeckel, "Lassa Oppenheim and His Reaction to World War I," in *Peace Treaties and International Law in European History: From the Late Middle Ages to World War One,* ed. Randall Lesaffer (Cambridge: Cambridge University Press, 2004), 270–288.

16 Isabel Hull, *A Scrap of Paper: Breaking and Making International Law* (Ithaca, NY: Cornell University Press, 2014); James W. Garner, *International Law and the World War* (London: Longmans, Green, 1920); Mark Lewis, *The Birth of the New Justice: The Internationalization of Crime and Punishment, 1919–1950* (Oxford: Oxford University Press, 2014), 33.

17 關於這一點，可參見 Debora R. Coen, *Vienna in the Age of Uncertainty: Science, Liberalism, and Private Life* (Chicago: University of Chicago Press, 2007), 88–90。概括性的論述可參見 James Gordley, *The Jurists: A Critical History* (Oxford: Oxford University Press, 2013)。

18 有關於班－古里昂在薩洛尼卡修讀法律，可參見 Simon Rabinovitch, "Diaspora, Nation, and Messiah: An Introductory Essay," in *Jews and Diaspora Nationalism: Writings on Jewish Peoplehood in Europe and the United States,* ed. Simon Rabinovitch (Waltham, MA: Brandeis University Press, 2012), xxxi。

19 Piotr Wandycz, *The Lands of Partitioned Poland, 1795–1918* (Seattle: University of Washington Press, 1974), 350.

20 Philippe Sands, *East-West Street: On the Origins of "Genocide" and "Crimes against Humanity"* (New York: Knopf, 2016), 76–79.

21 Hersch Lauterpacht, *Private Law Sources and Analogies of International Law: With Special Reference to International Arbitration* (London: Longmans, Green, 1927), 82n2. 有關於認為國際法律秩序的合法性取決於以律師為守護者（律師會「開創某些類別的有序行為和國家期望」），可參見 Nicholas Onuf, "International

Friedrich Wilhelms Universität zu Bonn, 1928); Adolfo Levi, *La Filosofia di Tommaso Hobbes* (Milano: Societa editrice Dante Alighieri, 1929)。John P. McCormick, "Fear, Technology, and the State: Carl Schmitt, Leo Strauss, and the Revival of Hobbes in Weimar and National Socialist Germany," *Political Theory* 22, no. 4 (1994): 619–652; David Armitage, "Hobbes and the Foundation of International Thought," in *Rethinking the Foundations of Modern Political Thought*, ed. Annabel Brett and James Tully (Cambridge: Cambridge University Press), 219–235; Brian Schmidt, *The Political Discourse of Anarchy: A Disciplinary History of International Relations* (Albany, NY: State University of New York Press, 1998).

9 Leo Strauss, "Notes on Carl Schmitt," in *The Concept of the Political,* trans. George Schwab (Chicago: University of Chicago Press, 2007), 99. 也可參見 Hugo Krabbe, *The Modern Idea of the State,* trans. George H. Sabine (New York: D. Appleton, 1922); Otto Hintze, *Wesen und Wandlung des Modernen Staates* (Berlin: de Gruyter, 1931)。有關於國家是法學的基本概念，可參見 Herman Kantorowicz, "The Concept of the State," *Economica* 35 (1932): 1–21。有關於十九世紀的問題普遍性，可參見 Holly Case, *The Age of Questions, or A First Attempt at an Aggregate History of the Eastern, Social, Woman, American, Jewish, Polish, Bullion, Tuberculosis, and Many Other Questions over the Nineteenth Century, and Beyond* (Princeton, NJ: Princeton University Press, 2018)。

10 David Armitage, "The Fifty Year's Rift: Intellectual History and International Relations," *Modern Intellectual History* 1, no. 1 (2004): 87–109; Michael Goebel, *Anti-Imperial Metropolis: Interwar Paris and the Seeds of Third World Nationalism* (Cambridge: Cambridge University Press, 2015).

11 讓·斯皮羅普洛斯（一八九六年—一九七二年）是薩洛尼卡的一名國際法教授。Jean Spiropoulos, "L'individu et le droit international," *Recueil des Cours* 30 (1929): 191–270.

12 Herbert Glücksmann, *Ausländer und Staatenlose als Kläger im Zivilprozess* (Breslau: Charlottenburg, 1930). 也可參見 Schulim Segal, *L'individu en droit international positif* (Paris: Librarie du Recueil Sirey, 1932), 163。

13 在兩次世界大戰之間的歐洲，有許多知識領域（從哲學到文學）都是由「危機」所主導的。Peter Gordon, *Continental Divide: Heidegger, Cassirer, Davos* (Cambridge MA: Harvard University Press, 2010), 43–52 passim. 有關於十九世紀末的國際律師的政治角色，可參見 Mark Mazower, *Governing the World: The History of an Idea* (New York: Penguin, 2012), 77–81。Aimee M. Genell, "The Well-Defended Domains: Eurocentric International Law and the Making of the

問題是「重中之重」，利波瓦諾引用了阿爾弗雷德·德·拉普拉德爾（Alfred de Lapradelle）對保羅·格拉曼（Paul Gramain）的《*Les droits internationaux de l'homme*》之介紹（參考約瑟夫·科勒〔Josef Kohler〕的引用）。可參見 Alfred de Lapradelle, introduction to *Les droits internationaux de l'homme,* by Paul Gramain (Paris: Éditions Internationales, 1933), 11; Joseph Kohler, "International Law: A Treatise by Professor Oppenheimer," *Deutsche Juristen-Zeitung* 18 (1913): 117。科勒（一八四九年——一九一九年）是一名德國法哲學家，他讓人聯想到活躍於第一次世界大戰之前的新黑格爾主義和和平主義。科勒反對只有國家才是國際法主體的觀點，他力主私人身分的個人和公司——鐵路公司、銀行、國際委員會——也算是國際社會中的法律行為人。可參見 Kohler, Völkerrecht als Privatrechtstitel, *Zeitschrift für Völkerrecht* 2 (1908): 209–230。也可參見 Martti Koskenniemi, *The Gentle Civilizer of Nations: The Rise and Fall of International Law, 1870–1960* (Cambridge: Cambridge University Press, 2001), 211–215, 314–315。

4 Vishniak, "Le statut international des apatrides," 246.

5 出版為 "Politik als Beruf," [1921] in *Gesammelte Politische Schriften* (Munich: Drei Masken, 1921)，引用於 H. H. Gerth and C. Wright Mills, *From Max Weber: Essays in Sociology* (New York: Oxford University Press, 1946), 77–128。

6 有關於卡爾·施密特的概念將政治視為現代國家的條件，以及他的論述何以首先迴避了政治共同體如何形成的問題，可參見 Samuel Moyn, "Concepts of the Political in Twentieth-Century European Thought," in *The Oxford Handbook of Carl Schmitt,* ed. Jens Meierhenrich and Oliver Simons (Oxford: Oxford University Press, 2016), 291–312。

7 M. Herbert Croly, "The Future of the State," *New Republic,* September 15, 1917，引用於 Harold Laski, Introduction to *Law in the Modern State,* by Léon Duguit (New York: B. W. Huebsch, 1919), xxxi。有關於（由於全球戰爭和國際聯盟周遭的國際意識造成的）「純粹的民族領土型國家的道德局限」，可參見 Radhakamal Mukerjee, *Democracies of the East: A Study in Comparative Politics* (London: P. S. King, 1923), v–vi，引用於 Karuna Mantena, "On Gandhi's Critique of the State: Sources, Contexts, Conjunctures," *Modern Intellectual History* 9, no. 3 (2012): 535–563。

8 V. I. Lenin, *State and Revolution* (Chicago: Haymarket Books, 2014), 37. 有關於一九二〇年代的歐洲思想轉向霍布斯（Hobbes），可參見 Richard Hönigswald, *Hobbes und die Staatsphilosophie* (Munich: Reinhardt, 1924); Ferdinand Tönnies, *Thomas Hobbes Leben und Lehre* (Stuttgart: Fromann, 1925); Werner Becker, *Die Politische Systematik der Staatslehre des Thomas Hobbes* (thesis, Rheinisches

the Rights of Others: The Great Powers, the Jews, and International Minority Protection, 1878–1938 (Cambridge: Cambridge University Press, 2004), chap. 5。Gabriella Safran and Steven J. Zipperstein, *The Worlds of S. An-sky: A Russian Jewish Intellectual at the Turn of the Century* (Stanford, CA: Stanford University Press, 2006), 454. Lucien Wolf, "Notes on Staatenlose Question," 1928, ACC/3121/C/11/ 3/5/2, Board of Deputies, London Municipal Archive.

98 Lucien Wolf, *Russo-Jewish Refugees in Eastern Europe: Report on the Fourth Meeting of the Advisory Committee of the High Commissioner for Russian Refugees of the League of Nations Held in Geneva on April 20, 1923* (London: Joint Foreign Committee, 1923); Nansen Office to Lucien Wolf, November 6, 1921, R201/26/2, Réfugiés Russes, Series R-Refugees (1921–1940), Archives of the International Labor Organization; Lucien Wolf, *Notes on the Diplomatic History of the Jewish Question: With Texts of Protocols, Treaty Stipulations, Public Acts and Official Documents* (London: Jewish Historical Society, 1919).

99 Lucien Wolf to Polish Foreign Ministry, December 9, 1926, Heimatlose 1925–1945, Series B CR 163, Archives of the International Committee of the Red Cross.

100 引用於 Gousseff, *L'exil russe,* 227。有關於米爾金－格策維奇的生平，可參見 Dzovinar Kévonian, "Question des réfugiés, droits de l'homme: Eléments d'une convergence pendant l'entre deux-guerres," *Matériaux pour l'histoire de notre temps* 72 (2003): 40–49。

第三章　後帝國的政治秩序基礎

1 Mark Vishniak, "Le statut international des apatrides," *Recueil des Cours de l'Académie de la Haye* 43 (1933): 246. Robert Johnston, *"New Mecca, New Babylon": Paris and the Russian Exiles, 1920–1945* (Kingston, ON: McGill Queen's University Press, 1988), 20. Obituaries, "Mark Vishniak, Russian Expert," *New York Times*, September 3, 1976, 14.

2 I. G. Lipovano, *L'Apatridie* (Paris: Les Éditions Internationales, 1935), 27. 有關於認為新詞彙（例如「*apatride*」和「*stateless*」）的發明是象徵一種新的弱勢大眾，可相較於 Eric Hobsbawm, *Age of Extremes: A History of the World, 1914–1991* (New York: Vintage Books, 1996), 50。

3 同前注，頁 2。《*Trésor de la Langue Française*》證實「*apatride*」這個新詞可以追溯回一九二八年。*Trésor de la Langue Française: Dictionnaire de la langue du XIXe et du XXe siècle* (*1789–1960*) vol. 3 (Paris: Éditions du Centre National de la Recherche Scientifique, 1974), 202. 有關於個人在國際法中的地位

Limits of Universalism in France, 1918–1940 (Stanford, CA: Stanford University Press, 2007), 159。

90 Vladimir Nabokov, *Pnin* (Garden City, NY: Doubleday, 1957), 46，引用於 Tobias Brinkmann, "Permanent Transit: Jewish Migration during the Interwar Period," in *1929: Mapping the Jewish World,* ed. Hasia Diner and Gennady Estraikh (New York: New York University Press, 2013), 53–72。也可參見 Anna Fries, *Memoirs of a Stateless Person* (Bloomington, IN: Authorhouse, 2013), 17。

91 Eileen Scully, *Bargaining with the State from Afar: American Citizenship in Treaty Port China, 1844–1942* (New York: Columbia University Press, 2001); Gousseff, *L'exil russe,* 39; Manley Hudson, "The Rendition of the International Mixed Court at Shanghai," *American Journal of International Law* 21, no. 3 (1927), 451–471; Par Kristoffer Cassel, *Grounds of Judgment: Extraterritoriality and Imperial Power in Nineteenth-Century China and Japan* (Oxford: Oxford University Press, 2012). Kon Balin, *Born Stateless: A Young Man's Story, 1923–1957* (Bloomington, IN: Authorhouse, 2009), 24.

92 M. K. Gandhi, "Without Nationality," *Young India,* February 14, 1929, in *The Collected Works of Mahatma Gandhi,* vol. 45 of 98 (New Delhi: Publication Division Government of India, 1999).

93 Ajay Skaria, "Gandhi's Politics: Liberalism and the Question of the Ashram," *South Atlantic Quarterly* 101, no. 4 (2002): 955–986; Shruti Kapila, "Self, Spender, and Swaraj: Nationalist Thought and Critiques of Liberalism, 1890–1920," in *An Intellectual History for India,* ed. Shruti Kapila (Cambridge: Cambridge University Press, 2010), 98–117.

94 Tara Zahra, *The Great Departure: Mass Migration from Eastern Europe and the Making of the Free World* (New York: W. W. Norton, 2016).

95 "Memorandum Presented by the Committee of Experts of Russian and Armenian Jurists on the Legal Status of Russian and Armenian Refugees," 1928, Extensions des measures en faveur des réfugiés russes at armeniens en faveur l'autre categories de réfugiés, C1282/44, LNA.

96 有關於國際聯盟將符合「政治」定義的活動和「技術」性質的活動加以區分具有何種重要性，可參見 Pittman B. Potter, "Note on the Distinction between Political and Technical Questions," *Political Science Quarterly* 50, no. 2 (1935): 264–271。

97 有關於沃爾夫與猶太人領袖的奮鬥——猶太人領袖將少數族群的權利想像成集體的權利，而不是特定團體成員的個人權利——可參見 Carol Fink, *Defending*

Nineteenth Century," *Journal of Refugee Studies* 30, no. 2 (2017): 301–317。

76 Lucien Wolf, "Notes on Staatenlose Question," 1928, ACC/3121/C11/ 3/5/2, London Municipal Archive.

77 Lucien Wolf to Eric Drummond, "La situation des 'Heimatlos,'" September 14, 1926, R1287, LNA. 沃爾夫後來說：英國的代表董事會是唯一一個對無國籍問題採取有效行動的猶太人機構，他們與紅十字會合作，將問題提交給國聯理事會。Lucien Wolf to N. Rabin, March 14, 1929, ACC 321/C/11/5/2, Board of Deputies, London Municipal Archives.

78 Dr. Heimroth to T. F. Johnson, "Extensions des measures en faveur des réfugiés russes at armeniens en faveur l'autre categories de réfugiés," November 2, 1926, 1282/44, LNA.

79 Red Cross to the League, "The 'Heimatlos' Problem."

80 B. S. Nicolas to the League, 1927, R59, LNA.

81 Response from December 28, 1927, R59, LNA.

82 Mackinnon Wood, Minute Sheet, R59, LNA.

83 Memo from Monsieur Catastini, December 7, 1927, R59, LNA.

84 Mandates section, re: Mr. Nicolas claim to Turkish nationality, December 15, 1927, R59, LNA. 在一九二七年向波蘭最高法院提出的「拉傑伯格訴劉易」（*Rajdberg v. Lewi*）案中，波蘭最高法院認為「原告根據蘇聯法律被剝奪了蘇聯國籍，且無法被其他國家視為蘇聯國民，尤其是那些在法律上承認蘇維埃共和國的國家（例如波蘭）」。法院補充說：「原告之請求（他主張自己是居住在柏林的無國籍者，且應受到國際聯盟的保護之下）不應遭到漠視。」可參見 Paul Weis, *Nationality and Statelessness in International Law* (London: Stevens, 1956), 121。

85 Sigismund Gargas, *Die Staatenlosen* (Leiden: Brill, 1928), 7.

86 "Homeless: Comité mondial pour la défense des interets des gens sans nationalité reconnu," July 15, 1928, Heimatlose 1925–1945, Series B CR 163, Archives of the International Committee of the Red Cross.

87 Romain Rolland, "Adresse aux 'Sans Etats' Réunis à Geneve," September 8, 1930, Situation des Apatrides: Correspondence Diverse, R3589, LNA. 有關於甘地（Gandhi）和羅蘭，可參見 Ruth Harris, "Rolland, Gandhi and Madeleine Slade: Spiritual Politics, France and the Wider World," *French History* 27, no. 4 (2013): 579–599。

88 I. S. K. Soboleff, *Nansen Passport: Round the World on a Motorcycle* (London: G. Bell, 1936), 89.

89 Anna Fries, *Memoirs of a Stateless Person* (Bloomington, IN: Authorhouse, 2013), 17. 可參見 Mary D. Lewis, *Boundaries of the Republic: Migrant Rights and the*

收的亞美尼亞及亞述－迦勒底（Assyro-Chaldean）難民在兩次世界大戰之間是所有歐洲無國籍者中的「貴族」。Hannah Arendt, *The Origins of Totalitarianism* (New York: Schocken Books, 1951), 281. 也可參見 "Russian, Armenian, Assyrian, Assyro-Chaldean and Turkish Refugees: Execution of the Recommendation of the Eleventh Assembly," *League of Nations—Official Journal* 12, no. 6 (1931): 1005。

66 在一九二二年七月，有十六個國家簽署了正式協議，同意發放南森護照。到了一九二六年，則有四十個國家承認該護照。可參見 Gousseff, *L'exil russe*, 56。

67 Austrian delegation to High Commissioner for Refugees, September 17, 1923, "Protection juridique et affaires judiciares," Delegation in Austria, C1282/44, LNA.

68 國際聯盟在一九二一年介入，將奧地利從惡性通貨膨脹中拯救出來，之後國聯也一直是主要的經濟參與者，直到一九二六年才正式退出國家的經濟干預。國聯的財政援助計劃是債權人強加給主權的侵犯，類似於早先埃及發生的殖民先例。報紙報導了奧地利依賴外國貸款的潛藏危機，如果始終無法清償債務，可能還有軍事介入的威脅。可參見 Nathan Marcus, *Austrian Reconstruction and the Collapse of Global Finance, 1921–1931* (Cambridge, MA: Harvard University Press, 2018)。

69 "Protection juridique et affaires judiciares," C1282/44, LNA.

70 Red Cross to the League, "The 'Heimatlos' Problem," August 20, 1926, R1287, LNA.

71 Roger Picard, "Les 'sans-patrie' et la S.D.N," *La paix par le droit* 36, no. 2 (1926): 97–99.

72 "Rider A to Napier Report Nationality in the Succession States of Austria-Hungary," Refugees, Statelessness 1925–1935, International Federation League of Nations Societies, P98, LNA.

73 同前注。

74 K. de Drachenfels, "La Comité International de la Croix-Rouge et le problème des 'Heimatlose,'" *Revue international de la Croix Rouge* 8, no. 95 (1926): 870–877.

75 代表移民的救濟工作反映出所謂西方和東方猶太人的感知差異。例如像「Hilfsverein der deutschen Juden」這樣的德國猶太慈善組織對待東方難民的方式，就預示了後來的殘酷做法——包括以密封的鐵路車廂運輸和除蝨子。可參見 Steven Aschheim, *Brothers and Strangers: The East European Jew in German and German Jewish Consciousness, 1800–1923* (Madison: University of Wisconsin Press, 1982), 32–58。有關於鄂圖曼和哈布斯堡出現的難民政策（尤其是對一八七八年開始的巴爾幹戰爭造成的穆斯林難民），可參見 Jared Mansanek, "Protection, Repatriation and Categorization: Refugees and Empire at the End of the

faveur des 'Heimatlos,'" R1287, LNA.

57 埃里克・德拉蒙德在備忘錄中夾了一張手寫紙條，上面只寫了「少數族群條約」，這是指新萌芽的國際監督制度或許有助於改善這個問題。同前注。

58 "Addendum to Case of Persons without Nationality," November 26, 1923, "Assistance judiciare en faveur des 'Heimatlos,'" R1287, LNA. 該備忘錄也引用於 André Weiss, *Traité théorique et pratique de droit international privé* (Paris: L. Larose and Tenin, 1907)。

59 Ralf Michaels, "Private Lawyer in Disguise: On the Absence of Private Law and Private International Law in Martti Koskenniemi's Work," *Temple International and Comparative Law Journal* 27, no. 2 (2012): 499–521. 可參見 Martin H. Geyer and Johannes Paulmann, eds. *The Mechanics of Internationalism: Culture, Society, and Politics from the 1840s to the First World War* (Oxford: Oxford University Press, 2001)。

60 Norman Bentwich, "Nationality in Mandated Territories Detached from Turkey," *British Yearbook of International Law* 7, no. 1 (1926): 109.

61 在英國的託管下，巴勒斯坦直到一九二五年才制定有關巴勒斯坦國籍的明確規定。截至一九二五年八月一日之前在巴勒斯坦出生、具有鄂圖曼國籍並在海外擁有居所的十八歲以上個人，便可以選擇該國的公民身分。這個選擇必須在法令發布之日起兩年內作成。要歸化的非鄂圖曼公民必須在一九二二年之後具有居民身分，且必須在獲得公民身分時交出所有護照或通行證。國籍法接下來又引發了有關國民身分的進一步問題。可參見 Lauren Banko, "Imperial Questions and Social Identities," *Revue des Mondes musulmans et de la Méditerranée* 137, no. 1 (2015): 95–114。英國政府和巴勒斯坦政府修改了國籍法，以區分阿拉伯和猶太移民。Mutaz M. Quafisheh, *The International Law Foundations of Palestinian Nationality: A Legal Examination of Nationality in Palestine under Britain's Rule* (Leiden: Martinus Nijhoff, 2008).

62 Mark S. W. Hoyle, "The Mixed Courts of Egypt, 1926–1937," *Arab Law Quarterly* 2, no. 4 (1987): 357–389. 有關於國聯在改變前鄂圖曼領土的人口和政治結構時扮演的積極角色，可參見 Umut Özsu, *Formalizing Displacement: International Law and Population Transfers* (Oxford: Oxford University Press, 2015), 72–73。

63 Manley O. Hudson, *Research in International Law: Harvard Law School* (Cambridge, MA: Harvard Law School, 1932).

64 Richard W. Flournoy Jr., "Suggestions Concerning an International Code on the Law of Nationality," *Yale Law Review* 35, no. 8 (1926): 939–955.

65 Gousseff, *L'exil russe,* 244. 漢娜・鄂蘭後來稱俄羅斯難民、和被其法律規則吸

較為自由的政府形式（相較於在集權官僚制國家建立的政府）。Weber, "On the Situation of Constitutional Democracy in Russia," in *Weber: Political Writings*, ed. Peter Lassman and Ronald Speirs (Cambridge: Cambridge University Press, 2002), 34.

48 Henri Reymond to T. F. Johnson, October 10, 1923, "Russian Attacks against the High Commissioner, 1921–1930," C1277, LNA. 有關於流亡者社群內的法西斯主義，可參見 Michael Kellogg, *The Russian Roots of Nazism: White Émigrés and the Making of National Socialism* (Cambridge: Cambridge University Press, 2005)。

49 Lohr, *Russian Citizenship,* 142.

50 Marsha L. Rozenblit, *Reconstructing a National Identity: The Jews of Habsburg Austria during World War I* (Oxford: Oxford University Press, 2001), 66. Panikos Panayi and Pippa Virdee, eds., *Refugees and the End of Empire: Imperial Collapse and the Creation of Refugees in Twentieth Century Europe* (New York: Palgrave, 2011); Julie Thorpe, "Displacing Empire: Refugee Welfare, National Activism and State Legitimacy in Austria-Hungary in World War One," in Panayi and Virdee, *Refugees,* 102–127. Kévonian, *Réfugiés et Diplomatie Humanitaire,* 263; Peter Gatrell, *A Whole Empire Walking: Refugees in Russia during World War I* (Bloomington: Indiana University Press, 1999).

51 Maureen Healy, *Vienna and the Fall of the Habsburg Empire: Total War and Everyday Life in World War I* (Cambridge: Cambridge University Press, 2007), 164; Nicole Phelps, *U.S. Habsburg Relations from 1815 to the Paris Peace Conference: Sovereignty Transformed* (Cambridge: Cambridge University Press, 2015) 4.

52 引用於 Joshua Starr, "Jewish Citizenship in Rumania," *Jewish Social Studies* 3, no. 1 (1941): 67。

53 Joseph Reich, December 10, 1923, "Assistance judiciare au faveur des 'Heimatlose,'" R1287, LNA.

54 F. Levy to the Permanent Court at The Hague, November 15, 1923, "Assistance judiciare au faveur des 'Heimatlose,'" R1287, LNA.

55 Åke Hammarskjöld to Eric Drummond, November 19, 1923, "Assistance judiciare au faveur des 'Heimatlose,'" R1287, LNA. 哈馬舍爾德是國際聯盟祕書處的成員。他會與法學家委員會（Committee of Jurists）合作，該委員會於一九二〇年在海牙召開會議，起草常設國際法院的章程。可參見 Manley Hudson, "In Memoriam: Ake Hammarskjold," *American Journal of International Law* 31, no. 4 (1937): 703–704。

56 "Case of Persons without Nationality," November 26, 1923, "Assistance judiciare en

of Various Countries as Contained in Constitutions, Statues, and Treaties (Oxford: Oxford University Press, 1929), 511.

35 Andre Prudhomme, "La Révolution bolchevique et le statut juridique des russes," *Journal de Droit International* 51, no. 1 (1924): 5–7.

36 Landa, *Man without a Country,* 12.

37 Dzovinar Kévonian, *Réfugiés et diplomatie humanitaire: Les acteurs européens et la scène proche-orientale pendant l'entre deux-guerres* (Paris: Sorbonne, 2004), 388–391.

38 Peter Gatrell and Jo Laycock, "Armenia: The 'Nationalization,' Internationalization and Representation of the Refugee Crisis," in *Homelands: War, Population, and Statehood in Eastern Europe and Russia, 1918–1922,* ed. Nick Baron and Peter Gatrell (London: Anthem, 2004), 187.

39 "Report by Dr. Nansen, Repatriation of Prisoners of War," Volkerrecht, Ligen/Volkerbund, box 78, Archiv der Republik, Vienna.

40 Peter Gatrell and Nick Baron, *Homelands: War, Population, and Statehood in Eastern Europe and Russia, 1918–1922* (London: Anthem, 2004), 206.

41 M. Butler to Col. Amery, March 1921, "Russian Refugees: Origins of the Question of Assisting Them," R201/1, Correspondence on Russian Refugees 1920–1921, Series R (1921–1940), Archives of the International Labor Organization, Geneva.

42 Catherine Gousseff, *L'exil russe: La fabrique du réfugié apatride, 1920–1939* (Paris: CNRS, 2008), 22. 到了一九二一年年底，約有一萬兩千名難民定居在保加利亞，到了一九二二年又增加了三萬多人。捷克斯洛伐克共和國替哥薩克人（Cossacks）和其他農民團體提供了避難所。曾經在波蘭和德國東部集中營的俄羅斯戰俘仍然留在那兒。逃離蘇維埃控制的俄羅斯人中，最大的一群人到了滿洲城市哈爾濱。

43 Fridtjof Nansen, "The Suffering People of Europe," Nobel Lecture, 1922. 可參見 http://nobelprize.org/nobel_prizes/peace/laureates/1922/nansen-lecture.html。

44 Marit Fosse and John Fox, *Nansen: Explorer and Humanitarian* (Lanham, MD: Hamilton Books, 2016), 22–23.

45 W. E. Butler, "Russian International Lawyers in Emigration: The First Generation," *Journal of the History of International Law* 3, no. 1 (2001): 235–241.

46 Eric Lohr, *Nationalizing the Russian Empire: The Campaign against Enemy Aliens during World War I* (Cambridge, MA: Harvard University Press, 2003), 149.

47 馬克斯・韋伯（Max Weber）在一篇一九〇五年的文章中，引用革命運動的地方自治局代表大會（Zemstvo Congress）為證據，證明俄羅斯也曾經歷過一種其與民主的關係，可參見 Richard Tuck, *The Sleeping Sovereign: The Invention of Modern Democracy* (Cambridge: Cambridge University Press, 2015)。

25 捷克斯洛伐克民族議會（Czechoslovak National Council）與同盟國合作，取得了籌組軍隊和組建流亡政府的權利。可參見 David Armitage, *The Declaration of Independence: A Global History* (Cambridge, MA: Harvard University Press, 2007), 132。

26 引用於 Andrew Barker, *Fictions from an Orphan State: Literary Reflections of Austria between Habsburg and Hitler* (Rochester, NY: Camden House, 2012), 5。

27 Mark Levene, *War, Jews, and the New Europe: The Diplomacy of Lucien Wolf, 1914–1919* (Oxford: Oxford University Press, 1992), 179.

28 Judson, *Habsburg Empire,* 266.

29 「少數族群會議」的出現代表對政治利益和命運的一體感。國聯祕書處的少數族群部門經常接到對於行政架構的投訴（有少數族群抗議他們被排除在調查和報告的程序之外）。Zara Steiner, *The Lights That Failed: European International History, 1919–1933* (Oxford: Oxford University Press, 2007), 363–365.

30 有論者認為國聯的少數族群保護制度奠定了基礎，有助於國際在第二次世界大戰之後對人權保障的擴大，可參見 A. W. Brian Simpson, *Human Rights and the End of Empire: Britain and the Genesis of the European Convention* (Oxford: Oxford University Press, 2001), chap. 3。有關於中歐少數族群和無國籍者是「表親」的觀點，可參見 Hannah Arendt, *The Origins of Totalitarianism*, 268。

31 Marc Raeff, *Russia Abroad: A Cultural History of the Russian Emigration, 1919–1939* (Oxford: Oxford University Press, 1990), 19.

32 有關於政治穩定的概念，可參見 Charles Maier, "The Two Postwar Eras and the Conditions for Stability," *American Historical Review* 86, no. 2 (1981): 327–352; Charles Maier, *Recasting Bourgeois Europe: Stabilization in France, Germany and Italy in the Decade after World War I* (Princeton, NJ: Princeton University Press, 1975)。正如麥爾（Maier）所說的，要穩定歐洲的戰後秩序，一項關鍵策略是仔細刻畫被定義為「政治」的事項和被定義為「技術」的事項——「政治」事項是針對資源分配和統治本質進行的政治爭論，而「技術」事項則是有賴於除去政治考量和衝突的程序。

33 Steiner, *Lights That Failed*, 365–366.

34 該法令規定：「一九一七年十一月七日之後，未經蘇聯當局授權而離開俄羅斯之人，將被剝奪俄羅斯公民之權利。」Eric Lohr, *Russian Citizenship from Empire to Soviet Union* (Cambridge, MA: Harvard University Press, 2012), 151–152; Richard Flournoy and Manley Hudson, *A Collection of Nationality Laws*

義運動，以及克羅埃西亞（Croatian）和斯洛維尼亞（Slovenian）的民族運動、加利西亞（Galicia）和下喀爾巴阡（Sub-Carpathian）俄羅斯的烏克蘭民族運動、波蘭民族運動的奧地利—加利西亞（Austro-Galician）一派、匈牙利外西凡尼亞（Transylvania）的羅馬尼亞民族運動——是爭取民族的「*Staatsrecht*」，即在現有的帝國框架（一個大奧地利合眾國）內享有民族的領土自治。可參見 Dmitry Shumsky, *Beyond the Nation-State*, 80。

21 奧地利社會主義政治學家卡爾・倫納（Karl Renner）在一八九九年的論文〈國家與民族〉（State and Nation）中，提出要解決帝國內民族群體的緊張關係，應以國際化和法律化（juridification）為兩大解決方案。民族群體的成員可以組成具有特定法律地位的個人組合——例如法人——但是沒有特別的地域管轄權。在仍然保持混雜的地區，少數民族將受到帝國議會的保護（帝國議會在國際事務中擁有相當於主權的權力）。國際邊界定義出多民族的聯邦，國家是由人民組成的，而不是民族。個人原則將取代領土原則，即個人不論在廣大的國家內何處旅行，都享有國民身分帶來的合法權利。倫納認為如果現代國家對領土和居住在其內的臣民享有終極主權，這個定義可能會帶來無止盡的社會衝突。不同民族所想的並非創造平等權利，而是為了爭取國家的掌控而爭鬥不休。Karl Renner, “State and Nation,” in *National Cultural Autonomy and Its Contemporary Critics,* ed. Ephraim Nimni (London: Routledge, 2005), 15–47.

22 Janne Nijman, “Minorities and Majorities,” in *Oxford Handbook of International Law,* ed. Bardo Fassbender and Anne Peters (Oxford: Oxford University Press, 2013), 116–117. 有關於世紀之交的民族對於治外權利和權威的主張，可參見 Simon Rabinovitch, *Jewish Rights, National Rites: Nationalism and Autonomy in Late Imperial and Revolutionary Russia* (Stanford, CA: Stanford University Press, 2014)。

23 Pieter Judson, *The Habsburg Empire: A New History* (Cambridge, MA: Harvard University Press, 2016), 272; Brigitte Mazohl, “‘Equality among the Nationalities’ and the Peoples (Volksstämme) of the Habsburg Empire,” in *Constitutionalism, Legitimacy, Power: Nineteenth Century Experiences,* ed. Kelly Grotke and Marcus Prutsch (Oxford: Oxford University Press, 2014), 107–127.

24 可參見 Kelly Grotke and Marcus Prutsch, “Constitutionalism, Legitimacy, and Power: Nineteenth-Century Experience,” in *Constitutionalism, Legitimacy, Power: Nineteenth Century Experiences*, ed. Kelly Grotke and Marcus Prutsch (Oxford: Oxford University Press, 2014), 3–23。有關於英國在這個時期的類似情況，可參見 Duncan Bell, *The Idea of Greater Britain: Empire and the Future of World Order, 1860–1900* (Princeton, NJ: Princeton University Press, 2008)。有關於憲政主義和

War I," in *Diversity and Self-Determination in International Law* (Cambridge: Cambridge University Press, 2004), 277–327。也可參見 Nathaniel Berman, "'But the Alternative Is Despair': European Nationalism and the Renewal of International Law," *Harvard Law Review* 106, no. 1792 (1993): 1793–1808（尤其是 n316）。

14 Carsten Stahn, *The Law and Practice of International Territorial Administration: Versailles to Iraq and Beyond* (Cambridge: Cambridge University Press, 2010). 可相較於 Anghie, *Imperialism, Sovereignty,* 188。薩爾委員會是一種創新的法律解決方案，它將國際生活中難以馴化的元素納入明確的秩序中。可參見 Berman, "Sovereignty in Abeyance." Ann Laura Stoler, "On Degrees of Imperial Sovereignty," *Public Culture* 18, no. 1 (2006): 125–146。

15 "Question of Danzig," October 26, 1920, FO 893/8, TNA: PRO.

16 Patricia Clavin, *Securing the World Economy: The Reinvention of the League of Nations, 1920–1946* (Oxford: Oxford University Press, 2013), 14.

17 Mark Mazower, *Governing the World: The History of an Idea* (New York: Penguin, 2012), ch. 5 passim.; Patricia Clavin, "Interwar Internationalism: Conceptualizing Transnational Thought and Action, 1919–1939," in *International Reconfigured: Transnational Ideas and Movements between the World Wars,* ed. Daniel Laqua (London: I. B. Tauris, 2011), 1–15; Daniel Gorman, *The Emergence of International Society in the 1920s* (Cambridge: Cambridge University Press, 2012).

18 M. J. Landa, *The Man without a Country* (London: Herbert Joseph), 14. 可參見 Jeanne Morefield, *Covenants without Swords: Idealist Liberalism and the Spirit of Empire* (Princeton, NJ: Princeton University Press, 2005), 177。卡爾・施密特在一九二八年的《*Verfassungslehre*》一書中，認為關於國際聯盟的大部分法律研究都未能區分「國際」（international）和「跨國」（interstate）組織：「如果人們繼續將和平主義和人民聯邦（在人民之間的和平與理解這個模糊意義上）混為一談，一方面，人們就很容易得出想像的結果。」Carl Schmitt, *Constitutional Theory,* trans. Jeffery Seitzer (Durham, NC: Duke University Press, 2008), 382.

19 Siegfried Weichlein, "Europe und der Foderalismus: Zur Begriffsgeschichte politischer Ordnungsmodelle," *Historische Jahrbuch* 125 (2005): 133–152; Barbara Stollberg-Rilinger, *The Emperor's Old Clothes: Constitutional History and the Symbolic Language of the Holy Roman Empire,* trans. Thomas Dunlap (New York: Berghahn Books, 2015).

20 Georg Jellinek, *Das Recht der Minoritäten* (Vienna: A. Hölder, 1898); Edmund Bernatzik, *Über nationale Matriken* (Vienna: Manz, 1910). 十九世紀的捷克民族主

5 W. E. B. Du Bois, "The African Roots of War," *The Atlantic Monthly* 115 (May 1915): 707–714.

6 （日後成為以色列第一任總理的）大衛・班－古里昂（David Ben-Gurion）認為人們只能夠押注哪些帝國會取得勝利。班－古里昂在一九一五年預期鄂圖曼會在戰爭中打敗大英帝國，且猶太人的自治會在鄂圖曼帝國的脈絡中形成。可參見 Dmitry Shumsky, *Beyond the Nation-State: The Zionist Political Imagination from Pinsker to Ben-Gurion* (New Haven, CT: Yale University Press, 2018), 185–186。

7 Robert Gerwarth, *The Vanquished: Why the First World War Failed to End* (New York: Farrar, Straus and Giroux, 2016); Leonard Smith, *Sovereignty at the Paris Peace Conference of 1919* (Oxford: Oxford University Press, 2018); Volker Prott, *The Politics of Self-Determination: Remaking Territories and National Identities in Europe, 1917–1923* (Oxford: Oxford University Press, 2016).

8 Robert Lansing, *The Peace Negotiations—a Personal Narrative* (Boston: Houghton Mifflin, 1921), 97，引用於 Erez Manela, *The Wilsonian Moment: Self-Determination and the International Origins of Anticolonial Nationalism* (Oxford: Oxford University Press, 2007), 42。

9 "Procès-Verbal of the First Meeting of the Council of the League of Nations, January 16, 1920," *League of Nations Official Journal* (February 1920); Stephen Wertheim, "The League that Wasn't: American Designs for a Legalist-Sanctionist League of Nations and the Intellectual Origins of International Organization, 1914–1920," *Diplomatic History* 35, no. 5 (2011): 797–836.

10 Joshua Keating, *Invisible Countries: Journeys to the Edge of Nationhood* (New Haven, CT: Yale University Press, 2018), 82.

11 有關於第一次世界大戰後，國聯擴大了確立人民主權的機制，可參見 Sarah Wambaugh, *The Doctrine of National Self-Determination: A Study of the Theory and Practice of Plebiscite, with a Collection of Official Documents* (London: Oxford University Press, 1919); Sarah Wambaugh, *La pratique des plébiscites internationaux* (Paris: Hachette, 1928); Nathaniel Berman, "Sovereignty in Abeyance: Self-Determination and International Law," *Wisconsin International Law Journal* 51, no. 7 (1988) 51–105。

12 可參見 Pedersen, *Guardians*。

13 雖然婦女投票權在西方國家存在爭議，不過它的確是兩次世界大戰之間公民投票的重要部分。一場在本國尋求解放的國際婦女運動戰略性的運用了國際組織創造的相關區域，來推動她們的目標。有關於萬博（Wambaugh），可參見 Karen Knop, "Women and Self-Determination in Europe after World

Review of Books 2, no. 13 (1980): 9–11。E. E. Hale, *The Man without a Country* (Boston: Little, Brown, 1898), 448–479. 斯特林・埃德蒙在一九二五年的國際法研究中引用奧本海，將無國籍者描述為「可能被迫忍受在存活期間都無望踏足陸地的人」。Edmunds, *The Lawless Law of Nations: An Exposition of Prevailing Arbitrary International Legal System in Relation to Its Influence upon Civil Liberty* (Washington, DC: J. Byrne, 1925), 248. 一九一六年的一份美國報紙刊登了內森・科恩（Nathan Cohen）那格外令人傷心的照片，他「感情外露、看似瘋狂而且沉默無言，在大海中顛簸了四萬英里，而他敲門的每一個國家都將他拒之門外」。報導中說這名男子在蘭波特和霍爾特（Lamport and Holt）航線的一艘船上待了超過一年，成了一個「陰森憔悴的傢伙，總是不說話，也好像什麼都不記得」。"Outcast Finds Home in Death," *New York Tribune,* March 6, 1916, 16.

102 馬克斯・斯托克以「Concordia elektrizitats AG」的公司名稱，在一九二七年提出「手動滅火器或相關改進」的專利。UK Patent 288500-A, http://patent.ipexl.com/GB/288500ZZDASHZZA.html.

第二章　後帝國的無國籍狀態

1 "Protest by M. Jakob Sinnwell against his expulsion from the Saar Territory," October 4, 1921, Société des Nations: Administrative Commission of the Saar Basin (R106), LNA.

2 F. M. Russell, "The Saar Basin Governing Commission," *Political Science Quarterly* 36, no. 2 (1921): 169–183. 有關於該地區的公民投票，其整體可參見 James Bjork et al., eds., *Creating Nationality in Central Europe, 1880–1950: Modernity, Violence and (Be)longing in Upper Silesia* (London: Routledge, 2016)。

3 Susan Pedersen, *The Guardians: The League of Nations and the Crisis of Empire* (Oxford: Oxford University Press, 2015); Anthony Anghie, *Imperialism, Sovereignty, and the Making of International Law* (Cambridge: Cambridge University Press, 2007), 188.

4 有關於第一次世界大戰之後，因為傳統和王朝的合法性已經無法再為公共秩序提供原則，因此在兩次世界大戰間進行了許多政治和治理的實驗，可參見 J. W. Muller, *Contesting Democracy: Political Ideas in Twentieth Century Europe* (Princeton, NJ: Princeton University Press, 2011), 50。如同馬努・戈斯瓦米（Manu Goswami）所說的：國際主義在兩次世界大戰之間十分盛行，是因為「當處於帝國（empire）和民族國家（nation）之間的階段時，國際主義知識分子提供了許多種非帝國的未來願景」。Goswami, "Colonial Internationalisms and Imaginary Futures," *American Historical Review* 117, no. 5 (2012): 1484.

CT: Greenwood Press, 1996), 30。

97 例如可參見 *Luther v. Sagor*, English High Court (King's Bench Division), December 21, 1920。有關於兩次世界大戰之間歐洲國籍法的公法性質，可參見 Silving, "Nationality in Comparative Law"。有關於大英帝國（形式上的主權國家之一）官員對於國際秩序的新強調，可參見 Frank Trentmann, Philippa Levine, and Kevin Grant, eds., *Beyond Sovereignty: Britain, Empire and Transnationalism, 1880–1950* (New York: Palgrave, 2007); Susan Pedersen, "Getting Out of Iraq—in 1932: The League of Nations and the Road to Normative Statehood," *American Historical Review* 115, no. 4 (October 2010): 975–1000。有關於英國的政治思想何以普遍沒有國家一詞，可參見 Janet McLean, *Searching for the State in British Legal Thought: Competing Conceptions of the Public Sphere* (Cambridge: Cambridge University Press, 2012)。

98 "Recent Cases," *Harvard Law Review* 35, no. 2 (1921–1922): 201–213.

99 "Ueber doppelte Staatsangehörigkeit und Staatenlosigkeit nach englischem Recht," *Deutsche Juristen Zeitung* 31, no. 6 (1926): 432–433.

100 *American Society of International Law Proceedings* 19, no. 78 (1925): 80–81. Weil, *Sovereign Citizen,* 81. Vivek Bald, *Bengali Harlem and the Lost Histories of South Asian America* (Cambridge, MA: Harvard University Press, 2013), 2. 一九二〇年代中期的美國有六十名到一百名南亞人被剝奪了歸化為美國公民的身分。Joan M. Jensen, *Passage from India: Asian Indian Immigrants in North America* (New Haven, CT: Yale University Press, 1988). 有關於達斯，可參見 Tappan Mukherjee, *Taraknath Das: Life and Letters of a Revolutionary in Exile* (Calcutta: National Council of Education in Bengal, 1997)。有關於瑪麗．達斯，可參見 Nancy F. Cott, "Marriage and Women's Citizenship in the United States, 1830–1934," *American Historical Review* 103, no. 5 (1998): 1467。美國歷史上的二等公民經常是女性和少數族群等形式上非公民者。可參見 Kunal Parker, *Making Foreigners: Immigration and Citizenship Law in America, 1600–2000* (Cambridge: Cambridge University Press, 2015)。

101 B. Traven, *The Death-Ship: The Story of an American Sailor,* trans. Eric Sutton (London: J. Cape, 1934). 可相較於約翰．托爾培（John Torpey）對《死亡之船》的分析。Torpey, "The Great War and the Birth of the Modern Passport System," in *Documenting Individual Identity: The Development of State Practices in the Modern World,* ed. Jane Caplan and John Torpey (Princeton, NJ: Princeton University Press, 2001), 256–270. 有關於特拉文和一九一九年的慕尼黑蘇維埃（Munich Soviet）無政府主義派的關聯，可參見 George Woodcock, "Traven Identified," *London*

《西蒙訴菲利普斯》案（*Simon v. Phillips*），西蒙在該案中聲稱他不是敵方外國人，而是一個沒有國籍的人。西蒙在一八八七年移居美國之後，便遭到德國撤銷國籍。他在一八九四年歸化為美國公民，但是由於他在戰爭爆發之前一直在倫敦生活和工作，直到一九一五年一月才向美國領事館登記，因此他也失去了美國身分。他聲稱自己屬於無國籍者，地方法官也同意美國領事館的信不能夠作為法律證據。可參見 "A Claim to Be of No Nationality: *Simon v. Phillips*," *London Times*, Law Report, January 19, 1916。

90 "Protection of Egyptian Local Subjects by Foreign Powers," November 5, 1915, Intelligence Department War Office, FO 141/468, TNA: PRO. 法院在《西蒙訴菲利普斯》案中引用了韋斯特萊克（Westlake）的一篇國際私法論文，文中指出在不適用外國法的情況下，一個人的國民身分將根據英國法加以確定。

91 "International Law. Nationality. Statelessness," *Yale Law Journal* 27, no. 6 (April 1918): 840–841. 也可參見 *Kornfeld v. Attorney General*, Tribunal Civil de la Seine, June 20, 1915，報導於 *Clunet* 44 (1917): 638。

92 有關於比較法和國籍法領域，可參見 Helen Silving, "Nationality in Comparative Law," *American Journal of Comparative Law* 5, no. 3 (1956): 410–442。

93 Public Trustee Office to Colonial Office, October 2, 1922, CO/323/898/18.

94 Release of Property Hugo Hoffman, September 22, 1922, Miscellaneous Correspondence Colonial Office 1922, CO/323/898, TNA: PRO.

95 英國貿易局對下列案件的備忘錄：P. G. Ernst, 1922, BT 58/2599, TNA: PRO。皮特．考貝特（Pitt Cobbett）的《國際法指導性判例》（*Leading Cases on International Law*）一書引用了下列案件——*Weber* (1916)、*Liebmann* (1916) 與 *Stoeck v. Public Trustee* (1921)——來說明撤銷國籍的問題。《斯托克》案被認為是一九二五年所生爭執的指導性案件，爭執的雙方是原告奧托．約翰．埃廷格（Otto Johann Ettinger）——他主張自己是一名無國籍者——和開羅的英國官員——該官員堅持原告仍是德國臣民，因此應該根據《凡爾賽和約》的條款沒收其財產。Office of the Public Custodian to the Foreign Office, January 23, 1925, Nationality: Protection of Egyptian Local Subjects by Foreign Powers, FO 141/468, TNA: PRO.

96 "The Advantage of No Nationality," *Times,* July 11, 1922; *Stoeck v. Public Trustee*, HO 144/11489, TNA: PRO. 德國法學家卡爾．施密特（Carl Schmitt）在一九二三年的論文《羅馬天主教與政治形式》（*Roman Catholicism and Political Form*）中，提出了對主權概念的傑出論述，他的看法也與羅素的推論一致。施密特認為「有權決定誰是主權者，就代表了一個新的主權」。可參見 Carl Schmitt, *Roman Catholicism and Political Form,* trans. G. L. Ulmen (Westport,

80 Piggott, *Nationality*, 1.

81 J. Westlake and A. F. Topham, *A Treatise on Private International Law: With Principal Reference to Its Practice in England* (London: Sweet and Maxwell, 1905); von Bar, *Private International Law*. 也可參見 Will Hanley, "Statelessness, an Invisible Theme in the History of International Law," *European Journal of International Law* 25, no. 1 (2014): 326; Mary Lewis, *Divided Rule: Sovereignty and Empire in French Tunisia, 1881–1938* (Berkeley: University of California Press, 2014)。

82 F. Meili, *International Civil and Commercial Law as Founded upon Theory,* trans. Arthur Kuhn (New York: Macmillan, 1905), 123.

83 Will Hanley, "What Ottoman Nationality Was and Was Not," *Journal of Ottoman and Turkish Studies* 3, no. 2 (2016): 277–298.

84 E. S. Zeballos, *La nationalité au point de vue de la législation comparée et du droit privé humain* (Paris: Université de Buenos-Aires, 1914), 1155. 澤巴洛斯在國籍和私法的著作中發展出私法的住所治外法權原則，有利於拉丁美洲的外國公司。不過，他指出如果要處理一個沒有任何國家連結者的身分，「英國法律」「對此保持沉默」。

85 Anonymous, "Notes," *Law Quarterly Review* 37 (1921): 407; Anonymous, "Recent Decisions," *Michigan Law Review* 50, no. 1 (1921): 139–170. 有關於斯托克以及「世界公民」的法律根據，可參見 Edward A. Harriman, "Virginia's Influence on International Law," *Virginia Law Review* 12, no. 2 (1925–1926): 135–145; Chester Rohrlich, "World Citizenship," *St. John's Law Review* 6, no. 2 (1931–1932): 246–257。

86 Edwin M. Borchard, *The Diplomatic Protection of Citizens Abroad* (New York: Banks Law, 1915). 博哈德引用了奧地利公法教授費利克斯・斯托克（Felix Stoerck）以及奧本海和馮・巴爾的法律論文，斯托克創造了「*volkerrechtsindigenat*」一詞來定義「世界公民」──世界公民是因為他（或她）身為人而享有權利。有關於第一次世界大戰期間出現的跨大西洋的公民自由運動，可參見 John Witt, "Crystal Eastman and the Internationalist Beginnings of American Civil Liberties," *Duke Law Journal* 54, no. 3 (2004): 705–763。

87 "An Interned German's Appeal," *The Times,* July 27, 1915; *Stoeck v. Public Trustee*, HO 144/11489, TNA: PRO.

88 "A Claim to Be of No Nationality, Ex Parte Antonius Charles Frederick Weber," *The Times,* February 18, 1916; *Stoeck v. Public Trustee*, HO 144/11489, TNA: PRO.

89 類似的情況還有一九一六年一月向高等司法院（High Court of Justice）提出的

法院在該案中裁定波多黎各（Puerto Rico）的居民對美國效忠，但仍然是外國人。霍姆斯冷冷的評論說：「我唯一能想到與這種地位類似的便是（無視於條約）硬塞給羅馬尼亞猶太人的地位，而美國對此一直是反對的。」Oliver Wendell Holmes to Frederick Pollock, January 17, 1903, in *Holmes-Pollock Letters: The Correspondence of Mr. Justice Holmes and Sir Frederick Pollock 1874–1932*, ed. Mark DeWolfe Howe (Cambridge, MA: Cambridge University Press, 1942), 111. 法國母國的公民身分史也顯示在十九世紀前半葉，積極定義的公民身分（男性的財產擁有者）和較具包容性的法國國民定義有核心的區別。Peter Sahlins, *Unnaturally French: Foreign Citizens in the Old Regime and After* (Ithaca, NY: Cornell University Press, 2004), 312. 在大英帝國，非歐洲人英國臣民和受英國保護的人無法完全入籍大英帝國。Daniel Gorman, *Imperial Citizenship: Empire and the Question of Belonging* (Manchester: Manchester University Press, 2006), 164.

74 可參見 Mathias Schmoeckel, "The Internationalist as a Scientist and Herald: Lassa Oppenheim," *European Journal of International Law* 11, no. 3 (2000): 699–712。

75 部分法學家認為對國家而言，國際法的功能只是「溫和的教化者」，但是也有些嚴格的法律實證主義者想要證明國際法有更堅實的理論基礎，兩者的論文存在分歧。可參見 Benedict Kingsbury, "Legal Positivism as Normative Politics: International Society, Balance of Power and Lassa Oppenheim's Positive International Law," *European Journal of International Law* 13 (2002): 401–436。

76 Schmoeckel, "Internationalist as a Scientist and Herald."

77 Lassa Oppenheim, *International Law: A Treatise, Vol. 1* (London: Longmans, Green, 1905). 也可參見 Sir Francis Taylor Piggott, *Nationality, including Naturalization and English Law on the High Seas and beyond the Realm* (London: W. Clowes, 1906), 1; Piggott, *Extraterritoriality: The Law Relating to Consular Jurisdiction and to Residence in Oriental Countries* (London: Butterworth, 1907)。皮葛（Piggott）是英國法學家，他曾經在一九〇五年到一九一二年之間擔任香港的首席大法官。

78 Oppenheim, *International Law,* 1:366. 法學家討論了羅馬尼亞猶太人的案例對人類權利的意義。可參見 Fedor Martens, *Traité de Droit International* (Paris: Chevalier-Marescq, 1883); Johann Caspar Bluntschli, *Droit International Codifié* (Paris: Guillaumin, 1874)。

79 有關於法外之地的海洋隱喻，可參見 Hans Blumenberg, *Shipwreck with Spectator* (Cambridge, MA: MIT Press, 1997); "A Man without a Country: Neither Cuba nor United States Will Have Him and Ward Line Is in Quandary," *New York Tribune,* November 13, 1902。

67 可參見 James Lorimer, *The Institutes of the Law of Nations: A Treatise of the Jural Relations of Separate Political Communities,* 2 vols. (London: W. Blackwood, 1883), 1:334–347; "Règles internationales sur l'admission et l'expulsion des etrangers, 9 September 1892 (1892–1894)," 12 Annuaire IDI, http://www.idi-iil.org/idiF/resolutionsF/1892 _gen_01_fr.pdf。

68 Von Bar, *Private International Law.* 曾擔任法國外交部法律顧問的法國法學家安德烈・魏斯（André Weiss）在一篇被廣泛引用的國際私法論文中，列舉出喪失國籍的可能原因包括：移民、逃避兵役、替外國政府服務、受到喪失國籍的處罰與結婚。Weiss, *Traité élémentaire de droit international privé* (Paris: L. Larose & Forcel, 1890).

69 可參見 David Miller, *Strangers in Our Midst: The Political Philosophy of Immigration* (Cambridge, MA: Harvard University Press, 2016), 5。有關於英國歷史中的難民救濟，可參見 Caroline Shaw, *Britannia's Embrace: Modern Humanitarianism and the Imperial Origins of Refugee Relief* (Oxford: Oxford University Press, 2015)。有關於移民帶來的道德恐慌，可參見 Saskia Sassen, *Guests and Aliens* (New York: New Press, 1999), chap. 6。

70 *U.S. v. Wong Kim Ark, 169 U.S. 649 (1898)*；有關於該案的更大脈絡，可參見 Beth Lew Williams, *The Chinese Must Go: Violence, Exclusion, and the Making of the Alien in America* (Cambridge, MA: Harvard University Press, 2018)。

71 Kai Raustiala, *Does the Constitution Follow the Flag? The Evolution of Territoriality in American Law* (New York: Oxford University Press, 2009); Christina Duffy Burnett and Burke Marshall, eds., *Foreign in a Domestic Sense: Puerto Rico, American Expansion, and the Constitution* (Durham, NC: Duke University Press, 2001); Gerald Neuman, *Strangers to the Constitution: Immigrants, Borders, and Fundamental Law* (Princeton, NJ: Princeton University Press, 1996); Robert C. McGreevey, *Borderline Citizens: The United States, Puerto Rico, and the Politics of Colonial Migration* (Ithaca, NY: Cornell University Press, 2018).

72 Frederick Coudert, "Our New Peoples: Citizens, Subjects, Nationals or Aliens," *Columbia Law Review* 3, no. 1 (1903): 13–32.

73 Coudert, "Our New Peoples," 13–32; Frederick Coudert, "The Evolution of the Doctrine of Territorial Incorporation," *Columbia Law Review* 26, no. 7 (1926): 823–850. 美國法學家奧利弗・溫德爾・霍姆斯（Oliver Wendell Holmes）認為考德特的概念運用有矛盾的問題，因為羅馬尼亞對待猶太臣民的方式其實受到普遍譴責。霍姆斯在一九〇三年寫信給英國法學理論家弗雷德里克・波爾洛克（Frederick Pollock），信中談到美國的「島嶼案例」之一，美國最高

Empire, 1815–1914 (Princeton, NJ: Princeton University Press, 2012)。也可參見 Max Kohler and Simon Wolf, *Jewish Disabilities in the Balkan States: American Contributions toward Their Removal, with Particular Reference to the Congress of Berlin* (New York: American Jewish Committee, 1916)。Joshua Starr, "Jewish Citizenship in Rumania," *Jewish Social Studies* 3, no. 1 (1941): 57–80.

62 Duncan Kelly, "Popular Sovereignty as State Theory," in *Popular Sovereignty in Historical Perspective,* ed. Richard Bourke and Quentin Skinner (Cambridge: Cambridge University Press, 2016), 283. 有關於十九世紀的國際人道主義法律和民主路線的民族主義信條，可參見 Eyal Benvenisti and Doreen Lustig, "Taming Democracy: Codifying the Laws of War to Restore the European Order, 1856–1874," (Legal Studies Research Paper Series, University of Cambridge Faculty of Law, June 2017)。

63 J. C. Bluntschli, *Roumania and the Legal Status of the Jews in Roumania, an Exposition of Public Law* (London: Anglo-Jewish Association, 1879), 17. 有關於英語文學作品以羅馬尼亞作為「文明」國家中法律不平等的象徵，可參見 H. S. Q. Henriques and Ernest J. Schuster, "Jus Soli or Jus Sanguinis?," *Problems of the War* 3 (1917): 119–131。

64 有關於無國籍成為埃及的私法案件中越來越常見的議題，可參見 William Hanley, "International Lawyers without Public International Law: The Case of Late Ottoman Egypt," *Journal of the History of International Law* 18, no. 1 (2016), 98–119。

65 在一連串有關俄羅斯和哈布斯堡帝國移民的國際醜聞之後，國際法學家開始關注沒有國家身分者的地位。法國外交官兼外交部顧問喬治・科戈爾丹（George Cogordan）在一八七九年的論文《*La nationalité au point de vue des rapports internationaux*》中，特別關注俄羅斯前往阿根廷的移民，因為他們再次返回俄羅斯時遭到拒絕。布宜諾斯艾利斯（Buenos Aires）的俄羅斯移民案例也出現在許多其他論文中（那些論文是在討論國籍和通行證的本質、以及俄羅斯政府的義務）。路德維希・馮・巴爾在一八九二年關於國際私法的論文中，引用了薩拉托夫（Saratow）殖民者的例子，他們從俄羅斯移民到巴西，但最終還是回到俄羅斯（儘管俄羅斯起初並不願意接納他們）。Von Bar, *Private International Law*, 160, note 7. Tara Zahra, *The Great Departure: Mass Migration from Eastern Europe and the Making of the Free World* (New York: W. W. Norton, 2016).

66 Chancery Division, *Stoeck v. Public Trustee*; William Edward Hall, *A Treatise on International Law,* 2nd ed. (Oxford, 1884); Franz Holtzendorff, *Handbuch des Völkerrechts: Auf Grundlage Europäischer* (Berlin, 1885).

勢力量下，團結為一個具道德有機人格的集體」。引用於 Holly Case, *Between States: The Transylvanian Question and the European Idea during World War II* (Stanford, CA: Stanford University Press, 2009), 14。

56 可參見 Maier, *Leviathan 2.0,* 156; William Novak, Stephen Sawyers, and James Sparrow, "Toward a History of the Democratic State," *Tocqueville Review* 33, no. 2 (2012): 7–18。也可參見（例如：）Johann Caspar Bluntschli, *Theory of the State* (Oxford: Clarendon Press, 1885)。西奧多・吳爾璽（Theodore Woolsey）在一八六〇年的《國際法研究導論》（*Introduction to the Study of International Law*）書中並沒有論及無國籍（*stateless*）這個詞，不過他有一段——在討論戰爭法的交戰國和中立國時——有提到「沒有國籍」的人：「中立國應該對交戰國雙方負起人道責任，這些責任甚至適用於敵國的人，也適用於沒有國籍的人。」(Boston: J. Munroe, 1860), 356.

57 可參見 Lauren Benton and Lisa Ford, *Rage for Order: The British Empire and the Origins of International Law, 1800–1850* (Cambridge, MA: Harvard University Press, 2016); Stuart Banner, *Possessing the Pacific: Land, Settler, and Indigenous People from Australia to Alaska* (Cambridge, MA: Harvard University Press, 2007)。有關於殖民列強在一八八四年對非洲的瓜分，可參見 Koskenniemi, *Gentle Civilizer of Nations,* chap. 2。

58 David Dudley Field, *Outline of an International Code,* 2nd ed. (New York: Baker, Voorhis, 1876), 130.

59 可參見 von Bar, *Private International Law,* 209; John William Burgess, *Political Science and Comparative Constitutional Law* (Boston: Ginn, 1891), 52; Anthony Anghie, *Imperialism, Sovereignty, and the Making of International Law* (Cambridge: Cambridge University Press, 2005)。有關於國際思想中的「國內與國外」或「內政與國際」在歷史上的區別，可參見 David Armitage, *Foundations of Modern International Thought* (Cambridge: Cambridge University Press, 2013), 10。

60 Chancery Division, *Stoeck v. Public Trustee.*

61 Abigail Green, "Intervening in the Jewish Question, 1840–1878," in *Humanitarian Intervention: A History,* ed. Brendan Simms and D. J. B. Trim (Cambridge: Cambridge University Press, 2011), 139–159; Abigail Green, "The British Empire and the Jews: An Imperialism of Human Rights?," *Past and Present* 199, no. 1 (2008): 175–205; Constantin Iordachi, "The Unyielding Boundaries of Citizenship: The Emancipation of 'Non-Citizens' In Romania, 1866–1918," *European Review of History* 8, no. 2 (2001): 157–186. 有關於人道主義介入的歷史，可參見 Davide Rodogno, *Against Massacre: Humanitarian Interventions in the Ottoman*

no. 1 (2007): 1–34。

49 丹麥在一八六五年把石勒蘇益格－荷爾斯泰因（Schleswig-Holstein）各省割讓給普魯士。割讓之後，這些省份的居民有權利選擇要丹麥或是普魯士的國籍。那些選擇了丹麥國籍、但是沒有被驅逐出境的人，子女會被普魯士政府認定為無國籍之人，他／她們需要正式歸化，才能夠由普魯士政府斟酌授與公民身分。Erik Goldstein, *War and Peace Treaties: 1816–1991* (London: Routledge, 1992), 9.

50 國籍法規的發展，讓政府能夠對想逃離吞併的人口擴大領土管轄，例如中歐的羅姆人（Roma）和美國的美洲原住民。俄羅斯和哈布斯堡帝國會鼓勵「討人厭的」人口移居外國，而對於他們希望留下來的臣民，則是發展新機制來維持國家日益緊縮的掌控。David M. Crowe, "The International and Historical Dimensions of Romani Migration in Central and Eastern Europe," *Nationalities Papers* 31, no. 1 (2003): 81–94; Tara Zahra, "'Condemned to Rootlessness and Unable to Budge': Roma, Migration Panics, and Internment in the Habsburg Empire," *American Historical Review* 122, no. 3 (2017): 702–726. 有關於整個十九世紀的國家對於領土內部益發擴大的控制，可參見 Charles Maier, *Leviathan 2.0: Inventing Modern Statehood* (Cambridge, MA: Belknap Press, 2014)。

51 一八六九年的鄂圖曼國籍法賦予鄂圖曼政府裁定國籍事宜的權利，其中經常涉及外國人子女和配偶以及移民的法定身分。David Gutman, "Travel Documents, Mobility Control, and the Ottoman State in an Age of Global Migration, 1880–1915," *Journal of the Ottoman and Turkish Studies Association* 3, no. 2 (2016): 347–368.

52 在十九世紀中葉，為了方便各國能夠以明確的協議承認每個主權國各自的國籍規定，便出現了許多條約，例如美國和其他國家便簽訂了班克羅夫特條約（Bancroft Treaties）是由，其內容涉及在外國領土出生的孩子之國籍問題。Patrick Weil, *The Sovereign Citizen: Denaturalization and the Origins of the American Republic* (Philadelphia: University of Pennsylvania Press, 2013), 83.

53 Brubaker, *Citizenship and Nationhood,* 27.

54 這群人在階級性國際秩序的創造中扮演了什麼角色，是近期學術研究的焦點。可參見 Pitts, *Boundaries of the International*。Rose Parfitt, *The Process of International Legal Reproduction: Inequality, Historiography, Resistance* (Cambridge: Cambridge University Press, 2019).

55 Ludwig von Bar, *The Theory and Practice of Private International Law,* trans. G. R. Gillespie (Edinburgh: William Green, 1892), 111. 比較一下德國百科全書在一八六〇年代對國家（*state*）的定義：「由一群固定的人在受到共同利益驅使的優

41 英國憲法學家艾博・文・戴雪（A. V. Dicey）認為英國法官應該視案件的需要，一併考量外國政府的規定，「（例如）像一名義大利法官一樣分配的財產」。相較之下，羅素就沒有打算要弄清楚德國法。他只聽信了克魯斯曼與勞斯帶到法庭上的兩名法律專家的證詞。Dicey, *A Digest of the Law of England with Reference to the Conflict of Laws* (London: Stevens, 1908), 715.

42 "Denationalized Germans," *Times Law Reports*.

43 Edmund Burke, "Inquiry into the Seizure of Private Property in St. Eustatius," in *The Speeches of the Right Honourable Edmund Burke in The House of Commons and in Westminster Hall* (Piccadilly: Longman, 1816), 11:251. 有關於柏克對於聖佑達修斯島上的猶太人如果遭到沒收財產和驅逐，應該如何在案件中引用國際法，可參見 Jennifer Pitts, *Boundaries of the International: Law and Empire* (Cambridge MA: Harvard University Press, 2018), 98。有關於帝國改革的背景，可參見 Richard Bourke, *Empire and Revolution: The Political Life of Edmund Burke* (Princeton, NJ: Princeton University Press, 2015), 434–438。有關於國際思想中對於流亡者的普遍概念，可參見 Renée Jeffery, "The Wolf at the Door: Hospitality and the Outlaw in International Relations," in *Hospitality and World Politics,* ed. Gideon Baker (London: Palgrave, 2013), 124–145。

44 根據（中世紀編纂的羅馬法典）《查士丁尼法典》（*corpus iuris civilis*）的規定，因受處罰而遭到驅逐的羅馬公民會失去民法賦予的權利和特權，但還是保有國際法衍伸出的權利。可參見 Cornelius M. Riethdorf, *Citizenship, Exile, and Natural Rights in Medieval Roman Law, 1200–1400* (PhD dissertation, Cambridge University, 2016)。

45 *Talbot v. Janson,* 3 U.S. 133 (1795); James H. Keitner, *The Development of American Citizenship, 1608–1870* (Chapel Hill: University of North Carolina Press, 1978), 278–280. 有關於此變革時期的國籍和它所需的文書作業，可參見 Nathan Perl-Rosenthal, *Citizen Sailors: Becoming American in the Age of Revolution* (Cambridge, MA: Belknap Press of Harvard University Press, 2015)。

46 Jean-Pierre Tabin, Arnaud Frauenfelder, and Carola Togni, "The Recipients of Public Welfare: The Example of Two Swiss Cantons around 1890," *Social History* 34, no. 3 (2009): 321–338.

47 Jean Holloway, *Edward Everett Hale: A Biography* (Austin: University of Texas Press, 1956), 238.

48 "A Man without a Country—a Curious Article," *The Atlantic Monthly,* December 28, 1863. 有關於美國歷史中的無國籍，可參見 Linda Kerber, "The Stateless as the Citizen's Other: A View from the United States," *American Historical Review* 112,

學院（Lincoln's Inn）的律師根據一九一九年的《和平條約》，檢視了「無國籍」的德國國民的議題，由於出生時為無國籍者和聲稱喪失國籍之人有不同的證據要求，該名律師也對兩者之間（因為德國法的細節而出現）的不同提供了某些一般性的論述，但是他也加上：「我不會假裝我很懂德國法……我草擬的這些問題應該提交給外交部（Foreign Office），好過由我來處理這個主題。」BT 103/482.

30 Chancery Division, *Stoeck v. Public Trustee*.

31 英國法院在十九世紀後期開始走向確立一個規則，即如果外國判決違反了自然正義法則，便不會予以承認。可參見 Peter North, "Private International Law in Twentieth Century England," ed. *Jack Beatson and Reinhard Zimmermann Jurists Uprooted: Émigré Lawyers in Twentieth Century Britain* (Oxford: Oxford University Press, 2004), 483–517。

32 Jane Burbank and Frederick Cooper, "The Empire Effect," *Public Culture* 24, no. 2 (2012): 239–247; Edward Keene, *Beyond the Anarchical Society: Grotius, Colonialism and Order in World Politics* (Cambridge: Cambridge University Press, 2002); Gerrit W. Gong, *The Standard of "Civilization" in International Society* (Oxford: Clarendon, 1984); Martti Koskenniemi, *The Gentle Civilizer of Nations: The Rise and Fall of International Law, 1870–1960* (Cambridge: Cambridge University Press, 2001), 174.

33 File: Alien Restrictions, Aliens Branch, HO 144/11489, TNA: PRO.

34 Chancery Division, *Stoeck v. Public Trustee*.

35 Cruesemann and Rouse to Under Secretary of State, Whitehall, February 9, 1921, HO 144/11489, TNA: PRO.

36 Cruesemann and Rouse to Under Secretary of State, February 9, 1921. 這有助於斯托克的主張只因為他是在下列法律通過之前離開的：該法允許德國臣民在移居別國之後依然保有國籍，而且可以將德國公民身分傳給其子女。可參見 Rogers Brubaker, *Citizenship and Nationhood in France and Germany* (Cambridge, MA: Harvard University Press, 1992), 115–119。

37 Chancery Division, *Stoeck v. Public Trustee*. 可參見 Brubaker, *Citizenship and Nationhood,* 21, 195。

38 他也舉出一九一三年的德國兵役法要求無國籍者擔負服兵役的義務，而且一八九六年的《德國前導法》（German Introductory Statute）第二十九條也承認無國籍之人的地位。Chancery Division, *Stoeck v. Public Trustee*.

39 "Denationalized Germans," *Times Law Reports*.

40 Chancery Division, *Stoeck v. Public Trustee*.

of Enemy Alien Civilians, 173. 有關於法國、英國、德國、美國和澳洲的敵對外國平民之人數估計，可參見 Eric Lohr, *Nationalizing the Russian Empire: The Campaign against Enemy Aliens during World War I* (Cambridge, MA: Harvard University Press, 2003), 178。有關於敵對的外國人這種類別的系譜，一般性的介紹可參見 Daniela Caglioti, "Waging War on Civilians: The Expulsion of Aliens in the Franco-Prussian War," *Past and Present* 221, no. 1 (2013): 161–195; Caglioti, "Property Rights in Times of War: Sequestration and Liquidation of Enemy Alien Assets in Western Europe during the First World War," *Journal of Modern European History* 12, no 4 (2014): 523–545。也可參見 J. M. Winter, "British National Identity and the First World War," in *The Boundaries of the State in Modern Britain,* ed. S. J. D. Green and R. C. Whiting (Cambridge: Cambridge University Press, 1996), 261–278。法國國會在一九一五年四月七日通過一項法案，取消了許多在敵國出生、歸化為法國公民者的國籍（除非他們在普魯士於一八七一年取得勝利之前就已經是法國公民，且居住在亞爾薩斯－洛林〔Alsace-Lorraine〕）；法務部長可以據此依自己的判斷決定哪些歸化的法國人仍然值得保留法國國籍。有關於國家官僚在決定國民身分時的考量，可參見 James Wilford Garner, "Treatment of Enemy Aliens: Measures in Respect to Personal Liberty," *American Journal of International Law* 12, no. 1 (1918): 27–55。

22 M. Stoeck to Richard Redmayne, August 1914, Aliens Branch, HO 144/11489, TNA: PRO.

23 M. Rouse to Prisoner of War Department, August 9, 1916, Aliens Branch, HO 144/11489, TNA: PRO.

24 Stoeck to Redmayne, August 1914.

25 Rouse to Prisoner of War Department, August 9, 1916.

26 "Denationalized Germans," *Times Law Reports*.

27 斯托克的律師在寫給英國政府的一封信中，指出「許多案件都取決於本訴訟的判決」。Cruesemann and Rouse to Under Secretary of State, Whitehall, February 9, 1921, Aliens Branch, HO 144/11489, TNA: PRO. 也可參見一九二一年一月十日的比利時最高法院判決（*Procureur-General v. Schneider*）。法院贊成「國籍未定之外國人」也享有權利，並反對以命令沒收敵對外國人的動產。也可參見 Court of Appeals of Ghent of February 1, 1924, in *Belgian State v. Haupert and de Vuyst*。引用於 André Colanéri, *De la condition des "sans-patrie," étude critique de l'heimatlosat* (Paris: Librairie générale de droit et de jurisprudence, 1932), 176。

28 "Denationalized Germans," *Times Law Reports*.

29 Memorandum, May 27, 1921, HO 144/11489, TNA: PRO. 有一名出身自林肯律師

Modern International Law (Cambridge: Cambridge University Press, 2020); Martti Koskeniemmi Koskenniemi, "Nationalism, Universalism, Empire: International Law in 1871 and 1919"（論文發表於 "Whose International Community? Universalism and the Legacies of Empire," Columbia University, New York, NY, April 29–30, 2005）。

11 Stephen Kern, "Changing Concepts and Experiences of Time and Space," in *The Fin de Siècle World,* ed. Michael Saler (London: Routledge, 2015), 74–91. 護照制度被一篇一九〇七年的法國論文形容為「法律史已死的部分」。Fahrmeir, "Passports and the Status of Aliens," 105.

12 "Two Electric Safety Lamps," *Coal Age Magazine,* September 21, 1921.

13 Metropolitan Police Criminal Investigation Department, "Stoeck v. Public Trustee," September 18, 1914, HO 144/11489, TNA: PRO.

14 有關於第一次世界大戰期間形成的新「甲殼型國家」，可參見 Karl Polanyi, *The Great Transformation: The Political and Economic Origins of Our Time* (Boston: Beacon, 1944), 122。

15 Sara Abrevaya Stein, *Extraterritorial Dreams: European Citizenship, Sephardi Jews, and the Ottoman Twentieth Century* (Chicago: University of Chicago Press, 2016), 57–67; Salahi R. Sonyel, "The Protégé System in the Ottoman Empire," *Journal of Islamic Studies* 2, no. 1 (1991): 56–66.

16 Metropolitan Police Criminal Investigation Department, "Stoeck v. Public Trustee," September 18, 1914, HO144/11489, TNA: PRO. 有關於兩次世界大戰之間「去全球化」（deglobalization）的過程（涉及保護主義、對國際貸款的限制和反移民政策），可參見 Harold James, *The End of Globalization: Lessons from the Great Depression* (Cambridge, MA: Harvard University Press, 2001)。

17 J. C. Bird, *Control of Enemy Alien Civilians in Great Britain, 1914–1918* (New York: Garland, 1986), 17, 203.

18 London Metropolitan Police report on Stoeck's request for a certificate of naturalization on September 18, 1914, file: Alien Restrictions, Aliens Branch, HO 144/11489, TNA: PRO.

19 Bird, *Control of Enemy Alien Civilians,* 322.

20 Coleman Phillipson, *International Law and the Great War* (London: T. Fisher Unwin, 1915), 71; Michael Lobban, "Introduction: The Great War and Private Law," *Comparative Legal History* 2, no. 2 (2014) 163–183; Geoffrey Jones, *Multinationals and Global Capitalism* (Oxford: Oxford University Press, 2005), 286.

21 原本的目標並不是監禁。國會最初是以居民互換為優先形式。Bird, *Control*

Allen and Unwin, 1966), 147。

5 "Denationalized Germans under the Treaty of Peace," *Times Law Reports,* April 29, 1921, HO 144/11489, TNA: PRO. 有關於《斯托克訴公共受託人》案在後續的無國籍辯論中具有的獨特意義，可參見 Paul Weis, *Nationality and Statelessness in International Law* (London: Stevens, 1956); "Report by Mr. A Jaffe on 'Statelessness in English Law,'" Grotius Society Committee for the Status of Stateless Persons, September 27, 1940, Paul Weis Papers, PW/PR/GRSO 1, Social Sciences Library, University of Oxford。

6 Andreas Fahrmeir, "Passports and the Status of Aliens," in *The Mechanics of Internationalism: Culture, Society and Politics from the 1840s to the First World War,* ed. Michael Geyer and Johannes Paulmann (Oxford: Oxford University Press, 2001), 110; H. S. Q. Henriques, *The Law of Aliens and Naturalization, including the Text of the Aliens Act, 1905* (London: Butterworth, 1906). 對於從德國土地移居到英國的更全面描述，可參見 John R. David, Stefan Maz, and Margrit Schulte Beerbühl, eds., *Transnational Networks: German Migrants in the British Empire, 1670–1914* (Leiden: Brill, 2012)。

7 一般性的介紹可參見 Adam McKeown, *Melancholy Order: Asian Migration and the Globalization of Borders* (New York: Columbia University Press, 2008)。

8 Friedrich Nietzsche to Georg Brandes, April 10, 1888, in *Selected Letters of Friedrich Nietzsche,* trans. Christopher Middleton (Indianapolis: Hackett, 1996), 293. 尼采在旅行時會帶著一封由巴塞爾州發出的瑞士保護信，但其實他並不是瑞士公民，也無法成為瑞士公民，因為他在一八七〇年加入普魯士軍隊擔任醫官，這違反了瑞士的居住要求。David B. Allison, *Reading the New Nietzsche: The Birth of Tragedy, The Gay Science, Thus Spoke Zarathustra, On the Genealogy of Morals* (Lanham, MD: Rowman and Littlefield, 2001), 271.

9 有關於十九世紀末的「連通交談」（connectivity talk）意識形態，可參見 Vanessa Ogle, *The Global Transformation of Time, 1870–1950* (Cambridge, MA: Harvard University Press, 2015), 204。

10 David Feldman, "The Distinctiveness of Public Law," in *The Cambridge Companion to Public Law* (Cambridge: Cambridge University Press, 2015), 17–37; Morton Horwitz, *The Transformation of American Law, 1870–1960: The Crisis of Legal Orthodoxy* (Oxford: Oxford University Press, 1995); Karen Knop, "Citizenship, Public and Private," *Law and Contemporary Problems* 71, no. 3 (2008): 309–341. 個人的契約和財產權利屬於十九世紀國際私法學的對象，可參見 Christopher Casey, *Nationals Abroad: Globalization, Individual Rights, and the Making of*

(Cambridge: Cambridge University Press, 2016).

18 在第一次世界大戰後的十年間，多元的各種帝國被民族國家所取代，其中損失最大的莫過於個人，世界主義（cosmopolitan）法的歷史也多是出自這些承受莫大損失的個人角度的描述。他們想要創立涵蓋全人類的法律，好避免、或是對抗因為國家的不接納和大規模暴力帶來的後果。這類詮釋認為是他們的努力促成了法律的大膽創設，在定義個人和團體的權利／義務時，也能夠超越受到承認的主權國家界限。例如：可參見 Philippe Sands, *East West Street: On the Origins of "Genocide" and "Crimes against Humanity"* (New York: Knopf, 2016); Seyla Benhabib, *Exile, Statelessness, and Migration: Playing Chess with History from Hannah Arendt to Isaiah Berlin* (Princeton, NJ: Princeton University Press, 2018)。

19 Marc Vishniac, "Le statut international des apatrides," *Recueil des cours de l'Académie de la Haye* 43 (1933): 217.（本書引用時多稱為「Mark Vishniak」〔中文翻譯為「馬克．維什尼亞克」〕）。

20 有關於把握歷史變遷進行深描（thick description）的好處，可參見 William Sewell, *Logics of History: Social Theory and Social Transformation* (Chicago: University of Chicago Press, 2005), 184–185。

21 Hannah Arendt, *The Origins of Totalitarianism* (New York: Schocken Books, 1951), 278. 鄂蘭指出直到第二次世界大戰之後，無國籍者都被認為是無法可管的「法律異常者」。

22 有關於將基本概念與政治界限的起源和基礎涵括在一起的想法，可參見 Pierre Bourdieu, "Rethinking the State: Genesis and Structure of the Bureaucratic Field," trans. Loic J. D. Wacquant and Samar Farage, *Sociological Theory* 12, no. 1 (1994): 1–18。

第一章　從小說主題到法律現實

1 *Stoeck v. Public Trustee* 的相關檔案均保存於國家檔案館（National Archives），CO/323/857 與 HO 144/11489。

2 Chancery Division, *Stoeck v. Public Trustee*, Annotated Law Reports, http://www.uniset.ca/naty/maternity/19212Ch67.htm.

3 可相較於 Erez Manela and Robert Gerwarth, eds., *Empires at War, 1911–1923* (Oxford: Oxford University Press, 2014)。

4 有關於國際秩序被視為「精緻的思想」，可參見 Herbert Butterfield, "The Balance of Power," in *Diplomatic Investigations: Essays on the Theory of International Politics,* ed. Herbert Butterfield and Martin Wight (London: George

William E. Scheuerman (Berkeley: University of California Press, 1996); Roberto Unger, *Law in Modern Society: Toward a Criticism of Social Theory* (New York: Free Press, 1976); Duncan Kennedy, "The Disenchantment of Logically Formal Legal Rationality: Or, Max Weber's Sociology in the Genealogy of the Contemporary Mode of Western Legal Thought," in *Max Weber's Economy and Society: A Critical Companion*, ed. Charles Camic, Philip S. Gorski, and David M. Rubek (Stanford, CA: Stanford University Press, 2005); Jürgen Habermas, "Law and Morality," in *The Tanner Lectures on Human Values*, ed. S. McMurrin, trans. K. Baynes, (Salt Lake City: Utah University Press, 1988), 8:217–279。

13 有關於格老秀斯國際法理論的自然法基礎，可參見 Benjamin Straumann, *Roman Law in the State of Nature: The Classical Foundations of Hugo Grotius' Natural Law* (Cambridge: Cambridge University Press, 2015)。

14 斯特林・愛德溫・埃德蒙（Sterling E. Edmunds）在一九二五年對這個問題做了一番簡潔的敘述：「社會中的無國籍成員在國際法中的地位——或者說缺乏地位——很值得注意。他們也是國際法的客體，不遜於他們被置於居住國領土的最高權威之下。但是由於他們沒有國籍，所以他們缺乏可以從國際法受益的連結，也因此無法擁有這類法律可以提供的保護。」*The Lawless Law of Nations: An Exposition of Prevailing Arbitrary International Legal System in Relation to Its Influence upon Civil Liberty* (Washington, DC: J. Byrne, 1925), 15.

15 Peter Sahlins, *Unnaturally French: Foreign Citizens in the Old Regime and After* (Ithaca, NY: Cornell University Press, 2004); Hanley, *Identifying with Nationality*; Saskia Sassen, *Territory, Authority, Rights: From Medieval to Global Assemblages* (Princeton, NJ: Princeton University Press, 2006), 281. 有關於國籍具有的帝國和等級制度的面向，可參見 Lauren Benton, Adam Clulow, and Bain Attwood, eds., *Protection and Empire: A Global History* (Cambridge: Cambridge University Press, 2017); Emmanuelle Saada, *Empire's Children: Race, Filiation, and Citizenship in the French Colonies*, trans. Arthur Goldhammer (Chicago: University of Chicago Press, 2012); Karen Knop, *Diversity and Self-Determination in International Law* (Cambridge: Cambridge University Press, 2004), 8。

16 可相較於 Will Hanley, "Statelessness: An Invisible Theme in the History of International Law," *European Journal of International Law* 25, no. 1 (2014): 321–327。

17 可相較於 Astrid Kjedlgaard-Pedersen, *The International Legal Personality of the Individual* (Oxford: Oxford University Press, 2018)。Anne Peters, *Beyond Human Rights: The Legal Status of the Individual in International Law*

The Social Construction of What? (Cambridge, MA: Harvard University Press, 2000)。有關於研究對象（例如「記憶」或「經濟」）的誕生、生活或死亡，可 參 見 Lorraine Daston, "Historical Epistemology," in *Questions of Evidence: Proof, Practice, and Persuasion across the Disciplines,* ed. James Chandler, Arnold Davidson, and Harry Harootunian (Chicago: University of Chicago Press, 1994), 282–289。

8 例如：可參見 Michael Marrus, *The Unwanted: European Refugees from the First World War to the Cold War* (Philadelphia: Temple University Press, 2002); Claudena Skran, *Refugees in Inter-War Europe: The Emergence of a Regime* (Oxford: Oxford University Press, 1995); John Torpey, *The Invention of the Passport: Surveillance, Citizenship, and the State* (Cambridge: Cambridge University Press, 2000)。

9 Jane Burbank and Frederick Cooper, *Empires in World History: Power and the Politics of Difference* (Princeton, NJ: Princeton University Press, 2010), 380–387; Pieter Judson, *The Habsburg Empire: A New History* (Cambridge, MA: Harvard University Press, 2016); Manu Goswami, "Colonial Internationalisms and Imaginary Futures," *American Historical Review* 117, no. 5 (2012): 1461–1485; Susan Pedersen, *The Guardians: The League of Nations and the Crisis of Empire* (Oxford: Oxford University Press, 2015); Mark Mazower, *No Enchanted Palace: The End of Empire and the Ideological Origins of the United Nations* (Princeton, NJ: Princeton University Press, 2009); Sunil Amrith, *Crossing the Bay of Bengal: The Furies of Nature and the Fortunes of Migrants* (Cambridge, MA: Harvard University Press, 2015); Adom Getachew, *Worldmaking after Empire: The Rise and Fall of Self-Determination* (Princcton, NJ: Princeton University Press, 2019). 有關於想像的國家世界在歷史上的出現，可參見 David Armitage, *Foundations of Modern International Thought* (Cambridge: Cambridge University Press, 2013); Jennifer Pitts, *Boundaries of the International: Law and Empire* (Cambridge, MA: Harvard University Press, 2018)。

10 有關於國籍和國際法的歷史（其基本上是由下而上的法社會或行政現象），可相較於 Will Hanley, *Identifying with Nationality: Europeans, Ottomans, and Egyptians in Alexandria* (New York: Columbia University Press, 2017); Lauren Benton and Lisa Ford, *Rage for Order: The British Empire and the Origins of International Law, 1800–1850* (Cambridge, MA: Harvard University Press, 2016)。

11 Patrick Weil, *The Sovereign Citizen: Denaturalization and the Origins of the American Republic* (Philadelphia: University of Pennsylvania Press, 2013), 6.

12 可 參 見 Franz Neumann and Otto Kirchheimer, *The Rule of Law under Siege,* ed.

注釋

緒論

1 Kurt Schwitters, *Das Literarische Werk*, ed. Friedhelm Lach (Munich: Deutsche Taschenbuch Verlag, 2005), LW 5:335–336. 引用於 Megan R. Luke, *Kurt Schwitters: Space, Image, Exile* (Chicago: University of Chicago Press, 2014), 4–5。

2 Jane McAdam, "Disappearing States, Statelessness, and the Boundaries of International Law," in *Climate Change and Displacement: Multidisciplinary Perspectives,* ed. Jane McAdam (Oxford: Hart, 2010), 105–131. Patrick Sykes, "Sinking States: Climate Change and the Next Refugee Crisis," *Foreign Affairs,* September 28, 2015.

3 若是國家有簽署一九五四年的公約，表示該國同意不會將無處可去的人驅逐出境。這份戰後協議與一九六一年的公約一起確立了簽署國對無國籍者的特定義務。可參見 Chandran Kukathas, "Are Refugees Special?," in *Migration in Political Theory: The Ethics of Movement and Membership*, ed. Sarah Fine and Lea Ypi (Oxford: Oxford University Press, 2016), 249–269。

4 Convention Relating to the Status of Refugees, Geneva, July 28, 1951; Convention Relating to the Status of Stateless Persons（於一九五四年九月二十八日通過；並於一九六〇年六月六日生效）。

5 Kristy Belton, "The Neglected Non-Citizen: Statelessness and Liberal Political Theory," *Journal of Global Ethics* 7, no. 1 (2011): 59–71; Lindsay N. Kingston, "A Forgotten Human Rights Crisis: Statelessness and Issue (Non) Emergence," *Human Rights Review* 14 (2013): 73–87; Michelle Foster and Hélène Lambert, "Statelessness as a Human Rights Issue: A Concept Whose Time Has Come," *International Journal of Refugee Law* 28, no. 4 (2016): 564–584.

6 Judith Shklar, *American Citizenship: The Quest for Inclusion* (Cambridge, MA: Harvard University Press, 1991), 4.

7 可相較於無國籍的本體論（ontological）研究方法，或是與下列想法——形成類別的結果就是創造出某類型的人——相比較。例如可參見 Ian Hacking,

無國籍

一部關於身分、人權與國家主權的近代史

作者　米拉・西格爾柏格（Mira L. Siegelberg）
翻譯　堯嘉寧

主編　洪源鴻
責任編輯　柯雅云
行銷企劃總監　蔡慧華
行銷企劃專員　張意婷
封面設計　兒日設計
排版　宸遠彩藝

出版　八旗文化／遠足文化事業股份有限公司
發行　遠足文化事業股份有限公司（讀書共和國出版集團）
地址　231 新北市新店區民權路 108-2 號 9 樓
電話　02-22181417
傳真　02-22188057
客服專線　0800-221029
信箱　gusa0601@gmail.com
Facebook　facebook.com/gusapublishing
Blog　gusapublishing.blogspot.com
法律顧問　華洋法律事務所／蘇文生律師
印刷　前進彩藝有限公司

出版日期　二〇二三年七月（初版一刷）
定價　五八〇元整
ISBN　978-626-7234-48-8（平裝）
978-626-7234-46-4（ePub）
978-626-7234-47-1（PDF）

無國籍：
一部關於身分、人權與國家主權的近代史
米拉・西格爾柏格（Mira L. Siegelberg）
著／堯嘉寧譯
一版／新北市／八旗文化／遠足文化事業
股份有限公司／2023.07

譯自：Statelessness: A Modern History
ISBN：978-626-7234-48-8（平裝）

一、國籍　二、人權

579.26　　112008649